AUROVILLE
La Ville de L'avenir

ANU MAJUMDAR

Gratitude pour la traductrice

Auroville: La Ville de L'avenir

Anu Majumdar

Copyright © Anu Majumdar 2017

Anu Majumdar revendique le droit moral d'être identifiée comme l'auteure de cet ouvrage.

Les points de vue et les opinions exprimés dans ce livre sont ceux de l'auteur et les faits sont tels qu'elle les a rapportés, et les éditeurs ne sont en aucun cas responsables de ceux-ci.

Tous droits réservés. Aucune partie de cette publication ne peut être reproduite, stockée dans un système de recherche documentaire ou transmise, sous quelque forme ou par quelque moyen que ce soit, électronique, mécanique, photocopie, enregistrement ou autre, sans l'autorisation préalable des éditeurs.

Print ISBN: 978-81-975182-2-5
eBook ISBN: 978-81-975182-3-2

BISAC Codes

PHI000000	PHILOSOPHY / General
HIS048000	HISTORY / Asia / Southeast Asia
HIS030000	HISTORY / Reference
EDU000000	EDUCATION / General
EDU040000	EDUCATION / Philosophy, Theory & Social Aspects

Thema Subject Categories

NHF	Asian history
1FKA-IN-LG	Puducherry
JN	Education
2ADF	French
QDHC	East Asian and Indian philosophy

Published by:

PRISMA, an imprint of
Digital Media Initiatives | DMI Systems Pvt Ltd
PRISMA, Aurelec/ Prayogshala,
Auroville 605101, Tamil Nadu, India
www.prisma.haus

TABLE DES MATIERES

Avant-propos — v

1 La conscience

La rencontre prédestinée — 3
Un autre pouvoir — 11
La première ancre — 22
Un nouveau monde est né — 37
La ville du futur — 63
Les premières années — 78
Construire l'âme — 98

2 Une éducation Perpétuelle

Les enigmes de l'arrivee — 115
L'education perpétuelle — 140
La connaissance centrée — 161
La pratique du futur — 174
Pionniers d'un nouveau monde — 186
Un laboratoire vivant — 207
Une culture à inventer — 222

3 La ville

Au-delà des oppositions — 245
De nouvelles formes pour une nouvelle force — 259
L'énigme de la ville — 268
Revoir le plan de la galaxie — 284
L'anarchie divine — 304
Pousser vers l'avenir ? — 326
Une expérience de vie collective — 342

4 L'unité

La terre d'accueil	357
Le commencement de l'harmonie	373
Les jeunes rêves	390
Listes de souhaits pour le don de soi	409
Le bateau supramental	417
Un long commencement	424
Le rêve final	435
Post-scriptum	438
Glossaire	444
Bibliographie	445
Remerciements	451
Biographie de l'auteure	454

AVANT-PROPOS

Il devrait y avoir quelque part sur terre un endroit ...[1]

Ces dernières années, Auroville est devenue synonyme de vie verte, de pratiques durables et de travail sur l'environnement. Bien que cela soit certainement et admirablement vrai, il n'en a pas toujours été ainsi, car Auroville, annoncée comme la Cité du Futur à sa naissance, est une aventure bien plus complexe et fascinante.

On m'a demandé d'écrire mon histoire en tant que personne ayant vécu à Auroville pendant plus de trente-cinq ans. En tant qu'expérience à la fois personnelle et collective, il est naturel que ce livre absorbe mon histoire ainsi que celle d'autres personnes qui ont entrepris un voyage de changement. Bien qu'il s'agisse d'un petit endroit, Auroville est un univers riche et débordant.

Je n'étais pas intéressée par un récit «historique» en tant que tel, mais par l'exploration de la nature de l'univers d'Auroville. Qu'est-ce qui a motivé son existence ? Pourquoi fallait-il que ce soit une ville et quel genre d'avenir espère-t-elle réaliser ? Cinquante ans plus tard, qu'a-t-elle réalisé et que réserve l'avenir à cette ville qui porte le nom de Sri Aurobindo ?

A l'exception de quelques cas, j'ai délibérément suivi cette aventure à travers le prisme de Sri Aurobindo et de la Mère parce qu'Auroville est spécifique à leur travail spirituel et à leur vision du monde.

Beaucoup de choses semblent avoir disparu de la carte depuis une dizaine d'années, mais au fur et à mesure que je passais au crible les documents, nouveaux et anciens, il est devenu évident qu'une grande partie de ce qui nous manque aujourd'hui, en particulier la ville, se trouve toujours à l'abri dans la vision originale d'Auroville. Elle peut encore nous impressionner tous et mérite d'être explorée à l'heure où la crise humaine atteint son paroxysme dans le monde entier.

L'histoire d'Auroville peut être et sera racontée de multiples façons, aujourd'hui et à l'avenir, il ne s'agit pas d'une utopie toute faite. Il s'agit plutôt d'un avenir en cours d'essai et testé à travers l'expérience humaine vécue, plein de difficultés et de défis, de beauté et d'infini, et à travers les nombreuses transformations intérieures et extérieures nécessaires à la création d'un avenir pour l'humanité.

J'ai utilisé la Charte d'Auroville pour structurer ce livre en quatre grandes sections : la conscience, l'éducation perpétuelle, la ville et l'unité humaine. Les quatre sections sont à la fois chronologiques et cycliques, comme les zones poreuses et superposées de la ville, chaque partie percolant et créant une synergie avec les autres.

Il y a cependant quelques bizarreries : Tout au long de l'ouvrage, les personnes sont appelées par leur prénom, comme c'est le cas à Auroville. J'ai opté pour ce choix afin de conserver une saveur vivante, une multiplicité et un sens des relations que les personnes ont entre elles.

Je tiens à remercier Harper Collins India d'avoir pris l'initiative de publier *"Auroville : Une Cité pour le Futur"*. Cela a pris beaucoup de temps, près de cinq ans, un livre marathon d'une certaine manière, mais cela a permis de réviser et d'enrichir ma perception d'Auroville et m'a aidée à comprendre que cette ville n'est pas limitée par les tendances mentales, idéologiques ou culturelles actuelles mais qu'elle est une ancre jetée en avant pour les générations à venir vers une aventure *de la conscience et de la joie.*[2]

Notes de fin
1   La Mère, Un Rêve.
2   Sri Aurobindo, Savitri, Livre 1, Chant 1,

Je vous convie à la grande aventure. Il ne s'agit pas de refaire spirituellement ce que les autres ont fait avant nous, parce que notre aventure commence par-delà. Il s'agit d'une création nouvelle, entièrement nouvelle, avec tout ce qu'elle comporte d'imprévu, de risques, d'aléas — une vraie aventure, dont le but est une victoire certaine, mais dont la route est inconnue et doit être tracée pas à pas dans l'inexploré.

La Mère (entretiens 10 juillet 1957)

1
La conscience

―――∞◇∞―――

Auroville n'appartient à personne en particulier. Auroville appartient à toute l'humanité dans son ensemble.

Mais pour séjourner à Auroville, il faut être le serviteur volontaire de la Conscience Divine.

Charte d'Auroville

1

LA RENCONTRE PRÉDESTINÉE

Mais maintenant, le lieu et l'heure du destin étaient proches ;
Sans le savoir, elle arrivait au but qui n'a pas de nom...[1]

Sri Aurobindo, *Savitri*, Livre 5, Chant 1

Tout a commencé un après-midi à Pondichéry, il y a un peu plus de cent ans. Le 29 mars 1914, une Française de trente-six ans sort de son hôtel, encore vêtue de ses habits d'hiver, et se rend au n° 41 de la rue François Martin. A cette heure-là, les rues de la petite ville coloniale française sont désertes. À deux rues de là, le golfe du Bengale clapote tranquillement sur le rivage. Elle est arrivée dans la matinée, après trois semaines de voyage à travers la mer et la nouvelle de leur arrivée a déjà été envoyée. Elle voulait le rencontrer seul. Elle s'appelait Mirra Alfassa. Lui, Aurobindo Ghose, déjà connu sous le nom de Sri Aurobindo.

Quelques jours avant son départ de Paris, Mirra a écrit dans son journal : ... *je me tourne vers l'avenir*, ... *Ce qu'il nous réserve, je ne le sais pas* ... ² Elle s'embarque pour l'Inde avec son mari Paul Richard le 7 mars, à bord du navire japonais *Kaga Maru*. Entourée par l'immense solitude de la mer, le regard intérieur de Mirra résonne. *Oh, ces nuits silencieuses et pures*, peut-on lire dans son journal, *où mon cœur débordant s'unit à Ton divin Amour pour pénétrer toute chose, embrasser toute vie...* ³ Mirra laisse derrière elle une tout autre vie à Paris, son milieu social, ses amis et les groupes qu'elle avait créés, comme L'Idée Nouvelle. Alexandra David-Neel, membre du groupe, se souviendra de ces réunions et de son amie lors d'une interview :

> "Nous avons passé de merveilleuses soirées avec des amis, croyant en un grand avenir. Parfois, nous allions au jardin du Bois de Boulogne, et nous regardions décoller les premiers avions semblables à des sauterelles qui décollaient. Je me souviens de son élégance, de ses réalisations, de son intellect doté de tendances mystiques. Malgré son grand amour et sa douceur, malgré même sa facilité inhérente à se faire oublier après avoir accompli quelque noble action, elle ne parvenait pas à cacher l'immense force qu'elle portait en elle. «««dd»[4]

Les yeux de Mirra étaient déjà tournés vers l'avenir. C'est la vie qui l'intéressait, non un ensemble d'idées fantaisistes. À bord du *Kaga Maru*, les entrées de son journal intime s'intensifient à mesure que le navire se dirige vers l'est, à travers la mer d'Arabie, vers un destin encore incertain, mais il n'y avait plus de retour en arrière possible. Elle voyageait avec son mari, Paul Richard, avocat et homme politique français, qui se rendait à Pondichéry pour y disputer les élections. Richard s'intéressait également à la philosophie, et lors d'une précédente visite en 1910, pour faire campagne pour un ami, Richard avait rencontré Sri Aurobindo. Ces rencontres l'avaient tellement impressionné qu'il avait décidé de revenir avec sa compagne, Mirra Alfassa, quelqu'un de bien plus avancé spirituellement que lui, dira Richard.

Il fallut attendre encore quatre ans pour que ce voyage ait lieu. Entre-temps, Mirra rencontre à Paris Abdu'l-Bahá, le chef spirituel du mouvement Bah'i, qui reconnaît ses capacités spirituelles et lui demande même de prendre en charge ses disciples après son départ, mais Mirra refusa. Il est intéressant de noter que quelques années plus tard, lorsqu'elle rencontra Tagore au Japon, le lauréat du prix Nobel l'invita à prendre la direction de son université à Shantiniketan. Là encore, Mirra refusa. Son travail était ailleurs.

Les expériences spirituelles, aussi élevées, mystiques ou puissantes soient-elles, ne lui suffisaient plus. Quelque chose d'autre l'appelait, un travail dont les exigences lui paraissait bien plus grandes. La vie humaine est enlisée dans l'ignorance, la souffrance et l'injustice les plus profondes. S'il y avait un travail à faire, c'etait bien celui de changer tout cela, mais avec quel pouvoir ? Quelqu'un le savait-il ? Quelqu'un avait-il essayé ? Elle est à l'origine d'un autre groupe à Paris, qu'elle a appelé le Cosmique, pour lequel elle a écrit un manifeste pour l'avenir. Son objectif était de réaliser une harmonie universelle progressive dans le monde, qui ne serait possible que par l'éveil du divin intérieur. Son but : fonder une société idéale dans un endroit favorable de la terre. Évidemment, quelque chose commençait déjà à murmurer en elle, comme un rêve lointain quelque *part sur terre, un endroit* qui ferait la différence. Elle s'était embarquée pour un voyage bien plus lointain à bord du *Kaga Maru*.

Richard, le second mari de Mirra, était en quelque sorte son radeau vers un nouveau destin. Elle l'avait épousé en 1911, après son retour des Indes, bien consciente de sa personnalité difficile et violente. Quelques années plus tôt, elle s'était séparée de son premier mari, l'artiste Henri Morisset, avec qui elle avait eu un enfant. Comme elle, Morisset avait été l'élève du grand Gustave Moreau, et Mirra pouvait compter parmi ses amis un certain nombre d'impressionnistes célèbres. D'origine turco-égyptienne, mais née à Paris, Mirra habitait déjà plusieurs mondes. L'engrenage du destin s'est rapidement mis en marche alors que le bateau approchait de Colombo.

"Il ne me semble à aucun moment vivre hors de Toi et jamais les horizons ne m'ont paru plus vastes et les profondeurs plus lumineuses et insondables..." [5]

Richard avait entretenu une correspondance avec Sri Aurobindo pendant les années intermédiaires, lui posant des questions sur son yoga. *"Je développe les pouvoirs nécessaires pour faire descendre le spirituel sur le plan matériel*, écrivait Sri Aurobindo, *mais je diffère de vous écrire les résultats jusqu'à ce que certaines expériences dans lesquelles je suis actuellement engagé, aient porté leurs fruits* [6] *".*

Les Richards débarquent à Colombo le 28 mars 1914 et traversent le détroit de Palk pour rejoindre l'Inde. À Dhanushkodi, ils embarquent sur le train postal pour Villupuram, atteignant finalement Pondichéry dans la matinée du 29 mars.

Sri Aurobindo vivait alors au n° 41 de la rue François Martin, avec un groupe de jeunes disciples qui l'avaient suivi à Pondichéry après avoir fui l'arrestation par les Britanniques à Calcutta. Le numéro 41, que Mirra s'apprêtait à visiter, était un foyer libre et frugal. L'unique robinet dans la cour et l'unique gamchha (serviette) servaient à tous les habitants de la maison et, dit-on, Sri Aurobindo utilisait la serviette en dernier. Chaque après-midi, les disciples partaient jouer au football pendant que Sri Aurobindo recevait des visiteurs comme le poète révolutionnaire Subramania Bharathi, son ami Srinivasachari et d'autres. Désormais, la présence de Sri Aurobindo était connue à Pondichéry et, bien que son statut ait été régularisé sur le territoire français, les gens savaient que la maison de la rue François Martin était constamment surveillée par des espions britanniques. Il y eut des tentatives de lui faire porter de fausses accusations, de l'enlever, et un cuisinier s'avéra même être un espion. Finalement, les Britanniques firent pression sur le gouvernement français de Pondichéry pour qu'il soit arrêté. La police alla fouiller la maison de Sri Aurobindo avec un magistrat, mais ils furent stupéfaits de découvrir des livres en grec et en latin sur son bureau. Intimidés comme il se doit, ils mirent fin à la perquisition. En mars 1914, les choses changèrent brusquement au numéro 41. La maison fut nettoyée et embellie en prévision de l'arrivée de nouveaux visiteurs européens. On arracha les mauvaises herbes, emprunta des chaises et on ajouta des ampoules électriques mais au milieu de tout ce remue-ménage, Sri Aurobindo continuait à travailler en silence. Tout ce que les gens remarquaient, c'était l'intense concentration qui l'entourait et une beauté paisible et imperturbable. *J'ai besoin d'un lieu de refuge*, avait-il écrit plus tôt aux Richards, *dans lequel je puisse accomplir mon yoga sans être dérangé et construire d'autres âmes autour de moi. Il me semble que Pondichéry est l'endroit désigné par ceux qui sont au-delà.* [7]

Le 29 mars, à 3h30 de l'après-midi, les rues de la petite ville balnéaire sont silencieuses. Mirra s'avance jusqu'à la porte du numéro 41, qui se trouve à la jonction de deux rues, et traverse la petite cour jusqu'à un escalier. La maison est vide à cette heure-là, les disciples sont déjà partis pour leur partie de football de l'après-midi. Tandis que Mirra monte l'escalier, Sri Aurobindo sort de sa chambre et arrive en haut de l'escalier. Mirra se fige. Exactement la même tenue que dans sa vision !

Depuis l'âge de quinze ans, Mirra avait eu des visions répétées d'une silhouette sombre, torse nu, vêtue d'une sorte d'habit oriental, un tissu blanc drapé sur l'épaule. Elle avait même inventé un nom pour ce personnage mystérieux : Krishna. Sri Aurobindo se tenait maintenant devant elle, vêtu d'un dhoti blanc, le bout de l'étoffe sur son épaule nue et sombre. Tout comme le «Krishna» de ses visions d'enfance. Son regard semblait lointain jusqu'à ce qu'il la regarde. Ce fut une reconnaissance spirituelle instantanée. Le lendemain, son journal intime indiquait sans équivoque :

> "Peu importe qu'il y ait des milliers d'êtres plongés dans la plus épaisse ignorance, Celui que nous avons vu hier est sur

terre ; sa présence suffit à prouver qu'un jour viendra où l'ombre sera transformée en lumière, et où effectivement, Ton règne sera instauré sur la terre[8] ".

Sri Aurobindo était plus énigmatique. *Une parenté d'âme*, dira un carnet de notes peu après. Mais son poème épique, Savitri, révèlera bien plus de détails sur cette rencontre dans les années à venir.

Attirés comme l'étoile par l'étoile dans les cieux
Ils s'étonnaient l'un de l'autre et se réjouirent
Et leur affinité s'est renouée dans le silence d'un regard.
Un moment a passé comme un rayon d'éternité,
Une heure a commencé, matrice d'un Temps nouveau[9].

Je me demande parfois ce qu'aurait été ma vie si cette rencontre n'avait pas eu lieu. Nous tous à Auroville, consciemment ou inconsciemment, sommes nés de cette matrice. Sans cet éclair de reconnaissance de l'âme, Auroville aurait-elle jamais existé ? *Celui que nous avons vu hier est sur terre...* Sans eux, y aurait-il pour nous, un endroit à découvrir, y pénétrant par hasard, ou simplement à y être né et prendre tout cela pour acquis ? L'affinité d'âme n'était pas seulement une reconnaissance intérieure, mais aussi un passeport personnel d'entrée. Les histoires sont nombreuses, aussi innombrables et variées que les personnes qui vivent sur cette terre poussiéreuse et aventureuse. Mais avant d'en arriver là, suivons un peu plus longtemps la trajectoire de Sri Aurobindo et de Mirra Alfassa, bientôt connue sous le nom de Mère. Quelle est l'œuvre qu'ils ont entreprise ensemble et pourquoi fallait-il une ville appelée Auroville ?

Notes de fin
1. Sri Aurobindo, Savitri, 1997, livre 5, Chant 1.
2. La Mère, prières et méditations, 3 mars 1914.
3. Idem. 15 mars 1914.
4. Nirodbaran, http://www.searchforlight.org
5. La Mère, prières et méditations, 28 mars 1914
6. Sri Aurobindo, Autobiographical Notes, 2006, CWSA Vol. 36, pp. 283–84.
7. Ibid.
8. La Mère, prières et méditations, 30 mars 1914
9. Sri Aurobindo, Savitri, livre 5, Chant 2.

2
UN AUTRE POUVOIR

Ô Vérité, défendue dans ton soleil secret...
Que ta main transmutatrice ne tarde pas trop
Inutilement serrée sur un verrou doré du Temps,
Comme si le Temps n'osait pas ouvrir son coeur à Dieu... [1]
—Sri Aurobindo, Savitri, Livre 3, Chant 4

Existait-il un pouvoir capable de changer les choses dans leurs racines les plus profondes ? Mirra semblait confiante après sa première rencontre avec Sri Aurobindo : "Sa présence suffit à prouver qu'un jour viendra où l'ombre sera transformée en lumière".

Que faisait-il exactement ? Et comment tout cela a-t-il commencé ?

Aurobindo Acroyd Ghose était le plus jeune fils du Dr Krishnadhan Ghose, chirurgien civil à Rangpur, aujourd'hui au Bangladesh. Anglophile convaincu, le Dr Ghose envoya ses fils en Angleterre dans l'espoir d'en faire de parfaits sahibs non pollués par quoi que ce soit d'indien. Le jeune «Auro» n'avait que sept ans quand il fut envoyé à Londres pour rejoindre ses frères aînés et fut désormais connu sous le nom d'Acroyd. Quatorze ans plus tard, Aurobindo termina ses examens en lettres classiques au King's College de Cambridge, et passa le concours de l'examen de la fonction publique indienne (ICS) souhaité par son père. Mais les fonds provenant de la famille s'étaient progressivement amenuisés. Le bon docteur était connu pour traiter ses patients en grande partie gratuitement apportant des moments difficiles pour les frères, qui étaient souvent incapables de payer leur loyer ou leur nourriture. Entre-temps, Krishnadhan Ghose était devenu beaucoup moins enchanté de ses maîtres britanniques. Il envoyait désormais à ses fils des coupures de journaux sur les injustices du Raj et sur le mouvement pour la liberté en train de naitre. Aurobindo décida de rater l'épreuve obligatoire d'équitation et se fit disqualifier de l'ICS. Au lieu de cela, il postula pour un emploi auprès du maharaja de Baroda, qui se trouvait être en visite en Angleterre, et on lui offrit un poste. Mais avant de s'embarquer pour l'Inde en 1893, Aurobindo abandonne à jamais son deuxième prénom, Acroyd.

Aurobindo débarque à l'Apollo Bunder de Bombay après quatorze ans d'absence de sa patrie. Il avait vingt et un ans. Il sentit un vaste calme descendre sur lui lorsqu'il posa le pied sur les côtes indiennes. Ce fut sa première expérience spirituelle. Cette rencontre avec une immensité calme grandira et affirmera sa présence de temps en temps, dans différentes circonstances, au cours des années suivantes. *"Ce calme l'a entouré et est resté pendant de longs mois, la réalisation de l'infini vacant en marchant sur la crête du Takht-i-[Sulaiman] au Cachemire, la présence vivante de Kali dans un sanctuaire à Chandod sur les rives de la Narmada, la vision de la divinité surgissant de l'intérieur alors qu'il risquait un accident de voiture à Baroda* [2] *"*. C'était son ancrage dans l'infini.

Aurobindo occupa diverses fonctions à Baroda au cours des années suivantes, dans le département des recettes, puis comme secrétaire du maharaja et comme professeur de Français et d'Anglais au collège. En 1904, il est nommé principal du Collège de Baroda.

Pendant ces années, Aurobindo se familiarisa avec l'Inde, commandant des malles de livres, prenant des cours de Sanskrit, de Bengali et de Gujarati, et lu de grandes quantités de littérature, de philosophie et de textes spirituels. Parallèlement, le mouvement pour la liberté, en plein essor, commençait à attirer son attention. Voyageant entre Baroda, son lieu de travail, et le Bengale, où vivait sa famille, il devint un militant actif du mouvement révolutionnaire qui prenait forme. Il rencontrait des gens, commençait à écrire des articles dans les journaux et proposa le Swaraj, l'indépendance totale de l'Inde. L'intérêt d'Aurobindo pour la connaissance spirituelle ne cessait de croître en coulisses. Il se plonge dans les Védas qui confirment souvent ses expériences intérieures et, peu après, un incident fortuit marque un tournant dans sa vie. Barin, son plus jeune frère, tombe violemment malade lors d'une visite à Baroda. Malgré les meilleurs traitements et médecins, rien ne semblait pouvoir le guérir ; C'est alors que, sur une suggestion, un sannyasi Naga de passage fut invité dans la maison. Le sadhu prit une tasse d'eau, fit une croix au-dessus en répétant un mantra et demanda au patient de la boire. Le lendemain matin, Barin était complètement guéri.

Cette expérience ouvrit les yeux de Sri Aurobindo à plusieurs niveaux. Le pouvoir du yoga de guérir les maladies était bien connu. Mais si le yoga avait un tel pouvoir, pourquoi les habitants de son pays vivaient-ils sous le joug britannique ? Pourquoi ses connaissances n'étaient -elles pas utilisées par le peuple pour libérer le pays ? Pourquoi le yoga était-il devenu un rituel obscur et dégradé par des abus occultes et des tabous mesquins ? Sa véritable connaissance semblait séparée de la vie, dépassée par la prêtrise et l'exotisme cérémoniel. Aurobindo commença à pratiquer le yoga par lui-même. Il était maintenant à la fois directeur du Collège de Baroda et membre actif du mouvement révolutionnaire pour la liberté.

L'Inde n'est pas seulement un morceau de terre, écrira-t-il, mais une divinité à découvrir et à libérer.

En 1906, Aurobindo Ghose quitte finalement Baroda pour occuper un poste à Calcutta, en tant que directeur du tout nouveau Collège National du Bengale. Le projet est à l'origine d'une affirmation nationaliste de la liberté, avec des personnalités telles que Tagore et Coomaraswamy qui acceptent de donner des cours au collège. Le déménagement à Calcutta coïncide également avec le lancement du *Bande Mataram*, un journal que Bipin Chandra Pal l'invite à éditer. Les jeunes rédacteurs avaient pour objectif de s'affranchir totalement de la domination britannique. *"Nous affirmons l'impossibilité d'un développement national sain sous un régime étranger ...* [3] » écrivait

Srijut Aurobindo Ghose dans ses colonnes. Le journal est lu non seulement à Calcutta, mais dans tout le pays, et bientôt, même la presse Britannique commence à s'en préoccuper et de longs extraits de *Bande Mataram* sont publiés chaque semaine dans le *Times*, à Londres. Il commence à parcourir le pays pour aider à développer le mouvement, parcourant des milliers de kilomètres en train, du Bengale à Surat, puis à Bombay, Nagpur et Poona. On dit que des masses de gens se pressaient dans les gares chaque fois que son train s'arrêtait. Lorsqu'il prenait la parole, sa voix était douce, dit-on, et ses discours prononcés avec mesure. Pendant tout ce temps, ses expériences intérieures se multipliaient et devenaient de plus en plus fréquentes et lors d'une escale de trois jours à Baroda, il décide de s'initier formellement auprès du yogi Vishnu Bhaskar Lele. Aurobindo Ghose a disparu des foules pendant trois jours. Enfermé dans une chambre au dernier étage d'une maison, en plein cœur de la ville, alors qu'on le cherchait partout, Aurobindo dit à Lele qu'il *"voulait faire du yoga, mais pour le travail, pour l'action, pas pour le Sannyasa et le Nirvana"* [4]. Lele lui demanda de s'abandonner entièrement au Guide intérieur et que s'il y parvenait, il n'aurait besoin d'aucun autre gourou. Il fallut moins de trois jours à Aurobindo pour s'abandonner complètement et atteindre un silence mental absolu. Il s'ensuivit une *série d'expériences puissantes et de changements radicaux dans la conscience que je n'avais jamais recherché»*, écrira plus tard Aurobindo. Elles étaient contraires à ce qu'il avait attendu, car elles lui firent voir le monde et l'universalité impersonnelle du Brahman absolu avec une intensité prodigieuse. " *Cela m'a plongé dans un état au-dessus et sans pensée, sans mouvement mental ou vital, il n'y avait pas d'ego ... il n'y avait pas d'Un, ni même de plusieurs, mais seulement et absolument Cela : sans caractéristiques, sans relations, pur, indescriptible... mais ce qu'il apportait était une Paix inexprimable, une infinité de libération et de silence*[5]. Aurobindo était entré dans ce que certains décrivent comme le «Nirvikalpa samadhi» ou Tat dans le Vedanta, ou encore comme le nirvana chez les Bouddhistes, qui marque généralement une libération finale pour les mystiques, un point culminant atteint après des années de travail.

Pour Aurobindo, cependant, cela fut le point de départ de la sadhana. À partir de là, les choses allaient continuer à évoluer, *car "il restait dans cet état jour après jour jusqu'à ce qu'il commence à disparaître dans une Super conscience plus grande au-dessus…*[6]*»*

Aurobindo continua d'écrire et d'éditer les éditions quotidiennes de *Bande Mataram*, organisant des réunions secrètes, prenant la parole lors de rassemblements politiques et risquant même de se faire arrêter. Ses discours politiques prennent alors une autre tournure. *"Essayez de réaliser la force qui est en vous, essayez de la mettre en avant, de sorte que tout ce que vous faites ne soit pas de votre propre fait, mais du fait de la Vérité qui est en vous…Que peuvent faire tous ces tribunaux, toutes les puissances du monde à ce qui est en vous, à cet immortel, Non-né, impérissable, qu'aucune épée ne peut transpercer, qu'aucun feu ne peut brûler, qu'aucune prison ne peut enfermer ou qu'aucune potence ne peut achever»*[7]. Il s'agissait d'un appel passionné à la liberté pour une nation comateuse. Henry Nevinson, journaliste du *Manchester Guardian*, qui l'a rencontré pour une interview, décrit Aurobindo Ghose comme un jeune homme d'environ trente-cinq ans, son «visage fin et net, d'une gravité qui semblait inébranlable, mais sa silhouette et son allure étaient celles d'un diplômé anglais… Il était de l'étoffe des rêveurs, mais des rêveurs qui mettront leurs rêves en pratique »[8].

Cependant, en 1908, alors que le mouvement pour la liberté prenait de l'ampleur, Aurobindo est de nouveau arrêté. Cette fois, c'était dans le cadre d'une affaire de bombe. S'il était reconnu coupable, il serait déporté aux îles Andaman, une sorte de Guantánamo Bay de l'ère coloniale, et on l'y laisserait mourir. Pour commencer, il est emprisonné dans la prison d'Alipore, qui a marqué un tournant dramatique dans sa vie spirituelle et politique et, pour la première fois, Aurobindo admet que sa foi fut profondément ébranlée. Pourquoi l'avait-on jeté en prison maintenant ? Le mouvement qui s'était construit allait être ruiné. Qui le poursuivrait ? Quelle était l'intention de Dieu ? L'Inde n'était-elle pas destinée à être libre ?

Quelques jours plus tard, seul dans sa cellule, il reçoit une brève indication intérieure : une voix qui lui demande d'«attendre et de voir». Entre les murs de sa cellule, il disposait enfin d'un espace où il ne serait pas dérangé. Peu à peu, il se rendit compte qu'une autre présence envahissait la cellule, quelque chose d'extraordinaire, de merveilleux et de doux. Cette présence était partout et il vit que les murs de sa cellule étaient Krishna, la porte de la prison était Krishna, l'arbre à l'extérieur était Krishna, les autres détenus dans la cour de la prison et tout autour de lui, il n'y avait rien d'autre que Krishna. *"Les liens que tu n'avais pas la force de briser, je les ai brisés pour toi», disait encore la voix intérieure. J'avais une autre chose à faire pour toi et c'est pour cela que je t'ai amené ici, pour t'enseigner ce que tu n'as pas pu apprendre par toi-même et pour t'entraîner pour mon travail »*[9]. C'est ainsi que la Gita est devenue son guide. *Abandonne tous les dharmas et réfugie toi en moi seul...*

C'était une période de croissance spirituelle intensive, entre la participation obligatoire aux audiences fastidieuses du tribunal et les arrangements inhumains de la cellule solitaire de la prison. Aurobindo pratiquait le yoga de la Gita, méditait à l'aide des Upanishads et, pendant deux semaines, il sentit la présence de Vivekananda qui l'entourait continuellement et lui parlait du travail qui restait à accomplir. Ce qu'il reçut de cette expérience n'était ni une religion, ni une croyance, ni une doctrine, mais une connaissance directe du travail qui l'attendait.

Lorsqu'Aurobindo fut acquitté et libéré de prison, nous étions en 1909. La scène politique est en plein désarroi. Le *Bande Mataram* avait été interdit et fermé, les gens s'étaient dispersés et beaucoup d'autres étaient encore en prison. Le feu s'était éteint. Le mouvement pour la liberté devait être repris à zéro. Aurobindo lança un hebdomadaire, le Karmayogin, ostensiblement axé sur la culture et la philosophie. Malgré la reprise rapide de son lectorat et l'ampleur de l'audience de ses écrits, le sentiment que son travail se situait ailleurs se faisait de plus en plus sentir. La liberté devait venir, elle était désormais garantie, mais les gens avaient encore besoin de temps pour progresser vers elle, pour demander cette liberté eux-mêmes. Et certainement, il avait besoin de temps pour sa sadhana qui s'imposait. Dans le numéro du 19 février 1910 du *Karmayogin*, il écrit :

> *"Mais en Europe comme en Inde, nous semblons nous trouver au seuil d'une vaste révolution, politique, sociale et religieuse. Quelle que soit la nation qui sera la première à résoudre les problèmes qui menacent de mettre en pièces les gouvernements, les croyances et les sociétés du monde entier, mènera le monde dans l'ère qui s'annonce. Notre ambition est que l'Inde soit cette nation. Mais pour qu'elle soit ce que nous souhaitons, il faut qu'elle soit capable d'une révolution sans faille. Elle doit avoir le courage de ses connaissances passées et l'immensité de l'âme qui se mesurera à son avenir. C'est impossible à l'Angleterre, ce n'est pas impossible à l'Inde...*[10] *"*

Ce fut son dernier éditorial, car peu après, le bureau du *Karmayogin* reçut la nouvelle d'un projet imminent d'arrestation d'Aurobindo Ghose. On dit qu'en quelques minutes, alors même qu'il faisait les cent pas dans la pièce, il prit une décision, à la suite d'un adesh, ou ordre intérieur, qui lui ordonnait de partir immédiatement pour Chandernagore.

Chandernagore était alors un territoire français ; théoriquement du moins, il ne pouvait y être arrêté. Aurobindo partit en bateau l'après-midi même, mais une fois à Chandernagore, il se cacha aussitôt. Il resta reclus pendant plusieurs semaines et dans une profonde concentration alors que les Britanniques le recherchaient partout. Aurobindo ne se remit en mouvement qu'après avoir reçu d'autres «ordres de départ» pour Pondichéry. Ce fut une fuite périlleuse. Il passa par Calcutta pour changer de bateau, il débarqua et traversa la ville en calèche pour obtenir un certificat médical avant d'embarquer sur le bateau à vapeur pour le Sri Lanka qui faisait escale à Pondichéry. S'il était arrêté, il serait immédiatement déporté aux Andamans. Les Britanniques l'espionnaient partout, car Aurobindo Ghose était désormais considéré comme l'homme le plus dangereux de l'Inde par nul autre que le vice-roi, Lord Minto. Il atteignit Pondichéry le 4 avril 1910, dans le plus grand secret. Seules les personnes contactées pour obtenir de l'aide savaient qu'il était arrivé dans la petite ville commerciale française au bord de la mer. Une fois de plus, Aurobindo se cacha pour éviter d'être decouvert jusqu'à ce que son statut sur le territoire français soit clarifié.

Lorsque je suis venue pour la première fois à Pondichéry, en mai 1979, c'était encore une ville très calme. Le silence était sa signature profonde, surtout autour de l'ashram et de la Route de la Plage qui portait une présence à la fois omniprésente, proche et douce. Sa joie était partout, dans la brise, dans la lumière du soleil, dans les rues. Un matin, alors que je marchais sur le cours Chabrol, regardant la mer et le vaste horizon bleu, j'ai soudain imaginé un bateau entrant au port depuis Calcutta. Dans une petite cabine était assis un homme absorbé par le silence. Le comité d'accueil officiel qui voulait le recevoir avait été dissous à la hâte. Il fut accueilli discrètement par un petit groupe et emmené dans la maison de Shankar Chetty où il resta incognito pendant les six mois suivants. Le secret ne concernait pas seulement sa liberté, ou la liberté de l'Inde, mais aussi à sauvegarder sa capacité à poursuivre sa sadhana, qui le pressait maintenant. Dans son tout dernier article, envoyé clandestinement au *Karmayogin* après qu'il se soit embarqué pour Pondichéry, il laisse entrevoir ce qu'il préparait depuis son expérience dans la prison d'Alipore, et une référence à l'œuvre mise en route par Ramakrishna à Dakshineshwar et par Vivekananda. Il s'agissait d'une œuvre à accomplir et à réaliser concrètement sur terre.

> *"La connaissance ne vient pas sans l'auto communion, sans la lumière de l'intérieur... Chaque pas fait à la lumière d'une sagesse inférieure échouera jusqu'à ce que la vérité s'impose. Le travail commencé à Dakshineshwar est loin d'être terminé, il n'est même pas compris. Ce que Vivekananda a reçu et s'est efforcé de développer, ne s'est pas encore concrétisé... Une révélation moins discrète se prépare, une force plus concrète se manifeste...[11]"*

Notes de fin

1. Sri Aurobindo, Savitri, Livre 3, Chant 4,
2. Sri Aurobindo, Autobiographical Notes, CWSA, Vol.36, p.110
3. Bande Mataram, Calcutta, 30 April 1907; see Sri Aurobindo, Bande Mataram, CWSA, Vols 6–7, p. 367.
4. Sri Aurobindo, Letters on Himself and the Ashram, CWSA, Vol. 35, p. 244.
5. Ibid., p. 249.
6. Ibid.
7. Sri Aurobindo, Bande Mataram, CWSA, Vols 6–7, pp. 828–830.
8. Peter Heehs, The Lives of Sri Aurobindo, New York: Columbia University Press, 2008, pp. 136–37.
9. Sri Aurobindo, 'Uttarpara Speech', Karmayogin, CWSA, Vol. 8, p. 5.
10. Sri Aurobindo, Karmayogin, Vol. 8, p. 457.
11. Ibid., p. 465.

3

LA PREMIÈRE ANCRE

"Ô puissant avant-coureur, j'ai entendu ton cri.
Celle-ci descendra pour briser la Loi de Fer
Et changera le destin de la Nature par le seul pouvoir de l'Esprit…[1]
-Sri Aurobindo, Savitri, Livre 3, Canto 4

Pondichéry devint le lieu de retraite de Sri Aurobindo, sa grotte de tapasya, bien qu'il ne s'agisse pas d'un genre ascétique, mais d'une «marque spéciale» qui lui est propre. Ce n'était plus seulement la liberté de l'Inde qui le préoccupait. Il ne doutait plus que l'Inde serait libre. La roue avait été mise en mouvement et ce n'était qu'une question de temps. Ce que l'Inde ferait de sa liberté le préoccupait bien davantage. Comment se développerait-elle ? Comment son savoir spirituel influencerait il l'humanité ? Le destin de l'Inde exigeait une sadhana pour la conscience de la Terre.

Malgré son isolement, la nouvelle de son arrivée s'était répandue à Pondichéry. Les jeunes et les vieux étaient fascinés par ce leader du mouvement de libération de l'Inde en exil, dont on disait qu'il était devenu un yogi. Qu'il appréciât leur aide et leur camaraderie était également attesté par le grand nombre d'hommes locaux qui se réunirent autour de Sri Aurobindo à cette époque. Il y avait des histoires, des blagues alors que Srinivasachari, Bharathi et d'autres se joignaient aux discussions sur la philosophie, la littérature et la politique. Si Srinivasachari était absent, l'esprit d'irrévérence s'étendait, dit-on, à la religion et «lorsque ces hommes rentraient chez eux, les gens se rassemblaient pour écouter ce que Sri Aurobindo avait dit»[2]. Il est intéressant de rappeler ici l'histoire d'un gourou célèbre dans le sud qui avait déclaré la venue d'un Uttara Yogi, ou yogi du nord, alors qu'il se trouvait sur son lit de mort, en 1880. Ce yogi viendrait une trentaine d'années après sa mort, avait-il prophétisé, et travaillerait pour l'avenir du monde. Son chemin de yoga serait un poorna yoga ou yoga intégral de la réalisation spirituelle et il a exhorté ses disciples à le suivre après son départ. Trente ans plus tard, à Pondichéry, Sri Aurobindo écrivit un essai intitulé «*Yogic Sadhan*», qu'il décrivit comme un morceau d'»écriture automatique», mais qu'il signa sous le nom d'Uttara Yogi parce qu'il ne voulait pas y apposer son nom. Il suscita la curiosité de ceux qui connaissaient la prophétie du vieux gourou. Il a également laissé derrière lui trois indices permettant de reconnaître l'Uttara Yogi. Ces indices ont été retrouvés dans une lettre que Sri Aurobindo avait écrite à sa femme, Mrinalini Devi, et qui avait été saisie par les autorités britanniques lors de son arrestation, produite au tribunal et ainsi rendue publique.

"J'ai trois folies», déclare la lettre. La première ... Je crois

fermement que les accomplissements, le génie, l'éducation supérieure, l'apprentissage et la richesse que Dieu m'a donnés sont les siens... Ma deuxième... par tous les moyens, je dois avoir une vision directe de Dieu... Ma troisième folie est que, tandis que d'autres considèrent leur pays comme un morceau de matière inerte ... je La considère comme la Mère .... J'ai la force de délivrer cette race déchue... [3] »

Peu après son arrivée en 1910, Paul Richard débarqua lui aussi à Pondichéry comme à l'improviste, pour aider un ami à faire de la propagande électorale. Curieux d'en savoir plus sur la philosophie indienne, il demanda à son entourage s'il pouvait rencontrer un vrai yogi et fut guidé vers la maison de Shankar Chetty où vivait Sri Aurobindo. Richard sera très impressionné par cette rencontre. Mais jusqu'à ce qu'il revienne avec Mirra, Sri Aurobindo avait encore beaucoup à faire.

Alors que Mirra élabore un programme avec le groupe Cosmique à Paris, Sri Aurobindo élabore ses plans à Pondichéry. Alors qu'elle se concentre sur la nécessité d'une société idéale, la question reste entière : Quel est le pouvoir qui permettrait un tel changement ? Sri Aurobindo était à la recherche de cette force. Les Védas lui offrent de puissantes nouvelles révélations. Il ne s'agissait certainement pas de marmonnements rituels de fous, ni d'une doctrine religieuse rigide, ni d'un culte de la nature obscur et mystique. Il creusa plus profondément dans les labyrinthes étymologiques des textes et dans ses propres expériences intérieures pour retrouver un symbolisme bien plus sophistiqué et un sens très différent de ce qui était conventionnellement accepté. Cette nouvelle interprétation, vérifiée par l'expérience, est à la fois yogique et psychologique, révélant le Rig Veda, en particulier, comme un manuel d'auto-perfectionnement pouvant ouvrir les portes de l'évolution humaine. Sri Aurobindo a tenu chaque jour un journal méticuleux de ses expériences pendant cette période à Pondichéry, documentant ses expériences et développements spirituels. Ils étaient notés avec précision, parfois à l'heure près, à la manière d'un scientifique qui suit systématiquement ses découvertes- des résultats, des succès et même des échecs. Il dressait une carte des territoires inexplorés.

> *Je me préoccupe de la terre, pas des mondes au-delà pour eux-mêmes ; c'est une réalisation terrestre que je recherche et non une envolée vers des sommets lointains. Tous les autres yogas considèrent cette vie comme une illusion ou une phase passagère ; seul le yoga supramental la considère comme une chose créée par le Divin en vue d'une manifestation progressive et prend pour objet l'accomplissement de la vie et du corps. Le supramental est simplement la Conscience-Vérité et ce qu'il apporte dans sa descente est la pleine vérité de la vie, la pleine vérité de la conscience dans la Matière* [4].

Bien qu'il n'y eût rien d'évident à la surface, l'arrivée de Mirra conduirait à l'étape suivante qu'il attendait. Après les premières rencontres, Mirra commence à s'installer à Pondichéry. Il y avait toute une série de choses auxquelles il fallait s'adapter, des problèmes personnels à régler et des changements intérieurs rapides au cours des premiers mois d'été en Inde, mais peu à peu, elle s'éveillait à une toute nouvelle vie.

Le travail de Sri Aurobindo avait alors atteint son premier point culminant. Son interprétation des Védas était achevée, de même que sa philosophie des Upanishads et son commentaire de la Gita. Sa théorie du yoga intégral était également en place, et il avait en outre étudié l'histoire sociale et politique en termes d'évolution humaine, et élaboré un traité sur l'avenir de la poésie. Le corpus philosophique principal de son œuvre était prêt, il fallait passer à l'étape suivante.

L'entrée du journal de Mirra en juin 1914 est révélatrice. *"C'est une véritable oeuvre de création qu'il nous faut faire... afin que cette Force, inconnue de la terre jusqu'à ce jour, puisse se manifester..."* C'était une promesse qu'ils s'étaient tous les deux engagés à tenir. *"Il faut qu'en nous se fasse l'union des deux volontés et des deux courants afin que de leur contact naisse l'étincelle illuminatrice*[5]*..."*

Puis Mirra vint, dira simplement Sri Aurobindo, et ouvrit la voie pour une réalisation matérielle. *"Sans elle, aucune manifestation organisée n'aurait été possible*[6]*."*

L'étincelle lumineuse fut l'*Arya*. En juin, Paul Richard demande à Sri Aurobindo de collaborer avec lui à un journal philosophique mensuel. A l'instigation de qui, nous ne le saurons jamais. Richard contribuerait à quelques articles, mais l'essentiel viendrait de Sri Aurobindo. Mirra s'occuperait des traductions et des tâches éditoriales et gèrerait le journal.

L'*Arya* est né le 15 août 1914, le jour du quarante-deuxième anniversaire de Sri Aurobindo, avec un double objectif : l'étude systématique des problèmes les plus élevés de l'existence ainsi qu'une synthèse harmonisante de la connaissance à la fois rationnelle et transcendantale. Il était impératif d'éviter toute référence politique à ce moment-là pour sauvegarder l'œuvre. A tel point qu'il fut décidé de ne pas solliciter de souscriptions directes auprès du vaste corps partisan vivant en Inde britannique mais de distribuer le journal via un tiers. Si leurs noms figuraient sur la liste des abonnés d'Arya, ils risqueraient certainement d'être arrêtés et la revue serait contrainte de s'arrêter, même si elle se trouvait à Pondichéry.

L'année 1914 fut une année prodigieuse. La Première Guerre mondiale éclate dix jours avant la première publication d'Arya. *"L'ombre est descendue sur la terre, épaisse, violente, victorieuse... Tout est tristesse, épouvante, destruction...* [7] "dira le journal de Mirra. *"Le monde est divisé en deux forces contraires qui luttent pour la suprématie, et toutes deux sont également opposées à Ta loi...* [7]" Malgré tout cela, l'Arya continua.

Les premiers chapitres des œuvres fondamentales de Sri Aurobindo ont été publiés dans le premier numéro d'Arya. Il contenait *La vie divine*, *Le secret des Védas*, la traduction et le commentaire de *l'Isha Upanishad* et *la Synthèse des Yogas*, quatre ou cinq livres étant écrits en parallèle. Il s'agissait au départ d'une revue bilingue, en anglais et en français. Mirra traduisait et s'occupait de sa distribution en Europe via Paris.

Quelques semaines plus tard, Mirra écrit un autre article dans son journal, une résolution confiante et une promesse énigmatique dont elle se fera l'écho une quarantaine d'années plus tard :

Une Lumière nouvelle poindra sur la terre.
Un monde nouveau naîtra.
Et les choses promises seront accomplies [8].

En 1915, les choses changent brusquement. Les Richards sont contraints de quitter Pondichéry à cause de la guerre, mais des documents ont finalement révélé que le gouvernement français les avait déportés sous la pression extrême des Britanniques, en raison de l'étroite association des Richards avec Sri Aurobindo. A Colombo, le carnet de notes de Mirra sur la grammaire sanskrite, préparé par Sri Aurobindo, est saisi en tant que matériel potentiellement séditieux. Pour Mirra, cette rupture avec Pondichéry au moment où ils commençaient leur travail, et le retour dans une Europe déchirée par la guerre, était comme être projeté tête baissée dans les ténèbres.

Il faut un cœur calme, une volonté ferme, une abnégation totale et des yeux constamment fixés sur l'au-delà pour vivre sans se décourager dans des temps comme ceux-ci qui sont vraiment une période de décomposition universelle »[9], lui écrivait Sri Aurobindo. Leur travail à présent, disait-il, était de rassembler la force spirituelle, la connaissance calme et la joie, indépendamment des puissances et des événements contraires.

L'*Arya* continua. Sri Aurobindo a écrit la quasi-totalité des soixante-quatre pages du journal, «*tout seul*»[10], feignait-il en plaisantant tout en continuant à le publier, mois après mois, tout au long des années de guerre pendant lesquelles Mirra était loin. Ceci est typique de la manière dont il a toujours refusé de surestimer les difficultés, pendant les années politiques intenses à Calcuta et maintenant, pendant les épreuves de l'exil politique à Pondichéry, le manque de fonds et les pressions constantes d'une époque où l'Inde n'était pas encore libre. Il s'est concentré sur le travail à accomplir et a gardé une parfaite équanimité, la première condition de son yoga. Sa vie personnelle, dira-t-il à l'un de ses biographes, n'a jamais été à voir à la surface pour les hommes et il restait en quelque sorte une énigme, à l'exception d'une remarque fortuite de temps à autre, comme lors du décès de sa femme.

De Calcutta, il était arrivé à Pondichéry avec seulement deux compagnons. La plupart de ses amis et aucun membre de sa famille ne savaient où il se trouvait, pas même sa femme, Mrinalini, probablement pour leur sécurité et la sienne. Bien que quelques autres disciples l'aient suivi à Pondichéry au cours des années suivantes, ce fut toujours une période pleine de dangers et d'incertitudes, d'une part, et l'intensité compacte de sa sadhana d'autre part. Ce furent des années de solitude pour Mrinalini, les lettres entre eux étaient rares, et elle se réfugiait souvent à Dakshineshwar auprès de Sarada Devi, l'épouse de Sri Ramakrishna. Sri Aurobindo l'envoya finalement chercher en 1918, et lui obtint la permission de voyager mais, comme le veut le destin, alors qu'elle s'apprêtait à partir, elle fut frappée d'une grave maladie et décéda. On dit que Sri Aurobindo fut ému aux larmes en recevant cette nouvelle, «*le seul chagrin qui pourrait encore me toucher au plus profond de moi-même*», écrivait-il à son beau-père.

A partir de 1914, l'Arya a progressé régulièrement en couvrant toute la gamme de ses travaux. Dans les Essais sur la Gita, il donne une indication de l'orientation et de la synthèse que prenait sa recherche :

> "*Nous qui sommes du jour qui se lève, nous nous tenons en tête d'un nouvel âge de développement ... et à une synthèse et plus large. Nous ne sommes pas obligés d'être des orthodoxes védântiques ... ni d'adhérer à l'une des religions théistes du passé..., ni de nous retrancher derrière l'enseignement de la Gîtâ... Nous n'appartenons pas aux aurores passées, mais aux midis de demain. Une masse de nouveaux éléments nous pénètre ... Tout cela indique une nouvelle synthèse très vaste et très riche* [11]*".*

De temps en temps, il écrivait à Mirra au sujet de ses articles.

> *J'ai commencé [...] un certain nombre d'articles sur l'idéal de l'unité humaine. J'ai l'intention de procéder très prudemment ... conduisant l'intelligence du lecteur progressivement, vers le sens plus profond de l'unité, notamment pour décourager l'idée qui prend l'uniformité et l'association mécanique pour l'unité* [12]*.*

Soudain, en novembre 1915, ils discutent d'un plan.

> *Un centre de lumière, qui ne se traduit pas nécessairement en termes de groupement physique, mais dans lequel quelques-uns peuvent se tenir, un cercle croissant de luminosité dans lequel de plus en plus de gens peuvent entrer, en dehors du monde crépusculaire luttant avec la lumière, tel semble être l'inévitable cours de choses…*[13]

De tels projets ne sont plus discutés pendant plusieurs années. Leur travail nécessitait encore un gigantesque pas de la conscience.

Les Richards quittèrent la France pour le Japon environ un an plus tard et y restèrent jusqu'à la fin de la guerre, après quoi Mirra s'arrangea pour revenir. Elle atteignit Pondichéry le 24 avril 1920, pour ne plus jamais quitter Sri Aurobindo. Mirra et Richard se séparèrent.

Ce retour définitif marque aussi l'aboutissement de la première rencontre. *"Nous nous sommes tenus tous deux comme cela, nous regardions par la fenêtre ouverte, et alors, ENSEMBLE, exactement, nous avons senti que... « maintenant la Réalisation se ferait. » ... Et à partir de ce moment-là, il n'y a eu rien à se dire, pas de paroles, rien – on savait que c'était ÇA* [14]." Il était temps de commencer le vrai travail.

Le nombre de disciples à l'ashram avait augmenté entre-temps. Sri Aurobindo rencontrait un grand nombre de personnes qui venaient le voir à Pondichéry, tout en s'entretenant régulièrement avec ses proches disciples, en maintenant une correspondance avec beaucoup d'autres et s'efforçait de maintenir l'ashram à flot sur le plan financier. Mirra travaillait discrètement dans les coulisses. Elle organisa l'entretien de la maison, commença à s'occuper des besoins de Sri Aurobindo et créa une base pour le développement spirituel des disciples. Comme les finances étaient tendues, elle ouvrit un magasin pour générer des revenus. Au fil des ans, elle créa des emplois en menuiserie, des ateliers d'artisanat et une imprimerie, mit en place une boulangerie et la salle à manger pour un nombre croissant de disciples et de visiteurs, créa une bibliothèque, un salon international de la photographie, cultiva la discipline physique par le sport, mit en place des soins de santé, des logements et une buanderie pour les disciples, et enfin une école. Un visiteur décrivant Pondichéry dans les années 1930 a dit qu'elle était aussi sale que la plupart des villes indiennes, mais il a été surpris de trouver l'Ashram immaculé, ses bâtiments bien entretenus et les rues autour de l'ashram balayées et maintenues propres.

Le retour de Mirra en 1920 apporta un autre changement important. Sri Aurobindo la reconnaissait désormais comme la Mère, une partenaire spirituelle égale pour le travail. Sa véritable sadhana avait attendu son retour, mais peu de gens l'avaient encore compris. L'*Arya* fut mis au repos en 1921. La philosophie théorique était maintenant disponible pour le monde, la première ancre était jetée. Il restait la descente Supramentale à faire.

Il devait se retirer, le travail était pressant.

En 1926, un air d'attente plana sur l'ashram. De nombreuses personnes le ressentirent comme une pression au-dessus de leur tête, comme si quelque chose était sur le point de se produire. Le 24 novembre, Sri Aurobindo et la Mère convoquèrent les disciples pour une méditation pour annoncer la descente du *Surmental*. Certains des disciples présents ce soir-là sentirent une surcharge d'énergie dans l'atmosphère, quelques-uns furent témoins d'un flot de lumière venant d'en haut et surtout de la présence d'une grande beauté.

Sri Aurobindo a expliqué le Surmental comme le passage par lequel on passe du mental au supramental. Le Surmental est le «plan des Dieux», ou de la conscience la plus élevée que l'on puisse atteindre avant de transcender le système mental. Au-delà du surmental se trouvent les plans du Supramental. C'était la force consciente qu'il traquait et qui était essentielle à leur travail. *"Les conditions dans lesquelles les hommes vivent sur terre sont le résultat de leur état de conscience»*, disait la Mère, *"vouloir changer les conditions sans changer la conscience est une vaine chimère »*[15].

Après le 24 novembre 1926, Sri Aurobindo confia à la Mère l'entière responsabilité de la gestion de l'Ashram et se retira dans la solitude. Cette décision suscita d'abord une certaine perplexité et même une forte résistance d'une partie de ses disciples. Comment une femme pouvait-elle être à la tête de son ashram, sans parler d'une étrangère qu'ils devaient désormais appeler la Mère ? À ceux-là, Sri Aurobindo répondait : *«La*

Mère et moi sommes un et égaux... l'ashram est la création de la Mère et n'aurait pas existé sans elle... Essayez de comprendre cette vérité élémentaire, si vous voulez avoir une relation ou une attitude juste envers la Mère [16]. Mais tout le monde n'était pas prêt ou désireux de le faire. Alors que les choses se précipitaient, Sri Aurobindo fut contraint de déclarer : *" je n'ai pas l'intention de modifier l'arrangement que j'ai fait pour tous les disciples, sans exception, pour qu'ils reçoivent la lumière et la force de [la Mère] et non directement de moi, et d'être guidés par son progrès spirituel »*[17].Bien que les choses se soient calmées après le départ de certaines personnes, les attaques occultes et la résistance hostile se poursuivront de différents côtés, y compris des tentatives pour perturber leur travail.

Les réunions avec les visiteurs ont été progressivement suspendues au cours des dix années qui suivirent, y compris les demandes de Gandhi, Nehru, du Dr Radhakrishnan et d'autres. Mais auparavant, en 1928, lorsque Tagore avait envoyé une demande alors qu'il voyageait à Madras, Sri Aurobindo avait accepté de le voir à condition que ce soit court et silencieux. Tagore accepta. Pondichéry n'avait pas de véritable embarcadère à l'époque. Tagore fut mis dans un tonneau et descendu par une grue dans un bateau qui l'emmena sur le rivage pour une brève rencontre muette.

Après la rencontre, il enregistre :

> J'avais depuis longtemps le désir de rencontrer Aurobindo Ghose. Ce désir vient d'être exaucé. Au premier regard, j'ai compris qu'il avait cherché l'âme et qu'il l'avait trouvée ... Son visage rayonnait d'une lumière intérieure et sa présence sereine m'a fait comprendre que son âme n'était pas infirme et étriquée à la mesure d'une doctrine tyrannique qui se complaît à infliger des

blessures à la vie... (J'ai ressenti) cette sérénité qui donne à l'âme humaine sa liberté d'entrer dans le Tout... Je lui ai dit : Vous avez la parole et nous attendons de l'accepter de vous. C'est par votre voix que l'Inde s'adressera au monde ...[18]

Pendant tout ce temps, son travail se poursuivait dans la solitude. Les réunions avec ses disciples avaient également cessé, y compris les discussions du soir avec ses disciples les plus proches. Cependant, il continuait à communiquer avec eux et à les conseiller par le biais de lettres ou encore par l'intermédiaire de la Mère. Que se passait-il ?

"Quand on est sur le chemin qui monte, le travail est relativement facile," expliquerait plus tard la Mère. Il s'agissait d'établir un lien permanent avec la conscience Divine qui était au-delà de toute personnalité. Mais le leur était le chemin descendant, maintenant en train d'être forgé, pour amener la Conscience Divine *«dans la Matière»* [19]. Le travail était immense et jamais tenté auparavant. En 1931, elle en donna un aperçu :

« *L'échelon qui est en train de s'ajouter maintenant, Sri Aurobindo l'a appelé le Supramental. C'est un travail qui se fait dans la conscience, un travail de liaison entre le Supramental et l'être matériel. ... Et cependant, une fois que la liaison est établie, elle doit produire son effet dans le monde extérieur sous forme d'une création nouvelle, depuis la ville modèle jusqu'au monde parfait* "[20]. Ils construisaient le pont vers une nouvelle vie sur terre.

En mai 1979. J'ai pris un bus local poussiéreux à Pondichéry. Le bus s'est dirigé vers le nord, laissant la ville derrière lui et passait devant de petites localités, des groupes de villages, vers des champs ouverts. Je suis descendue à Koot Road, comme le conducteur me l'avait indiqué, et j'ai regardé de l'autre côté. Il n'y avait rien. Il était deux heures de l'après-midi, le 29 mai. Je ne me souviens pas s'il faisait chaud lorsque j'ai commencé à marcher le long des champs vides. Rien ne semblait y pousser. Je suis passée devant un petit groupe de maisons de village et j'ai été observée par un groupe d'enfants curieux. Watisyourname (commentutappelles) ? Watisyournativeplace (tuviensdou ? Ils m'ont fait signe. J'ai fait un signe de la main. Je ne savais pas si mon nom ou mon lieu d'origine avaient encore de l'importance, car pour une raison inexplicable, la joie remplissait mon cœur, mes membres et mon mental était un splendide vide. Je n'avais aucune idée où la route menait, ou si j'étais sur la bonne voie, car il n'y avait aucune direction indiquée nulle part. J'ai demandé à deux hommes qui passaient à vélo. Oui, oui», m'ont-ils répondu d'un signe de tête et m'ont indiqué la route à suivre. J'ai continué, j'ai traversé d'autres champs, je suis passée devant un vieux temple, en suivant une allée de grands cocotiers, un peu incertaine. Où allais-je ? Une moto est passée en trombe. Il devait y avoir quelque chose. C'est alors que j'ai remarqué quelques huttes de village un peu plus loin, à côté d'un petit groupe d'arbres. Derrière eux, quelque chose se profilait, une énorme coque de béton sphérique contre le ciel bleu clair. Mon cœur s'est emballé, j'étais sur la bonne voie !

Devant moi s'étendait Auroville, la Cité du Futur. La Ville au Service de la Vérité. La Cité de l'Aube. La première réalisation de l'unité humaine basée sur les enseignements de Sri Aurobindo. La Ville dont la Terre a Besoin ... J'ai accroché mon sac et j'ai continué à marcher.

Où diable était la ville modèle ?

Notes de fin

1. Sri Aurobindo, Savitri, Livre 3, chant 4.
2. Peter Heehs, The Lives of Sri Aurobindo, New York: Columbia University Press, pp. 1236–37.
3. Sri Aurobindo, Writings in Bengali, Pondicherry: Sri Aurobindo Ashram Trust, 1972, Sri Aurobindo Centenary Library (SABCL), Vol. 4, p. 317
4. Sri Aurobindo, On Himself, Pondicherry: Sri Aurobindo Ashram Trust, 1972, SABCL, Vol. 26, 14 January 1932.
5. La Mère, Prières et Méditations, 14 juin 1914
6. Nirodbaran (ed.), Talks with Sri Aurobindo, Pondicherry: Sri Aurobindo Ashram Trust, 2001, p. 6.
7. La Mère, Prières et Méditations, 4 septembre et 9 septembre 1914
8. Idem., 25 septembre 1914.
9. Sri Aurobindo, Autobiographical Notes, CWSA, Vol. 36, p. 285.
10. Dilip Kumar Roy, Sri Aurobindo Came to Me, Hari Krishna Mandir Trust, 2004, p. 49.
11. Sri Aurobindo, Essais sur la Gita, p. 10.
12. Sri Aurobindo, Autobiographical Notes, CWSA, Vol. 36, p. 286.
13. Idem., p. 287.
14. L'Agenda de Mère, Vol. 2, 20 décembre 1961
15. La Mère, Education, pp.46
16. Sri Aurobindo, The Mother, CWSA, Vol. 32, pp. 82–83.
17. Sri Aurobindo, Notes autobiographiques, CWSA, Vol. 36, p. 390.
18. Rabindranath Tagore, The Modern Review, July 1928, available at /www.motherandsriaurobindo.in
19. L'Agenda de Mère, Vol. 1, 19 Mai 1959.
20. La Mère, entretiens 1929 -1931, PP 202.

4

UN NOUVEAU MONDE EST NÉ

Si un épanouissement spirituel sur la terre est la vérité cachée de notre naissance dans la Matière, si c'est fondamentalement une évolution de la conscience qui a pris place dans la Nature, alors l'homme, tel qu'il est, ne peut être le dernier terme de cette évolution. Il est une expression trop imparfaite de l'esprit ; le mental lui-même est une forme et un instrument trop limités, il est seulement un terme intermédiaire de la conscience ; l'être mental n'est qu'un être de transition. Par conséquent, si l'homme est incapable de dépasser le mental, il sera lui-même dépassé ; le supramental et le surhomme se manifesteront et prendront la tête de la création [1].

-Sri Aurobindo, *La Vie Divine*

Le travail de Sri Aurobindo va s'accélérer vers 1934. "*La force supramentale descend, mais elle n'a pas encore pris possession du corps ou de la matière... il y a encore beaucoup de résistance* »[2], écrit-il à un disciple. Au fur et à mesure que sa sadhana plongeait plus profondément du plan mental au plan vital et plus profondément encore dans le plan physique et les niveaux subconscients, elle a soulevé un grand nombre de difficultés, non seulement aux niveaux intérieurs et occultes, mais aussi aux niveaux plus profonds, souvent inconscients de ceux qui les entouraient.

"*Jusqu'au mental et au vital, on peut encore arriver à faire descendre,*" confirmait la Mère. "*Avec Sri Aurobindo, nous sommes descendus au-dessous de la Matière, jusque dans le Subconscient et même dans l'Inconscient* [3] ".

"*Très bestiales, ces forces,*" écrivait Sri Aurobindo à un disciple. *On ne peut pas avancer d'un pas sans qu'elles lancent leurs obus et leurs boules puantes. Pourtant, comme le général Joffre, j'avance. «Nous progressâmes* »[4].

Chaque plan de l'être devait être progressivement ouvert et purifié pour être en mesure de recevoir la conscience qui attendait de descendre. Tant que les choses étaient bloquées, rien ne pouvait entrer et aucune transformation n'était possible. Il est plus facile de travailler au niveau mental et vital, mais la vraie difficulté se situe sur les plans physique et subconscient. Cependant, tout changement réel opéré à ces niveaux serait le plus efficace et le plus durable, une fois la résistance franchie. "… *quand on en arrive au corps, quand on veut le faire avancer d'un pas*, confirme La Mère – *oh ! pas même un pas : un petit pas –, tout s'accroche : c'est comme si on mettait le pied sur une fourmilière…Le chemin est difficile* »[5]. Et les lettres de Sri Aurobindo de cette époque témoignent suffisamment de révoltes et de querelles, de dépressions, de doutes et de cynisme, de maladies et malentendus, ainsi que des attaques contre l'ashram, autant de façons d'agir de ces forces voulant perturber et retarder le travail. Mais ils persistèrent et, en 1936, la nouvelle conscience semblait être sur le point d'arriver.

La même année, la Mère lance, entre autres, la construction de Golconde et invite l'architecte tchéco-américain Antonin Raymond à le concevoir. Golconde a été reconnu comme le premier bâtiment moderne en Inde, ostensiblement construit pour les disciples de l'ashram. Pourquoi une telle entreprise à un moment aussi critique de leur sadhana ? S'agissait-il d'un essai pour autre chose ? Il se trouve qu'elle a même demandé à Raymond de préparer un plan de ville. Des années plus tard, elle en parlera comme d'un plan pour la première Auroville. Il est clair que tous deux s'attendaient à ce que la «connexion» se produise, et elle poursuivait les préparatifs de la ville modèle.

Que s'est-il passé ?

La sadhana de Sri Aurobindo avait maintenant touché le fond, le niveau subconscient, où les forces de résistance étaient particulièrement puissantes et toutes massées ensemble, non seulement à l'Ashram mais aussi dans le monde. Hitler était rapidement en pleine ascension en Allemagne et prenait le pouvoir. Guernica avait été bombardée, provoquant une onde de choc dans toute l'Europe et, à la fin de l'année 1938, les choses semblaient s'acheminer vers une véritable catastrophe. Le monde n'est pas prêt pour une telle guerre, dit la Mère, il faut la retarder. Les dangers sont immenses, aussi immenses que les progrès de conscience en cours. La force supramentale avait commencé sa descente. Il avait la "queue" de la conscience maintenant, écrivait Sri Aurobindo à un proche disciple en mars 1937, mais pas encore la tête. Bien que le Supramental n'avait pas besoin de protection, il devait encore veiller sur l'ashram et, bien sûr, sur la Mère, car les forces adverses étaient devenues particulièrement difficiles et actives. Mais il avait négligé sa propre protection physique, et en novembre, l'adversité frappe. Sri Aurobindo fait une chute soudaine et se casse la jambe, et le travail est apparemment interrompu.

La Seconde Guerre mondiale éclata quelques mois plus tard et l'attention de Sri Aurobindo, ainsi que celle de la Mère, se déplaça immédiatement. Le projet fut mis de côté, la ville apparemment oubliée. Ce n'est que plus tard que l'on apprendrait leur l'action pendant la guerre, à travers l'histoire de John Kelly, un soldat de cette guerre, et par les lettres et les entretiens avec ses disciples au cours de ces années.

Vaincre Hitler était de la plus haute importance, quoi qu'en aient pensé Subhash Chandra, Bose ou Gandhi. Sri Aurobindo a apporté ouvertement son soutien aux forces alliées et exhorta les autres à suivre son exemple. Son soutien choqua de nombreux dirigeants et suscita même de vives critiques de la part de certains de ses disciples. L'Inde luttait pour sa propre liberté, comment pouvait-il, en tant que l'un des précurseurs de la lutte pour la liberté, proposer un tel soutien ? Proposaient-ils de soutenir Hitler ? demandait Sri Aurobindo en retour. Comprenaient-ils les implications ? Si Hitler réussissait, il n'y aurait plus d'espoir pour la liberté de l'Inde, ni pour beaucoup d'autres nations encore sous domination coloniale.

«Si les puissances totalitaires l'emportent, il y aura en effet un nouvel ordre mondial, qui sera peut-être en fin de compte une unification, mais ce sera un nouvel ordre fondé sur la force brute, la répression et l'exploitation... Il ne faut pas penser qu'il s'agit d'une lutte de certaines nations contre d'autres, ou même pour l'Inde... Il s'agit d'une lutte pour la liberté de l'humanité de se développer, pour des conditions dans lesquelles les hommes ont la liberté et l'espace de penser

et d'agir selon la lumière qui les habite et de grandir dans la vérité, dans l'Esprit. Il n'y a pas le moindre doute que si ce camp l'emporte, ce sera la fin de toute liberté et de toute espérance de lumière et de vérité... [6]»

"La liberté, l'égalité et l'unité sont les attributs éternels de l'Esprit», a écrit Sri Aurobindo dans *L'idéal de l'unité humaine*, toutes les trois étant une condition préalable au développement de la conscience. Personne n'a plus entendu parler de la ville modèle, jusqu'à bien plus tard. Mais le travail n'a jamais cessé, même s'il était invisible aux yeux de la plupart.

Tout au long de sa réclusion, Sri Aurobindo resta étroitement informé sur le mouvement pour la liberté, mais il refusa d'intervenir directement son travail s'étant déplacé dans une autre sphère. Voici un bref extrait d'une conversation avec le très jeune disciple A.B. Purani, encore indécis sur le fait de savoir s'il devait travailler pour un mouvement révolutionnaire visant à libérer l'Inde ou suivre la voie du yoga :

"Il ne sera peut-être pas nécessaire de recourir à l'activité révolutionnaire pour libérer l'Inde», a-t-il déclaré.
«Mais sans cela, comment le gouvernement britannique peut-il quitter l'Inde ? lui demandai-je.
«C'est une autre question ; mais si l'Inde peut être libérée sans activité révolutionnaire, pourquoi devriez-vous exécuter le plan ? Il vaut mieux se concentrer sur le yoga - la pratique spirituelle», répondit-il...
«Mais même en supposant que j'accorde une plus grande importance à la Sadhana... ma difficulté réside dans le fait que je ressens intensément que je dois faire quelque chose pour la liberté de l'Inde.»

> *Sri Aurobindo resta silencieux pendant deux ou trois minutes. «Supposons que l'on vous donne l'assurance que l'Inde sera libre ?*
> *«Qui peut donner une telle assurance ?» Je sentais l'écho du doute et du défi dans ma propre question.*
> *«Supposez que je vous donne l'assurance ?»*

Malgré cela, Sri Aurobindo déclina plusieurs appels de Nehru, Gandhi et Tagore pour reprendre la tête du mouvement, allant jusqu'à réprimander ses propres disciples d'avancer de telles idées dans un journal de l'ashram.

> *Je dois insister pour que les derniers mots, «jusqu'à ce que nous nous confiions à quelques Rishis parmi les dirigeants», soient supprimés... Il est évident que les yeux de vos lecteurs se tourneront immédiatement vers Pondichéry et considéreront qu'il s'agit d'une revendication pour ma nomination, soit à la place si dignement occupée par C.R., ou à la place similaire admirablement occupée par Nehru. Fini donc le «Rishi»*[7].

Cependant, bien avant que les émeutes entre hindous et musulmans n'éclatent, il pouvait constater que l'utilisation par Gandhi du principe communautaire était dangereuse et conduirait non seulement à une fissure entre les Hindous et les Musulmans que les Britanniques utiliseraient pour diviser, mais aussi creuserait le fossé entre les castes Hindoues et les Harijans. Outre sa prise de position publique en faveur des forces alliées lors de la Seconde Guerre mondiale, il lance un autre appel public, cette fois-ci pour demander un soutien à la proposition de Cripps en faveur d'un statut de dominion indivis pour l'Inde. Cette proposition Gandhi et Nehru la rejetèrent, car elle comportait de graves défauts. Bien qu'il en soit conscient, Sri Aurobindo continua de défendre la proposition, envoyant même des télégrammes à plusieurs dirigeants pour leur demander de résister à la partition et de trouver une solution. : «RÈGLEMENT INDE GRANDE-BRETAGNE URGENT... GRAVE PERIL MENACANT LE FUTUR DE L'INDE. N'Y A-T-IL AUCUN CHEMIN TOUT EN SE RÉSERVANT LE DROIT DE RÉPUDIER RESISTER A LA PARTITION »[8].

Son appel fut rejeté par Gandhi et d'autres, qui se demandèrent pourquoi il intervenait mais l'urgence de Sri Aurobindo provenait manifestement d'une connaissance préalable. Car au-delà des lacunes évidentes de la proposition, il y avait une inquiétude bien plus grande, la possibilité d'un conflit continu, d'un durcissement de la division religieuse, le danger d'une manipulation continuelle par des puissances extérieures et des souffrances sans fin de part et d'autre. Tout cela appartient désormais à l'histoire, mais n'a pas été bien compris à l'époque.

Sri Aurobindo vécut néanmoins pour voir une réalisation majeure. « Le 15 août 1947 est l'anniversaire de l'Inde libre. Cela marque pour elle la fin d'une ère ancienne, le début d'une nouvelle ère », a-t-il déclaré dans une radio All India peu connue diffusé à la nation ce jour-là. La journée du 15 août marquait également son propre anniversaire.

> *Je me réjouis naturellement qu'il ait pris une telle importance. Je considère cette coïncidence... comme la sanction et le sceau de la force divine qui guide mes pas. En effet, en ce jour, je peux observer presque tous les mouvements mondiaux que j'espérais voir s'accomplir de mon vivant, bien qu'ils me paraissaient alors comme des rêves irréalisables, arrivant à maturité ou en voie d'accomplissement.*

Le message a été connu sous le nom des Cinq Rêves. Le premier rêve était celui d'un mouvement révolutionnaire qui créerait une Inde libre et unie. *L'Inde est aujourd'hui libre, mais elle n'a pas atteint l'unité... l'ancienne division communale entre hindous et musulmans semble s'être durcie pour devenir une division politique permanente du pays... si elle perdure, l'Inde risque d'être sérieusement affaiblie, voire paralysée ... Il ne doit pas en être ainsi ; la partition doit disparaître. Espérons que cela se fera naturellement, par une reconnaissance croissante de la nécessité non seulement de la paix et de la concorde, mais de l'action commune ... C'est ainsi que l'unité pourra enfin se réaliser sous quelque forme que ce soit... Le deuxième rêve est celui de la résurgence de l'Asie, le troisième celui d'une union mondiale libre où «le nationalisme se sera accompli et aura perdu son militantisme»* [9], et permettra à un esprit d'unité de s'emparer du monde. Cela correspondrait à son tour au quatrième rêve, celui de la contribution spirituelle de l'Inde au monde. Le cinquième et dernier rêve était celui d'une nouvelle étape dans l'évolution de la conscience.

Ces rêves étaient en fait des visions d'un monde nouveau : politiquement, socialement, spirituellement, car il voyait dans la liberté de l'Inde un pivot évolutif pour l'humanité. Sri Aurobindo est décédé deux ans plus tard, le 5 décembre 1950. Quelques semaines avant sa mort, il ajoute un dernier segment à son poème épique Savitri :

> *Même s'il semble l'abandonner à ses seules forces,*
> *Même quand tout lâche et tombe et voit la fin...*
> *Même sur un dernier bord où seule la Mort semble proche*
> *Et nulle force humaine ne peut aider ni empêcher.*
> *Point ne t'avise d'intercéder près de la Volonté cachée,*
> *Ne t'impose pas entre son esprit et la force de son esprit*
> *Laisse-la à la grandeur de son moi et au Destin* [10].

Il laissait maintenant son travail entre les mains de la Mère. La descente supramentale restait à accomplir, le dernier passage difficile à franchir. *Par un masque doré est couverte la face de la Vérité ; Tu l'enlèveras, ô Evoluteur, pour la loi de la Vérité, pour la vision* »[11].

Plongeant dans les lignes de l'Isha Upanishad, Sri Aurobindo avait rédigé des interprétations intitulées *La Vie Divine*, avant la publication de l'*Arya*. La *loi de la vérité* était-elle la prochaine étape de la conscience ? L'*Arya* avait exposé sa philosophie et son yoga en partant des Védas et de la connaissance que, derrière les apparences de l'univers, se cachait une réalité plus grande ; jusqu'aux différentes gammes de l'Être et de la Conscience, qui étaient voilées dans l'état actuel du monde. Cependant, cette conscience voilée était involuée dans la matière terrestre, et l'évolution était la méthode par laquelle elle pouvait être libérée dans la vie et le mental. Mais elle attendait une libération de conscience encore plus grande, le Supramental. La prochaine étape de l'évolution était alors le développement du Supramental et de l'Esprit comme pouvoirs directeurs de l'être conscient. Le yoga intégral était en fait son processus concentré et accéléré. Et «intégral» parce qu'il incluait l'expérience des différentes voies du yoga : la connaissance, la bhakti, le travail et la tapasya physique, dans une évolution qui aboutissait à une nouvelle position de la vie humaine au-delà des divisions, son Unité fondée sur la Vérité.

Sri Aurobindo avait décrit le Supramental tout simplement comme une «*conscience et un pouvoir différents, au-delà de la limite mentale*»[12] et «*essentiellement, une Conscience de Vérité, libérée de l'ignorance dans laquelle patauge l'humanité actuelle* »[13].

Est-ce pour cela qu'il était si nécessaire de l'ancrer avant de commencer la ville modèle ? Voyons l'explication de la Mère :

> *Au-dessus du mental, il y a plusieurs niveaux d'existence consciente, parmi lesquels le monde réellement divin que Sri Aurobindo a appelé le Supramental, le monde de la Vérité... Seule la descente directe de la Conscience et du Pouvoir supramentaux peut totalement recréer la vie dans les termes de l'Esprit* [14].

C'était le pouvoir qu'elle recherchait depuis le début...

Après le décès de Sri Aurobindo en 1950 La Mère a continuée à tirer le fil de la Conscience que Sri Aurobindo avait attrapé. Le travail est descendu plus profondément, au niveau cellulaire, parfois physiquement exigeant, parfois semé de graves résistances occultes qu'il fallait traverser. Mais en 1953, elle partagea une nouvelle cosmique stupéfiante.

> *Il y a, dans l'histoire de la terre, des moments de transition où les choses qui ont été pendant des millénaires doivent céder la place à celles qui sont sur le point de paraître... Or, nous sommes précisément à un de ces tournants de l'histoire universelle... Une grande conscience lumineuse plane au-dessus de la terre et produit une sorte de remous dans*

son atmosphère. Tous ceux qui sont ouverts reçoivent une vague de ce remous, un rayon de cette lumière et, selon leurs capacités, ils essayent de lui donner une forme [15].

Quelques mois plus tard, en 1954, elle rédige un texte compact qui sera connu sous le nom de « Un Rêve».

Il devrait y avoir quelque part sur la terre un lieu dont aucune nation n'aurait le droit de dire : « Il est à moi » ; où tout homme de bonne volonté ayant une aspiration sincère pourrait vivre librement comme un citoyen du monde et n'obéir qu'à une seule autorité, celle de la suprême vérité ; un lieu de paix, de concorde, d'harmonie, où tous les instincts guerriers de l'homme seraient utilisés exclusivement pour vaincre les causes de ses souffrances et de ses misères, pour surmonter ses faiblesses et ses ignorances, pour triompher de ses limitations et de ses incapacités ; un lieu où les besoins de l'esprit et le souci du progrès primeraient la satisfaction des désirs et des passions, la recherche des plaisirs et de la jouissance matérielle. Dans cet endroit, les enfants pourraient croître et se développer intégralement sans perdre le contact avec leur âme ; l'instruction serait donnée, non en vue de passer des examens ou d'obtenir des certificats et des postes, mais pour enrichir les facultés existantes et en faire naître de nouvelles. Dans ce lieu, les titres et les situations seraient remplacés par des occasions de servir et d'organiser ; il y serait pourvu aux besoins du corps également pour tous, et la supériorité intellectuelle, morale et spirituelle se traduirait dans l'organisation générale, non par une augmentation des plaisirs et des pouvoirs de la vie, mais par un accroissement des devoirs et des responsabilités. La beauté sous toutes ses formes artistiques, peinture, sculpture, musique, littérature, serait accessible à tous également — la faculté de participer aux joies qu'elle donne étant limitée uniquement par la capacité de chacun et non par la position sociale ou financière. Car dans ce lieu idéal, l'argent ne serait plus le souverain seigneur ; la valeur individuelle aurait une importance très supérieure à celle des richesses matérielles et de la position sociale. Le travail n'y serait pas le moyen de gagner sa vie, mais le moyen de s'exprimer et de développer ses capacités et ses possibilités, tout en rendant service à l'ensemble du groupe qui, de son côté, pourvoirait aux besoins de l'existence et au cadre d'action de chacun. En résumé, ce serait un endroit où les relations entre êtres humains, qui sont d'ordinaire presque exclusivement basées sur la concurrence et la lutte, seraient remplacées par des relations d'émulation pour bien faire, de collaboration et de réelle fraternité.

La terre n'est pas prête pour réaliser un semblable idéal, parce que l'humanité ne possède pas encore la connaissance suffisante pour le comprendre et l'adopter, ni la force consciente indispensable à son exécution ; et c'est pourquoi je l'appelle un rêve. Pourtant, ce rêve est en voie de devenir une réalité ... [16]

Elle attendait encore que *l'indispensable force consciente* fasse son entrée sur terre. Qui d'autre soupçonnait la présence d'une conscience lumineuse planant au-dessus de la terre ou de ses tourbillons spiralés ? Certainement pas nos yeux humains ordinaires. Pourtant, elle affirmait avec assurance que ce «rêve» était déjà en préparation à l'ashram et qu'un jour, ce rêve : *pourra un jour être présenté au monde comme un moyen pratique et efficace de sortir du chaos actuel, pour naître à une vie nouvelle plus harmonieuse et plus vraie...*[17]

Quelque chose était imminent, bien qu'entièrement invisible, car peu de temps après, elle faisait circuler un message : *La Force est là, elle attend de se manifester. Nous devons découvrir les nouvelles formes par lesquelles elle peut se manifester.* Avec Sri Aurobindo, elle avait mis en place un laboratoire d'évolution, rien de moins, et se préparait maintenant à un changement, littéralement, à changer les mondes. Il y avait une accumulation croissante de pouvoir intérieur, une intensification de l'aspiration pour la terre, une endurance inébranlable et un besoin si impératif, si libre de toute peur que rien ne pouvait plus résister. Un an et demi plus tard, en 1956, elle donne un indice dans son message du Nouvel An :

> *Les plus grandes victoires sont celles qui font le moins de bruit. La manifestation d'un monde nouveau ne s'annonce pas à coups de tambour.*

L'année 1956 était une année bissextile. Le 29 février, cela s'est produit tranquillement au cours d'une méditation du soir à l'Ashram. Faisant écho à l'Isha Upanishad, elle a parlé d'une porte massive et dorée qui séparait le monde matériel du Divin. Le moment était venu de l'ouvrir. Cette «action» spirituelle capitale elle devait enfin l'accomplir et alors qu'elle brisait en morceaux la porte d'or qui séparait les deux mondes, la lumière, la force et la conscience supramentales pénétrèrent dans l'atmosphère terrestre en un flux ininterrompu.

...*C'est un monde nouveau qui est né, né, né. Ce n'est pas l'ancien qui se transforme, c'est un monde nouveau qui est né...* [18].

Pouvons-nous «croire» à tout cela avec nos perceptions habituelles ? Car ici nous nous trouvons enfin à un degré plus loin que notre limite mentale, à un seuil de vérification qui ne s'acquiert que par l'expérience, la foi et, finalement, par des preuves visibles.

Bien des années auparavant, en 1914, alors que la Première Guerre mondiale faisait rage dans les tranchées, elle avait fait une promesse, notée dans son journal, quelques semaines après le lancement de l'*Arya*.

> *Une Lumière nouvelle poindra sur la terre.*
> *Un monde nouveau naîtra.*
> *Et les choses promises seront accomplies* [19].

En écho à cela, La Mère fit une déclaration publique :

> *Une lumière nouvelle point sur la terre,*
> *Un monde nouveau est né,*
> *Et les choses promises sont accomplies* [20].

Elle avait tenu sa promesse.

Leur travail commun avait toujours été un effort constant, inébranlable, uni, tourné vers la terre, sans fanfare ni proclamation ostentatoire de victoire. Maintenant que la nouvelle conscience était sur terre, dans son *atmosphère physique subtile*, il fallait la mettre en œuvre dans tous les détails de la vie.

La phase suivante l'a plongée plus avant au niveau cellulaire. *Chaque fois qu'un nouvel élément est introduit ... il provoque ce que l'on peut appeler un «déchirement des limites»*, disait-elle en 1956.

> « Il est évident que la perception scientifique moderne est beaucoup plus proche de quelque chose qui corresponde à la réalité universelle que les perceptions de l'âge de pierre, par exemple ; ça ne fait pas l'ombre

d'un doute. Mais cela même va se trouver tout d'un coup complètement dépassé et probablement bouleversé par l'intrusion de quelque chose QUI N'ÉTAIT PAS dans l'univers que l'on a étudié… », « Ce changement, cette transformation brusque de l'élément universel, va amener très certainement une sorte de chaos dans les perceptions, d'où surgira une connaissance nouvelle… [21]

Cette nouvelle substance, répandue à travers le monde, *avait une chaleur, une puissance, une joie si intenses… qu'un seul instant, un seul élan d'amour profond et vrai, une seule minute de cette compréhension qui se trouve dans la Grâce divine, vous mène beaucoup plus près du but que toutes les explications possibles* [22].

Son corps se répandait partout, devenait omniprésent, alors que cette nouvelle substance se répandait comme une contagion partout, imprégnant tout : une montagne, une rivière, une maison. Mais ces expériences cellulaires ne pouvaient pas encore être expliquées ou comprises avec des mots. Elle a fait l'expérience d'immenses réseaux superposés sur la terre, avec des points lumineux partout où elle devenait consciente. Le corps physique était un continuum physique du monde, une partie de l'unité que le monde était déjà, spontanément et constamment. Les lois changeaient, et continueraient à changer.

L'un des tout premiers résultats de la manifestation supramentale a été de donner au corps une liberté et une autonomie qu'il n'avait jamais connues… – c'est un phénomène nouveau dans le corps, dans les cellules du corps. Les cellules elles-mêmes ont senti pour la première fois qu'elles étaient libres, qu'elles avaient un pouvoir de décision… une vibration toute nouvelle, et les désordres se réparent…[23] qui pourrait, par exemple, être lu soit comme une mauvaise nouvelle pour l'industrie médicale, soit une percée dans le domaine de la connaissance scientifique.

La nouvelle conscience offrait des possibilités stupéfiantes pour l'existence humaine. Mais malgré les connaissances scientifiques disponibles, tout cela restait assez difficile à comprendre. Il s'agissait encore d'une période de transition, *Et nous sommes en plein dans cette période de transition où les deux s'enchevêtrent ; où l'autre persiste, encore tout-puissant et dominant entièrement la conscience ordinaire, mais où le nouveau se faufile, encore très modeste, inaperçu… Mais tout cela, c'est l'avenir ; c'est un avenir… qui a commencé, mais qui prendra un certain temps pour se réaliser intégralement* [24].

Lors d'une discussion nocturne avec des étudiants, le 10 juillet 1957, sur ce qu'implique la transition de l'«ancien» monde au nouveau, la Mère a rappelé que Sri Aurobindo avait décrit le «vieux monde» comme une création du surmental, l'âge des dieux, et par conséquent des religions, des nations, avec tout le bagage social, moral et politique qu'elles impliquaient. Au sommet du surmental se trouve l'idée de l'unité de toutes les religions. Mais pour saisir réellement la conscience supramentale, un «renversement» était nécessaire pour connaître et reconnaître le monde entier comme une unité divine se manifestant sous de nombreuses formes. Cependant, tout cela a créé une grande confusion, surtout pour ceux qui étaient habitués à des méthodes plus traditionnelles de l'étude des œuvres de Sri Aurobindo et du yoga. Mais maintenant que la nouvelle conscience se manifestait dans l'atmosphère terrestre, les règles du jeu changeaient. L'unité et la multiplicité étaient maintenant actives au niveau cellulaire, au niveau universel, d'où les choses pouvaient vraiment commencer à changer. *"L'unité n'était plus un phénomène individuel,* confirmerait-t-elle, *mais le champ d'une «unité innombrable».* Il n'y avait plus de processus fixe, ni de méthode unique. L'effet de la contagion supramentale allait être multiple et infiniment varié. Il fallait maintenant quelque chose de plus que l'Ashram pour faire avancer les choses. Une sorte de terrain d'essai, où les gens seraient prêts à tester et à être testés par un Rêve. Littéralement, une cellule vivante de toute l'humanité, une ville modèle... En 1965, quelqu'un demanda à la Mère :

Q : Qui a pris l'initiative de la construction d'Auroville ?
R : Le Seigneur Suprême [25].

Si elle était enfin prête à commencer la construction de la ville «modèle», c'est que quelque chose avait dû se passer. L'année dernière, avait-elle dit en juillet 1957, *"lorsque je vous ai annoncé la manifestation de la conscience, de la lumière et de la force supramentales, j'aurais dû ajouter qu'il s'agissait d'un événement précurseur de la naissance d'un monde nouveau.* [26]» Un an plus tard, elle est confiante. *"Cette nouvelle réalisation suit son cours avec une rapidité foudroyante* »[27]. Si les choses continuent d'évoluer à cette vitesse, ajouta-t-elle, il est plus que possible que Sri Aurobindo avait raison : *La conscience supramentale entrera dans une phase de réalisation de sa puissance en 1967* [28].

L'année 1967 fut très active, car Auroville démarra en février 1968.

Le monde a-t-il perçu cette force nouvelle et stupéfiante qui imprègne l'atmosphère ? Les gros titres des journaux passent généralement à côté de ce genre de choses. Pourtant, ce nouvel élément invisible s'était infiltré dans le monde comme une contagion, se glissant sous notre peau, dans notre cœur, dans notre esprit, à l'intérieur même de notre respiration. Y a-t-il eu un impact immédiat, une réaction notable, alors que les années 1950 sortaient de la guerre et prenaient conscience d'une Asie et d'une Afrique libres ?

"*Les gens peuvent recevoir la descente sans s'en rendre compte*», avait écrit Sri Aurobindo à un disciple, "*et n'en ressentent que les résultats*" [29]. Les personnes qui étaient ouvertes, intérieurement prêtes et réceptives, sentiraient probablement la différence. Dans le monde entier, il y avait un nouveau souffle et avant que les gens ne réalisent ce qui se passait, les années 1950 ont basculé et les années 1960 firent irruption dans le monde comme un printemps. Le vent soufflait des réponses. C'était soudain une nouvelle époque dans le monde. Il y avait de nouvelles chansons et de nouvelles idées, de nouvelles aspirations et expériences étaient en vogue partout, de nouvelles conceptions, architectures, inventions et rêves. Une étrange euphorie juvénile se répandait à travers le monde. Puis, en janvier 1967, pour la première fois, les gens ont vu une image de la terre entière prise de l'espace, une planète bleu-vert nuageuse, d'une beauté absolue dans le grondement silencieux de l'espace. Il était évident que chaque être humain noir, blanc, brun ou jaune, appartenait à cette image. Une immense vague de liberté a déferlé sur les jeunes du monde entier, accompagnée de nombreux mouvements de liberté. Tout est devenu soudain planétaire ou mondial. Les gens ont commencé à voyager comme jamais auparavant, traversant le monde d'ouest en est et d'est en ouest. Des hommes ont débarqué sur la lune et les frontières ont commencé à se briser, littéralement. Les gens étaient à la recherche de nouvelles significations, d'émancipation, de nouvelles opportunités et franchissaient de nombreuses portes alors que l'idée d'une humanité commune sur une planète partagée commençait à s'affirmer pour la première fois, même de manière imparfaite.

Dans sa petite chambre de Pondichéry, la Mère était occupée à chercher un terrain pour la *ville modèle*, maintenant que la «connexion» était faite. *"Est-il possible de trouver un endroit où l'embryon ou la graine du futur monde supramental pourrait être créé* [30] *"* ?

Le plan que Raymond avait élaboré pour elle vers 1938 n'était plus adéquat. Elle cherchait de nouvelles formes, peut-être même un nouvel architecte, car elle ne reprit pas contact avec Raymond. *C'est le concept d'une ville idéale ... Cela suppose une sorte de perfection, une sorte d'unité ... et forcément une beauté exceptionnelle et une harmonie totale.*

La descente de la nouvelle conscience accélérerait les choses, avait dit Sri Aurobindo, mais elle n'offrirait pas de solutions toutes faites. Plutôt, elle rendrait les choses possibles. Ce dont Mère avait besoin maintenant, c'était d'une poignée de terre, où cette force pourrait être ancrée consciemment, un endroit juste assez grand pour permettre une expérience évolutive à part entière.

Les années 1960 battaient leur plein, avec leur grand élan de liberté qui a vu les hippies surgir partout, des mouvements pour les droits civiques, des mouvements féministes, des mouvements étudiants et des manifestations contre la guerre. Les danseurs et les athlètes battaient des records, des hommes marchaient sur la Lune et un mouvement écologiste en plein essor commençait à recueillir du soutien. Pourtant, l'époque n'était pas sans difficultés. Une force égale semblait prête à engloutir cette liberté et son éventail de possibilités. La liberté est devenue complaisante, son euphorie de bien-être dépendant trop souvent de drogues qui dissipaient la poussée d'énergie puissante dans sa brume. Au cours des décennies suivantes, le monde a commencé à connaître une augmentation de la violence, de la criminalité et des guerres secrètes. Une politique de domination se développait en filigrane, de même que la manipulation des économies. Le monde qui avait ouvert tant de portes commençait à revenir à la routine et à consolider de nouvelles hégémonies. Quelques décennies plus tard, un réseau virtuel allait engloutir la terre, mais ne la libérerait pas.

Il y avait un sentiment d'urgence, la *ville modèle* devait s'enraciner sans tarder avant que la nouvelle conscience ne se dissipe sans avoir été utilisée, ou qu'elle ne soit obligée de se cacher. " *Il faudrait donc déjà… concevoir un Pouvoir suffisant pour, à la fois, qu'il soit une protection contre l'agression ou la mauvaise volonté… et une protection contre l'infiltration, le mélange… c'est-à-dire pour empêcher que ce noyau retombe dans une création inférieure…* [30] Le danger d'une nouvelle force entre de mauvaises mains était également réel. *La confusion qui existe à présent sur la terre n'est rien en comparaison de ce qui pourrait arriver… Si le sens de l'unité collective ne croissait pas en proportion* [31] *…*

Malgré tous ces défis, la naissance de la ville idéale n'était pas compromise. Au contraire, elle devait être fondée par la loi de sa propre vérité : celle d'une grande beauté et d'une unité dans le monde.

Le terrain restait à trouver. Quelque part, pas très loin, un plateau inconnu de terre rouge et desséchée attendait que le vent commence à tourner. Il attendait d'être découvert pendant que différents sites étaient explorés au cours des années suivantes. Finalement, en 1965, un endroit fut identifié, près de Pondichéry, à l'écart de la route de Madras, au sommet d'une colline, un plateau aride balayé par le vent. C'était Ça ! La Mère était ravie. «*Tu as entendu parler d'Auroville ?*» demanda-t-elle en juin 1965. «*Pendant longtemps, j'avais eu un plan de la «ville idéale»...*[32]»

L'étape suivante consistait à trouver un architecte capable de préparer un nouveau modèle pour la ville. Elle avait déjà écrit à Roger Anger, un architecte français qui visitait l'Ashram depuis quelques années. Bien que Roger admirât Le Corbusier en tant que figure conceptuelle majeure de l'époque, il recherchait quelque chose de moins austère et de moins brutal. La Mère l'avait remarqué lorsque Roger revint d'un voyage à Chandigarh, quelque peu déçu, ayant envie de faire quelque chose de différent. Une fois le terrain identifié, elle écrivit à Roger. Elle avait une ville à construire, était-il intéressé ? Roger accepta immédiatement. Ravie, la Mère lui répondit le 30 mars 1965 : «*J'ai toujours su que tu étais l'homme de la situation*».

Avant même que Roger n'arrive pour la rencontrer, elle avait élaboré ses plans dans les moindres détails. Pour commencer, elle lui a donné une idée conceptuelle de la ville avec un dessin qui indiquait une zone centrale et quatre sections, les zones culturelle, internationale, industrielle et résidentielle, ainsi que des zones intermédiaires superposées se chevauchant. Elle avait déjà imaginé les détails de chaque zone, leur relation au sein de la ville et avec le reste du monde, les personnes qui s'occuperaient des différents aspects du travail. Elle avait aussi pensé aux problèmes. L'eau, elle le savait déjà, était la plus grande difficulté et la plus longue à résoudre, et il faudrait sans doute la faire monter de la mer. En tenant compte de tous ces éléments elle allait de l'avant avec sa ville. Ce serait une expérience à tous les niveaux. Après sa rencontre avec Roger, il lui a présenté un premier rapport sur lequel elle fit part de ses commentaires et le travail commença sur les modèles architecturaux dont la mise au point a duré plus de trois ans.

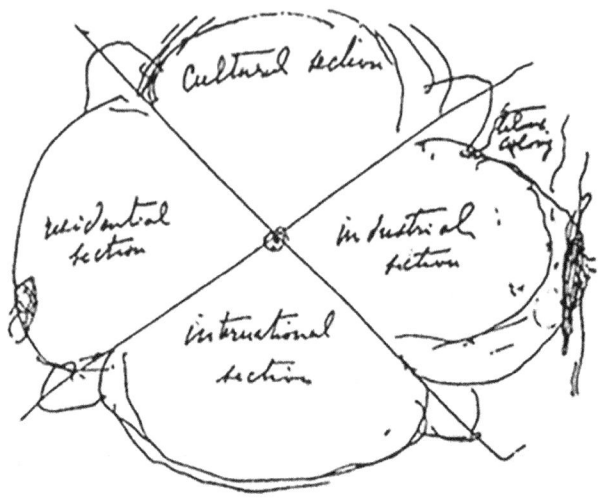

Le projet *a passionné Roger et a retenu toute son attention. Il a fini par l'absorber totalement* [33].

Roger commença à faire la navette entre Paris et Auroville en lui apportant les modèles qu'il développait afin de recevoir des commentaires et de discuter des différents aspects et besoins de la ville. A cette époque, Roger avait une quarantaine d'années, architecte bien connu, avec plusieurs grands projets et prix à son actif, et une carrière bien remplie et couronnée de succès. Ici, il travaillait sans rémunération, parfois en apportant ses propres fonds pour le projet et en faisant venir son équipe de Paris pour qu'elle comprenne le projet et le contexte. Auroville le fascinait, «*une expérience psychologique, sociale, éducative et architecturale totalement inédite*[34]"». Roger a d'abord proposé un modèle rectangulaire élaboré, qui a été rejeté, et un autre hexagonal dont il n'était pas lui-même satisfait. La Mère attendait que quelque chose d'autre émerge.

En avril 1966, elle semble satisfaite d'un modèle qui sera connu sous le nom de «Nébuleuse», qui met Roger sur la bonne voie. Il s'agit d'un plan concentrique avec deux anneaux, une grille fixe et des avenues droites. Il semble avoir capturé son ancienne formation basée sur son plan antérieur reflétant son symbole sur lequel Raymond avait travaillé, mais son dessin conceptuel, avec les quatre zones, était différent, elle voulait quelque chose d'autre et Roger continua à travailler sur le plan pour s'affranchir de la grille fixe.

Bien que la Mère était satisfaite de la direction prise par le modèle de la nébuleuse, et l'a même utilisé pour une première brochure de collecte de fonds, il est important de noter que ce modèle ne fut pas son choix final. Roger a continué à travailler jusqu'à ce que la Nébuleuse se libère et parte en vrille. Elle avait maintenant un certain nombre de bras courbés, sur un gradient que l'on a appelé les lignes de force. Les lignes de force ont été introduites pour assurer le mouvement en spirale qu'elle recherchait, ainsi que la densité proposée, mais ce n'était pas encore tout à fait au point. Il devait s'ouvrir davantage pour permettre un meilleur équilibre entre les densités hautes et basses et accueillir cinquante mille personnes.

Un autre modèle fut présenté à la fin de l'année 1967. Il s'agissait d'une conception élégante et futuriste, appelé Macrostructure, qui présentait deux lignes de force se faisant face en son centre. Les dessins qui accompagnaient ce modèle comportaient une ceinture périphérique marquée Zone Agricole, un précurseur évident de la Ceinture Verte, principalement pour produire suffisamment de nourriture pour la ville et pour créer un tampon vert.

Une fois de plus, elle suggéra des modifications afin que la vue sur le centre ne soit pas obstruée. Personne ne savait ce que deviendrait le centre, ni pourquoi il était si important pour la ville.

Aurofuture, le bureau d'urbanisme, avait été installé en face du bâtiment principal de l'Ashram et Roger faisait des allers-retours entre Paris et Pondichéry plusieurs fois par an. La Mère avait également été ravie d'apprendre qu'un membre de l'équipe de Roger, qui avait de nombreux contacts avec les pays communistes, avait été recruté pour travailler sur le projet et était ravi. C'est précisément ce qu'elle voulait voir se passer à Auroville : la possibilité pour des pays en conflit de construire un pavillon à Auroville et de travailler ensemble en collaboration. La raison de cela a une source intéressante : un message qui a circulé moins d'un mois après la Manifestation Supramentale de février 1956 :

> *L'âge du Capitalisme et des affaires tire à sa fin. Mais l'âge du Communisme aussi va passer. Car le Communisme tel qu'il est prêché n'est pas constructif, c'est une arme de combat pour lutter contre la ploutocratie. Mais quand la bataille est terminée... Le Communisme, n'ayant plus d'utilité, se transformera en quelque chose d'autre qui exprimera une plus haute vérité. Cette vérité, nous la connaissons et c'est pour elle que nous travaillons afin qu'elle puisse régner sur la terre*[35].

Encore une fois, il s'agit d'une vision hors du temps ordinaire, qui continue d'exister malgré tous les signes contraires. La ville modèle devait être un véritable champ de transformation, mais pour cela il fallait qu'elle soit réalisée dans sa totalité.

Après le *feedback* sur le modèle de la Macrostructure, Roger retourna à Paris pour donner une dernière impulsion au projet. Dans un entretien ultérieur, il se souvient de la grande joie et de l'inspiration qui se sont emparées de l'ensemble de l'équipe et au cours des dernières semaines ils passèrent à la vitesse supérieure, travaillant jour et nuit à l'élaboration du modèle final. Les idées fusaient avec beaucoup de clarté et de simplicité tandis que tout se mettait en place. L'équipe était comme guidée. Le modèle comportait désormais quatre zones qui se chevauchaient et qui étaient maintenues par un anneau intérieur. Il retourna en Inde avec le modèle en janvier 1968. La mère l'approuva. Quelques mois plus tard, il reçut un sobriquet : le modèle de la Galaxie, qui surprit même Roger.

Cela s'est produit après que quelqu'un ait montré à Mère une photo de la NASA. " *Tu connais cette photographie de la galaxie ? Elle est très jolie. Et l'un des projets d'Auroville est presque identique, et ils l'ont fait sans voir la photo de la galaxie...*[36]" De telles images, après tout, commençaient tout juste à être accessibles au monde. Le tourbillon lumineux de conscience qu'elle avait vu s'élever en spirale au-dessus de l'atmosphère de la terre avait laissé sa signature sur le modèle. Un tournant de l'histoire du monde avait été ancré, un chemin s'était ouvert dans l'inconnu pour un saut dans l'avenir.

Notes de fin
1 Sri Aurobindo, La vie divine, p. 897.
2 Sri Aurobindo, Letters on Himself and the Ashram, CWSA, Vol. 35, p.328.
3 L'Agenda de Mère, Vol. 1, 19 Mai 1959
4 Sri Aurobindo, Letters on Himself and the Ashram, CWSA, Vol. 35, p.336.
5 L'Agenda de Mère, Vol. 1, 19 Mai 1959
6 Sri Aurobindo, Autobiographical Notes, CWSA, Vol. 36, p. 460.
7 Idem, pp. 520-21.
8 Idem, pp. 470-71.
9 Idem.
10 Sri Aurobindo, Savitri, Livre 6, Chant 2,

11 Sri Aurobindo, Isha Upanishad, CWSA, Vol. 17, 2003, p. 9.
12 L'Agenda de Mère, Vol. 9, 27 juillet 1968.
13 Idem.
14 La Mère, Entretiens 1929-31, p. 196.
15 La Mère, Education. 82
16 Idem. P.104
17 La Mère, Education. 104
18 La Mère, Entretiens, Vol. 9, p. 167.
19 La Mère, Prières et méditations, 25 septembre 1914
20 La Mère, Paroles de la Mère 3, p.107.
21 L'Agenda de Mère, vol 3, 29 septembre 1962
22 La Mère, Entretiens, 14 Mai 1958
23 L'Agenda de Mère, vol 1, 17 octobre 1957
24 La Mère, Entretiens, Vol. 9, 10 juillet 1957.
25 Mère Paroles de la Mère, vol 14, p.203
26 «Vers le 29 février 1960», Mother India, Special Supplement, Pondichéry : Aurobindo Ashram Trust, février 1960, p. 20.
27 Idem, pp. 25-26.
28 Idem.
29 Sri Aurobindo, Letters on Yoga II, CWSA, Vol. 29, Pondicherry: Sri Aurobindo Ashram Trust, 2013, p. 337.
30 L'Agenda de Mère, Vol. 2,18 juillet 1961.
31 Paroles de la Mère vol III, 15 fevrier 1958
32 L'Agenda de Mère Vol. 6, 23 juin 1965.
33 Anupama Kundoo, Roger Anger: Research on Beauty, Jovis, Berlin: 2009, p. 111.
34 «Interview with Roger Anger, 1968», Auroville Architecture, Prisma Publications, 2011, p. 16.
35 L'Agenda de Mère, Vol. 1, 21 mars 1956.
36 L'Agenda de Mère Vol. 9, pp 112-13.

5

LA VILLE DU FUTUR

L'humanité n'est pas le dernier échelon de la création terrestre. L'évolution continue, et l'homme sera surpassé. À chacun de savoir s'il veut participer à l'avènement de cette espèce nouvelle. Pour ceux qui sont satisfaits du monde tel qu'il est, Auroville n'a évidemment pas de raison d'être [1].

Paroles de la Mère vol III sur Auroville.

La mère demanda à voir une carte du terrain choisi. Après l'avoir étudiée un moment, elle mit le doigt sur un point : la ville partira d'ici. Roger se rendit sur place et, en suivant ses indications sur la carte, se trouva devant un jeune banian qui se dressait seul dans un vaste désert rouge. Le banian devint le centre géographique d'Auroville, le point à partir duquel la ville trouverait ses repères physiques.

L'arbre a établi sa propre connexion avec la Mère, et lui a même envoyé un signal de détresse urgent. Elle dépêcha immédiatement quelqu'un pour voir ce qui n'allait pas pour constater qu'un clou avait été planté dans le tronc pour y accrocher une publicité. Surréaliste mais vrai. Les préparatifs de la ville commencèrent. Des brochures furent réalisées, la collecte de fonds commença, le soutien et l'enthousiasme ont commencé à affluer de différentes parties du monde. La création d'une ville soulève une foule de questions pratiques. Les fonds et les questions juridiques devaient être gérés par la Société Sri Aurobindo, créée en 1960, dont la Mère était la présidente, tandis qu'une infrastructure de base était préparée pour les personnes arrivant de toutes parts, souvent sans la moindre idée de pourquoi. C'était comme si une force intérieure les attirait, un lieu où quelque chose attendait de se produire.

Sous un banian solitaire, en juillet 1967, Pierre, jeune ingénieur en voyage dans le monde pour une année sabbatique, s'est entendu dire : C'est ici que ça va commencer, la ville du futur, un nouveau monde, et il se trouvait juste en son centre. Cela semblait un peu incongru. Son regard se porta sur le vaste plateau désert, jusqu'à l'horizon, sans presque rien en vue. Au-delà, il y avait la mer. Quel futur, se demandait-il. Quel nouveau monde ? De quoi parlaient-ils, au juste ? Mais déjà une petite graine avait été plantée et il savait qu'il reviendrait.

Ce jour-là, le jeune ingénieur n'avait plus rien à voir. Et même si les choses bougeaient en même temps, avec une rapidité foudroyante, tout était encore invisible. A un jeune disciple qui lui demandait si le rêve d'Auroville allait se réaliser, la Mère répondit : «*Le rêve heureux se réalisera*». L'aventure de la conscience interpelait les gens, partout dans le monde, de près ou de loin, de la manière la plus ingénieuse qui soit. Le pont vers l'avenir était fermement en construction.

En septembre 1965, la Mère fit circuler son premier message concernant Auroville :

> *Auroville veut être une cité universelle où hommes et femmes de tous pays puissent vivre en paix et en harmonie progressive au-dessus de toute croyance, de toute politique et de toute nationalité. Le but d'Auroville est de réaliser l'unité humaine* [2].

L'expression «s'efforcer de réaliser» était une tournure de phrase prophétique, l'effort se manifestant souvent, compte tenu des conditions physiques difficiles et de l'intransigeance des hommes. Il faut ajouter à cela les retards, les difficultés, des gens qui tombent malades, des egos qui s'enflamment, les malentendus et le désordre, se souvient Frederick, l'un des premiers résidents. Les gens se chamaillaient pour chaque détail, comme s'ils étaient en charge, s'amuse-t-il. Alors que le chaos régnait, *«Elle»*, comme on appelait la Mère, apaisait l'atmosphère, aidait les gens à surmonter les difficultés et faisait en sorte que le travail soit fait en coulisses. Elle surveillait tous les détails, écoutait les rapports et s'assurait que les choses continuaient à avancer sans ruptures.

Que dire sur le carton d'invitation ? Il y avait eu des discussions préalables sur ce que représentait Auroville. Une ville de paix, d'amour ? Elle se moquait d'eux car ni l'un ni l'autre ne pouvait tenir sans la Conscience de Vérité. On lui proposa aussi une fois une ville universitaire. À présent, elle semblait un peu irritée : ... mais on ne lui a pas demandé son conseil, on a fait l'invitation et on a mis : « The city of universel culture » [la cité de la culture universelle] [3].

La Culture Universelle fait écho à son premier message : *Le but d'Auroville est de réaliser l'unité humaine.* Cet objectif demeure et demeurera, aussi longtemps qu'il le faudra, que ce soit dans cent, cinq cents ou mille ans.

Aujourd'hui, l'unité est un mot à la mode. Tous les hommes politiques, toutes les entreprises, tous les gourous de l'Internet, tous les guérisseurs du Nouvel Âge et stars du rock ne jurent que par elle, pourtant le monde n'a jamais connu autant de divisions, de manipulations et de conflits. Encore confondue avec *l'uniformité et l'association mécanique*, tout ce qui s'écarte de l'uniformité acceptée, qu'il s'agisse d'une entreprise ou d'un groupe vert, devient facilement l'ennemi. Aujourd'hui, de nombreuses religions prolifèrent dans le monde : religions théistes, politiques, économiques, environnementales, militaires, toutes opposées les unes aux autres. Il s'agit d'une crise humaine de proportions exceptionnelles sans solution à portée de main.

Au fil des ans, la Mère a identifié trois raisons qui ont suscité le besoin d'une ville comme Auroville, la première dès 1966.

La première raison d'être d'Auroville

Regardant la course aux armements s'intensifier dans les années 1960 et la menace d'une autre guerre mondiale, alors même que les nations au pouvoir construisaient et amassaient de formidables moyens de destruction, la Mère dirait : *"… voyant tout cela, l'imminence de la catastrophe, il y a eu une sorte d'appel ou d'aspiration pour faire venir quelque chose qui puisse neutraliser au moins cette erreur* [4]*".* C'est ce que l'on appelle souvent la première raison d'être d'Auroville. Le mouvement de paix et d'amour des années 1960 se révélait déjà illusoire. *"Si (Auroville) elle pouvait éclore et se développer, le mouvement* même de sa croissance serait une réaction contre les conséquences catastrophiques de cette erreur de l'armement [5] ".

Cela semble naïf, n'est-ce pas ? Et pourtant, elle va plus loin : « Ce n'est pas une action matérielle, extérieure : c'est une action dans l'invisible [6]."

Et si Auroville ne se développait pas assez vite ? Et si les forces de résistance, de l'intérieur ou de l'extérieur, bloquaient le projet, et qu'Auroville se laissait emporter par d'autres choses ? L'esprit d'Auroville est essentiellement *l'art*, dira-t-elle, «*de faire une unité avec la complexité, une unité par l'harmonie de la complexité».*[7] Quelque chose qui était capable de détourner le courant destructeur du monde. Quelques mois après la naissance d'Auroville, en 1968, elle répétait encore *Auroville, comme Sri Aurobindo l'a dit, est un moyen pratique de créer une unité humaine qui serait assez forte pour lutter contre la guerre* [8]. Comme l'a dit Sri Aurobindo ? De toute évidence, il s'agissait d'une longue conversation continue.

La question vraiment troublante pour moi était la suivante : Comment un groupe de personnes comme nous, pleins d'opinions contradictoires et de niveaux de conscience douteux, y parviendrait-il ? Les choses évoluaient dans le monde à un rythme effréné. Voyait-elle déjà plus loin que nous, dans un élan évolutif plus grand qui s'accomplirait malgré nous, peut-être même à travers notre propre résistance ?

Quand Roger est-il revenu avec le modèle final de la galaxie ? ai-je demandé à Jacqueline lorsque je l'ai croisée au déjeuner. "C'est étrange que tu me demandes cela», s'étonna-t-elle surprise. Jacqueline avait été la compagne de Roger pendant ses années les meilleures et les plus difficiles à Auroville. " Il est revenu à la fin du mois de janvier 1968. Je l'ai trouvé dans ses papiers hier seulement. Mais le Matrimandir n'y figurait pas encore, il est arrivé plus tard."

C'est comme si la Mère avait attendu le modèle final avant de donner sa Charte à Auroville. *"Ah, maintenant, mettons-nous au travail»*, dit-elle à Satprem lorsqu'il vint la voir le 7 février. Satprem était un écrivain, l'un de ses disciples très proches, avec qui elle enregistrait des conversations sur son yoga évolutif et la conscience cellulaire, et occasionnellement, des sujets relatifs à l'Ashram et à Auroville. Ces conversations ont donné lieu à treize volumes, connus sous le nom de *L'Agenda de Mère* et d'autres livres comme *L'Aventure de la Conscience et Le mental des cellules.* *"Nous devons préparer la «Charte d'Auroville», lui annonça-t-elle ce jour-là* [9]. *Moi, je n'ai pas mis de solennités...,* l'avertit-elle joyeusement, *juste la chose juste.* Perchée sur un tabouret bas, elle déroula un grand parchemin sur le rebord de la fenêtre qui surplombait le samadhi de marbre où repose Sri Aurobindo. Elle écrivit avec un gros feutre, tout en parlant avec Satprem. Il s'agissait de son choix de mots et de son sens alors qu'elle notait les quatre points de la Charte d'Auroville. On aurait dit qu'elle les avait juste inventés. S'agissait-il d'idées aléatoires ou venaient ils d'une vision voulue ? *Ce n'est pas moi qui ai écrit tout cela...quand ça vient, c'est impératif, il n'y a pas de discussion ; je l'écris, je suis OBLIGÉE de l'écrire quoi que je fasse* [10]. L'inauguration de la ville eut lieu à peine trois semaines plus tard, elle aurait lieu dans la Zone de la Paix.

Dans la maquette finale que les gens verraient le jour de l'inauguration., la Zone de la Paix était encore vierge, à l'exception de quelques lignes sculpturales et d'un plan d'eau. Roger avait conçu un amphithéâtre au sud du banian, où les visiteurs viendraient pour la cérémonie d'inauguration. Il s'agissait à ce moment-là d'un large théâtre circulaire, taillé dans la terre rouge. En son centre, se trouverait une urne en marbre blanc, reposant sur un socle sculptural à double spirale, également taillé en terre ce jour-là. Un petit nombre de personnes vivaient et travaillaient déjà sur la terre, à Forecomers, tandis que d'autres, comme Frederick et Vincenzo, vivant à Pondichéry, venaient chaque jour à Auroville pour aider à la préparation d'une route d'accès qui permettrait aux visiteurs d'accéder à l'amphithéâtre pour la cérémonie. La route menant à Auroville était en grande partie accidentée et cahoteuse, passant parfois de manière précaire au bord du canyon.

Des échantillons de terre avaient commencé à arriver de différentes parties du monde pour l'inauguration, et tout cela devait être coordonné avec les ambassades et les compagnies aériennes, se souvient Frederick, pour s'assurer qu'ils parviennent à temps sur ce plateau éloigné, encore inconnu du monde. Plusieurs personnes de l'ashram, comme Udar, Kireet et Nata, participaient à la planification et à l'organisation. Beaucoup d'autres venaient aider chaque jour et il y avait beaucoup d'enthousiasme. Tapas, alors âgée de quatorze ans à l'école de l'Ashram, se souvient d'y être allée pour aider à peindre une sorte de kolam dans un bassin dessiné par Roger. Il s'agissait en fait d'un détail du plan de la ville, qui a ensuite été recouvert d'une couche d'eau claire. Tout était artistiquement planifié. La Mère avait également demandé à Roger et au designer italien Paolo Tomasi de travailler ensemble pour organiser une exposition sur la ville sous le banian. L'inauguration devint une entreprise de grande envergure. L'ashram était déjà à l'étroit car Pondichéry était encore une ville relativement petite, avec très peu d'infrastructures et peu habituée à de tels événements. Pour le jour du darshan de la Mère, le 21 Février il y avait plus de quatre mille personnes en ville, et de nombreux autres visiteurs nationaux et internationaux étaient attendus. Il fallait les nourrir, les loger et les transporter jusqu'au plateau rouge pour l'inauguration du vingt-huit. Rester calme et yogique au milieu de tout cela s'avérait être une tâche difficile.

Le 28 février 1968, les nuages flottaient sur le plateau rouge ouvert, jetant de temps à autre une ombre légère. Les gens ont commencé à arriver en bus et en voiture, en moto, en charrettes à bœufs, certains à vélo et d'autres à pied. Plus d'une centaine de bus ont gravi la colline ce matin-là. Un visiteur se souvient de l'excitation lorsque les gens ont aperçu, depuis le bus, un grand ballon orange et blanc flottant au-dessus d'un arbre solitaire au loin. Auroville ! Heureusement, se souvient Frederick que le chemin avait été arrosé, sinon cela aurait été une grosse tempête de poussière. C'était comme un mirage, se souvient-il, d'observer la longue file de véhicules traversant le vide poussiéreux et la foule qui en sortait sur ce lieu qui se préparait à naître. Un carton d'invitation pour l'inauguration avait été envoyé du bureau de poste de l'Ashram de Sri Aurobindo au bureau de poste d'Auroville pour marquer la présence de la ville sur la carte du monde.

Elle portait le cachet «AUROVILLE : LA CITE DU FUTUR et la date : 28.02.1968. La poste Indienne avait également émis une carte postale du plan de la Galaxy pour marquer l'événement.

Les invités et les dignitaires étaient installés sous une enceinte ombragée préparée d'un côté. Il n'y avait ce jour-là qu'un petit groupe d'Auroviliens et beaucoup d'Ashramites. Des dispositions spéciales avaient également été prises pour les habitants des villages environnants qui venaient de tous les côtés, le nombre dépassant cinq mille, peut-être six.

Sous le vaste ciel ouvert, les jeunes invités à l'inauguration attendaient par paires. Chacun avait une pancarte portant le nom de son pays et un petit sac rempli de terre. La terre de 124 pays et de vingt États Indiens ayant été spécialement acheminée par avion. Ce jour-là, il n'y eut pas de drapeaux nationaux, une ville universelle naissait après tout. Il n'y avait que le drapeau de la Mère. Soudain, il y eut un silence, se souvient Frederick, et le son d'un gong. Aussitôt, un silence très profond s'installa sur l'amphithéâtre.

Assise dans sa chambre à Pondichéry, à une dizaine de kilomètres de là, la Mère a lu la Charte d'Auroville. Cette lecture fut diffusée en direct à Auroville grâce à un accord spécial avec All India Radio. Tout d'abord, elle a adressé ses salutations :

> « Salut d'Auroville à tous les hommes de bonne volonté. Sont conviés à Auroville tous ceux qui ont soif de progrès et aspirent à une vie plus haute et plus vraie [11]. »

Vint ensuite la Charte d'Auroville[12] qu'elle lut en français.
1. *Auroville n'appartient à personne en particulier. Auroville appartient à toute l'humanité dans son ensemble. Mais pour séjourner à Auroville, il faut être le serviteur volontaire de la Conscience Divine.*
2. *Auroville sera le lieu de l'éducation perpétuelle, du progrès constant et d'une jeunesse qui ne vieillit point.*
3. *Auroville veut être le pont entre le passé et l'avenir. Profitant de toutes les découvertes extérieures et intérieures, elle veut hardiment s'élancer vers les réalisations futures.*
4. *Auroville sera le lieu des recherches matérielles et spirituelles pour donner un corps vivant à une unité humaine concrète.*

Alors, maintenant, nous sommes tranquilles comme des princes et des rois ! [13] », dirait ensuite la Mère a Satprem. Elle avait quatre-vingt dix ans depuis une semaine et venait de lancer une expérience pour un monde nouveau. La «grande aventure» avait commencé.

Après sa diffusion en français, la Charte fut lue en seize

langues, en commençant par le Tamoul, puis le Sanskrit, puis l'Anglais, marquant les quatre langues d'Auroville, puis d'autres langues du monde. Une copie de la Charte fut placée au fond de l'urne sur laquelle les jeunes du monde étaient invités à verser la terre qu'ils portaient, jusqu'à ce que 144 poignées de terre provenant du monde entier et de différents États Indiens remplissent l'urne. De la terre du Samadhi de l'Ashram et une poignée de terre d'Auroville furent ajoutées avant que l'urne ne soit scellée par Nolini Kanta Gupta, l'un des plus anciens disciples de Sri Aurobindo. " Il régnait une atmosphère particulière», se souvient Tapas, «un incroyable sentiment d'unité, des gens du monde entier se joignant à cette aspiration pour le monde» [14].

Le banian, serein comme à son habitude, observait l'évènement dans la zone de la paix. Il n'était plus seul. Des gens passaient sous les voiles bleus qui flottaient sous ses branches où était présentée une belle exposition sur la ville. Le banian fut particulièrement mis à l'honneur par la Mère ce jour-là. Un large anneau en acier inoxydable fut placé autour de son tronc, portant un message en Tamoul et en Français, au cœur de la future ville.

La Cité au Service de la Vérité

Au-dessus du banian, le grand ballon orange et blanc flottait joyeusement au gré de la brise, c'était un anniversaire après tout. Plus de cinq mille personnes se promenaient sous son ombre, tandis que tout le monde était nourri et renvoyé chez lui. C'était le premier jour d'Auroville sur terre.

De retour à Pondichéry, les enfants furent ravis de rencontrer Salah-El-Din Tewfik, le représentant de l'UNESCO en Inde, et la Mère, pour une séance de questions-réponses.

Q : S'il n'y a pas de règles ni d'autorité unique, qui guidera le projet ?
La Mère : Le Seigneur suprême.
Q : Si les gens ne sont pas régis par des lois, comment y aura-t-il de l'ordre ?
La Mère : En obéissant à la Vérité
Q : Comment peut-on connaître la vérité ?
La Mère : Eh bien, c'est le travail suprême que chaque individu est censé faire librement, honnêtement, sincèrement et avec toute la bonne volonté possible [15].

La Charte fait l'objet d'une anecdote amusante. Tous les pays participants avaient été priés d'accepter le texte et d'envoyer un représentant pour l'inauguration. Dans un premier temps, la Russie a refusé. Elle ne pouvait pas être d'accord avec le terme *Conscience Divine*. Cela ressemblait étrangement à Dieu. Le mot était interdit par leur gouvernement. Ils étaient plus satisfaits avec les suggestions de Conscience Parfaite ou de Conscience Ultime, mais en fin de compte, c'est la Conscience Divine qui l'emporta.

L'UNESCO a joué un rôle très important dans la naissance d'Auroville. Le Dr Malcolm Adiseshiah, alors directeur adjoint, a déclaré :

«Nous avons essayé à l'UNESCO... nous avons essayé par tous les moyens et nous avons échoué... alors maintenant, nous nous tournons vers Auroville, son fondement solide sur lequel doit s'édifier son unité humaine, son harmonie universelle. Le fondement, c'est l'homme, l'homme dans toute sa gloire, dans sa divinité, dans les profondeurs insondables qu'il peut atteindre et qu'Auroville rendra possible à l'homme de partout... Au nom de l'UNESCO, je salue Auroville, sa conception et sa réalisation, un espoir pour nous tous, en particulier pour nos enfants et pour nos jeunes qui sont désillusionnés par le monde ... et qui trouveront à Auroville ... un symbole vivant qui les inspirera à vivre une vie à laquelle ils sont appelés. [16] »

En 1968, le monde allait voir deux sous-marins nucléaires couler en Méditerranée, l'un Français, l'autre Israélien. Le Viêtnam subissait d'horribles bombardements et le massacre de Mai Lai par les troupes américaines. Martin Luther King et Robert Kennedy étaient abattus. Des étudiants manifestaient dans les rues de Paris, à l'université de Columbia, à New York, et des soulèvements apparaissaient au Mexique, au Brésil et à Prague. Mais en Inde, en ce mois de février, les Beatles se trouvaient à Rishikesh, apprenant à méditer et à écrire de nouvelles chansons. Ils ont manqué ce qui se passait plus au sud. Lennon aurait pu écrire «Imagine» en ce lieu.

La deuxième raison d'être d'Auroville :

Alors que la cérémonie d'inauguration battait son plein, la Mère fit part à Satprem d'un message *reçu* de Sri Aurobindo quelques jours auparavant et qu'elle avait noté. C'est devenu la deuxième raison d'être d'Auroville, aussi importante que la première. Un véritable changement spirituel, avait écrit Sri Aurobindo, ne pourrait jamais s'enraciner efficacement dans le monde tant que la guerre, l'ignorance, la corruption, la division, l'injustice et l'inégalité seraient présentes. Pour qu'un tel changement se produise, l'Inde devait préparer le terrain. Le message qu'elle a reçu fut :

> « L'Inde est devenue la représentation symbolique de toutes les difficultés de l'humanité moderne. L'Inde sera le lieu de sa résurrection, la résurrection à une vie plus haute et plus vraie [17]. »

Ce message avait résonné dans son message de bienvenue le premier matin : *Sont conviés à Auroville tous ceux qui ont soif de progrès et aspirent à une vie plus haute et plus vraie*. C'était le progrès qu'Auroville devait apporter au monde et l'Inde était sa base physique. Dans un désert de terre rouge, ce rêve évolutif venait de naître.

En regardant de vieilles photos un après-midi, j'ai été frappée par la beauté de ce jour inaugural. Une élégance tranquille marquait le paysage vide, l'urne gracieuse, l'exposition magnifiquement conçue qui présentait la charte, un modèle du plan de la ville et les deux anneaux qui contenaient ce plan. "C'était si simple, vraiment, si splendide», se souvient un visiteur, «quelque chose de tout à fait inattendu, une grande beauté de l'âme [18] ».

Cette nuit-là, une urne de marbre blanc était posée sur le plateau aride et balayé par le vent, regardant les étoiles dans le ciel et contenant une charte avec un espoir pour le monde. Sous les branches du banian, la maquette de la galaxie attendait l'aube. C'étaient déjà des icônes, déjà de l'histoire, des mots et des symboles d'un futur, des signes par lesquels cette nouvelle ville serait reconnue dans le monde entier, parfois même sans explication.

Notes de fin

1 Mère, Paroles de la Mère, vol 14, p.203
2 Mère Paroles de la Mère, vol 14, p.203
3 L'Agenda de Mère Vol 9, 12 janvier 1968.
4 L'Agenda de Mère Vol. 7, 21 septembre 1966
5 Idem.
6 Idem.
7 L'Agenda de Mère Vol. 8, 25 octobre 1967.
8 L'Agenda de Mère, Vol. 9, 5 juin 1968.
9 Idem. 9, 7 février 1968.
10 Idem.
11 L'Agenda de Mère, Vol. 9, 28 fevrier 1968
12 Idem.
13 Idem.
14 Tapas Bhatt, «Tapas Bhatt Reminisces», Auroville Today, février 2003.
15 Paulette Hadingy, Interacting with UNESCO During Mother's Years, Stichting de Zaiier, 2014, p. 9.
16 Ibid, p. 14.
17 L'Agenda de Mère, Vol. 9, 3 fevrier 1968.
18 «The Day the Balloon Went Up», Auroville Today, février 2003

6
LES PREMIÈRES ANNÉES

La terre a besoin d'un endroit où les hommes puissent vivre à l'abri de toutes les rivalités nationales, de toutes les conventions sociales, de toutes les moralités contradictoires et de toutes les religions antagonistes ; un endroit où, libérés de tous ces esclavages du passé, les êtres humains pourront se consacrer totalement à la découverte et à la mise en pratique de la Conscience Divine qui veut se manifester. Auroville veut être cet endroit et s'offre à tous ceux qui aspirent à vivre la vérité de demain [1].

La Mère

Bien que je sois arrivée à Auroville dix ans plus tard, en 1979, le jour de l'inauguration continue à me fasciner. Un Aurovilien né dans cent ans, n'importe où sur la Terre, devra son ADN au 28 février 1968.

L'ADN d'Auroville ne contenait que deux choses : la Charte et un plan de ville, trames du «nouveau monde» qui venait de naître. La Charte était le plan intérieur de la ville, la Galaxie sa contrepartie matérielle et physique deux choses nécessaires pour faire du rêve de la Mère une réalité vivante. Dans quelle mesure les deux plans s'influencent mutuellement et se développent ensemble restera la clé de l'accomplissement du rêve.

Inévitablement, des questions se posaient. Pourquoi une ville ? La terre était stérile, dont une grande partie n'avait même pas été achetée, pas assez d'eau, des conditions décourageantes et tout était incertain et inconnu. L'avenir semblait insurmontable pour certains, irrésistible pour d'autres. Elle aurait pu facilement dire : «Allez-y, plantez une forêt et rendez la terre plus verte», ou des mots dans ce sens, ce qui aurait été très sensé. C'est d'ailleurs ce que firent la plupart des gens dans un premier temps creuser des trous, planter des arbres, construire des huttes, puiser de l'eau, comme une tribu de pionniers. Mais elle attendait que la ville démarre et l'équipe de planification fut invitée à commencer par la Zone Internationale. Est-ce que l'un d'entre nous pour la plupart jeunes et nouvellement arrivés d'ici et d'ailleurs, savait ce qu'était la Conscience Supramentale ? Ou pourquoi celle-ci avait besoin d'une ville pour se manifester ? Pouvait-on comprendre du jour au lendemain ?

Elle nous donnait de l'espace pour être, une immense liberté et du temps, cette chose inestimable, pour grandir en contact avec notre moi intérieur sur cette terre ouverte, sa stérilité dépouillée de toute idée préconçue, un vide où tout pouvait recommencer, différemment. Lisez Sri Aurobindo, encourageait-elle les nouveaux, découvrez ce que signifie faire partie d'une telle aventure, de la Vérité de demain libérée de tous les esclavages du passé. Elle connaissait les réalités du terrain, les difficultés de cette terre, et ce que disait le banian, et même les meilleurs endroits pour creuser un puits.

> *La Force est là, présente comme jamais, c'est l'insincérité des hommes qui l'empêche de descendre, d'être ressentie… Il est difficile d'être sincère, mais on peut au moins l'être mentalement, c'est ce que l'on peut exiger des Auroviliens… Seule, la sincérité transparente chez l'homme et entre nations permettra la venue d'un monde transformé… Auroville est la première tentative … Cette transformation à l'aide du mental, en s'analysant, est une première étape… chaque cellule de notre corps devra devenir consciente… Auroville est le premier pas vers ce but* [2].

De toute évidence, elle n'avait pas l'intention de baisser la barre, malgré nous. Je me demandais parfois à quoi elle ressemblait en 1968, lors de la naissance d'Auroville. Elle avait 90 ans et c'était une année bissextile. Il existe une photographie attribuée au darshan du 29 février. C'était le troisième anniversaire de la Manifestation Supramentale, exactement douze ans après février 1956. Ses yeux sont puissants ici et très loin devant.

Son message pour ce jour-là était bref " *Seule la Vérité peut donner au monde le pouvoir de recevoir et de manifester l'Amour Divin*".

Pour de nombreux jeunes qui arrivaient et la rencontraient pour la première fois, c'était une expérience qui resterait à jamais gravée dans leur âme, une puissance jamais rencontrée auparavant, une lumière et une douceur infinies, plus réelle que la réalité. C'était comme découvrir que l'on était vivant, pour la toute première fois. Pour d'autres, elle a ouvert une perspective intérieure parfois terrifiante, parfois profondément satisfaisante. "Je n'avais jamais été regardé aussi complètement, sans réserve», dira Frederick à propos de sa première rencontre avec la Mère. "C'était une telle joie d'être connu" [3].

Les gens débarquaient à la porte de l'ashram ou montaient la colline avec leur sac à dos, un peu déconcertés par le paysage. Souvent, ils arrivaient par hasard, d'autres étaient conduits là par un étrange concours de circonstances. Certains ont été refoulés à la porte de l'ashram parce qu'ils se présentaient avec des cheveux longs et des vêtements hippies, mais beaucoup sont revenus. Il y avait aussi d'autres personnes : médecins, ingénieurs, généraux de l'armée, architectes, artistes, enseignants, plombiers, étudiants et enfants venus avec leurs parents ou nés dans les premières années.

Jocelyn a cru voir une paire d'yeux l'appeler en Inde, alors qu'elle se trouvait chez un ami en Arizona. C'était dans les années soixante et, selon toute vraisemblance, Jocelyn était défoncée, mais ces yeux sont restés en elle et l'ont intriguée. Une sorte de gourou peut-être ? Elle consulta l'annuaire téléphonique et appela quelques endroits. Puis elle appela le Centre Sri Aurobindo à New York et la conversation se déroula comme suit :

"*Bonjour, je voudrais parler au gourou*".
"*Nous sommes désolés, ce n'est pas possible*" [4].

Et c'est tout. Jocelyn a fini par faire le tour du monde, voyageant beaucoup jusqu'à ce qu'elle atteigne Pondichéry. "L'endroit ne ressemblait à rien de ce que j'avais vu...», se souvient-elle dans *Retournement* «[rien] qui avait la sorte de lumière que l'Ashram de Sri Aurobindo avait en 1969. L'endroit était lumineux [5]."

Les gens venaient de toutes sortes de façons. Tous les prétextes étaient bons. Louis C. fut chargé de livrer des pièces détachées pour une voiture par le frère d'un ami qui avait appris qu'il se rendait à Bombay. C'est juste à côté, à Pondichéry, assura le frère de l'ami. Son ami à Pondichéry avait vraiment besoin de ces pièces pour réparer sa voiture. Sois sympa, prends-les pour lui. Après un vol depuis Paris, suivi d'un long voyage en train de Bombay à Pondichéry, un trajet en bus et une dernière ascension de la colline jusqu'au plateau rouge, Louis C. a atterri à Aspiration où il devait livrer le paquet. Les pièces de rechange étaient destinées à la jeep d'Auroville, alors sous la responsabilité de Vincenzo. On lui trouva une hutte où il resta assis toute la nuit à parler avec Vincenzo de la Mère, d'Auroville, et resta à Aspiration pendant les trois années suivantes, alors que ses parents s'inquiétaient qu'il ait été perdu dans une secte hindoue.

Alain B. est venu à Auroville pour rencontrer une fille dont il était amoureux, mais lorsqu'il est arrivé, elle était partie. André H. allume la télévision un jour à Marseille. Il y avait une émission sur Pondichéry et soudain, le visage de la Mère est apparu. Quand je l'ai vue, j'ai eu l'impression qu'un sourire sortait de mon cœur.[6] Les parents de Charlie l'ont envoyé dans une famille en Inde pour le remettre dans le droit chemin après avoir été renvoyé de l'école, mais cette famille avait des liens avec Pondichéry et il s'est retrouvé à Auroville. Francis a débarqué à Pondichéry à la recherche d'un bon restaurant français tandis que Poppo est envoyé pour représenter l'Allemagne lors de l'inauguration d'Auroville. Et Christine a entendu parler de Sri Aurobindo par une amie de son groupe de théâtre à Paris et a lu un livre intitulé *Sri Aurobindo ou l'aventure de la conscience*, d'un écrivain nommé Satprem. Peu après, elle entendit parler d'un groupe de personnes qui partaient en caravane pour Auroville et décida aussitôt de s'y joindre, voyageant par voie de terre pendant trois mois de l'Europe à l'Inde.

Après sa première visite en 1967, Pierre retourne à Paris et passe le plus clair de son temps à lire Sri Aurobindo, se demandant s'il devait reprendre son emploi cossu à la fin de son congé sabbatique. Puis mai 1968 a éclaté et il était sur les barricades à Paris. Il y avait des graffitis partout. *Courez ! Le vieux monde est derrière vous... Soyez réalistes, exigez l'impossible ! La beauté est dans les rues.* Il y avait de l'espoir et de l'expectative dans l'air, il semblait qu'une nouvelle révolution était possible, mais le mouvement allait bientôt sombrer dans la confusion et la violence. *Ceux qui manquent d'imagination*, disait un autre graffiti, *ne peuvent pas imaginer ce qui manque...* Exactement. Pierre s'achète un aller simple pour Pondichéry - la vraie révolution se passe ailleurs.

La Mère recevait des dizaines de demandes par jour. Les gens voulaient rejoindre Auroville pour travailler, certains voulaient construire, mais beaucoup voulaient se retirer pour une vie paisible, ou recherchaient une vie confortable de contemplation ou pour faire ce qu'ils voulaient. Mais elle fondait une ville. Elle voulait des gens qui étaient prêts à travailler, qui voulaient prendre part à l'expérience de l'évolution et prêts à participer à une aventure d'un autre genre qui toucherait leur âme pour toujours avec un rêve. *"De temps en temps, il y en a un avec une lumière dans les yeux et le besoin de quelque chose qu'il ne trouve pas (alors ça, c'est très bien"* [7].

Il y avait déjà un mélange, non seulement de nationalités et de sexes, mais aussi une variété fascinante de types de personnalités issues de différents milieux sociaux, éducatifs et économiques, de différents groupes d'âge et d'une grande variété d'intérêts - juste ce qu'il faut pour lancer une expérience. Les définitions n'avaient que peu d'importance dans un lieu où notre identité allait être bouleversée par un sentiment d'appartenance universelle. Ce que nous étions ou ce que nous faisions n'était qu'un moyen d'y parvenir et non une fin, ni des désignations à apposer sur les cartes de visite. Je dis notre ou nous, même si je n'étais pas là les premières années. Et je ne serai peut-être plus là dans cinquante ans. Mais nous tous, qui étions là avant, sommes là maintenant et qui seront là dans le futur, faisons partie du continuum de ce nouveau monde en train de naître. Quelles que soient nos différences ou nos similitudes, nous nous reconnaissons les uns les autres à travers les moments d'expérience véritable qui ont touché nos vies. Je l'ai appris de manière éclatante lorsque Prema, ma voisine de longue date, est décédée après avoir lutté contre un cancer. Prema venait d'Argentine. 'Je suis venue à Auroville à la suite d'une recherche...» dit-elle dans une interview publiée sur l'intranet d'Auroville, «mais après avoir été dans un certain nombre de pays, j'ai réalisé qu'il ne s'agissait pas de changer de pays, mais de changer sa façon d'être ... L'âme pleurait à travers tout cela, cherchant, cherchant... À l'époque, même si je ne savais pas que je cherchais un endroit comme Auroville, d'une façon ou d'une autre, je pouvais sentir que quelque part sur la planète, il y avait un tel endroit».

Toshi est venue avec son mari, directeur d'une grande entreprise indienne. Jusqu'à présent, sa vie s'était résumée aux clubs et aux fêtes de Delhi et elle fut déconcertée par la décision soudaine de son mari de tout quitter pour venir à Pondichéry. Qu'était-elle censée faire dans cet endroit sans eau chaude ni vie sociale ? Sa première rencontre avec la Mère a tout changé, alors même qu'elle découvrait la joie d'éplucher des légumes dans la cuisine d'Aspiration ou de préparer un repas à partir de rien pour plus de soixante-dix personnes. La sérénité tranquille de ses dernières années a été une leçon pour nous tous.

Stefano est originaire d'Italie, mais il a toujours été un Aurovilien avant tout. Possédant la quintessence de l'esprit Aurovilien, généreux, joyeux et libre, jouant du saxophone et toujours prêt à expérimenter. Tous font partie de cette trame ininterrompue d'expériences.

Un certain nombre de personnes de l'ashram vivaient à l'époque à Aspiration et à Promesse, ainsi que quelques membres de la Société Sri Aurobindo.

Surbhi avait l'habitude de se rendre à l'ashram chaque année avec ses parents pour visiter un oncle. L'ashram la fascinait et elle était allée voir la Mère plusieurs fois. Après avoir terminé ses études secondaires à Bombay, Surbhi s'est rendue à Pondichéry pour le darshan du 15 août 1969. Debout dans la vaste foule, avec des centaines de personnes, Surbhi a soudain levé les yeux. La Mère la regardait droit dans les yeux ! Tout a disparu à ce moment-là et une décision claire fut prise. Elle allait rejoindre Auroville. "Mais je ne savais rien d'Auroville». Les parents, inquiets, ont décidé de demander conseil à Kireetbhai, qui leur a dit qu'il était peu probable qu'elle obtienne la permission. La liste d'attente était longue et il n'y avait plus de huttes disponibles, mais il a néanmoins suggéré que sa photo soit envoyée à la Mère. Norman Dowset également sceptique montra sa photo à Mère et revint choqué. "La Mère a dit d'emmener Surbhi à Aspiration immédiatement ! Sa place est à Auroville".

Ils sont donc partis en jeep, l'après-midi même, à travers les routes rouges et cahoteuses, jusqu'à un vaste endroit aride avec quelques huttes et le bâtiment de Last school surplombant la mer. Rien d'autre. En descendant de la jeep, Vincenzo et Bhagvandas passaient en sous-vêtements. Ce n'était pas le spectacle le plus rassurant pour les parents, mais la Mère avait dit que Surbhi devait être dans cet endroit. "C'est assez extraordinaire ce qu'ils ont fait», dit Surbhi aujourd'hui, «de laisser leur fille de seize ans derrière eux comme ça. Mais ils avaient décidé de faire confiance à la Mère et à son expérience".

Les plus âgés, comme elle, Naveen, Vinay et Jahangir ont reçu des huttes qui avaient des serpents dans les chevrons, à côté de la boulangerie d'Aspiration. Peggy Rustomji était la responsable et elle était très stricte. Extinction des feux à dix heures ! "Et pourtant, il y avait un sentiment de sécurité totale». Mais qui leur donnerait des cours ? Surbhi se souvient. "Shantiben était une femme très ingénieuse et imaginative qui avait mis en place la «Hutte de la Science». Maggi enseignait l'anglais, Rod, la philosophie, Alice, l'anthropologie. Le sport était très bien organisé, nous faisions aussi de l'aïkido et quelques jours par semaine, nous allions aussi à l'ashram pour suivre des cours. Le matin, nous sautions dans le bus d'Auroville venant de Pondichéry et nous allions travailler sur le site du Matrimandir pendant une heure. C'est ainsi que commençait la journée scolaire. C'était incroyable de voir à quel point cette éducation était créative, tout était intégré ".

Surbhi se souvient également d'avoir dû accompagner des visiteurs spéciaux : Vijaya Lakshmi Pandit, J.R.D. Tata, le Dalaï Lama et MGR. "Même si nous avions l'air d'une bande de hippies à l'époque, les gens nous acceptaient en raison de leur immense respect pour Sri Aurobindo et la Mère. C'était aussi une époque innocente nous vivions et mourrions pour Auroville. Un jour, Claire est venue me voir, absolument ravie. La Mère avait accepté sa suggestion de créer Pour Tous, For All, un service d'Auroville pour subvenir aux besoins de base de tout le monde et de mettre ses finances dans un pot commun pour l'usage collectif. Claire avait besoin d'aide, pouvais-je la rejoindre ? Surbhi l'a fait et pendant un certain temps, toutes les deux se sont promenées avec une ceinture porte monnaie, transportant tout l'argent d'Auroville autour de leurs shorts jusqu'à ce qu'elles soient autorisées à ouvrir un compte bancaire.

Les gens continuaient à venir. Surbhi se souvient d'Ulli et de Simone qui sont arrivés dans une Volkswagen verte. Les enfants des villages voisins venaient souvent, curieux de ce qui se passait à côté et se faisaient de nouveaux amis. Certains participaient aux cours ou aux matchs de basket-ball dans le champ derrière Aspiration, l'après-midi.

Jothi était l'un d'entre eux. Il avait quatre ans quand Auroville a commencé, huit ans lorsqu'il est entré à l'école et est rapidement devenu un excellent joueur et entraîneur de basket-ball. Kuilapalayam, l'un des plus grands villages de la région, comptait moins d'une centaine de huttes à l'époque et seulement quelques maisons en briques, et on pouvait voir jusqu'à la mer. La Mère tenait à ce que les relations avec le village soient harmonieuses et respectueuses et confia à Varadharajan le soin d'assurer la liaison avec les villageois. Les familles qui avaient exprimé le souhait de rejoindre Auroville avaient déjà été acceptées et un jour, Jothi se souvient d'être allé à l'Ashram avec Varadharajan et une autre famille. Il les emmenait rencontrer la Mère, pour voir si elle les accepterait en tant qu'Auroviliens. Elle l'a fait et ils se sont joints à la famille qui s'agrandissait.

La terre était ouverte, un grand espace d'âme. Tout semblait possible. C'était l'époque des Kata Vandis (charrettes à bœufs avec des roues en bois), qui étaient encore à la mode lorsque je suis arrivée. Les Vandis à pneus étaient un luxe. Les gens se déplaçaient à vélo, quelques-uns avaient des motos, il y avait une jeep et peut-être une voiture. Le bus d'Auroville faisait l'aller-retour entre Pondichéry et Auroville, transportant enfants, adultes et matériel.

Les caravanes en provenance de Paris qui atterrissaient à Aspiration avaient amené un groupe de jeunes et passionnés qui lisaient les livres de Satprem, fabriquaient leur propre pain et certains commencèrent à travailler avec Roger lorsque le bureau d'urbanisme a déménagé à Aspiration. D'autres se sont contentés de rester sur place et de faire un jardin. Aspiration était l'endroit où il se passait quelque chose. Les gens savaient immédiatement quand un nouveau message arrivait de la Mère ou du groupe qui allait la rencontrer chaque semaine. Les discussions allaient bon train dans la cuisine d'Aspiration, sur les nouveaux niveaux de conscience qui allaient être atteints à tout moment. C'était une période passionnante, l'avenir semblait très proche. Christine se souvient en riant : « Nous étions tous très jeunes et tout semblait possible, il y avait une telle liberté. On avait la pêche ! »

Les habitants du quartier du Centre, à Forecomer ou Promesse étaient plus dispersés. Une capsule isolée au milieu de nulle part à côté d'un moulin à vent était emblématique de l'époque. Les personnes qui s'installaient dans certaines parties de la ceinture verte étaient plus pragmatiques. Ils ont planté des arbres, construit des digues pour lutter contre l'érosion du sol et de l'eau, créé des vergers et une ferme laitière. Mais à l'exception de l'ensemble collectif d'Aspiration, les habitations étaient peu nombreuses, petites et éloignées les unes des autres. Les habitants de Kottakarai ne connaissaient pas ceux d'Aspiration et vice versa.

Sur le plan pratique, beaucoup de choses restaient encore floues. Où pouvait-on construire, quelles étaient les lignes directrices, quelles étaient les limites ? Qu'attendait-on des Auroviliens ? Où tout cela nous menait-t-il ? La phrase de Sri

Aurobindo, «*La vie tout entière est un yoga*" [8], était devenue un mot d'ordre, souvent ironique. Pourtant, même aussi peu nombreux, nous appelions alors Auroville une ville, et non une commune ou une communauté, comme il est devenu à la mode de le dire par la suite. Mère, certes, était pressée de faire sortir la ville de terre, mais elle ne pouvait pas encore compter sur les jeunes qui avaient besoin de temps pour acquérir de l'expérience et se débarrasser de leurs nombreuses idées fausses et préconçues sur la ville.

'*Tu sais qu'il y a un tas de gens qui sont venus pour Auroville... Au lieu de travailler, ils passent leur temps à discuter et à bavarder"... Ils commencent déjà à discuter sur ce que sera la situation politique de la ville* [9] ... L'un d'entre eux, un communiste, lui avait écrit une lettre scandalisée pour lui dire qu'il ne pouvait pas participer à quelque chose qui n'était pas «purement démocratique». « Auroville doit être au service de la Vérité, par-delà toutes les convictions sociales, politiques et religieuses. » lui répondit-elle. " *Mais surtout, j'ai insisté sur le fait qu'il valait mieux que la ville soit construite d'abord ! Et puis on verrait après* [10].»

A ce moment-là, elle devait s'appuyer sur les gens de l'ashram pour mettre en place la ville. Chaque jour, elle passait en revue les rapports demandant des détails sur l'achat des terrains, l'arrivée de nouvelles personnes, de leur travail, de leur progrès intérieur, de leur lieu d'hébergement, des finances et surtout de la ville. Elle voulait que les terrains achetés servent réellement à la ville et ne soient pas achetés au hasard, elle voulait voir des modèles et des plans prêts à être mis en œuvre. Elle voyait peut-être la résistance humaine s'organiser, et tout ce qui ne voulait pas suivre le rythme, mais déjà, c'était Elle qui donnait le rythme. Ainsi, après les huttes d'Aspiration et de Forecomers, vinrent les maisons d'Auromodel et de Certitude, et peu après, le Bharat Nivas, le Pavillon de l'Inde.

Il s'agissait d'un paysage en mutation. La plupart de ces lieux se trouvaient en dehors de la ville, dans la ceinture verte ou au-delà, d'une part parce que la plupart des terres n'avaient pas encore été achetées, et d'autre part parce que Roger voulait d'abord expérimenter et étudier les établissements collectifs en dehors de la ville, afin qu'elle ne soit pas encombrée d'erreurs.

Roger avait suggéré que quelques Auroviliens fassent partie de l'équipe principale de coordination afin d'apporter un sens de la participation et de la responsabilité, mais il y avait des doutes quant à la présence de jeunes hippies dans certains quartiers, ainsi que des types bourgeois, ostensiblement les amis de Roger, et l'on craignait que les Auroviliens ne laissent les choses aller à la dérive. Dans la conversation du 17 janvier 1970 dans l'*Agenda de Mère*, Satprem présente le point de vue de Paolo et Nata à la Mère, dans lequel ils affirment que les choses ne marcheraient jamais si elles étaient laissées aux Auroviliens, la vraie force ne serait pas là, ni le nouveau monde, et que le seul espoir était de faire quelque chose avec les gens de l'ashram. Les Auroviliens étaient arrogants et pleins d'incompréhension, et de l'extérieur, ce n'était pas mieux qu'une nécropole.

La Mère rit en entendant cela mais resta étrangement réticente. L'ashram était la conscience centrale, disait-elle, Auroville l'expression extérieure. Dans les deux endroits, le travail effectué était pour le Divin, mais il était préférable que chacun soit occupé à son propre travail. De toute façon, il était évident qu'elle ne voulait pas s'en mêler, ni encombrer Auroville avec des notions préconçues de spiritualité. Les gens partiraient ou resteraient selon la façon dont ils pourraient faire face à la « pression » de la conscience dans l'atmosphère et, en fait, un assez grand nombre de cette première foule quitta Auroville réellement.

Tout ce qu'elle demandait aux personnes, c'était de la bonne volonté, pour une vie plus élevée et plus vraie. Pour cela, elle avait une simple suggestion, répétée plusieurs fois dans la *Gazette Aurovillienne* en 1972 : *Lisez Sri Aurobindo*. En d'autres termes, soyez curieux, essayez de découvrir ce qu'est cette aventure. Elle était tout à fait consciente que beaucoup ignoraient tout simplement ce qui avait été dit, étaient trop paresseux pour travailler, ou étaient très heureux avec quelques joints. La liberté est peut-être la chose la plus difficile à mériter. Certains pensaient qu'ils rendaient un service personnel à la Mère en la rejoignant, elle avait besoin de gens et ils s'offraient. Rien n'était obligatoire, n'est-ce pas ? La situation était loin d'être idéale, mais elle refusait d'imposer des règles ou une morale. Le changement devait venir de la volonté et de la nécessité intérieure de chacun. Elle s'inquiétait néanmoins de la consommation de drogues, très répandue dans cette génération, " *Et le malheur, c'est que les gens disent : « Des expériences spirituelles », et il n'y a personne pour leur dire que cela n'a rien à voir avec les expériences spirituelles* [11]. Malgré ces exhortations, les gens refusaient de croire que les drogues ne devaient pas être consommées à Auroville. "*Que veux-tu dire par « ils ne croient pas*" ? demanda-t-elle à Shyam Sundar, responsable de la liaison avec Auroville, en mars 1971, tel qu'enregistré dans *L'Histoire d'Auroville*, vol. 9, publié par les Archives d'Auroville. "*Pensent-ils qu'ils ont le droit de faire ce qu'ils veulent à Auroville ? Ont-ils le droit de tuer les autres s'ils le souhaitent ? Comprennent-ils cela ? ...Pourquoi sont-ils à Auroville*" ?

Enfin, c'est la seule chose qu'elle interdirait formellement à Auroville, et même en conditionnerait l'entrée, parce que « *Cette prétendue expérience fausse le développement et altère la conscience ; sur la route vers le Divin c'est une chute dans l'ornière. Ceci est clair, je pense* [12] ".

Il est important de comprendre que sa préoccupation n'a jamais été d'ordre moral ou éthique, mais plutôt une préoccupation concernant la perturbation du processus de conscience qui était crucial pour Auroville.

Un petit groupe d'Aspiration a commencé à rendre visite à la Mère chaque semaine et eut quelques entretiens avec elle pour essayer de comprendre ce que signifiait vraiment être un Aurovilien. Qu'attendait-on vraiment de nous ? C'est ainsi qu'un texte a été rédigé avec elle au cours de plusieurs séances :

1- *La première nécessité est la découverte intérieure pour savoir ce que l'on est vraiment derrière les apparences sociales, morales, culturelles, raciales, héréditaires. Au centre il y a un être libre, vaste, connaissant, qui s'offre à notre découverte et qui doit devenir le centre agissant de notre être et de notre vie à Auroville.*

2- *On vit à Auroville pour être libre des conventions morales et sociales ; mais cette liberté ne doit pas être un nouvel esclavage à l'ego, à ses désirs et ses ambitions. L'accomplissement des désirs barre la route à la découverte intérieure, qui ne peut s'accomplir que dans la paix et la transparence du parfait désintéressement.*

3- *L'Aurovilien doit perdre le sens de la possession personnelle. Pour notre passage dans le monde matériel, ce qui est indispensable à notre vie et à notre action est mis à notre disposition suivant la place que nous devons occuper. Plus nous sommes consciemment en rapport avec notre être intérieur, plus les moyens exacts nous sont donnés.*

4- *Le travail, même manuel, est une chose indispensable à la découverte intérieure. Si l'on ne travaille pas, si l'on ne met pas sa conscience dans la matière, celle-ci ne se développera jamais. Laisser la conscience organiser un peu de matière à travers son corps, est très bon. Mettre de l'ordre autour de soi, aide à mettre de l'ordre en soi.*

On doit organiser sa vie, non pas selon des règles extérieures et artificielles, mais selon une conscience organisée intérieure, parce que si on laisse la vie sans lui imposer le contrôle de la conscience supérieure, elle devient flottante et inexpressive. C'est gaspiller son temps, dans ce sens que la matière reste sans utilisation consciente.

5- *La terre toute entière doit se préparer à l'avènement de l'espèce nouvelle, et Auroville veut travailler consciemment à hâter cet avènement.*

6- *Peu à peu, nous sera révélé ce que doit être cette espèce nouvelle, et en attendant, le meilleur moyen est de se consacrer entièrement au Divin* [13].

Toutes ces attentes étaient grandes, nous avions encore beaucoup de chemin à parcourir. Pour l'instant les gens étaient peu nombreux et éloignés les uns des autres. N'y avait-il pas un moyen de réunir tout le monde et de travailler sur un projet commun ? La question a été posée par un habitant d'Aspiration. Il a suggéré un projet de jardin collectif ou mieux encore, une ferme commune.

L'idée est bonne, répondit la Mère, mais elle avait une autre idée en tête. Cela commencerait bientôt, au centre de la ville, dans la zone de la Paix. Les plans étaient en cours d'élaboration et il y aurait du travail pour tout le monde : ingénieurs, architectes, toutes sortes de possibilités, il y aurait même des jardins. Il y aurait toutes sortes de travaux, «et il s'agirait de travailler sur l'idée centrale». Elle se concentrait fermement sur le plan et se préparait à construire l'âme d'Auroville.

Notes de fin

1. Paroles de la Mère vol 16, 20 septembre 1969.
2. L'Agenda de Mère Vol. 9, 28 février 1968.
3. Christine Devin (Ed.) Retournement, Auroville : Auroville Press Publishers, 2009, p. 73.
4. Ibid, p. 31.
5. Ibid, p. 32.
6. Ibid, p. 41.
7. L'Agenda de Mère, Vol. 8, 14 octobre 1967.
8. Sri Aurobindo, la Synthèse des Yogas, p.13.
9. L'Agenda de Mère, Vol. 7, 13 août 1967.
10. Idem.
11. L'Agenda de Mère, Vol 6, 18 Mai 1966.
12. Paroles de la mère, vol 14, p.262, 15 avril 1971.
13. L'Agenda de Mère, vol 11, Juin 1970.

L'émergence d'Auroville
Journal d'Auroville 1972

1966 : Premiers habitants à Promesse
1967 : Premiers pionniers à Forecomers
Février 1968 : Inauguration d'Auroville
Avril 1968 : Projet de création d'Auromodel
Novembre 1968 : Début de la maison d'Auroson, Certitude
1969 : Première installation sur la plage d'Auro beach
Avril 1969 : Achèvement des huttes à Hope
Juin 1969 : Début de la première phase d'Aspiration
Juillet 1969 : Début de la construction de la cafétéria d'Aspiration,
Octobre 1969 : Arrivée de la «Caravane» à Aspiration
Janvier 1970 : Début de la pépinière pour le Matrimandir
Mars 1970 : Sélection du modèle du Matrimandir
Avril 1970 : Première pierre de Last school
Avril 1970 : Première pierre de l'école de Sanskrit
Juin 1970 : Première pierre d'Auropress
Août 1970 : Début du programme d'intégration des villageois
Décembre 1970 : Ouverture de la cuisine communautaire à Aspiration
Décembre 1970 : Premier numéro de la Gazette d'Auroville
Décembre 1970 : Sélection du modèle du Bharat Nivas
Janvier 1971 : Début de la construction du centre de santé
Février 1971 : Début de l'excavation du Matrimandir
Avril 1971 : Inauguration d'Auropress
Mai 1971 : Début de la construction de la fabrique de papier artisanal
Août 1971 : Démarrage d'Utility
Août 1971 : Bétonnage des fondations du Matrimandir

Août 1971 : Première pierre pour After School 1
Septembre 1971 : Première pierre de After School 2
Septembre 1971 : Début de la construction du Bharat Nivas
Octobre 1971 : Ouverture de Last School
Octobre 1971 : Début de la construction de la laiterie Auro Dairy
Octobre 1971 : Début de la deuxième phase d'Aspiration
Novembre 1971 : Inauguration de la crèche d'Aspiration
Février 1972 : Début de Fraternité
Février 1972 : Début de la construction des quatre piliers de base du Matrimandir
Septembre 1972 : Achèvement de la maison d'Auroson
Octobre 1972 : Plantation du premier arbre du «Nouveau Monde» à Fertile
Novembre 1972 : Ouverture de l'Auro Polyester
Novembre 1972 : Début des travaux de jardinage pour le Matrimandir

Nombre d'Auroviliens en 1972 : 300

7

CONSTRUIRE L'ÂME

PROGRAMME :
La recherche expérimentale de la
Suprême Vérité
Une vie divine
mais
pas de religions [1].

-La Mère

L'expérience de la Vérité Suprême commence à partir de l'âme. L'âme humaine est une étincelle du Divin qui entre dans la manifestation du Moi et consent à faire partie de son devenir phénoménal naturel. Elle porte le pouvoir de la conscience divine. *"La conscience est ... la chose fondamentale de l'existence* [2]*"*, son énergie, son mouvement et sa substance créent l'univers.

On pourrait donc dire que l'âme est comme une empreinte de l'univers à la naissance d'un être humain. Cette empreinte devient l'interface par laquelle l'âme individuelle et l'univers conscient peuvent communiquer.

Le Matrimandir serait l'âme de la ville.

Revenons un instant au 7 février 1968, date à laquelle la Mère a écrit la première partie de la Charte d'Auroville : « *Auroville n'appartient à personne en particulier. Auroville appartient à toute l'humanité dans son ensemble...* » S'adressant à Satprem, elle dit : « *Et puis, je ne parle pas de « citoyens » ni de tout cela, je dis : ...Mais pour séjourner à Auroville, il faut être le serviteur volontaire de la Conscience Divine. Ils vont tous tiquer à « Divine », mais ça m'est égal ! N'est-ce pas, c'est l'explication du Matrimandir au centre. Le Matrimandir représente la Conscience Divine. Tout cela, on ne le dit pas, mais c'est comme cela*[3]. »

Le 28 février 2017. Je suis assise dans l'amphithéâtre, je regarde un magnifique feu et j'écoute l'enregistrement de 1968 de la Mère lisant la Charte. C'est juste un peu avant l'aube. Dans la pénombre, sa voix est de l'or en fusion, comme les flammes qui s'élèvent du feu devant nous, ferme, puissante et irréfutable dans sa demande : Mais pour vivre à Auroville, il faut être un serviteur volontaire de la Conscience divine. Il n'y a pas de musique de bien-être pour soutenir sa voix, pas de cordes douces et envolées, car la Conscience est l'élément principal d'Auroville.

Comment construire l'âme d'une ville destinée à abriter la conscience divine ? Avec des briques durables ou avec de l'acier et du béton non durables ? Devions-nous être moralisateurs avec la matière ? La juger à l'aune du politiquement correct ? Existait-t-il des experts titulaires d'un doctorat dans ce

domaine ? La seule à avoir une connaissance et une expérience de la Conscience Supramentale et de son fonctionnement était cet être de quatre-vingt-douze ans qui regardait l'avenir depuis sa chaise, dans une petite pièce aérée de Pondichéry, et qui s'apprêtait à la construire en béton. Qu'est-ce que l'âme d'une ville ?
"C'est comme la Force, la Force centrale d'Auroville, la Force cohésive d'Auroville [4] *".*

Dans les notes d'archives de Roger, nous trouvons le compte-rendu suivant d'une conversation avec la Mère.

Roger demande : «La Force serait-elle plus présente ici qu'à d'autres endroits ?

"Construisez le Matrimandir", répondit la Mère, «je me charge d'en faire un centre très puissant». Seuls ceux qui en sont capables le percevront.

Noté par Roger Anger après une conversation, 07.71

La Mère avait déjà abordé plusieurs fois l'idée du Matrimandir avec Roger, mais il était préoccupé par la planification générale. Vers décembre 1969, Paolo Tomasi, le designer Italien, fit part de la nécessité de quelque chose au centre d'Auroville. Il manquait quelque chose. Une ville comme Auroville devait se déployer à partir du centre. Les gens étaient confus et dispersés. Ne pouvaient-ils pas se réunir et construire quelque chose de beau, comme une église, dans les temps anciens ? *"Théoriquement, il a tout à fait raison* «, a convenu la Mère, mais elle refusait toute suggestion religieuse. *"Alors c'est pour cela que j'ai laissé les gens très libres. C'était pour cela que je n'avais pas insisté sur la construction, d'abord, du centre, parce que justement c'est l'ancienne cathédrale, l'ancien temple, l'ancien tout cela d'abord…* [5]

Son plan pour la Chambre intérieure était prêt et, le jour de l'an 1970, elle convoqua Roger, lui expliqua sa vision et lui demanda de commencer à travailler sur une maquette du Matrimandir. Au cours des semaines suivantes, plusieurs discussions eurent lieu concernant la conception de la chambre intérieure que l'on peut lire dans l'*Agenda de Mère*. Les discussions au sujet de l'entrée du bâtiment, l'accès à la Chambre intérieure, ses douze facettes et ses douze colonnes, le rayon de lumière qui tomberait sur le cristal au centre, le tapis au sol, l'utilisation du lieu, qui pouvait venir et quand.

> *Et alors, on ne viendra pas pour une « méditation régulière » ou quoi que ce soit de ce genre (mais l'organisation intérieure, on la fera après) : ce sera un lieu de concentration. Tout le monde ne pourra pas venir ; il y aura un moment de la semaine ou un moment de la journée (je ne sais pas) où on laissera venir les visiteurs, mais enfin pas de mélange. C'est une heure fixe ou un jour fixe pour montrer [aux visiteurs], et le reste du temps, seulement pour ceux qui sont... sérieux – sérieux, sincères –, qui veulent vraiment apprendre à se concentrer* [6].

De toute évidence, le Matrimandir était une place de travail intérieur pour les Auroviliens.

Bien sûr, le nom 'Matrimandir' a créé des malentendus et en crée encore. Traduit littéralement, il signifie le temple de la mère, bien qu'elle l'appelle le sanctuaire de la mère. *Et que cela ne devienne pas une religion, pour l'amour du ciel* [7].

Dans le Cycle Humain, Sri Aurobindo écrira : *"L'histoire a prouvé plus d'une fois que la ferveur religieuse et la piété les plus grandes avaient coïncidé avec la plus sombre ignorance, avec une misère noire... avec le règne incontesté de la cruauté, de l'injustice et de l'oppression"* [8]... La Mère ira plus loin : «*Tant qu'il y aura des religions, l'athéisme sera indispensable pour les contrebalancer.*

Tous les deux doivent disparaître pour faire place à une recherche sincère et désintéressée de la Vérité et à une consécration totale à l'objet de cette recherche [9]".

A Roger, qui essayait de comprendre sa position alors qu'il travaillait sur le bâtiment, elle expliqua que la religion était : "

> *…toute conception du monde ou de l'univers qui se présente comme la Vérité exclusive en laquelle on doit avoir une foi absolue… Le droit de l'homme est de poursuivre librement la Vérité et de s'en approcher librement par ses propres voies. Mais chacun doit savoir que sa découverte est bonne pour lui seulement et qu'elle ne doit pas être imposée aux autres [10]".*

Tout à Auroville repose sur cette idée. *"Nous remplaçons la religion par la vie spirituelle, qui est plus vraie et plus profonde et haute à la fois, c'est-à-dire plus proche du Divin. Car le Divin est en toute chose, mais nous n'en sommes pas conscients. C'est cet immense progrès que les hommes doivent faire* [11] «.

Fin mars 1970, Roger lui apporta cinq modèles différents. Parmi ceux-ci, elle choisit une sphère légèrement elliptique recouverte de disques d'or. La Chambre intérieure suivrait la vision de la Mère. Roger continua à y travailler pendant un an, jusqu'à ce que le banian, l'amphithéâtre, les jardins et le lac soient intégrés au Matrimandir pour compléter la zone de la Paix.

La première pierre du Matrimandir fut posée au lever du soleil, le 21 février 1971. C'était le quatre-vingt-treizième anniversaire de la Mère. Roger avait conçu un feu invocatoire flanqué de hautes colonnes de briques pour la méditation accompagnée de la musique envolée de Sunil et d'un court message enregistré : « *Le Matrimandir veut être le vivant symbole de l'aspiration d'Auroville au Divin* [12].

L'excavation a commencé avec environ deux douzaines d'Auroviliens munis de barres à mine pour creuser la terre rouge et desséchée alors que le soleil se levait haut et brûlait. Il s'agissait d'un geste de foi héroïque, mais les moyens étaient insuffisants. Compte tenu de la taille et du volume du cratère à creuser, il est vite apparu que cela prendrait des années. Alain G. raconte que ce n'était pas du tout réaliste. Deux autres options ont alors été proposées à la mère : l'engagement de bulldozers, qui pouvaient faire le travail en quelques semaines, ou des villageois. La mère a opté pour les villageois, au grand dam de certains Auroviliens qui soupçonnaient que c'était l'idée de Roger, s'amuse Alain. Le harcèlement de Roger était déjà à la mode. Elle a opté pour la deuxième solution pour donner du travail aux villageois et permettre un contact avec la population locale afin d'apprendre à les connaître. Les villageois ont travaillé beaucoup plus vite que prévu. À un moment donné il y avait plus de quatre cents ouvriers creusant les fondations avec un petit nombre d'Auroviliens. L'excavation a été achevée en un temps record de quatre mois. Le cratère rouge massif était comme un berceau terrestre géant, en attente.

Un an plus tard exactement, le 21 février 1972, la construction proprement dite commença par une méditation. Les gens se rassemblèrent autour du vaste site excavé alors que le soleil se levait tranquillement sur le cratère. C'était aussi l'année du centenaire de Sri Aurobindo.

J'avais quinze ans cette année-là, j'allais au lycée à Bénarès, quand j'ai vu une photo dans un magazine. C'était une image en noir et blanc d'un groupe de personnes, assis dos à l'appareil photo. Elles semblaient être assises sur une hauteur. Il y avait des marches qui descendaient, un peu rugueuses, comme un vieux site archéologique, sauf qu'il avait l'air fraîchement creusé, son histoire devant encore se dérouler. Les personnes au premier plan semblaient attendre quelque chose, concentrées, tandis qu'elles regardaient le soleil se lever au-dessus du cratère. L'image reflétait un tel silence que je ne pouvais pas m'arrêter de la regarder. Qui étaient ces gens ? Que faisaient-ils ? Où était-ce ? *Je veux aller là* …. Mais bien sûr, les examens approchants, j'ai vite oublié.

Les travaux ont commencé par les quatre piliers qui soutiendraient la sphère. Les piliers ont été nommés d'après les quatre pouvoirs de la Mère universelle, décrits par Sri Aurobindo dans *La Mère* : Mahakali représentant la force divine, était au nord, Maheshwari, représentant la sagesse divine, au sud ; Mahalakshmi, ou l'harmonie divine, à l'est et Mahasaraswati, ou la perfection divine, à l'ouest.

Le site est devenu un lieu animé et fascinant, rappelant l'époque où les gens se réunissaient pour construire les grands temples et cathédrales du passé mais aucun d'entre nous n'avait l'impression de faire quelque chose de religieux. Il y avait de la joie sur le chantier, des chamailleries et des rires, souvent irrévérencieux, et il y avait toujours cette autre présence que nous ressentions en travaillant, quelque chose de libre, mais très proche à l'intérieur de nous. Le sacré était dans l'acier et le béton et dans l'air, comme une présence tout autour de nous.

Deux ans s'écoulèrent et les travaux progressaient régulièrement. Le 17 novembre 1973, à 19 h 25 exactement, alors qu'une journée entière de bétonnage du quatrième pilier de soutien s'achevait, la nouvelle est tombée que la Mère était décédée à Pondichéry.

Ce fut un choc terrible.

Personne n'avait imaginé que la Mère partirait, même si l'on connaissait son état de santé déclinant. Elle avait quatre-vingt-quinze ans. Pour beaucoup, cela a laissé une blessure béante dont ils ne se sont jamais remis. Certains ont perdu la foi ou le courage, ou les deux, et sont partis. Le Seigneur Suprême était toujours en charge d'Auroville, mais sans elle, physiquement, sans les messages et les commentaires qui arrivaient régulièrement de cette petite chambre de Pondichéry, l'aventure semblait soudain impossible à mener.

"Convenons que la première ancre sur Terre a été levée et la seconde aussi», dirait Ruud à son ami Alain G., dans son livre *A House for the Third Millennium*, faisant référence au départ de Sri Aurobindo et de la Mère,

> "mais il y a une troisième ancre : le Matrimandir. C'est précisément le point, un grand point concret et doré, dans la matière, sur la Terre, où il y a prise, où le passage, la transformation s'opère. Nous ne savons pas ce que c'est, nous ne comprenons pas complètement ce que nous construisons, mais pour ma part, je l'appelle le «transformateur»... il est vivant et en pleine croissance et rien n'a échoué ; cela se passe sur la Terre, cela évolue dans la matière[13]".

Nous construisons le corps de la Mère, disait Ruud, un corps qui était ostensiblement l'âme d'Auroville. Le *troisième point d'ancrage* n'était pas Dieu, ni la croyance, mais un transformateur matériel :

> *Le Matrimandir veut être le symbole de la réponse du Divin à l'aspiration humaine vers la perfection. L'union avec le Divin se manifestant dans une unité humaine progressive* [14].

Dans un bulletin d'information du Matrimandir, je suis tombée sur une interaction entre Roger et les travailleurs du Matrimandir.

> *"Ce que j'ai compris de la Mère, c'est que le Matrimandir doit être un lieu, un réceptacle dans lequel on peut recevoir la force de la conscience supramentale. La conscience de la Vérité. C'est le point de départ, le centre, l'esprit de la ville qui veut être l'incarnation vivante d'une véritable unité humaine, le Matrimandir est son âme... pour que la cité soit guidée par la Vérité dans tous ses aspects".*

Naturellement, une telle expérience ne peut pas être construite par des «citoyens» ordinaires, avec tous les droits et les opinions, mais des «serviteurs volontaires» capables à la fois d'abandon de soi et de la liberté dont cette ville allait avoir besoin.

La mère étant physiquement absente, qui était responsable ? Qui superviserait et géreraient le projet ? Pouvait-on faire confiance aux Auroviliens ? Et s'ils allaient tout gâcher ? La Société Sri Aurobindo est intervenue pour prendre le contrôle. Nous devons comprendre pourquoi cela s'est produit.

La Société Sri Aurobindo (SAS) a été créée en 1960, *«c'est une chose tout à fait extérieure, organisée par des hommes d'affaires et pour rapporter de l'argent – ex-clusi- vement ...mais cela n'a rien à voir avec une oeuvre idéale ''*, a déclaré la Mère en avril 1961. *Mon nom est là pour donner une garantie tout à fait matérielle que l'argent donné sera utilisé vraiment, réellement, pour l'Oeuvre à accomplir et pas pour autre chose ; c'est une garantie morale et purement pratique, pas autre chose.*[15]. Un mois plus tard, elle reçoit de la SAS un projet de brochure à distribuer à tous les disciples. C'est le genre de chose qu'elle abhorrait. *Et ... je tombe sur ceci : "Nous avons le grand bonheur d'avoir parmi nous la Mère et nous nous proposons d'être le transmetteur de tous ceux qui veulent entrer en rapport directement avec elle"* ! Elle y met fin immédiatement. *Les SAS c'étaient des gens de bonne volonté qui voulaient ramasser de l'argent pour aider l'ashram"*, ce qu'elle soutenait, mais elle avait de fortes objections à ce qu'ils *«se présentent [...] presque comme des enseignants «*[16].

Il est intéressant de noter que la SAS n'a été créé qu'en 1960, alors même qu'Auroville était de nouveau au centre de ses préoccupations. Le projet aurait besoin d'un financement considérable et d'une structure juridique, il n'est donc pas surprenant d'entendre en 1965 que «l'organisation financière» d'Auroville, *«pour le moment, c'est N qui s'en occupe, parce que c'est lui qui reçoit l'argent à travers cette Sri Aurobindo Society et qui a acheté les terrains* [17]... En fait, elle a mis un groupe en charge d'Auroville : Navajata pour la collecte de fonds, Roger pour l'urbanisme, rejoints par Shyam Sundar pour les questions juridiques. Mais voilà, les différences et les égoïsmes menaçaient de bloquer les travaux, ce qui l'a amenée à les convoquer tous les trois.

"*C'est difficile…– nous sommes ici pour faire des choses difficiles. Nous sommes dans une période de transition. Pendant des siècles et des siècles, l'humanité a attendu ce moment. Il est venu. Mais c'est difficile… Je ne dis pas que nous sommes ici, sur la terre, simplement pour nous reposer et nous amuser ; ce n'est pas le moment maintenant. Nous sommes ici… pour préparer le chemin de la nouvelle création… C'est le moment d'être héroïque. L'héroïsme n'est pas comme l'on dit, mais d'être pleinement unis… Il faut faire un effort, il faut vaincre toutes les petitesses et toutes les limitations, et surtout dire à l'ego : ton temps est passé. Nous voulons une race qui n'ait pas d'ego, qui ait une conscience divine à la place de l'ego. C'est cela que nous voulons* [18] ».

Mais les choses changent rarement du jour au lendemain. Après le décès de la Mère, Navajata, jusqu'alors secrétaire général, s'est autoproclamé président de la SAS et a même revendiqué le droit de propriété sur Auroville puisque le projet avait été enregistré sous son égide. Cela a suscité des objections, même de la part de l'Ashram : Auroville était une création divine et le statut de la Mère en tant que présidente était permanent, même si c'était à titre symbolique. Personne ne pouvait y déroger. Navajata s'est alors rebaptisé président et a continué à affirmer son autorité sur le fonctionnement d'Auroville. Au fils du temps, les relations entre les Auroviliens et certains membres de la SAS se sont tendues. Il est important de préciser que la SAS est un organisme distinct de l'ashram de Sri Aurobindo de Pondichéry. Elle compte un grand nombre de membres, dont la plupart sont dévoués au travail de la Mère et de Sri Aurobindo et dont certains ont continué à aider Auroville après la fin de la crise. Mais il s'agissait d'un moment particulier, et une première leçon devait être apprise sur la nature de l'autorité Suprême. Les personnes de l'autre côté de la «division», en particulier celles qui occupaient des postes de direction, ont été fortement mises à l'épreuve, tous les égoïsmes et toutes les erreurs ont été révélés. Avec la réduction des fonds et d'autres menaces, c'était une période de survie. Des rumeurs circulaient selon lesquelles la SAS prévoyait de fermer Auroville. Il s'agissait avant tout de la survie du Rêve. Il n'y avait qu'une seule chose sur laquelle nous pouvions compter, le Divin, quel qu'il/elle soit et où qu'il/elle soit maintenant, et une première unité grossière a commencé à se former.

Il est intéressant de noter que lorsque le lauréat du prix Nobel V.S. Naipaul a voyagé à travers l'Inde en 1962, pour préparer son premier livre sur le pays, il est passé par Pondichéry. La Chine venait d'attaquer l'Inde. C'est à Pondichéry qu'il a pris connaissance de l'avertissement de Sri Aurobindo au sujet d'une telle attaque et de l'occupation du Tibet. Le livre de Naipaul relate également quelques activités de l'ashram, la présence de la Mère dans les affaires courantes, une rencontre avec le secrétaire général de la SAS, puis une déclaration étonnante : «Et l'ashram n'était qu'une partie de la Société Aurobindo ... la Société semblait être la seule chose florissante à Pondichéry. Elle possédait des domaines en dehors de la ville, des ateliers, sa bibliothèque et son imprimerie. C'était une organisation autonome, gérée efficacement par ses membres »[19]. Étant donné que la SAS n'avait été créée que deux ans auparavant, en 1960, et que la Mère avait travaillé à la mise en place de toutes ces choses et bien plus encore depuis 1920, et qu'elle en avait la responsabilité, cette méprise apparente est surprenante.

Leur nouvelle affirmation d'autorité sur Auroville a suscité une résistance correspondante, et aussi, pendant un certain temps, un arrêt dans sa croissance.

" Il y avait un lien très fort entre nous», se souvient Gloria à propos des années qui ont suivi le décès de la Mère, «une vie collective très intense, mais malgré cela, les divisions étaient profondes [20] ". Les fonds furent coupés ou détournés, les gens menacés, certains battus, d'autres ont reçu des avis de départ et un procès a été intenté contre Auroville. C'était un passage qu'il fallait franchir. Les Auroviliens étaient loin d'être parfaits, jeunes pour la plupart, parfois ouvertement rebelles. La seule chose à laquelle ils pouvaient se raccrocher, en l'absence physique de la Mère et de Sri Aurobindo, c'était à l'âme d'Auroville, c'était de continuer à y travailler, de la laisser rêver en nous et de garder la foi en l'avenir. Notre éducation venait de commencer.

Notes de fin

1 Paroles de la Mère vol 14, p. 224, 2 mai 1970.
2 Sri Aurobindo, Lettres sur le yoga
3 L'Agenda de Mère, Vol. 9, 7 fevrier 1968.
4 Paroles de la Mère vol 14, p 374,7 juillet 1970.
5 L'Agenda de Mère, Vol. 10, 31 Décembre 1969
6 L'Agenda de Mère, Vol. 11, 3 janvier 1970.
7 Paroles de la Mère vol 14, p.304, 31 décembre 1969
8 Sri Aurobindo, Le cycle humain, page 46
9 La Mère, pensées et aphorismes, p.333
10 L'agenda de Mère, Vol. 11, 13 mai 1970.
11 Paroles de la Mère vol 14, 19 mars 1973
12 Ibid, p. 244, 21 fevrier 1971
13 Ruud Lohmann, A House for the Third Millennium, Auroville: Alain Grancolas, 1986, p. 60.
14 Paroles de la Mère vol 14, p.243, 14 août 1970
15 L'Agenda de Mère, Vol. 2, 4 mars 1961.
16 Idem, 25 Avril 1961.

17 L'Agenda de Mère, Vol. 6, 23 juin 1965.
18 L'Agenda de Mère, Vol. 13, 2 Avril 1972.
19 V.S. Naipaul, An Area of Darkness, Londres: Andre Deutsch, 1964, pp. 304-305.
20 Christine Devin (Ed.), Retournement, Auroville : Auroville Press Publishers, 2009 p. 8.

2
Une Education Perpetuelle

———⋄◇⋄———

Auroville sera le lieu de l'éducation perpétuelle, du progrès constant et d'une jeunesse qui ne vieillit point.

Charte d'Auroville

8

LES ENIGMES DE L'ARRIVEE

« *Depuis des millénaires, nous avons développé des moyens extérieurs, des instruments extérieurs, des techniques de vivre extérieures – et finalement ces moyens et ces techniques nous écrasent. Le signe de l'humanité nouvelle est un renversement de point de vue et la compréhension que les moyens intérieurs, la connaissance intérieure et la technique intérieure peuvent changer le monde et le maîtriser sans l'écraser.*

«*Auroville est le lieu où s'élabore cette nouvelle manière de vivre, c'est un centre d'évolution accélérée où l'homme doit commencer à changer son monde par le pouvoir de l'esprit intérieur* [1]. »

-La Mère, L'Agenda de Mère

Auroville est un processus de rééducation qui part de l'intérieur. Sa Charte est comme une carte pour naviguer dans cette éducation dans le contexte d'une ville qui construit un Rêve. J'ai choisi de structurer ce livre autour des quatre axes de la Charte :

1. La Conscience
2. L'Education Permanente
3. La Réalisation Future / Ville
4. L'Unité Humaine.

Cette carte peut être tracée chronologiquement, à la fois individuellement et collectivement. Mais comme il s'agit d'une expérience qui appelle à un changement intégral, tant pour l'individu que pour la ville, elle peut être impactée par un ou plusieurs, ou par tous ses quatre points, simultanément. Le processus est rarement linéaire, mais plutôt cyclique, intégrant différents aspects du changement à tout moment de la vie, du travail ou de l'expérience intérieure.

1. Nous avons vu que la naissance d'Auroville en tant que ville a été fondée dans la *Conscience*. Bien que la conscience soit à la fois son universalité et son fondement solide, Auroville ne se limite pas à la philosophie et à la méditation, mais est ancrée dans tous les aspects de la vie, son expérience à la fois matérielle et spirituelle. Cette nouvelle Conscience veut construire un monde nouveau : fonder des villes, planter des forêts, créer de nouveaux modes de vie, d'organisation, littéralement une nouvelle humanité, et cherche des participants volontaires pour cette expérience.
2. Tout cela exige une *Education* entièrement nouvelle où tous les domaines de la vie, du travail et de l'action, tant intérieurs qu'extérieurs, sont une source inépuisable d'apprentissage, de transformation et de progrès. Le champ d'éducation d'Auroville est aussi vaste que la vie, ce qui sera exploré dans la deuxième partie.

3. Rappelons que la Charte a été rédigée après la finalisation du plan d'urbanisme. Les deux se sont rencontrés à la naissance d'Auroville et sont unis de façon permanente dans le troisième segment de la Charte *sur les réalisations futures*. Elle reflète le double ancrage d'Auroville, à la fois spirituel et matériel, liant la conscience à la matière dans la création d'une ville future qui intègre la connaissance du passé et du futur, de l'expérience intérieure et extérieure.
4. Les trois premiers points de la Charte se rejoignent dans le dernier *L'Unité Humaine*, le but d'Auroville, préparée par la Conscience, élaborée par une éducation constante et intégrale, et réalisée dynamiquement en tant que ville : une arène complète de recherche matérielle et spirituelle pour parvenir à une réelle unité humaine.

Des mondes différents ont frôlé ce terrain ouvert, non pour se heurter, mais pour s'assembler en spirale sur une carte poreuse, comme la danse d'une multitude de nouvelles rencontres et possibilités. Ici, les habitants de petits villages rencontrent ceux des métropoles et du monde entier, des personnes aux langages différents apprennent à communiquer, des traditions éternelles rencontrent de jeunes innovations et l'exubérance de la jeunesse. Au début, les conditions étaient primitives, mais les formes et les attentes étaient nouvelles, et chaque jour, alors que les gens se réunissaient pour travailler ensemble, l'heure de l'inattendu commençait.

Comment le rêve nous a-t-il trouvés, nous, les gens ordinaires disséminés dans le monde entier qui, parfois, ne savaient même pas qu'ils cherchaient quelque chose ? Du moins, pas en apparence, mais une fois touchés par le rêve, tous les rapports avec la vie ordinaire, régulière, se sont modifiés sans aucun doute. C'était comme commencer un nouveau parcours de vie qu'il fallait réapprendre.

Il y a autant d'histoires que de personnes à Auroville, chacune unique, mais toutes touchées par quelque chose d'indéfinissable que nous semblons tous reconnaître. Cette chose m'a trouvée, sans crier gare, en 1977, alors que je m'apprêtais à avoir vingt ans. Elle s'est glissée dans mon esprit par le biais d'un autre rêve qui s'est déroulé en deux parties distinctes.

Dans la première partie, je sortais du bâtiment de mon université à Calcutta quand j'ai rencontré un groupe d'étudiants dans l'allée qui écoutaient un homme vêtu d'un dhoti blanc. Il était petit, de peau sombre, le corps nu, les cheveux tombant sur ses épaules et il parlait d'une expérience dans le mental. Cela semblait si fascinant que je me suis laissée entraîner, mais je n'arrivais pas à suivre ce qui se disait. Soudain, l'homme s'est tourné vers moi et m'a fait signe en souriant. "Laissez-moi vous faire une démonstration". Je me voyais maintenant dans le rêve, alors qu'il prenait ma tête dans ses mains, l'ouvrait comme une théière et y plongeait ses mains, des kilomètres à l'intérieur, tout en parlant de l'expérience et d'un mental nouveau. Je me regardais, très amusée, alors que ma tête débordait d'eau savonneuse. C'était la chose la plus rafraîchissante du monde. Puis le rêve a basculé brusquement. J'étais maintenant dans un vaste champ stérile de terre rouge-brun avec beaucoup de petits buissons tout autour, mais je n'arrivais pas à les distinguer, jusqu'à ce qu'un homme aux yeux bleus sorte de quelque part et me tende un hibiscus. Fin du rêve. Quand j'ai raconté tout cela à ma mère le lendemain matin au petit déjeuner, elle fut horrifiée. "Ce n'est pas un rêve, c'est une hallucination. Tu as subi un lavage de cerveau ! N'y pense plus".

Elle avait peut-être raison, mais je ne pouvais pas m'empêcher de penser à l'homme qui avait produit de la mousse de savon à l'intérieur de ma tête avec une telle félicité me laissant avec une extraordinaire sensation d'allégresse et de fraîcheur pendant des jours. Même la vie me paraissait différente, et soudain, ridiculement petite. Il y avait définitivement plus derrière la surface de carton que nous appelions la réalité et j'ai commencé à m'interroger sur cette «expérience du mental». Que se passait-il une fois que le mental s'ouvrait davantage ? L'homme de mon rêve avait des cheveux longs de type gourou. Était-ce Maharishi Mahesh Yogi ? J'avais entendu parler de lui à cause des Beatles, mais les gourous n'étaient pas mon truc. Je lisais J. Krishnamurti, Alan Watts et le *Chandogya Upanishad*, mais je ne cherchais pas de gourou. Cependant, la curiosité m'a poussé à lire Maharishi et la méditation transcendantale (MT), mais le déclic ne s'est pas produit. Je décidais d'oublier tout cela. Quelques semaines plus tard, une longue recherche d'un ouvrage de référence me conduisit dans une nouvelle bibliothèque dans un bâtiment situé en face de la British Council Library. Le bibliothécaire m'avait suggéré de l'essayer.

En entrant dans le bâtiment, je suis passée devant une grande photo d'un homme aux longs cheveux blancs, assis comme une montagne sur son fauteuil, mais je ne regardais pas vraiment. La bibliothèque n'était pas ce à quoi je m'attendais et ne contenait pas le livre dont j'avais besoin. Je m'apprêtais à partir, un peu agacée, quand la dame de l'accueil s'est levée avec un sourire, et m'a dit : «Vous êtes sûre de n'avoir rien trouvé ? Me sentant un peu stupide, j'y suis retournée et j'ai emporté un livre au hasard. Ce soir-là, je l'ai sorti de mon sac. Le livre s'appelait *La Mère* de Sri Aurobindo. Après les trois premières lignes, je me suis surprise à lire à haute voix. À la fin du premier chapitre, je pleurais comme un bébé. Une porte s'était ouverte quelque part à l'intérieur, comme une bouffée d'oxygène nouveau, trop splendide, trop précieux pour être contenu. C'était comme si je rentrais à la maison, là où j'avais toujours appartenu.

La semaine suivante, j'étais de nouveau dans la rue Little Russell, en route pour rendre le livre. Le carrefour en T de la Route du Théâtre était encombré de voitures. Je m'arrêtais sur le trottoir, attendant que le trafic se fluidifie, mais cet après-midi-là, j'avais l'impression d'avoir tout mon temps. J'ai lu les somptueux panneaux d'affichage de l'autre côté de la rue qui annonçaient les cigarettes Wills Classic, Surf pour laver plus blanc et une marque de paan masala. À gauche, j'ai remarqué un panneau plus petit, en noir et blanc. Et il était là, me regardant à nouveau, le même visage que dans mon rêve.

À côté de l'image, on pouvait lire : *L'homme est un être de transition, il n'est pas la fin* ... J'ai traversé la route en flottant jusqu'au *Sri Aurobindo Bhavan* et j'ai lu tout ce que j'ai pu au cours de l'année suivante.

La deuxième partie du rêve avec la fleur d'hibiscus restait un mystère.

Peu de temps après, Raina, mon amie d'université, a rencontré dans un train un ancien camarade de classe originaire d'Allemagne et un homme appelé Pashi. Ils vivaient dans un endroit appelé Auroville, près de l'ashram de Sri Aurobindo à Pondichéry. C'était le centenaire de la Mère dans quelques mois, un moment très spécial et février 1978 était un bon moment pour visiter. Raina est partie visiter Auroville et est finalement retournée y vivre après avoir terminé ses études universitaires. Je suis restée à Calcutta et j'ai rejoint l'université de Jadavpur pour obtenir une maîtrise en littérature comparée. Après cela, j'avais l'intention de partir à l'étranger pour d'autres études et mes parents voulaient que j'épouse un golfeur joueur de bridge travaillant dans une banque. Les parents ont toujours de bonnes intentions pour leurs enfants, mais le Divin a tendance à être moins orthodoxe. Alors que je faisais la queue pour payer mes frais d'admission à Jadavpur, j'ai senti que quelqu'un me regardait dans le dos. Je me suis retournée et j'ai remarqué un petit buste en marbre noir un peu plus loin dans le couloir. Il me semblait familier. En y regardant de plus près, j'ai trouvé un nom : Aurobindo Ghose, le premier directeur du Collège National du Bengale, aujourd'hui l'université Jadavpur. C'était un couloir laid et encombré, le buste placé au hasard, sans soin, mais il avait dit bonjour.

Peu après, un paquet arriva de la part de Raina contenant une brochure rectangulaire blanche. La couverture était ornée d'un magnifique dessin au trait représentant un paysage urbain, mais rien d'autre.

Je l'ai ouvert avec curiosité. Sur la première page, on pouvait lire : " : *La Terre a besoin d'un endroit où les hommes peuvent vivre loin de toutes les rivalités nationales, des conventions sociales, des morales contradictoires et des religions opposées...* Un tel endroit existait-il ? La page suivante présentait une image étonnante d'une ville qui semblait venir de l'espace. Elle dégageait une telle énergie qu'elle me donnait la chair de poule. Le centre était ouvert et une petite sphère y trônait, parfaitement immobile.

Chaque page de cette brochure m'a semblé être une révélation, pleine de puissance et profondément stimulante. Surtout une phrase : *Pour ceux qui sont satisfaits du monde tel qu'il est, Auroville n'a manifestement aucune raison d'être.*

À quel point étais-je satisfaite du monde ?

Bien que n'ayant jamais écrit de journal, j'écrivais furieusement en janvier 1979.

> Une année de plus s'écoule, tout droit dans le gouffre. Il y avait si peu de choses précieuses. Je continue de chercher, de chercher, mais je ne trouve rien ici. Où est la beauté que nous avons condamnée avec la misère, la stupidité et l'injustice. Je veux lever la tête plus haut que ces gratte-ciels qui s'entassent et trouver l'horizon. Existe-t-il encore un horizon ? Comment tout cela va-t-il changer, cette petitesse que nous appelons la vie ? Emmène-moi dans une autre vie, Seigneur, je ne pense pas que cela aille jusqu'au bout…

Savitri, l'épopée de Sri Aurobindo, fut une découverte importante à ce moment-là. Après des années de poésie, de Shakespeare à Bob Dylan, *Savitri* était un incroyable trésor de l'expérience humaine. On pouvait l'ouvrir n'importe où et les lignes qui s'y trouvaient brisaient le mental : *"Ô puissant avant-coureur, j'ai entendu ton cri / Celle-ci descendra pour briser la Loi de Fer/ Et changera le destin de la Nature par le seul pouvoir de l'Esprit…*[2] … *et l'indignité de la vie mortelle…*[3] Voici quelqu'un qui avait tout vu d'un œil impartial. *Une vaste soumission était son unique force…*[4] *Voyageur sur des routes sans compas/ S'aventurant à travers d'énormes royaumes/ Il jaillit dans un autre Espace et dans un autre Temps. …*[5] Et pourquoi ce voyage ? *Je suis un représentant de l'aspiration du monde/ La liberté de mon esprit je la demande pour tous* ⁶. L'épopée est devenue une corde de sauvetage.

Lalita Roy, que j'avais rencontrée pour la première fois lors de la réception au Sri Aurobindo Bhavan, est devenue une amie très chère, me recommandant des livres et partageant des articles. Il y avait tant à découvrir. Quelques mois plus tard, elle m'a demandé si j'aimerais me joindre à une méditation chez elle. Il s'est avéré qu'elle vivait à une rue de là, dans le Parc de Jodhpur. C'était une «coïncidence» de plus et mes parents ne pouvaient guère s'y opposer, même si l'idée que leur fille aille méditer les angoissait beaucoup.

Le lendemain soir, il y avait une douzaine de personnes chez Lalita-di. Les meubles du salon avaient été repoussés et nous nous sommes assis sur le tapis. Quelqu'un a lu un court passage de Sri Aurobindo, et après un tintement de cloche, une demi-heure de silence. Cette séance a réduit mon mental en miettes. C'était soudain une station si petite, si insignifiante. Au-delà d'elle s'étendait l'univers tout entier. Et un tel silence. L'expérience n'a pas duré très longtemps, mais le silence est resté comme un ami pendant quelques jours. L'univers était comme l'amour et il a un peu adouci mon agitation.

Quelques mois plus tard, un ami de Jadavpur est venu me voir et a feuilleté les livres qui se trouvaient sur mon bureau. Il m'a jeté un regard inquiet. Pourquoi lis-tu toutes ces conneries ? Tu es malheureuse ou quoi ? Rien n'était plus éloigné de la vérité. Mes examens de première année terminés, je décidais de visiter Auroville pendant les vacances d'été.

Une terre rouge et sèche et un ciel bleu et or. J'ai atterri dans la pépinière avec des arbres ombragés, des orchidées et des buissons de fleurs, et je suis restée dans la hutte de Raina. Nous

nous réveillions chaque matin dans une communauté de fleurs parfumées. Narad, un horticulteur responsable de la pépinière, me donna mon premier travail : nettoyer les quatre étangs de lotus. Cela consistait à s'enfoncer jusqu'aux hanches dans l'eau et à en retirer la boue en compagnie de poissons, de têtards et de crapauds. Les serpents n'étaient pas à exclure, mais si on ne s'en inquiétait pas trop, tout allait bien. L'important était de détourner le mental et de se jeter à l'eau. Pourtant, le facteur «beurk» était fort alors que je m'enfonçais dans l'eau, les poissons mordillant curieusement mes jambes. Mais quelque chose s'est effondré ce matin-là, car lorsque j'eus terminé, j'attendais avec impatience l'étang suivant. Le troisième jour, j'ai découvert un jardin caché à l'extrémité de l'étang. C'était un petit champ de terre rouge-brun, plein de jeunes arbustes. C'était le jardin d'hibiscus de la pépinière, rempli de magnifiques variétés hawaïennes - roses chauds, jaunes, magentas profonds, orange vif et quelques fleurs d'un blanc pur que je n'avais jamais vues auparavant. Puis, sur le côté, j'ai vu une rangée de buissons d'hibiscus rouges, communs à toute l'Inde. Quelque chose a basculé dans ma mémoire. *J'avais déjà vu cet endroit...* Le rêve ne m'avait pas seulement fait connaître Sri Aurobindo, il m'avait donné une adresse : la pépinière, Auroville, 605101, Tamil Nadu, et je me tenais juste là. L'hibiscus était la fleur d'Auroville, mon intuition amplement confirmée lorsque j'ai trouvé une carte d'invitation pour le 28 février 1968, rangée dans un livre de la bibliothèque de la Pépinière.

Les deux mois et demi qui suivirent se déroulèrent rapidement. Certains jours, je rejoignais le travail sur le site du Matrimandir, d'autres jours je me rendais à pied à Kottakarai, où Raina mettait en place un atelier de poterie avec Angad, qui était venu à Pondichéry après avoir obtenu son diplôme à l'Université d'Oxford, et qui était en train de s'installer à

Auroville. Jean et Gordon nous invitaient souvent à déjeuner lorsque nous passions la journée dans leur communauté. C'était comme faire partie d'une famille. Je ne savais pas encore faire de vélo, alors je marchais, jusqu'à Aurogreen, à Certitude et Centre Field, et bien sûr jusqu'au Centre. Il n'y avait pas de vraies routes, parfois même pas de chemin, pas de signalisation, pas d'éclairage public, pas de téléphone portable, pas de téléphone, et souvent personne.

Tôt le matin, à la cuisine du Centre, les gens avaient tendance à être solennels lorsqu'ils entraient pour le petit-déjeuner, mais se détendaient autour d'une chicorée et d'un pain de campagne, après quoi ils partaient au travail. Il y avait alors environ 450 personnes répartis dans Auroville. Le «conflit» avec la SAS s'infiltrait dans les conversations pendant le déjeuner. Le fait qu'il y ait eu d'importantes coupes budgétaires était évident, car parfois il n'y avait presque rien à manger. Je me souviens d'avoir marché jusqu'à la cuisine du Centre après avoir travaillé au Matrimandir un matin de juillet étouffant, en souhaitant avoir des ananas, et c'est tout ce que nous avons eu pour le déjeuner. Deux fines tranches. Basta.

En réalité, je n'étais pas du tout consciente de la gravité des problèmes auxquels la ville était confrontée lors de cette première visite en 1979. La présence dans l'air était si proche, si rassurante et pleine de joie que je n'ai presque pas prêté attention aux problèmes qui faisaient rage tout autour. L'autorité unique d'Auroville était au milieu de nous, quels que soient les problèmes.

Pendant les deux mois et demi d'été, je me suis portée volontaire sur le site du Matrimandir, nettoyant les pinces, transportant les tuyaux, faisant la garde de nuit, et rejoignant les nuits de bétonnage collectif. Les poutres avaient commencé à monter sur la structure et chaque rangée devait être bétonnée en une seule fois. Il s'agissait généralement de longues sessions, commençant au coucher du soleil et le bétonnage se poursuivant parfois jusqu'à l'aube. Les gens venaient de tous les coins d'Auroville tandis que la bétonneuse mélangeait toute la nuit. Plus de cinquante personnes s'étaient rassemblées pour le bétonnage en fin d'après-midi, alors que je rejoignais la petite équipe dans le bac à sable. Il y avait dans cet air concentré quelque chose d'indescriptible. Le travail se poursuivait et, au crépuscule, des ampoules électriques s'allumaient à différents endroits. Je pouvais voir la moitié d'un visage briller ici ou là, ou quelqu'un qui se tenait très silencieusement en attendant le retour de la brouette. Le Dr Kamala Tewari se tourna soudain vers moi, un foulard autour de la tête et une pelle à la main." Es-tu heureuse ici " ? demanda-t-elle. Mon sourire a probablement trahi mon cœur, car elle secoua la tête d'un air étonné." Je ne sais pas comment il se fait que bien que nous soyons en grande difficulté en ce moment, des gens comme toi continuent à venir». Je n'avais aucune idée des difficultés dont elle parlait, mais ça allait. Nous avons pelleté le sable et l'avons transporté pour préparer le béton. Une fois le mélange prêt, il a été mis en tas dans des chetties qui ont rebondi le long d'une longue ligne, passant de main en main pour atteindre l'équipe travaillant à l'intérieur. L'atmosphère était calme, alerte et joyeuse. À ce moment-là, les champs autour du site de Matrimandir avaient disparu dans la nuit où une ville invisible attendait sous les étoiles. Tout était mythique, éternel et présent. Il y avait peut-être du danger autour de nous, mais il y avait une foi et une beauté que je n'avais jamais connues auparavant, et même si les gens étaient peu nombreux, quelque chose s'était déjà ancré ici. Les rires éclataient alors que les blagues fusaient, puis Pascal se mit à fredonner une de ses chansons, «*De l'eau d'ici*», quelques autres se joignirent à lui, et la chanson devint une rivière. Vers dix heures du soir, l'équipe de cuisine du Centre a envoyé une grande boîte de chicorée et un panier de pain à la banane.

Pendant la pause thé, je me suis rendue à l'amphithéâtre et j'ai regardé la structure sombre et silencieuse suspendue au-dessus du bruit de la bétonnière, les petites lumières en bas et la silhouette des gens autour du chantier. Je me suis détournée pour regarder de l'autre côté de l'amphithéâtre le petit groupe de huttes appelé le «camp», où vivaient de nombreux travailleurs du Matrimandir. Au-delà, s'étendait la pépinière, où je logeais. Je me suis sentie enveloppée, étreinte par quelque chose d'infiniment bienveillant et plein de lumière. C'était une fête pour l'âme. Qu'est-ce qui pourrait être plus satisfaisant que cela ? Ici même, en février 1968, une nouvelle histoire commençait pour l'humanité et j'en étais l'enfant. Pour la première fois de ma vie, je me sentais enraciné.

Mais la ville qui devait se développer autour de la structure que nous bétonnions cette nuit-là semblait en suspens. Les fonds avaient été gelés et il n'y avait pas d'argent pour acheter des terrains. Lorsque j'ai interrogé Raina sur la ville, elle a haussé les épaules, elle n'avait pas les réponses et cela ne semblait pas encore avoir d'importance. Pour l'instant, on ne parlait que de digues, d'arbres, de la façon de pailler le compost et d'installer des éoliennes. Mais la ville ? Bah, ce vieux truc avec quatre zones ? Fin de la conversation. Recroquevillée sous une moustiquaire dans la pépinière, j'ai ouvert *Savitri* au hasard et j'ai lu à la lumière d'une torche :

> *Tard, il saura, ouvrant la charte mystique,*
> *S'il va dans un port vide de l'autre monde*
> *Ou si, armé du fiat de la grande Mère, il découvre*
> *Un mental nouveau et un corps nouveau dans la cité de Dieu*[7].

Le dernier matin, je suis allé dans la chambre de Sri Aurobindo. Je l'aurais manquée s'il n'y avait pas eu David au camp du Matrimandir. "Tu n'es pas allée dans sa chambre ?» Voix scandalisée. "Mais il faut y aller". Voix ferme. "Tu ne peux pas partir sans monter dans la chambre de Sri Aurobindo». C'est maintenant qu'il est le plus sérieux.

Le bus pour Pondy était en retard. Nous avons déposé les bagages dans la maison de l'amie de Raina, sommes montés dans un rickshaw et avons longé le cours Chabrol comme si nous allions à une fête. L'atmosphère a changé dès que nous avons franchi la porte de l'ashram et que l'on nous a dirigés vers les escaliers de la chambre de Sri Aurobindo. Tout était profond, doux et puissant alors que nous attendions sur les marches à l'extérieur de sa chambre.

Je voulais me concentrer sur quelques questions brûlantes : Pourrais-je revenir à Auroville ? Que devais-je dire à mes parents en rentrant ? Est-ce que je prenais la bonne décision ? Mais au moment où je suis entrée dans la pièce, mon mental était complètement vide. La Présence dans cette pièce pouvait voir à travers moi : ma résistance, mes peurs cachées, toutes mes misérables prétentions et stupidités et soudain, tout mon corps a été inondé d'un sourire. L'amour a de si vastes ailes de tranquillité.

En franchissant la porte de l'ashram, j'ai su que ma vie avait changé pour toujours. Je ne rentrais pas chez moi. Je devais revenir à la maison aussi vite que possible.

Les deux années suivantes à Calcutta ont été comme un tunnel sans fin. J'ai rencontré toutes les craintes de mes parents et les miennes, et l'incompréhension de toutes parts. Pendant mon absence, mes parents avaient entendu tous les rapports négatifs possibles sur Auroville. Il y avait un procès contre Auroville, c'était plein de mauvais hippies, c'était une secte, je subirais un lavage de cerveau, je deviendrais une droguée, je deviendrais une nonne et ainsi de suite. Même les journaux disaient qu'Auroville allait être fermée. Étais-je folle ou quoi ? Qu'en était-il de mon éducation, allais-je tout gâcher ? Pourquoi n'avais-je pas postulé pour les bourses ? La vraie solution, ont-ils décidé avec exaspération, c'est que je me marie. J'ai donc arrêté l'université et j'ai trouvé deux emplois, enseignant dans un lycée et travaillant à la radio, pour économiser et retourner à Auroville le plus vite possible. Une année longue et interminable s'est écoulée, puis une autre. C'était une vie sans véritable oxygène. Puis un jour, j'ai accompagné ma mère à New Market où elle devait récupérer du matériel dans un magasin. Alors que nous étions sur le point de partir, le vieux monsieur derrière la caisse m'a dit en fronçant les sourcils :

"Tu n'es toujours pas partie ? Il ne te reste plus beaucoup de temps».

"Où" ? demandai-je.

"Elle doit aller dans une Université Mondiale", se tourna-t-il vers ma mère, " il ne lui reste plus beaucoup de temps, elle a six mois pour y aller".

"Quelle université " ? demanda ma mère, inquiète.

'Je ne le sais pas, madame, mais c'est une Université Mondiale". Il roula des yeux de façon impressionnante avant de se tourner à nouveau vers moi en fronçant les sourcils. Dans six mois, les portes seront fermées ".

Je savais exactement où se trouvait l'Université Mondiale, un endroit où le monde entier pouvait réapprendre à vivre. C'était une si belle description d'Auroville. Mais j'ai été choquée que cet homme clairvoyant puisse non seulement voir mon ambivalence, mais aussi le tic-tac de l'horloge. Quelques jours plus tard, j'ai décidé que je devais abandonner. Peut-être que tout le monde autour de moi avait raison. Comment pouvais-je espérer me débrouiller à Auroville ? Il me faudrait encore des mois pour économiser tout ce dont j'avais besoin et je ne savais même pas faire de vélo.

Cette nuit-là, j'ai fait un autre de ces rêves que l'on n'oublie jamais : *Je m'éloignais de la cour de l'ashram quand quelqu'un est arrivé en courant et m'a tapé sur l'épaule. "La Mère t'appelle», dit-elle, «ne reviendras-tu pas ?" Je me suis retourné et j'ai vu la Mère qui me regardait depuis l'escalier qui montait à la chambre de Sri Aurobindo.*

Et c'est ainsi que deux mois plus tard, en juin 1982, j'étais de retour à Auroville, pour de bon.

Enfin de retour à la maison, la première priorité était d'apprendre à faire du vélo. Raina et Bill avaient réussi à me trouver un Atlas Ladies d'occasion avec une selle verte. Nous avons fait une séance d'entraînement à la pépinière. Pédaler en ligne droite me convenait mais les virages étaient problématiques. J'ai décidé de rester optimiste. Le lendemain, j'ai roulé en toute confiance jusqu'à la cuisine du centre pour le déjeuner. Il y avait un virage juste avant le parking et, trop tard, un pilier de granit se trouvait au mauvais endroit. Je me suis écrasée sans élégance. Auradha, alors âgée d'environ six ans, m'a regardé gravement pendant que je me relevais de la poussière.

"Quel âge as-tu " ?

"Quel âge ? Oh, vingt-quatre ans".

Auradha a haussé les sourcils et s'est éloignée. Où en était le monde ?

Une semaine plus tard, je m'essayais à la nage papillon dans la mer, sans grand succès, lorsqu'Auradha m'a rejoint d'un air sinistre.

"Tu ne sais pas ça ? Quel âge as-tu " ?

Je le lui dis.

Elle s'est éloignée en nageant, dédaigneuse. "J'ai appris ça quand j'étais petite».

C'était une leçon d'humilité. Il allait y avoir beaucoup à apprendre ici, l'âge n'étant pas un obstacle.

Il était courant à l'époque de trouver des livres de Sri Aurobindo et de la Mère dans les cuisines des communautés, dans les bureaux et dans les maisons, ainsi que de vieux exemplaires de la *Gazette Aurovilienne*, des *Notes d'Auroville* ou de la *Revue d'Auroville*. Dans l'un d'eux, je suis tombée sur un message de 1972 sur l'éducation : *Pensez plutôt à l'avenir qu'au passé.* C'était un parfait coup d'envoi.

J'ai cherché Bill au Matrimandir pour voir où je pouvais commencer à travailler. Je l'ai trouvé près du hangar en train de vérifier des planches de bois. Tu veux travailler ici ? C'est super. B a eu l'air pensif pendant une minute, puis il s'est illuminé. "Tu veux jeter un coup d'œil d'en haut " ? J'ai dit oui, pensant que nous allions monter la rampe et quelques échelles, mais l'instant d'après, j'étais derrière lui en train de grimper l'échelle verticale en fer qui s'élevait tout droit sur trente mètres, le cœur dans la bouche. Ne regarde pas en bas ! m'a dit joyeusement B. Je n'ai pas regardé. Nous émergeâmes sur le toit de Matrimandir sous une immense voûte de ciel bleu, éclairé par le soleil. Là-haut, il y avait une grille de planches et de tuyaux. Je me suis stabilisée et j'ai regardé l'époustouflant panorama à 360 degrés, jusqu'à la mer. B me parlait de l'héliostat qui serait un jour placé là pour diriger la lumière du soleil vers la chambre, mais je n'écoutais pas, prise entre l'exaltation et la panique. Il n'y avait plus d'autre choix que de demander de l'aide au «divin». Après quelques pas tremblants, ma respiration s'est détendue et lorsque j'ai sauté du dernier échelon pour atterrir sur le sol, j'ai su que j'avais obtenu mon diplôme.

"Le Matrimandir est là pour enseigner aux gens que ce n'est pas en échappant à la vie que l'on peut réaliser une vie divine», avait dit la Mère à Roger. J'ai commencé à l'atelier du Matrimandir où l'on fabriquait les poutres en béton de la structure. John Harper, responsable de l'atelier, m'a proposé de rejoindre l'équipe qui fabriquait les coffrages pour les poutres préfabriquées. C'était une petite équipe, les gens changeaient souvent, à l'exception d'Ann Marie et de John du camp où je logeais désormais. Gilles supervisait le bétonnage une fois que les coffrages étaient prêts, pour lequel des personnes venaient de différentes communautés : Aspiration et Certitude, Fraternité et Sincérité, Centre Field, Discipline et Dana et d'autres localités réparties sur la carte. Une fois sèches, les poutres étaient envoyées dans le réservoir situé à l'extérieur de l'atelier pour le durcissement, après quoi elles étaient prêtes à être montées sur la structure. John a gardé un œil bienveillant mais vigilant sur moi pendant les premiers jours au cas où je me tromperais de clé et j'ai rapidement appris où trouver les bons outils dans l'atelier, à quoi ils servaient et comment les utiliser au mieux. Marteaux et clés, écrous, boulons et cales, tiges d'acier, planches de bois, papier de verre et graisse devinrent le nouveau vocabulaire de tous mes sens. Chaque matin, après le petit-déjeuner, je traversais le champ de la cuisine du Centre jusqu'à l'atelier, heureuse de commencer.

À l'heure du thé, les hommes et les femmes qui travaillaient sur la structure descendaient de l'échafaudage : Piero, l'ingénieur du projet, Ruud, Bill et Roger H. du Camp, Lakshminarayan de la cuisine du Centre, Andy, Dorothée, Patricia, Gloria et

Pierre de Certitude, Aruna et Patrice de Sincérité, Edzard de Discipline, Alain A. d'Aspiration et tant d'autres. J'avais envie de travailler sur la structure, mais j'étais encore intimidée par les échafaudages.

Après deux mois à l'atelier, j'ai été chargée du bétonnage en l'absence de Gilles. C'était une sorte de test : Je devais réussir les coffrages, trouver le sable, le gravier et le ciment pour le mélange de béton et m'assurer que tout était prêt pour l'équipe qui viendrait pour le bétonnage. J'étais assez nerveuse mais John a tout passé au peigne fin et tout était réussi. Les poutres se sont avérées parfaites et la routine à l'atelier s'est poursuivie jusqu'à ce que ma vie soit soudainement freinée.

La nouvelle équipe de la cuve de durcissement avait besoin d'une main supplémentaire et m'a demandé de la rejoindre. Les deux premiers jours se sont bien passés. Dee et Prem Malik faisaient avancer une poutre en béton préfabriqué qui devait entrer dans la cuve. Je la tirais et la faisais descendre dans l'eau. C'était magnifiquement synchronisé et fluide. Le troisième jour, juste avant la pause thé, Dee et Prem ont manqué un battement et la poutre en béton a glissé vers moi, un peu trop vite. Pendant la fraction de seconde où la poutre s'est avancée sans prévenir, mes yeux se sont remplis d'un doux et immense mur de grâce. Je n'ai pas senti qu'elle me frappait, ni le poids, ni l'impact. Je me suis peut-être évanouie pendant quelques secondes, car j'ai eu vaguement conscience que des gens criaient. La chose suivante que j'ai su, c'est que j'ai été hissée en l'air par six paires de mains qui m'ont transportée jusqu'à ma chambre dans le camp, suivie d'une petite suite de gens qui chantaient : «C'est un bon garçon !». C'était la chose la plus drôle qui soit

Les jours suivants, alitée, j'ai découvert une famille incroyable. John a emprunté une moto et m'a emmenée dans un centre de soins de l'Ashram à Pondichéry. La radiographie a révélé une fracture de la clavicule. J'ai dû avoir un plâtre et mon bras en écharpe pendant environ six semaines. À l'époque, je n'avais pas de fonds supplémentaires pour payer les frais médicaux, mais tout s'est arrangé en douceur. Barbara s'est occupée de moi au camp. Pierre s'est assuré que quelqu'un m'apporte mes repas de la cuisine jusqu'à ce que je puisse commencer à marcher. Narayan et Bhavani, qui vivaient dans une hutte derrière l'atelier du Matrimandir m'apportaient des chapattis et du sabji, au cas où j'aurais le mal du pays. Ma clavicule était en train de guérir, mais quelque chose ne collait pas. Goupi a inspecté mon plâtre avec inquiétude." Ça n'a pas l'air d'aller. Le plâtre te tire vers le bas. Tu vas devenir bossue». Il est revenu le jour suivant, accompagné de Birenda, son professeur de physiothérapie de l'ashram et tous deux se mirent au travail pour me remettre l'épaule en place et redresser le dos. Après quelques instructions d'exercices, Goupi et Birenda sont partis et tout s'est bien passé. Les gens passaient pour discuter, apporter des bonbons et des livres, ou le petit Akash, le fils de Barbara et Ruud, passait par la fenêtre et demandait qu'on lui raconte une histoire. Ces deux semaines ont été un véritable conte de fées. Le camp restait silencieux après que les gens soient partis au travail et j'ai recommencé à lire. Mais il ne fallait pas plus de trois ou quatre phrases avant que le corps ne se remplisse d'une présence. De ma chambre, j'entendais les bruits du chantier de Matrimandir. L'avenir grandissait.

"Il suffit de s'asseoir tranquillement pendant un moment et le Matrimandir répond infailliblement - pas toujours ce que l'on veut entendre ", écrira Ruud quelques années plus tard. J'ai appris tant de choses sur Auroville au cours de ces semaines, et sur le chemin de marche intérieure de chacun dans ce lieu ouvert et cosmique. Puis, au milieu de tout cela, je suis tombée amoureuse d'un homme qui est arrivé à cheval au camp un après-midi, a regardé par la porte et m'a invitée à me promener. Le bras en écharpe, je me rendais tous les jours au Matrimandir pour observer les gens monter et descendre de l'échafaudage. Une jambe sur le tube horizontal, la suivante sur la diagonale et hop ! Cela semblait si facile maintenant. J'avais hâte que le plâtre s'en aille.

Pendant les quatre années suivantes, j'ai travaillé sur la structure avec différentes équipes jusqu'à ce que les poutres préfabriquées recouvrent la sphère jusqu'au sommet. Se suspendre à un échafaudage avec le ciel et le vent pour compagnie était une leçon de liberté. Nous pouvions voir jusqu'à la mer, la large courbe bleue de l'horizon à l'est, le jeune couvert arboré surtout au nord, et surtout une présence si légère et cristalline qui nous entourait comme une joie. Le travail sur la structure a été une merveilleuse école pour le corps, qui a appris à s'équilibrer et à se concentrer sur ce qui se passait, à trouver l'équilibre lorsque des tuyaux de 6 mètres passaient rapidement à mesure que l'échafaudage s'élevait. Pendant que nous construisions le Matrimandir, nous avions parfois l'impression qu'il nous construisait nous-mêmes et qu'il nous maintenait tous en équilibre, ensemble.

La première année a cependant été riche en défis. Il fallait faire face aux doutes et aux limites personnelles, gérer l'ego, faire des choix, etc. Un après-midi, après le départ de la plupart des gens, je suis monté dans la Chambre, le mental encombré de difficultés. La Chambre était vide. Ses deux portes inachevées étaient ouvertes sur le ciel, au centre du sol on voyait une grande ouverture circulaire d'où l'on pouvait regarder jusqu'en bas. Sur un côté de la Chambre s'étendait un amas de tuyaux, de planches et de pinces, ainsi qu'une table de travail avec des outils. Je me suis assise de l'autre côté et j'ai regardé la petite ouverture ronde au sommet, où l'Anneau de l'Unité reliait les quatre piliers principaux tout en haut. J'avais l'habitude de monter dans la Chambre assez souvent, mais cet après-midi-là, il y avait quelque chose d'inhabituel. J'y suis resté assise pendant une heure, faisant partie de quelque chose de trop extraordinaire pour être expliqué par une compréhension mentale. Mais au cours des semaines qui ont suivi, nombre de mes questions et de mes problèmes ont commencé à se résoudre d'eux-mêmes, et ce n'est qu'après la nouvelle année quand Pierre m'a donné l'ouvrage de Satprem intitulé *Le mental des cellules*, que j'ai trouvé, à la page 21 la description mouvement ondulatoire que j'avais rencontré dans la Chambre cet après-midi-là.

> ...et la conscience est une sorte de conscience qui n'a pas de limites, qui est comme des vagues, mais pas des vagues individuelles : c'est un MOUVEMENT de vagues ; un mouvement de vagues matérielles, corporelles pourrait- on

dire, vaste comme la terre... quelque chose qui est très infini de sensation, mais qui est en mouvement ondulatoire. Et ce mouvement ondulatoire est le mouvement de vie... c'est un mouvement qui n'a pas de limites et qui a un rythme très harmonieux et très tranquille, très vaste, et très calme. Et c'est ce mouvement qui est la vie. Je marche autour de ma chambre et c'est ça qui marche. Et c'est très silencieux, comme un mouvement de vagues qui n'a ni commencement ni fin, qui a une condensation comme ça (geste de haut en bas) et une condensation comme ça (geste latéral), et puis un mouvement d'expansion (geste, comme la pulsation d'un océan).*

Le double ancrage d'Auroville était dans notre souffle et marchait sous nos pieds.

Les choses étaient cependant loin d'être roses. Nous vivions entre une confiance totale et une incertitude totale alors que le procès s'éternisait avec des rumeurs inévitables selon lesquelles Auroville allait être fermée d'un jour à l'autre et que nous serions tous expulsés. Les expériences humaines audacieuses ont toujours été confrontées à des défis extrêmes, à des résistances et à des malentendus, tant à l'intérieur qu'à l'extérieur. La mère n'étant plus physiquement présente pour les questions quotidiennes, c'est un vide qu'il nous a fallu accepter. La carte des références extérieures devait se déplacer vers l'intérieur, des personnalités physiques et des photographies, directement vers la conscience. Pour une raison inexplicable, nous ne nous inquiétions pas trop à ce sujet. Nous avions l'impression d'être dans un cocon, même si tout était en suspens.

Le problème était celui de la propriété et de l'autorité. Qui avait des droits sur le Divin ?

Nous étions dans un chapitre inhabituel de l'histoire de l'humanité, ni nos difficultés ni nos succès ne nous appartenaient, même si nous pensions parfois que c'était le cas. Ils n'appartenaient qu'au déroulement d'Auroville. Pour l'instant, les chances juridiques étaient contre nous. Des gens comme Frederick et Prem Malik couraient constamment à Delhi pour suivre le procès et demander de l'aide. Seule la vérité d'Auroville pouvait nous retenir et nous protéger. Pourtant, quelque chose devait s'ouvrir et je tombais souvent sur deux lignes lorsque j'ouvrais *Savitri*, Livre 3, Chant 4 :

> …*Qu'un grand Mot soit dit sur les hauteurs*
> *Et qu'un grand acte ouvre les portes du Destin*[8]…

La plupart d'entre nous vivaient alors dans des huttes, faisaient du vélo et mangeaient principalement du varagu, mais la gamme d'expériences intérieures au milieu de notre vie quotidienne extérieure était immense. Ce n'était pas le mental qui apprenait, ni seulement les parties vitales ou physiques de l'être, c'était l'être tout entier qui apprenait à grandir en résonance avec l'âme. Bien sûr, il y avait d'innombrables aspects pratiques à gérer : les exigences, les systèmes juridiques à comprendre et comment empêcher les étangs de fuir ou les termites de dévorer votre armoire ? Les vieux schémas du mental continuaient à douter : On pouvait rester *au-dessus* et avoir des idées et des expériences merveilleuses, mais «ici-bas», c'était la réalité du terrain, et toutes ces idées et expériences étaient souvent rejetées comme des illusions irréalisables. Nous devions être pratiques.

C'était la vieille division faite par le mental…ce changement formidable : que la vie physique doit être régie par la conscience supérieure et non par le monde mental... C'est le changement d'autorité ... Et ça, c'est le VRAI CHANGEMENT [9]*."*

Pourtant, il restait tant de résistances, de choses à nettoyer à l'intérieur, tant de peurs et de formations à lâcher pour s'ancrer fermement dans la volonté divine. La nuit, alors que tout était calme, à l'exception des rats et des chauves-souris, une foule de créatures s'animait dans le toit de paille au-dessus de ma tête, le camp du Matrimandir devenait l'endroit idéal pour commencer à découvrir Le secret des védas de Sri Aurobindo, assis sous la moustiquaire à la lueur d'une torche.

Ô Feu purificateur, tu es pur et adorable... Que la Force qui nous fait la guerre ne maîtrise pas le Dieu et le mortel ; emporte-nous au-delà de cette puissance hostile [10].

Notes de fin
1   L'Agenda de Mère, Vol. 9, 3 Aout 1968.
2   Sri Aurobindo, Savitri, Livre 3, Chant 4,
3   Ibid, Livre 3, chant 2.
4   Ibid, Chant 2.
5   Ibid, Livre 1, Chant 5.
6   Ibid, Livre 10, Chant 4.
7   Ibid, Livre 1, Chant 4.
8   Ibid, Livre 3, Chant 4.
9   L'Agenda de Mère, Vol. 11, 14 Mars 1970.
10 Sri Aurobindo, Hymns to the Mystic Fire, CWSA, Vol. 16, Pondicherry: Sri Aurobindo Ashram Trust, 2013, p. 48.

9
L'EDUCATION PERPÉTUELLE

Dans cet endroit, les enfants pourraient croître et se développer intégralement sans perdre le contact avec leur âme…[1]

La Mère, Un Rêve

L'enfant est une source qui grandit, apprend et invente sans cesse, sait que les rêves sont possibles et est insupportablement curieux du monde. En revanche, l'éducation est aujourd'hui en grande partie un système qui implique une période de scolarité, d'études prescrites et d'examens et "à la fin de tout cela, on nous remet un certificat qui prouve que l'on a été éduqué". C'est un système ridiculement réducteur où l'on est marqué pour la vie et mis dans une boîte», déclare Deepti, un membre clé de l'équipe de Last School, dans un documentaire sur Auroville, *City of the Dawn* (2014). Il suffit de regarder les noms cités par la Mère pour les écoles d'Auroville : Last School (dernière école), puis After School (Après l'école), puis Super School et enfin, No School Pas d'école ! s'amuse Deepti. Auroville est une université perpétuelle, le lieu d'une éducation sans fin, pour le progrès constant que nous devons faire ici et qui, à son tour, forge une jeunesse éternelle ² ».

Pourquoi une telle insistance sur la jeunesse et qu'est-ce qu'une jeunesse éternelle qui ne vieillit jamais ?

"Être jeune c'est vivre dans l'avenir. Être jeune, c'est être toujours prêt à abandonner ce que l'on est pour devenir ce que l'on doit être ³*"*, disait la Mère aux enfants de l'école de l'ashram. *"Ce n'est pas le nombre d'années vécues qui vous rend vieux ; vous devenez vieux dès que vous cessez de progresser "*.

Dans les premiers temps, l'enseignement de base était parfois perturbé, mais l'apprentissage se faisait à partir de chaque événement de la vie, parfois à la dure. Parfois miraculeusement. Pourtant, les adultes se sentaient souvent coupables de ne pas offrir ce qu'il y avait de mieux à leurs enfants et certains les envoyaient suivre un enseignement normal. Mais en lisant le premier rapport de Roger à la Mère, en septembre 1965, dans lequel il décrit la Zone Culturelle, il y a une surprise. Il est évident que l'accent est mis sur l'infrastructure culturelle, ce qu'elle accepte, mais lorsqu'il décrit la partie éducative avec les écoles et les collèges, ses commentaires sont surprenants :

> *Pour l'instant, la partie enseignement est moins urgente que les autres. ...*
> *Seules les écoles primaires, surtout en tamoul ...*
> *Près du centre de la ville, je souhaite des auditoriums, des musées, des salles d'exposition, etc.*

Elle ne se concentrait pas sur la scolarité et l'éducation normales, mais éventuellement sur des modes d'apprentissage différents et continus, en dehors du format académique habituel, capables de favoriser une culture à naître. Pour l'instant «l'éducation... avec son programme normal... n'a rien à voir avec la création d'Auroville».

Les difficultés seront toujours là», me dit Lakshminarayan en souriant, cela fait partie du plan divin, cela fait partie de l'expérience. Nous devons les surmonter pour que les résultats et les expériences soient stables et solides pour Auroville. Mais bien sûr, les gens doivent se rappeler pourquoi ils sont ici, cette condition doit être là. Les difficultés sont là pour pousser la conscience plus haut. Nous devons en tirer des leçons, car il s'agit d'un lieu d'expérimentation. Tout le monde, grand ou petit, vieux ou jeune, né ici ou venant de là-bas, tout le monde, tout, en fait partie. Nous sommes ici pour apprendre à vivre cette expérience».

Lakshmi était en dernière année d'études d'ingénierie civile dans l'Andhra Pradesh, lorsqu'il est tombé sur la brochure d'Auroville dans la bibliothèque de son université et en a recopié chaque mot dans son carnet de notes. Après avoir obtenu son diplôme, il s'est rendu à Pondichéry et est resté à l'ashram pendant neuf ans travaillant dans différents emplois, et finalement dans la construction d'une maison d'hôtes à l'Ashram, ce qui l'a mis en contact avec Piero et Roger. Cela l'a amené à Auroville, dans une pièce de 2 mètres sur 1,5 mètre dans la cuisine du Centre où il a vécu de nombreuses années avant de passer à une chambre de 3 mètres sur 5, tout en étant plongé dans le travail au Matrimandir. Lakshmi était arrivé lorsque Auroville était en pleine bataille. Tous les Indiens s'en allaient", s'amuse-t-il, faisant référence aux personnes liées à la SAS ou à l'Ashram qui sont parties à la suite des hostilités, d'autres aussi. Même Roger est parti pendant quelques années. L'opposition était très dure pour lui.

Deepti est également venue à Auroville à cette époque. Fille de parents militaires, son père, un major-général qui avait été prisonnier de guerre en Chine, et sa mère, le Dr Kamala Tewari, médecin militaire, Deepti venait de terminer ses études secondaires à Sanawar et ne savait pas quoi faire ensuite. Elle ne se sentait pas attirée par l'université, mais des questions la taraudaient. Qu'est-ce qui comptait vraiment dans la vie ? Elle s'est retrouvée seule avec ces questions et n'avait pas de maison où aller en rentrant de l'école, ses deux parents étant en service dans la guerre du Bangladesh. En les attendant chez une tante à Calcutta, elle est tombée sur un dépliant intitulé «Sri Aurobindo et le Bangladesh», écrit par Satprem, qui fut comme une révélation. C'était redécouvrir l'Inde et l'histoire de l'humanité avec un nouveau regard. Au même moment, à l'insu de Deepti, son père, le général de division Krishna Tewari, vivait une puissante expérience intérieure en pleine guerre, par le biais d'un paquet de bénédictions reçu d'un officier subalterne, une histoire intrigante racontée dans son livre, «A Soldier's Voyage of Self Discovery (Le voyage d'un soldat à la découverte de lui-même). Krishna avait déjà été prisonnier de guerre lors de la guerre de 1962, porté disparu au combat pendant des mois, peut-être mort. Sa femme, Kamala, s'était engagée dans l'armée en tant que médecin pour assurer l'éducation de leurs enfants. Les deux frères de Kamala étaient officiers de l'armée, l'un d'eux étant le major Somnath Sharma, autrefois le meilleur ami de Krishna, le premier soldat à qui l'on a décerné le Param Vir Chakra après sa mort au combat au Cachemire en octobre 1947. Tout cela s'est joué en lui pendant la nouvelle guerre. Il était maintenant, même s'il n'était plus en première ligne comme auparavant, toujours conscient du difficile scénario de la politique internationale et du fait que les Pakistanais étaient bien mieux équipés. Un officier subalterne le trouva un jour en train de ruminer et lui dit de demander de l'aide à la Mère, à Pondichéry. "Écrivez-lui, monsieur". A cette époque, Krishna Tewari n'avait jamais entendu parler de la Mère ni de ce qu'elle pouvait faire à Pondichéry. La réflexion se poursuivit. Quelques jours plus tard, l'officier subalterne le relança, et cette fois, il écrivit à la «Mère», pour ce que cela valait. Quelques jours plus tard, il reçut d'elle un «paquet de bénédictions» qu'il conserva avec lui pendant toute la guerre. Après la fin de la guerre, il découvrit que ce jeune officier avait fait le tour de presque tous les officiers supérieurs et commandants et qu'ils avaient tous reçu un paquet de bénédictions. La «victoire» avait été remportée rapidement, en moins de deux semaines, malgré le fait que les Pakistanais étaient bien mieux équipés et bénéficiaient de l'appui du SSS Enterprise de la Septième flotte américaine qui se dirigeait vers le golfe du Bengale.

Après la guerre du Bangladesh, Krishna décida d'emmener sa famille à Pondichéry, à la fois par reconnaissance et pour comprendre ce qui s'était passé. Pour Deepti, c'était le début parfait d'une nouvelle vie. "Venir à Pondichéry, avoir le darshan de Mère ... était comme une réponse à tout ce que j'avais demandé. Cela a donné une orientation à ma vie». Deepti a passé quelques mois à l'Ashram, méditant, lisant Savitri et essayant d'être tranquille, de comprendre "l'être psychique». Mais il y avait trop d'énergie vitale en attente à l'intérieur, elle avait besoin d'être à Auroville. Sa première rencontre avec Auroville fut une réunion sous un banyan en 1975 qui n'avait rien de psychique. Les choses étaient rudes et effrontées, les arguments et les opinions fusaient à gauche et à droite, mais elle s'est quand même lancée.

"Je suis issue d'un milieu qui n'a pas connu les années 1960 de la même manière que les Auroviliens de l'Ouest», a déclaré Deepti dans une interview accordée à *Auroville Today*. J'ai grandi dans une famille de militaires, dans une Inde soumise à deux guerres pendant mes années d'école. Le patriotisme, l'amour de la patrie, la dévotion, le dévouement, les normes éthiques élevées, - voilà le genre de valeurs héroïques que j'avais autour de moi. Puis j'ai atterri à Auroville, qui était très contre-culture, avec une atmosphère de révolte et de rupture des modèles sociaux et moraux. J'ai donc eu l'impression de recevoir un coup sur la tête. Je me suis rendue compte que j'avais été placée, par un choix intérieur profond, dans un endroit où il fallait briser le moule : le moule de vos idéaux, qu'il s'agisse d'idées mentales, d'idées morales-éthiques, d'idées esthétiques, ou même d'idées de spiritualité. A Auroville, on ne nous donne pas le droit de s'installer dans un quelconque équilibre - ce qui est vraiment bien à Auroville, c'est que toutes ces peaux protectrices sont enlevées. Cela peut être douloureux ou très positif ; cela dépend de votre conscience à chaque moment donné... Lorsque vous avez librement choisi de vous soumettre à cette expérience, alors vous n'avez personne d'autre à qui vous plaindre ! »

Pour beaucoup, le processus d'apprentissage a commencé par ce processus de désapprentissage, de désencombrement progressif du bagage social, moral et culturel, et des préjugés, dont une grande partie est inconsciemment enracinée, afin de s'ouvrir à une nouvelle expérience et à d'autres personnes. Ceux qui sont nés ou ont grandi à Auroville ont bénéficié d'une longueur d'avance, mais ils avaient d'autres bagages à gérer. En parlant à un large éventail de jeunes et d'adultes, j'ai pénétré dans un champ d'apprentissage inhabituel, mais il s'agit de premiers pas et il est clair que plusieurs générations seront nécessaires, ainsi que de nombreux passages dans le feu intérieur, avant que nous n'engendrions véritablement une société consciente :

> … *une société qui aurait déjà commencé à se spiritualiser, ferait de la découverte et de la révélation du Moi divin dans l'homme, le but suprême, voire le but directeur de toutes ses activités : éducation, connaissance, science, éthique, art, structure économique et politique*[4].

Bien que chacun d'entre eux soit littéralement une étude de cas, j'ai dû faire une sélection, pour découvrir comment l'apprentissage se produit, est découvert ou embrassé avec joie :

L'histoire d'Aster est unique, c'est pourquoi nous commençons par elle. Aster avait onze ans lorsqu'elle est arrivée à Pondichéry, en 1943, avec sa mère. Son père, le Dr Indra Sen, érudit et pédagogue de renom, a été autorisé à quitter l'université de Delhi pour rejoindre l'Ashram seulement deux ans plus tard. Il n'y avait pas d'école à l'époque. Aster se souvient d'avoir joué à cache-cache avec son frère, gambadé dans l'espace réservé au Samadhi dans la cour de l'ashram et de la visite des chambres de différents disciples comme Purani, Amal, Kiran et Nirodbaran. C'était sa maison. En outre, elle voyait la Mère tous les jours, parfois deux fois par jour, pour lui raconter ce qu'elle avait fait ou appris ce jour-là, alors même que la Mère lui parlait de sujets variés. Après le début de l'école de l'ashram, la vie devint plus organisée entre les études, le sport et les autres activités, et elle eut même une fois l'occasion de réciter un passage de *Savitri* à Sri Aurobindo, qu'elle répétait pour la pièce de théâtre de l'école. Ce fut une enfance enchantée de grandir dans la proximité constante de ces deux grands êtres. Après avoir terminé l'école, la Mère a encouragé Aster à aller à la Sorbonne pour faire un doctorat sur Sri Aurobindo. Aster a passé les années suivantes à Paris, mais une fois qu'Auroville a commencé, la Mère lui a demandé de revenir, mais il y aurait un autre détour, à l'Université Hindoue de Bénarès, à Bénarès, où elle fut invitée à occuper la chaire Sri Aurobindo pendant deux ans. De là, elle se dirigea vers les rues poussiéreuses de la Cité de l'Aurore. Aster a rejoint Auroville dans les turbulentes années 1970. Une fois le procès terminé et que la Fondation d'Auroville a vu le jour, elle a été chargée du Bharat Nivas, le Pavillon Indien dans la zone internationale d'Auroville et finalement fut nommée membre du conseil d'administration de la Fondation d'Auroville. À quatre-vingt-quatre ans, elle est toujours très active et continue même à donner un cours hebdomadaire à Knowledge (connaissance), le cours d'enseignement supérieur de l'ashram. Il n'est pas surprenant que l'éducation, en particulier l'éducation perpétuelle, reste son intérêt permanent.

En changeant de génération, nous avons Kripa, née de parents venus de France. Ses premiers souvenirs sont ceux d'une marche vers l'école à travers des champs ouverts et vides avec sa sœur Kali, ramassant des insectes de velours, les pieds dans la boue de la mousson et de devoir se doucher sous un robinet avant d'entrer en classe. Kripa a d'abord fréquenté Udavi, une école pour les enfants Tamouls de la région, près du village d'Edyanchavadi, et quelques années plus tard, elle a rejoint l'école du Centre avec d'autres enfants d'Auroville, où les batailles de boue de la mousson étaient cotées cinq étoiles.

'Auroville ressemblait alors à une grande maison, chaque communauté était comme une pièce dans cette maison, nous pouvions aller et venir à notre guise, il y avait un tel sens de la famille et de la sécurité en tant qu'enfant ". Paradoxalement, c'était une période très incertaine, les gens étaient menacés, battus ou emprisonnés. Elle se souvient d'un incident près du Matrimandir en 1977, lorsque de nombreux adultes ont été arrêtés et emmenés dans des camionnettes, y compris ses deux parents. Kripa se souvient d'être rentrée chez elle à travers les champs jusqu'à Sharanga, dans le vide le plus complet, tenant la main de sa sœur aînée, Kali, ne sachant que faire. "Peut-être que quelqu'un nous a envoyé de la nourriture, je ne me souviens pas, il y avait si peu de gens à l'époque, vivant loin les uns des autres. Mais deux jours plus tard, Jacqueline est allée à la prison et s'est rendue en échange de ma maman, pour qu'elle puisse revenir pour nous. Les adultes, nos parents, étaient si passionnés par Auroville à l'époque. Je me souviens de tant de rires malgré toutes les difficultés. La présence de la Mère était toujours présente autour de nous, dans les discussions, dans les réunions, je voulais vraiment la rencontrer !».

La liberté n'est pas la chose la plus facile à gérer, même pour ceux qui sont avancés. Les enfants grandissaient avec très peu de structures ou de contraintes, vagabondant à leur guise, montant à cheval pour se rendre à l'école, conduisant des vandis et se sentant facilement à l'aise dans trois langues, voire cinq. Cela les rendait résistants et flexibles, prompts à apprendre et à s'adapter, mais peu à peu, certains enfants ont commencé à exiger une structure, plus de discipline et même des notes pour leur travail. Aujourd'hui mère de deux garçons en pleine croissance, Kripa se trouve à mi-chemin entre trois générations. " Mes enfants grandissent différemment, dans un Auroville très différent. Leur éducation est très structurée et leur vie est beaucoup plus organisée et stable. Être parent, c'est une toute nouvelle éducation pour moi». Mais si beaucoup de choses se sont améliorées, Kripa admet qu'il n'y a plus cette qualité de liberté ni ce sentiment d'appartenance partagé.

Rathinam, du village de Kuilapalyam, a rejoint Aspiration lorsqu'il était jeune.

"C'était une expérience unique et privilégiée. Il y avait une simplicité dans nos vies et une atmosphère très spéciale, c'était magique de grandir dans cette ambiance. Partout c'était chez soi, tout le monde était votre enfant ou votre parent". Aspiration était la plus grande communauté d'Auroville à l'époque, avec plus de soixante adultes, pour la plupart français, et un certain nombre d'enfants. La cuisine communautaire était le centre névralgique au milieu d'un groupe de huttes et d'un terrain de basket à l'arrière. La plupart des gens se souviennent d'avoir fait partie d'une jeune famille nombreuse, avec beaucoup de rires et d'idéalisme. Rathinam a commencé à prendre des responsabilités au sein de la communauté très tôt, peu après avoir terminé l'école. La participation à l'événement Peace Trees au début des années 1980 lui a réellement ouvert des horizons et lui a également permis de voyager en Occident, de rencontrer de nouvelles personnes et de faire l'expérience d'une énergie positive et d'apprentissage. "Je ne me suis jamais senti handicapé lorsque j'ai voyagé à l'extérieur, malgré l'absence d'éducation formelle à Auroville. Cela ne s'est jamais produit, que ce soit pendant les cours, les ateliers ou les voyages en Occident. En fait, les enfants s'en sortent très bien lorsqu'ils sortent parce qu'Auroville vous façonne d'une manière différente, les attitudes sont différentes, la façon de fonctionner est très différente, que vous veniez à Auroville du village d'à côté ou de l'Occident». Rathinam a été une présence solide dans le secteur financier d'Auroville depuis des années et se préoccupe des possibilités qui s'offrent aux générations qui grandissent.

Chali a passé sa petite enfance à la pépinière, l'endroit où j'ai débarqué pour la première fois à Auroville. Je me souviens de Chali gambadant autour de nos huttes tôt le matin, frappant aux portes et réveillant les adultes grincheux avec une joie débridée. Assise en équilibre sur son bureau à l'Institut International d'Education et de Recherche Sri Aurobindo (SAIIER), qu'elle supervise depuis peu, Chali se souvient de son enfance comme d'une période libre et heureuse :"Nous faisions partie de tout à l'époque, nous étions aux bétonnages du Matrimandir, aux lectures de *Savitri*, aidant à la cuisine, à la recherche d'insectes dans la nature. Le fait de pouvoir apprendre de tout, d'être curieuse, m'a aidée à être qui je suis et à savoir que je peux toujours apprendre de la vie».

Chali est retournée aux États-Unis avec ses parents à l'âge de onze ans, mais après l'université, elle est revenue à Auroville. À cette époque, Luc, diplômé de Last School (la dernière école), cherchait à offrir aux adolescents la possibilité de continuer à apprendre à Auroville et d'aider ceux qui voulaient passer des examens pour poursuivre des études supérieures. Avec Luc, Chali a créé le Centre de formation continue (CFL Centre of Further Learning). "C'était une bonne équipe», se souvient

Chali, «nous aimions travailler ensemble». Le CFL est devenu Future School, une école beaucoup plus structurée et axée sur les objectifs, désormais largement orientée vers les examens. Ce que j'apprends en enseignant élargit mes perceptions. Auroville est toujours un endroit où les choses peuvent arriver, mais elles doivent venir de la sincérité, d'un besoin réel et de la joie».

SAIIER a été créé en 1984 pour encourager et soutenir l'éducation et la recherche à Auroville, et s'est aujourd'hui développé en un vaste ensemble de différents types d'écoles d'Auroville, de projets de recherche, de sports, de programmes culturels et de quelques écoles de village. Dans une certaine mesure, cela a apporté un degré d'institutionnalisation, même si le champ d'expérimentation reste ouvert. Les différents systèmes scolaires ont également entraîné des attitudes différentes. Les enfants qui sortent de Future School passent généralement des examens et envisagent de poursuivre leurs études à l'étranger. Ceux d'Udavi peuvent aller à Pondichéry, Chennai ou à l'étranger, dans le cadre de programmes d'échange, tandis que ceux qui terminent Last School ne ressentent peut-être pas le besoin de partir et trouveront à Auroville suffisamment d'éléments pour continuer à apprendre.

"L'école est une partie très mineure de ce que nous appelons l'éducation», déclare Sanjeev, qui a dirigé SAIIER pendant de nombreuses années avant de prendre un peu de recul pour des raisons de santé. À Auroville, l'apprentissage est un processus qui dure toute la vie et idéalement, la communauté devrait être beaucoup plus impliquée dans le processus de scolarisation. En fait, les écoles sont maintenant assez bien organisées, mais la société ne l'est pas. Les enfants devraient bénéficier d'un réseau social beaucoup plus large, au lieu de l'école seulement. La communauté d'apprentissage (TLC) a été une bonne tentative de trouver des solutions créatives, mais voyons ce qu'il en est.

Ces dernières Sanjeev s'est investi dans l'école du village d'Udavi et a encouragé une plus grande importance accordée aux arts. "La spiritualité et la culture sont également un environnement. Donc, si je suis avec des gens qui sont spirituellement ou artistiquement avancés, ou qui portent cet esprit de recherche dans n'importe quel domaine, je m'imprègne automatiquement de quelque chose. Les enseignants doivent porter en eux un champ d'aspiration, n'importe où dans la communauté, ils n'ont pas besoin de s'enfermer dans des étiquettes telles que professeur de mathématiques, mais simplement d'être eux-mêmes dans un état constant de progrès. Beaucoup de bonnes choses se passent, il y a beaucoup de liberté pour expérimenter, nous devons juste nous perfectionner en tant que société».

Sanjeev a étudié le droit à l'université de Delhi, mais une fois avocat en exercice, il a commencé à chercher quelque chose de plus significatif. Alors qu'il était au Stephen's College, il a été témoin de toute la gamme des mouvements politiques et sociaux qui débordaient sur le campus, ce qui l'a amené à vouloir savoir s'il y avait quelque chose de plus, quelque chose qui offrirait de vraies solutions aux nombreux problèmes de la vie. En 1981, lorsque l'exposition sur Auroville est venue à Delhi, Frederick lui a parlé du procès et des difficultés rencontrées pour la rédaction de l'Acte de la Fondation d'Auroville. Frederick l'a ensuite invité à Auroville pour l'aider dans cette tâche et Sanjeev s'est installé à Auroville en 1985.

Le sens général de la liberté résonne à travers les générations. Angeli a fait des allers-retours dans différentes écoles d'Auroville, sans vraiment savoir où elle se situait. Elle vient d'être diplômée de la Future School mais n'a pas passé d'examens comme la plupart des autres. Lorsque je lui demande ce qu'Auroville représente pour elle, elle me répond : «C'est drôle tu sais, lorsque j'étais enfant et que je sortais d'Auroville pour rencontrer des gens à l'extérieur, j'étais frappée par l'irréalité de la réalité et revenir à Auroville c'était retourner dans le seul endroit réel au monde, avec de vraies personnes. Mais le potentiel d'Auroville n'a pas encore été pleinement exploité. Ce n'est pas encore ce qu'elle veut être. Auroville a le potentiel de stimuler les individus dans leurs aspirations les plus fortes. Il y a une grande et forte énergie à Auroville et c'est une tâche, même à risque, que de faire en sorte que cette énergie devienne une réalité. Cela aura un impact massif, selon la direction que prendra l'énergie. Tu sais que c'est le seul endroit où l'on peut avoir de très bonnes conversations sur quelque chose comme l'âme avec un enfant de onze ans ou une personne de trente ans. Je ne pense pas que je pourrais avoir ces conversations ailleurs». Angeli, enfant de parents mixtes, Tamouls et Américains, communique à partir d'une luminosité intérieure et défend passionnément son sens de la liberté.

Mais dans quelle mesure notre liberté est-elle libre ? Peut-elle apprendre sans cadre ? Peut-elle franchir les angoisses habituelles ? Veut-elle seulement ceci et cela, ou a-t-elle le courage de se soumettre à une force plus grande ? Alors qu'Auroville s'oriente vers un cadre plus institutionnalisé, à quoi pourrait ressembler No School ? Et peut-elle être rétablie dans la future ville ? Un aperçu fascinant m'a été donné par Ponnusamy.

Ponnusamy avait douze ans lorsqu'il a commencé à se rendre sur le site du Matrimandir depuis son village près d'Alankupam pour rencontrer son ami Ramalingam, qui travaillait avec Gérard. Il a commencé à s'y rendre aussi souvent qu'il le pouvait, parfois, il y restait la nuit, ce qui rendait son père furieux. "Mais c'était tellement excitant», les yeux de Ponnusamy s'illuminent, «c'était un immense espace ouvert, tout était si différent et il y avait tant d'activités sur le chantier, il y avait toutes sortes de gens que je n'avais jamais vus auparavant et des femmes en short», s'amuse-t-il. Et ces gens avaient toutes sortes de choses, comme des torches avec des piles à l'intérieur et des magnétophones, c'était vraiment excitant, je voulais en faire partie". Quelques mois plus tard, il a demandé à son père s'il pouvait s'installer chez Ramalingam. Naturellement, son père refusa. Il voulait que son fils aille à l'école et à l'université, une opportunité qu'il n'avait jamais eue. Pourtant, à douze ans et demi, l'envie de participer à quelque chose de totalement nouveau l'emporta sur tous les autres soucis. Avec l'aide de son ami, il s'installa dans une hutte derrière le Matrimandir, à côté de Gérard, qui s'occupait des garçons, vérifiait qu'ils mangeaient et que tout allait bien. C'était loin de l'autorité parentale et le jeune Ponnusamy se délectait de cet espace de liberté. Mais il mourait d'envie de travailler, comme tout le monde autour de lui. Il commença par aider au bétonnage, distribua des biscuits avec Anne Marie à l'heure du thé, rejoignit l'équipe du jardin et a fini, avec l'aide de Toine, par demander à Shyam Sundar de lui confier un travail. On lui a demandé de s'asseoir dans le magasin de Matrimandir et de faire le suivi de tous les mumpties et chetties et des outils qui sortaient chaque matin et revenaient l'après-midi, et de faire fonctionner la pompe. Cela lui a donné beaucoup à apprendre en termes d'organisation, de chiffres, de maintien de l'ordre dans le magasin et de concentration sur ce qui se passait, ce qui devait être fait. Il ne savait pas grand-chose d'Auroville et n'avait aucune idée de la Mère ou de Sri Aurobindo. A ce moment-là, il vivait dans le camp où Seyril gardait un œil sur les garçons et s'assurait qu'ils étaient bien rentrés dans leurs huttes au plus tard à huit heures du soir. Les enfants d'Aspiration les appelaient des yogis, parce que la vie dans leur communauté était beaucoup plus détendue et conviviale. Au Centre, les choses étaient plus calmes, mais tout allait bien. Une fois par semaine, Seyril lui demandait de l'aider à cueillir des fleurs pour les déposer au pied du pilier Est, là où la première pierre du Matrimandir avait été posée. Elle l'invitait à s'asseoir avec elle en méditation, à rester silencieux pendant dix minutes et à partir en silence lorsqu'il avait terminé. Cela le rendit curieux d'en savoir plus. Seyril a commencé à lui prêter des livres et il a commencé à se joindre aux petits groupes de méditation dans la zone du Matrimandir. Il apprenait aussi l'anglais en même temps avec l'aide de Seyril, de Pala et de tous ceux qui pouvaient corriger ses phrases ou répondre à ses questions pendant les pauses déjeuner ou lorsqu'il était de corvée de cuisine au Centre. L'après-midi, Ponnusamy se rendait à vélo à Aspiration pour suivre une formation professionnelle à Last School et rejoignait ensuite l'école Illiangarkal de Meenakshi à la pépinière. Le soir, il jouait au volley-ball. Ponnusamy fut alors chargé de fabriquer des «brickets», petits morceaux de béton rectangulaires utilisés pour la construction du Matrimandir, dans un espace qui lui fut alloué derrière l'atelier principal. Il produisait des centaines de brickets chaque semaine, tout en apprenant la menuiserie, la mécanique, la peinture et la conduite d'un tracteur. La joie et l'émerveillement de Ponnusamy à propos de ce qu'Auroville était pour lui en tant qu'enfant est contagieuse. Son école sans frontières est un aperçu de l'avenir d'Auroville dans notre passé, un champ vaste et passionnant pour un enfant qui grandit librement, de sa propre volonté. Aujourd'hui, Ponnusamy dirige le service électrique d'Auroville, participant à des réunions avec les fonctionnaires et ministres de l'état du Tamil Nadu pour mettre en place l'infrastructure du réseau électrique d'Auroville. "C'est très différent pour les enfants maintenant», dit Ponnusamy en haussant les épaules. Mes enfants pensent que ce ne sont que des histoires. Quoi qu'il en soit, nous ne pouvons pas revenir en arrière, mais nous devrons voir comment Auroville se traduira à l'avenir».

"Le premier principe du véritable enseignement, écrit Sri Aurobindo, *est que rien ne peut être enseigné. L'enseignant n'est pas un instructeur ou un maître d'œuvre, il est une aide et un guide* [5] ". L'approche intégrale permet un développement mental, vital, physique, psychique et spirituel selon le potentiel naturel de l'enfant.

L'organisation, les structures et les institutions ont quelque peu modifié ce paysage. Mais si un élève veut essayer quelque chose comme Ponnusamy, Deepti m'assure qu'il peut toujours le faire, même s'il s'agit désormais d'une exception et que la situation devra être créée parce que la société d'Auroville est différente aujourd'hui. Est-ce un progrès pour Auroville ou un recul ? Last School garde son caractère propre en suivant et en guidant les motivations de l'enfant ainsi qu'en explorant les idées de la Mère et de Sri Aurobindo sur un sujet donné, selon le niveau d'intérêt de l'enfant. Leur nouvelle école dans la zone culturelle a essayé de maintenir les frontières entre l'espace d'apprentissage concentré et l'épanouissement artistique. La Learning Community (TLC), pour les enfants plus jeunes, expérimente l'idée d'un campus flexible réparti dans différents endroits d'Auroville afin d'offrir une éducation davantage basée sur la communauté qui dissout les barrières entre la maison et l'école et crée des programmes basés sur l'intérêt de l'enfant.

Awareness Through the Body (ABT) est un autre programme utilisé dans les écoles maternelles, les écoles de Transition et Udavi. Développé par Aloka et Joan, d'origine espagnole, ABT «fournit aux enfants des outils pour élargir leur conscience, découvrir leur moi intérieur et explorer l'être psychique, afin qu'ils puissent trouver par eux-mêmes comment diriger leur vie [6]". Les exercices visent à affiner et à intérioriser les sens qui sont normalement à la surface, à intégrer les différentes parties de l'être et à prendre conscience d'une unité divine à l'intérieur. Ajoutez à tout cela un large éventail de sports, musique, théâtre, danse et les arts martiaux, qui enseignent tous au corps la concentration, le centrage, la liberté et la beauté.

"*Les choses spirituelles...* demanda un jour la mère. *Qu'entend-il par «choses spirituelles» ? ... On leur apprend l'histoire ou les choses spirituelles, on leur apprend la science ou les choses spirituelles. C'est cela, l'idiotie. Dans l'histoire, il y a l'Esprit ; dans la science, il y a l'Esprit — la Vérité est partout. Et ce qu'il faut, c'est de ne pas l'enseigner d'une façon mensongère : l'enseigner d'une façon véritable*" [7].

La recherche de la «vraie méthode» est toujours en cours, bien que les parents, et même les enseignants, aient tendance à rechigner devant l'expérimentation, préférant quelque chose de plus éprouvé pour les enfants. Mais, comme Lakshminarayan me l'a dit plus tôt, tous ceux qui ont choisi de venir, ou de naître ici, ont d'une certaine manière choisi de faire partie de cette vaste expérience dès leur naissance, et doivent être autorisés à s'y engager sans crainte ni préjugé.

Pour une éducation sans fin, l'école ne se limite pas à un lieu ou à un bâtiment, c'est toute la ville qui doit être imaginée et traitée comme un espace d'apprentissage. David, architecte, se souvient de la préoccupation de Roger à ce sujet dans ses dernières années. Chaque fois qu'un bâtiment ou un projet lui était présenté, il voulait savoir de quelle manière les enfants seraient intégrés dans le bâtiment et son activité. Il cherchait en fait des moyens de parvenir à « Pas d'école « pour Auroville.

Quand je repense à l'enfance de Ponnusamy, à son besoin d'apprendre de tout le monde et de tout ce qui l'entourait, il est évident que l'éducation a un potentiel qui va bien au-delà de la salle de classe. L'éducation changera au fur et à mesure que la nature et l'intention de la connaissance change. Si l'objectif est l'unité, il faut une connaissance unifiée qui est automatiquement plus complète que la connaissance mentale. Pour atteindre l'unité, il faut apprendre à s'ouvrir à une réceptivité plus élevée, de sorte que l'Ecole de l'Education perpétuelle nous orientera inévitablement vers la Conscience, et nous apprendra à nous y fier de plus en plus au lieu des schémas d'apprentissage établis par le mental sur lesquels le monde se base aujourd'hui.

En discutant de cette question, la mère disait : '' *La connaissance est remplacée d'une manière étrange par quelque chose qui n'a rien à voir avec la pensée et moins… avec la vision, quelque chose de supérieur, une sorte de perception, - une nouvelle sorte de perception : vous SAVEZ … c'est bien au-dessus de la pensée, au-dessus de la vision. C'est total … c'est à la fois la vision, l'ouïe et la connaissance … un nouveau type de perception … elle remplace la connaissance* [8]*.* Elle ajoutait : «*C'est ce que Sri Aurobindo appelle la Conscience Supramentale.*

Si l'éducation d'Auroville doit s'orienter vers un chemin évolutif d'unité, l'école et l'académie classiques n'auront que peu de choses à voir avec une telle expérience. Au lieu de cela, la Mère nous a donné une liste fascinante, de Last School à No School, pour nous pousser vers un autre type d'éducation, un autre mode de connaissance, bien supérieur et intégral, basé sur un contact avec la Conscience.

Le bâtiment Swagatam, également connu sous le nom de Sanskrit School et Last School, furent les premières tentatives de Roger pour créer un environnement scolaire différent. Ces espaces lumineux et futuristes offraient à l'enfant une atmosphère d'une rare beauté et stimulaient l'espace d'apprentissage, ainsi qu'un amphithéâtre ouvert où les enfants pouvaient explorer des sujets physiques et créatifs.

"Ce n'était pas seulement l'architecture», dirait Roger Anger, «mais aussi la méthode d'enseignement qui devait être révolutionnaire »[9].

Jean Yves, enseignant à Last School, résume avec justesse les débuts de l'éducation perpétuelle. Il ne s'agit pas de produire des citoyens prêts à l'emploi pour un système qui ne peut plus trouver de solutions aux problèmes de la société qu'il a créés». Il s'agit plutôt de préparer les élèves «à être prêts pour un monde qui n'existe pas encore, à sortir des idées préconçues et à relever de nouveaux défis de manière créative et coopérative, portés par la foi qu'un nouveau monde est possible »[10].

L'éducation est le vaste terrain préparatoire d'Auroville. En fin de compte, disait la Mère, «*ce doit être une ville d'études et de recherches sur la façon de vivre, à la fois d'une manière simplifiée et d'une manière qui donne aux qualités supérieures PLUS DE TEMPS pour se développer... Je veux insister... il s'agit de faire des expériences... des expériences, des recherches...* »[11]. Cinquante ans plus tard, Auroville a-t-elle donné plus de temps pour que les qualités supérieures se développent et ont-t-elles gagné plus d'attention et d'espace dans nos vies ?

Notes de fin

1 Mère, «Un rêve», Education, p.103
2 City of the Dawn, un film documentaire produit par New Momentum for Human Unity, 2014.
3 Mère, Education, 28 mars 1967, p. 128.

4   Sri Aurobindo, Le cycle humain, p. 325.
5   Sri Aurobindo, Early Cultural Writings, CWSA, Vol. 1, p. 384.
6   'Awareness Through the Body', http://www.auroville.org
7   Mère, Education 5 Avril 1967, p.341.
8   L'Agenda de Mère, vol 11,3 Janvier 1970
9   Anupama Kundoo, Roger Anger and the Research on Beauty, Berlin: Jovis, 2009, p. 125.
10 A Note on Unending Education by Jean Yves Lung, SAIIER, 2010', http://www.auroville.org
11 Mother, Mother on Auroville, pp. 24.

10

LA CONNAISSANCE CENTRÉE

Il faut faire face à la vie intégrale et à tout ce qu'elle comporte encore de laideur, de mensonge et de cruauté, mais en prenant soin de découvrir en soi-même la source de toute bonté, toute beauté, toute lumière et toute vérité, pour mettre consciemment cette source en rapport avec le monde afin qu'elle le transforme [1].

Mère, Education

Si la croissance de la conscience était considérée comme le but principal de la vie, de nombreuses difficultés trouveraient leur solution [2].

-Mère, Lettres à un Sadhak

Le point de départ de tout ce qui se passe à Auroville est toujours la conscience, sa véritable marque de naissance, et la beauté - deux choses qui façonnent l'âme humaine. Elles ne dépendent pas du mental et le dépassent généralement, leur vérité est souvent physique, ou dans le cœur, l'espace psychique. Une éducation intégrale couvre non seulement une éducation mentale, vitale et physique, mais aussi une éducation psychique et spirituelle. *"Pour devenir conscient de son être psychique... il faut abolir en soi tout égoïsme. Mais pour vivre vraiment la vie spirituelle, on ne doit plus avoir d'ego... l'éducation supramentale aura pour effet, une transformation de la nature (humaine) elle-même"* [3].

Cette éducation s'inscrit dans la durée.

"Dans ce yoga", écrit Sri Aurobindo, *"l'être psychique est ce qui ouvre le reste de la nature à la véritable lumière supramentale* [4]*."* Aucune affirmation de la volonté humaine ou l'insistance égoïste ne peut prétendre à cette lumière, si ce n'est par une aspiration psychique et une conscience physique calme et abandonnée. L'être psychique, ou l'âme, a la capacité de détecter les «nœuds de l'ego» à l'intérieur de nous et de les dissoudre, de les brûler, ou de les transmuter par le feu psychique, permettant ainsi la

descente de la conscience dans le corps physique et capable de transformation spirituelle.

La vérité que nous recherchons, écrit la Mère, est constituée de quatre aspects principaux : l'amour, la connaissance, le pouvoir et la beauté. Ces quatre attributs de la vérité s'exprimeront spontanément dans notre être. Le psychique sera le véhicule de l'amour vrai et pur, le mental celui de la connaissance infaillible, le vital manifestera le pouvoir et la puissance invincibles, et le corps sera l'expression d'une beauté et d'une harmonie parfaites [5]. Il s'agit d'une éducation pour la vaste école de la vie.

Auroville a été créée comme une ville physique, mais c'est une ville avec une âme. Ici, la bonne volonté est apparemment suffisante pour s'en sortir. Mais il y a un hic : il s'agit d'une bonne volonté pour une vie plus haute et plus vraie, cette chose pour laquelle l'éducation d'Auroville n'est qu'une préparation. Aujourd'hui, le nid d'abeille extérieur des disques d'or et la chambre intérieure silencieuse du Matrimandir déclenchent de profondes transformations. Un grand nombre de personnes y passe chaque jour, et pour chacune d'entre elles, c'est une expérience différente : puissante, merveilleuse, transformatrice, parfois même troublante, mais pour la plupart, c'est sa beauté qui laisse une signature indéniable.

L'avons-nous vraiment construit ? Qui sait ? Nos souvenirs sont souvent encombrés de détails techniques, de controverses et de réunions marathoniennes, mais c'est à travers nous qu'il a été construit. Malgré nous.

La bonne volonté semble être un mot si innocent pour faire face à nos égoïsmes individuels et à ceux du monde, mais elle pourrait bien être l'antidote de départ. Le monde tremble sous les effets des égoïsmes religieux, nationaux et politiques, jusqu'à l'orgueil, les préjugés et le prestige des clans, des castes, des familles et des individus, qui ont tous engendré d'interminables

Kurukshetras dans le monde, sans véritable issue. La bonne volonté pour une vie plus élevée et plus vraie peut sembler comme un vague conte de fées, mais c'est un antidote qui pourrait un jour être puissant.

Le recul peut nous aider à reconsidérer comment, et pourquoi et jusqu'où nous sommes allés à Auroville, les obstacles et les batailles qui ont dû être franchis, et les récompenses, avec un peu plus de sérénité.

Faisant face à une opposition qu'il ne pouvait pas gérer ou vraiment comprendre, Roger rentre en France en 1975 et Aurofuture est fermé. La ville était comme jetée dans l'oubli. Heureusement, la construction de Matrimandir ne s'arrête pas. En son absence, les travaux se poursuivirent et jusqu'à l'achèvement de la Chambre intérieure, il y avait une personne que nous admirions tous : Piero, l'ingénieur du projet.

Piero avait été l'apprenti d'Alvar Alto, en Finlande, avant de retourner travailler en Italie, mais la situation sociale et politique s'aggravait et il ne semblait pas possible d'envisager un véritable changement. "L'espoir sonnait creux», dira Piero [6]. À cette époque, lui et sa femme Gloria rencontrent par hasard, dans l'appartement d'un voisin, une personne qui venait de rentrer de Pondichéry et ils se mirent bientôt à lire tout ce qui était disponible dans les traductions de l'Ashram de Sri Aurobindo à Pondichéry. "On venait de gauche politiquement", se souvient Gloria, "dans les milieux d'architecture on était très conscient des problèmes sociaux. On était aussi tout à fait anti-catholiques. Alors, de découvrir qu'il y avait quelque chose d'intérieur, de tellement différent, de tellement profond, c'était très intéressant "[7].

Piero et Gloria, tous deux architectes, sont arrivés une semaine après l'inauguration d'Auroville.

Piero s'est rapidement mis au travail. En tant qu'architecte en chef d'Auroville, Roger construisait et coordonnait les projets d'autres jeunes architectes et il invita Piero à concevoir une première série de maisons polyédriques à toit de chaume, sans fondations, qui permettraient, en six mois, de regrouper quatre-vingt-dix personnes... [8]. Des caravanes de nouvelles personnes allaient bientôt arriver et elles étaient impatientes de tenter une expérience de vie simple et collective. Jusqu'à présent, en dehors des bâtiments de Roger, il y avait eu deux ou trois essais remarquables, comme la capsule circulaire de Bob et Deborah à Forecomer, ou le rhomboïde en polyester, portable et rotatif, fabriquée par Jean-Pierre (Bhagvandas) mais la plupart du temps, il s'agissait de la maison de keet de base ou de la capsule triangulaire surélevée de Johnny, typique de la ceinture verte.

Mais à Aspiration, c'était autre chose. "Le toit des huttes et du réfectoire était fait de chevrons de bois et de feuilles de cocotier. Les fenêtres n'étaient que des volets légers, doublés de tissu ou de contreplaqué mince». Cette modeste description de Piero ne laisse rien présager de l'avancée d'un ensemble collectif à la fois simple, élégant et intelligemment conçu, donnant aux huttes une belle clarté de lignes qui s'inscrivaient harmonieusement avec l'environnement aride. Aspiration a fait progresser la hutte de son standard primitif et rustique et lui a donné une nouvelle forme et une nouvelle sensibilité malgré sa simplicité. Bien qu'il s'agissait d'une expérience temporaire, Roger avait espéré que le modèle d'Aspiration pourrait être multiplié et étendu à d'autres communautés en y ajoutant des équipements culturels et sportifs dès les premières années. Il souhaitait d'abord expérimenter des modèles urbains de vie collective à Auromodel, afin de ne pas créer une croissance désordonnée dans la zone urbaine, particulièrement alors que les terrains, les cartes, les fonds et tant d'autres facteurs n'étaient pas encore en place.

Cependant, Frederick voulait construire une maison indépendante dans la zone de la ville, mais cela n'était pas encore possible, Certitude a donc commencé à la lisière de la ceinture verte. La Mère lui a conseillé de ne pas faire une structure temporaire, mais un vrai bâtiment, en briques et en ciment, pour montrer que «nous sommes là pour rester». La ville du futur devait être ancrée sur terre et elle était pressée de la mettre en marche.

Après la maison de Frederick, connue sous le nom de Auroson's Home, Piero et Gloria ont construit plusieurs résidences indépendantes à Certitude et, au fil des ans, l'école de Transition et Future school et le Centre de Santé. Mais bien avant tout cela, en 1969, dès "qu'on nous a parlé de ce projet encore mystérieux, le Matrimandir" [9], Piero a proposé son travail.

La Chambre Intérieure le fascinait particulièrement et il était déterminé à réaliser la vision de la Mère aussi exactement que possible. Lorsque Roger revint quelques années plus tard, il donna à Piero le feu vert pour achever la Chambre intérieure, tandis qu'il commençait à étudier les possibilités d'habillage intérieur et extérieur de la structure.

La touche finale de la chambre d'un blanc immaculé est un rayon de lumière qui tombe sur le cristal dirigé par un héliostat, méticuleusement conçu et construit par Piero, et placé sur le toit du Matrimandir.

Qu'est-ce que c'est pour toi la Chambre intérieure ?

Piero : "Je trouve absolument stupéfiante l'extraordinaire invention du rayon de soleil. Comment est-ce que la Mère a pu voir ça ? D'où est ce que cela vient ? Dans un sens c'est un coup de génie. Un symbole qui n'est pas seulement quelque chose de physique, mais quelque chose fait de lumière… Va dans les temples, dans les églises, tu trouves toujours un autel, mais c'est mort… Le rayon lui est vivant… Cela a toujours provoqué en moi une immense curiosité et beaucoup d'énergie : comment faire ce rayon, quels sont les moyens de le réaliser [10]".

La Chambre intérieure est, en quelque sorte, le point de départ de l'éducation d'Auroville, où se rencontrent le spirituel et le matériel. Il est vrai que les Auroviliens et les ouvriers ont construit le Matrimandir en acier et en béton, mais ce que Mère y a mis, comme Elle l'a dit à Roger, nous ne pouvons pas nous en attribuer le mérite. L'expérience que les gens vivent à l'intérieur du Matrimandir est construite par quelque chose d'autre. Pourtant, le bâtiment est considéré par certains comme non durable et criminel pour l'environnement, digne d'être mis au rebut, et pourtant il soutient Auroville de différentes manières, ainsi que des centaines d'âmes vivantes qui le visitent chaque jour.

C'est peut-être Ruud qui l'a le mieux compris, alors qu'il se tenait debout avec sa barre à mine et qu'il regardait la terre stérile qu'il fallait creuser et ramener à la vie. Nous étions en train de creuser rien de moins que la première capitale d'un nouveau monde. Tout ce qu'elle avait à enseigner allait être différent, à condition que nous puissions empêcher notre mental de tomber dans le fossé des négations préconçues et autres stupidités et apprendre à marcher avec ce qui était encore devant, encore invisible. Une capitale ou le berceau d'une nouvelle conscience n'avait pas besoin de notre ego, ni de nos peurs, ni de notre ignorance. Ruud avait passé quinze ans comme prêtre catholique romain dans un ordre franciscain en Hollande. En 1968, il fut envoyé comme missionnaire et sociologue pour mettre en place un institut de développement communautaire dans le centre de l'Inde. Curieux d'explorer d'autres voies du yoga, il atterrit à Pondichéry et, inévitablement, à Auroville. Lorsqu'il est parti au bout de dix jours, il savait qu'il avait laissé derrière lui la partie la plus profonde de lui-même. Il lui a fallu trois ans d'allées et venues pour finalement rompre avec l'ordre religieux. Ruud décrit une garde de nuit au Matrimandir peu après son retour. Les piliers de base de la sphère étaient en cours de construction :

"Les quatre piliers, dont deux sont achevés et les deux autres en voie d'achèvement, sont comme quatre immenses navires venant des quatre coins de la terre... Une partie de la

personne peut se sentir perdue dans ce grand monde : venant de l'autre bout du globe, elle est maintenant assise au bord d'un cratère profond au milieu de nulle part, quelque part dans le sud de l'Inde ... (c'était) une veille de nuit à l'âme d'une nouvelle création ...[11"]

De nombreux visiteurs ont évoqué une sorte de souvenir étrange, a noté Ruud, des pyramides ou de Delphes. Bien que l'histoire soit généralement le récit des rois et de leurs conquêtes, il existe une autre histoire de l'âme qui s'est toujours exprimée à travers le temps, à travers l'art ou l'architecture, pour ceux qui ont des yeux pour voir et qui savent comment apprendre.

Lors d'une rencontre avec Roger, Mère a souligné : «Le Matrimandir est là pour enseigner aux gens que ce n'est pas en s'échappant du monde ou en l'ignorant que nous réaliserons le Divin dans la vie. Le Matrimandir doit être le symbole de cette vérité [12]".

Ruud est décédé en 1985, quelques années avant que le Matrimandir ne soit achevé, mais il a laissé son livre en guise de témoignage, dévoilant le symbolisme du Matrimandir et de la ville qui l'accompagne. "Je ne sais pas comment et pourquoi je suis ici, mais je sais que c'est une joie et une bénédiction d'être dans le berceau du nouveau monde, en sécurité dans les bras de la Mère divine »[13]. Une jeunesse éternelle est certainement le domaine de rêve de Ruud.

Pour John, c'était l'aimant.

En 1969, John était à l'université de British Columbia, au Canada, où il a trouvé de nombreux livres de Sri Aurobindo, comme s'ils l'attendaient. Au fur et à mesure de ses lectures, il s'est rendu compte qu'il existait un Ashram «là-bas», il commença donc à écrire à Mère et reçut des réponses par l'intermédiaire de Pavitra, l'un des plus anciens disciples français. À l'époque, John partageait un appartement au sous-sol avec deux autres personnes. Par hasard ou à dessein, l'une suivait Yogananda, l'autre lisait Sri Ramakrishna et la propriétaire de l'appartement était une dévote de Sri Chinmaya. Après quelques années à lire tout ce qu'il pouvait, John n'était pas sûr de savoir où tout cela allait le mener quand il fit un rêve étrange dans lequel la Mère lui disait que sa vie s'ouvrirait vraiment lorsqu'il serait touché par quelqu'un de Montréal. Cela le laissa assez perplexe mais, quelques mois plus tard, quelqu'un de Montréal vint rendre visite à l'un de ses colocataires au sous-sol. L'homme se rendait à la première réunion d'Auroville en Californie, chez June Maher. John l'a accompagné à la réunion Californienne et quatre mois plus tard, il était dans un bus qui roulait jusqu'à Auroville, et en route pour Ami.

C'est alors que John l'a vu, surgissant du paysage désertique, le Matrimandir. C'était comme un aimant», me dit John, mi-étonné, mi-souriant et c'est toujours le cas pour lui, car John a tout de suite commencé à travailler au Matrimandir et ne l'a jamais quitté. Je n'ai jamais compris pourquoi il en a été ainsi. C'était l'endroit où je devais être et je suis très reconnaissant d'avoir eu cette opportunité. Nous sommes des instruments, quel que soit notre niveau, afin de pouvoir servir d'instruments le mieux possible.

Beaucoup d'entre nous ont lu les livres de Satprem dans les années 1970 et 1980 :

Le Mental des Cellules, *La genèse du surhomme* et *l'Aventure de la Conscience*, ainsi que des traductions de *l'Agenda de Mère*. Après le décès de la Mère, beaucoup ont ressenti un vide retentissant : aucun nouveau message arrivant de la petite chambre de Pondichéry, pas de nouvelles indications sur la façon dont Auroville devait se développer ou sur ce qui devait être fait en son absence. L'écoute a dû se déplacer vers l'intérieur, et comme se souvient Gloria, " soudain, on a senti comme si la Mère était partout, tout autour de nous ... sa présence était tellement forte, tellement forte ! C'est comme si elle nous disait : 'Mes enfants, je vous ai donné ça à faire, faites-le "[14].

La «pression intérieure» par laquelle elle travaillait toujours sur nous n'avait pas changé ou disparu, seule sa présence physique.

Mais le véritable changement est rarement une affaire toute faite, ni d'un degré égal pour tous. Chacun représentait une échelle de temps et une vitesse de l'âme différentes. Nous étions tout de même un groupe hétéroclite, français, anglo-saxons et indiens de tous types et de tous tempéraments, certains à l'ego surdimensionné, d'autres au courage sous-dimensionné d'autres avec des lacunes grammaticales, des points communs ou des points de désaccord. Pourtant, il y avait un fil conducteur, une lumière invisible, qui n'était pas du tout démocratique, mais qui cherchait en nous les moyens par lesquels nous pourrions vivre et avancer ensemble.

Satprem a écrit :

La terre est inégalement préparée, les hommes sont spirituellement inégaux en dépit de toutes nos protestations démocratiques — bien qu'ils soient essentiellement égaux et vastes en le grand Moi, et un seul corps aux millions de faces —, ils ne sont pas tous devenus la grandeur qu'ils sont : ils sont en route, et les uns traînent, d'autres semblent aller plus vite, mais les détours de ceux-là font aussi partie de la grande géographie de notre indivisible domaine, leur retard

> *ou le frein qu'ils semblent appliquer à notre mouvement, font partie de la rondeur de perfection à laquelle nous tendons et nous contraignent à une plus vaste minutie de vérité* [15].

Nous avons reconnu ce que Satprem disait de nos épreuves, et même si les choses étaient difficiles, c'était aussi une période d'idéalisme et d'innocence.

> *Ils ne sont plus d'un pays, plus d'une famille, d'une religion ou d'un parti : ils ont pris le parti d'eux-mêmes, qui n'est le parti d'aucun autre, et pourtant le parti du monde parce que, ce qui devient vrai en un point, devient vrai pour tout le monde et rejoint tout le monde ; ils sont d'une famille à inventer, d'un pays qui n'est pas encore né... D'un bout à l'autre du monde, il touche son propre corps* [16].

Au milieu de tout cela, des enfants sont nés. Nous disions qu'ils étaient spéciaux et, à bien des égards, ils l'étaient, délicieux et féroces à mesure qu'ils grandissaient parmi nous, grimpant partout dans le Matrimandir comme s'il s'agissait de leur propre tente de cirque.

L'enfant de cette Cité naîtra avec une flamme, il naîtra consciemment, volontairement, sans avoir à défaire des millénaires d'animalité ou des abîmes de préjugés [17].

Où en sommes-nous ? Les enfants ont-ils grandi avec cette flamme ou sont-ils tombés dans la dérive de nos incertitudes ?

"Les idées d'avenir", écrit Sri Aurobindo dans *Le cycle humain*, *"se révéleront tout d'abord dans la philosophie, la pensée psychologique, les arts, la poésie, dans la peinture, la sculpture, la musique... dans la façon dont les penseurs appliqueront les principes subjectifs aux questions sociales"*... [18]

Notes de fin

1. La Mère Education, 29 mai 1968, p. 212.
2. Lettres à un sadhak «, 18 janvier 1972.
3. La Mère Education, Vol. 12, p. 45.
4. Sri Aurobindo, The Mother, CWSA, Vol. 32, p. 161.
5. La Mère Education, Vol. 12, p. 11.
6. Christine Devin, Retournements, Auroville : Auroville Press Publishers, p. 9.
7. Idem., p. 7.
8. Franz Fassbender and John Mandeen (eds), Auroville Architecture, Auroville: Prisma Publication, 2011, p. 18.
9. Christine Devin, Retournements, p. 10.
10. Ibid., p. 12.
11. Ruud Lohmann, A House for the Third Millennium, 1986, p. 1.
12. Noté par Roger Anger après une conversation, 07.71
13. Ruud Lohman, A House for the Third Millennium, p. 6.
14. Christine Devin, Retournements, p. 8
15. Satprem, La genèse du surhomme, p,184.
16. Idem., p. 187- 204.
17. Idem., p. 196.
18. Sri Aurobindo, Le Cycle Humain, p. 315.

11
LA PRATIQUE DU FUTUR

De par-delà les frontières de la forme, une force nouvelle peut être évoquée, une puissance de conscience qui ne s'est pas encore exprimée et qui, par son apparition, pourra changer le cours des choses et faire naître un monde nouveau. Car la vraie solution au problème de la souffrance, de l'ignorance et de la mort est... une transformation, une transfiguration totale de la matière... qui manifestera sur terre une force nouvelle, une conscience nouvelle, un pouvoir nouveau. Alors commencera ainsi une nouvelle éducation qui peut être appelée l'éducation supramentale et qui, par son action toute-puissante, agira non seulement sur la conscience des êtres individuels, mais sur la substance dont ils sont façonnés et sur le milieu dans lequel ils vivent [1].

Mère, Education

Auroville est une ville évolutive et son destin à long terme est d'être le berceau du surhomme. Naturellement, cela ne signifie pas que la Mère voulait qu'Auroville soit une maternité pour les futurs Clark Kent, ou pour l'hyper-anthropos Nietzschéen sinistre et imbu de sa personne, mais un lieu de changement évolutif.

"Tu veux des résultats TERRESTRES ? demanda-t-elle un jour. Eh bien, deviens conscient de tes cellules et tu verras qu'il y a des résultats !... Des petites, toutes petites choses, justement des mouvements de conscience dans la Matière, des toutes petites choses qui étaient... vraiment»[2].

D'où et par quoi commencent ces recherches ? Comment les artistes, penseurs, écrivains, musiciens, passant lentement du toit de chaume à la maison de briques, ont-ils commencé à explorer de telles choses ?

Pierre a abandonné son travail d'ingénieur et est revenu à Pondichéry après mai 1968 en provenance de Paris. Il fit la liste de tout ce qu'il possédait et l'offrit à la Mère. *Intégralement accepté*, lui répondit elle en lui demandant de «garder les peintures». Son premier travail fut d'enseigner l'art à l'école de l'ashram. Avec Hu Shu, l'érudit chinois, il commença à apprendre la calligraphie ; Satprem l'encouragea à lire les Védas et répondit à ses questions sur la transformation cellulaire. Sunil, le compositeur, l'invitait à prendre le thé tous les dimanches. Un jour, Sunil lui demanda : «Qu'est-ce que tu lis, Pierre ? *La Vie divine*, avoua Pierre et Sunil éclata de rire. 'Laisse cela pour plus tard. Sri Aurobindo écrira ta vie divine pour toi.

Pierre se rendait souvent à Auroville à vélo ces jours-là, pour voir des amis ou aider au bétonnage du Matrimandir. Au bout d'un certain temps, la Mère lui donna la permission d'aller vivre à Promesse, une communauté d'Auroville à la périphérie de la ville, pour travailler sur son art, sans être dérangé. Au bout d'un an, elle l'a fait revenir pour travailler dans l'imprimerie alors que l'Ashram préparait le centenaire de Sri Aurobindo en 1972. Après le décès de la Mère en 1973, il se souvient d'avoir eu la confirmation qu'il n'y avait plus besoin d'intermédiaires ni d'heures de rendez-vous. Elle était là pour tout le monde, à tout moment, quand on avait besoin d'elle. Mais il n'était pas toujours facile de se mettre à l'écoute.

Un an plus tard, le jour du darshan de Sri Aurobindo, il assistait à un concert de sarod à l'Ashram. Les notes de musique semblaient s'élever dans le ciel nocturne et éclater en couleurs. Au fur et à mesure que la musique s'étendait, les couleurs s'étendaient aussi, en une explosion de points. Le lendemain matin, il réalisa une série inattendue de peintures à l'encre de couleur sur le papier fait à la main de l'Ashram. Il en ressort une sorte de monde cellulaire, avec des points de couleur superposés émergeant entre de minuscules traits. Il ne savait pas quoi en penser et les mit rapidement de côté, jusqu'à ce qu'un oiseau l'envoie à Auroville.

Pierre a également travaillé sur une série de sculptures en aluminium, mais une pièce restait décourageante. Elle ne pouvait tout simplement pas voir le jour. L'après-midi même, il avait découpé et poli la feuille d'aluminium à l'atelier Toujours Mieux d'Auroville, et l'avait ramenée chez lui à Pondichéry. La feuille était posée sur sa table mais refusait de collaborer. Pierre abandonna et commença à se concentrer. Il y eut un battement d'ailes soudain, puis le silence.

Il ouvrit prudemment les yeux. En face de lui, une grande colombe blanche aux yeux doux et sombres qui le regardaient avec une infinie compréhension. Il resta stupéfait, tandis que l'oiseau le regardait, serein et inébranlable, et une puissante douceur inonda la pièce. Pendant ce qui lui sembla être un très long moment, il resta assis, absolument immobile, osant à peine respirer. Puis, très lentement, il tendit la main et prit la feuille d'aluminium. Aussitôt, tout s'est mis à couler, chaque mouvement, chaque courbe, et chaque pli. En quelques minutes, la structure était claire. C'était un oiseau abstrait. Mais un oiseau aux ailes de flamme. La colombe l'observait tranquillement, sans bouger d'un pouce. C'était le soir et Pierre partit dîner à l'ashram. Il laissa les fenêtres ouvertes, au cas où. Mais l'oiseau était toujours sur la table lorsqu'il revint. Il s'assit

à nouveau devant lui et fit un dessin, capturant sa tête ferme et ronde et ses yeux avertis, le duvet des plumes et ses pattes robustes et sans artifice. Sur un carré de papier plus petit, il dessina rapidement la tête. Les yeux sombres et doux brillaient maintenant d'un sourire.

L'oiseau passa la nuit à l'observer pendant qu'il essayait de dormir, mais il avait l'impression qu'il lui disait quelque chose, encore et encore. Enfin, bien après minuit passé, il s'extirpa du lit, l'écrivit au dos de la carte carrée et se recoucha. Ce message a inspiré et soutenu son travail depuis lors. L'oiseau était toujours là lorsqu'il s'est réveillé. C'est à ce moment-là qu'il remarqua un anneau sur sa patte. C'était un oiseau messager ! Qui l'avait envoyé ? Il écrivit un petit mot à la Mère et le glissa dans la bague. Aussitôt, l'oiseau ouvrit ses ailes et s'envola par la fenêtre.

La signature de la Mère représente d'ailleurs un oiseau en vol.

Lorsque Jean Pougault a vu la sculpture en aluminium, il a suggéré à Pierre de l'agrandir pour en faire une sculpture en ferrociment pour l'atelier Toujours Mieux. Pierre se rendait à vélo à Auroville chaque semaine pour y travailler, mais nous étions en 1976, une époque de tensions flagrantes, et le travail fut interrompu à plusieurs reprises. Un an plus tard, l'oiseau fut enfin prêt et placé sur un petit monticule de terre devant l'atelier : un oiseau blanc aux ailes déployées, le cou dressé vers le ciel bleu.

Entre-temps, la vie se poursuivait comme d'habitude. La vie à l'ashram était calme et ordonnée, mais un mois plus tard, en mai, alors qu'il lisait sur sa terrasse, il entendit une voix claire et impérative :

Va à Auroville. Tout de suite. À Aspiration.

Jamais, pensa-t-il. Abandonner tout cela pour aller vivre avec ces idiots ? Jamais.

Une semaine plus tard, il était à Auroville.

Pendant les années qui suivirent, Pierre se lança à corps perdu dans le travail : Le Matrimandir, la création de Djaima avec des amis, une ferme écologique à part entière, du biogaz aux algues, des légumes biologiques aux éoliennes, il édita le bulletin d'Auroville et fit partie de plusieurs groupes de travail. Un jour, quelqu'un a déposé à sa porte un livre qui a tout changé. *Le Mental des cellules* lui a apporté un choc intense de reconnaissance et lui a laissé les mots de la Mère résonnant à ses oreilles : *Tu veux changer le monde ? Deviens conscient de tes cellules.*

Cette transformation était pour *maintenant*, et non pas confortablement reléguée aux siècles futurs. Elle devait commencer *dès cette vie*, par tous les moyens que l'on pouvait trouver, à l'intérieur ou à l'extérieur de soi. De quels moyens disposait-il ? Il était temps d'accepter le fait que son véritable travail était celui d'un artiste. Dans ce livre, il a enfin trouvé l'explication de la série de crayons et d'encres réalisée des années auparavant.

> ... « *dans cette recherche, il y a une constante perception (qui se traduit par une vision) d'une lumière multicolore, de toutes les couleurs — de toutes les couleurs non pas par couches, mais comme si c'était une association par points de toutes les couleurs : un pointillement. ...ce que l'on pourrait appeler une* « *perception de la vraie Matière*[3] » ...

Il avait l'impression d'être poussé sur un nouveau seuil, un peu intimidant, mais avec une grande envie de voyager. Par où commencer ? La Mère a parlé d'un filet, ce qui lui a rappelé Lao-Tseu dans le Tao-Te-Ching : «*Le filet céleste jette un voile infini. Bien que ses mailles soient larges, rien ne lui échappe.* Pourquoi rien ne s'en échappe ? Pour l'instant, lui semblait-il, la Mère était impatiente de nous faire passer à travers ces filets et de nous faire avancer. En 1970, elle dirait a Satprem :

Il y a une région où il y a beaucoup de scènes de la Nature... mais tout derrière des filets ! Il y a un filet d'une couleur, d'une autre couleur... Tout-tout-tout est derrière un filet...Mais ce n'est pas un seul filet, cela dépend : le filet dépend, dans sa forme et sa couleur, de ce qui est derrière. Et c'est... le moyen de communication... Et je vois ça LES YEUX OUVERTS, dans la journée... [4]

Il voulait les voir aussi - les couches, les couleurs et leur impact sur l'être. Comment devenir *le* corps ? Toucher ces filets ? Même les scientifiques commençaient à décrire des «réseaux» au niveau cellulaire, comme des résilles drapées dans chaque cellule, invisibles, sauf au microscope le plus raffiné. Toutes ces choses se passaient sans qu'on s'en aperçoive, bien en dessous de la surface, *une réorganisation terrestre et une nouvelle création*, disait la Mère à propos de ces expériences, encore humainement intraduisibles, mais d'une beauté extraordinaire, de paysages et de constructions, d'immenses villes en train de se construire, comme si la matière elle-même était pétrie en quelque chose de nouveau, quelque chose au-delà du mental limité ''...*et le corps était là-dedans presque poreux — poreux, sans résistance, comme si la chose passait au travers*'' [5]. La «chose» ? Elle correspondait exactement aux Védas. C'était stupéfiant.

> *Largement déployé pour toi est le filtre de ta purification, ô Brahmanaspati, Maître de l'Ame. Te manifestant dans la créature tu traverses tous ses membres ; mais qui n'est pas mûr et dont le corps n'a pas subi la torture du feu ne goûte pas ce délice ; seul peut l'endurer et pleinement en jouir qui est passé par la flamme* [6].

Ce matin-là, le carnet de Pierre contient une ligne triomphante : La matière est POREUSE !

A ce niveau cellulaire, la Mère offrait aussi une définition exacte de la bonne volonté. *"Et quand les cellules sont de bonne volonté... Ce que j'appelle être de « bonne volonté », c'est que dès que leur attention est tournée vers la Force suprême (ou la Présence suprême ... c'est un éclatement de joie...* [7]

Ayant vécu avec Pierre pendant toute cette période, je peux témoigner de ce processus de recherche particulier, car notre espace de vie s'est rempli de travaux, dans tous les coins et recoins de la petite maison de Certitude, ainsi que dans le jardin et sur le toit.

Dans les tribus océaniennes, il y avait une tradition de cartographie. Pierre a commencé à explorer toutes sortes de cartes : des océans et des fonds marins, du ciel et des galaxies, des terres et des villes, des anatomies humaines et des structures cellulaires. Mais une vraie carte de l'homme ? Existait-elle ? Une voie d'accès à nous-mêmes à partir de laquelle tout change ? L'océan le plus proche semblait être le territoire le plus inconnu. Les essais se poursuivaient. La matière exprimerait ses réponses. Toutes sortes de matériaux furent testés pour leur densité, leur légèreté, leur souplesse, leur porosité et les cahiers de Pierre commencèrent à se remplir : Se pourrait-il que des pans entiers de l'âme se cachent dans les interstices de notre vie quotidienne ? Peut-on la voir ? Comment voir cette explosion de joie ?

Puis il l'a trouvée, la première carte utilisable pour étudier l'état de son être. Il commença à explorer les douze qualités indiquées par la Mère, nécessaires à la création d'un être humain intégral. Chaque qualité était désignée par une couleur spécifique. Les huit premières concernent notre attitude envers le Divin (sincérité, humilité, gratitude, persévérance, aspiration, Réceptivité, Progrès, Courage - couleurs allant du bleu ciel au rouge magenta) et les quatre dernières envers l'humanité (Bonté, Générosité, Equanimité, Paix - couleurs allant du rose au bleu profond). L'être tout entier, avec ses couches intérieures successives, était maintenant la toile, nouée avec l'univers, où l'on pouvait tracer ces qualités, certaines fermes et rayonnantes, d'autres vacillantes ou ternes. Les qualités manquantes étaient comme des lacunes dans l'être, des trous qu'il fallait travailler et modifier, tout comme il fallait percer la surface des choses. La combinaison de deux ou plusieurs couleurs, de l'avant ou de l'arrière, donnait des résultats étonnants, éclairant les points sombres, dénouant les nœuds. Au contraire, les qualités conscientes et réceptives rendaient l'œuvre plus poreuse et unifiée. La toile plate n'était plus l'horizon final. C'est ainsi que son travail a changé pour toujours, il n'y avait plus de cadre régulier. Les trous se sont transformés en nouvelles portes s'ouvrant à travers l'être.

> *Mais au contraire, si un vrai artiste, celui qui cherche son inspiration dans un monde plus élevé, se tourne vers le yoga, il s'apercevra que son inspiration devient plus directe et plus puissante, et son expression plus claire et plus profonde* [8].
> En même temps, Sri Aurobindo nous met en garde :
> *Vient un moment où le créateur de beauté se révolte et proclame sa propre charte de la liberté, généralement sous forme d'une nouvelle loi, d'un nouveau principe de création ; puis, une fois reconnue, cette liberté commence à se répandre et à entraîner la raison critique hors de toutes ses limites familières* [9].

Après de nombreux essais et rejets, le travail de Pierre trouva une orientation claire grâce à l'invention d'un alphabet. Celui-ci lui permet non seulement de structurer ses œuvres, mais aussi d'inventer sa propre toile, poreuse, pliable, flexible et adaptable à toutes sortes de matériaux, de tailles, de formes, de volumes et d'espaces. Les «réseaux» commencèrent à se dessiner, et les points qui illuminaient les différentes transparences de l'être. Qu'est-ce que l'art, dira le carnet de Pierre, si ce n'est l'expression de ce qu'il y a de plus sacré en l'homme ? C'est l'appel de l'éternelle frontière, pour toujours jeune et nouvelle. C'est la pratique de l'avenir».

Mais malgré tout cela, et les expositions à Auroville et en Europe, les choses n'en étaient qu'à leur première phase. Au tournant du siècle, en 1999 et 2000, Pierre a monté deux installations géantes *Light Matter* à Auroville, l'une à l'auditorium du Bharat Nivas l'autre dans les jardins de Matrimandir. *Light Matter* était littéralement un livre qui se dévoilait, composé des 108 poèmes que j'avais écrits pour le projet.

C'était, comme l'a écrit Pierre dans une introduction :

Un parcours à travers un livre d'artiste / Où les pages deviennent les murs poreux d'un espace de rêve / Un univers tridimensionnel où les poèmes sont la structure même de l'espace / Les mots comme intermédiaires entre le spectateur et la lumière pure / Un champ vibratoire qui dynamise plusieurs niveaux à la fois / La matière-lumière : un terrain de jeu pour l'âme qui voit la matière comme les multiples déguisements d'une seule lumière / Redécouvrir le pur miracle pulsant de la substance de l'homme

Après cela, Pierre a cessé d'exposer en Europe car ce travail a finalement trouvé sa réalité à Auroville.

Quelques années plus tard, un groupe d'étudiants et de professeurs d'art est venu voir l'exposition de Pierre à Auroville. Après une rencontre très silencieuse, ils l'ont rencontré pour lui poser des questions : Qu'est-ce qui avait déclenché sa recherche et l'art doit-il essayer de communiquer ? L'art doit être communiqué, mais la question pour nous est de savoir à quel niveau ? Les gens peuvent venir et regarder rapidement, voir quelque chose de beau, d'harmonieux ou de décoratif, ou non. Mais dans ce cas, le «voir» s'arrête à l'œil et à la surface. Je veux que mon travail soit vécu physiquement, que les corps l'absorbent, qu'ils deviennent poreux à l'œuvre, car mes recherches explorent le niveau cellulaire, infinitésimal. Mes «expositions» sont des champs pour créer de telles expériences, pour que les gens puissent s'accorder un peu plus de temps pour s'arrêter de leur course habituelle, pour être silencieux et conscients, s'élargir, devenir poreux à la beauté de l'œuvre ou à l'atmosphère. Ici à Auroville, il nous a été demandé de créer de nouvelles formes d'expression, de nous ouvrir à la nouvelle conscience. C'est ce qui a déclenché ma recherche. Quelle est cette conscience, quelles sont ses nouvelles formes ? Aujourd'hui, lorsque des personnes viennent un peu surprises, et me disent qu'elles ont ressenti le travail avec tout leur corps, ma journée est faite ! Peut-être qu'un jour, ces expériences remplaceront lentement nos conflits mentaux et déferons la catastrophe du monde».

Notes de fin

1 Mère, Education, p. 44-45.
2 L'Agenda de Mère, Vol. 4, 20 Novembre 1963
3 Satprem, Le mental des cellules, p. 15.
4 Idem., p. 62.
5 Idem., p.63
6 Sri Aurobindo, Le Secret des Védas, p. 402.
7 L'Agenda de Mère, Vol. 6, p. 138.
8 Mère, Entretiens, 28 juillet 1929.
9 Sri Aurobindo, Le Cycle Humain, p. 178.

12
PIONNIERS D'UN NOUVEAU MONDE

L'entreprise est aussi vaste que la vie humaine, et par conséquent les individus qui montrent le chemin prendront pour champ d'action la vie humaine tout entière. Ces pionniers considéreront que rien ne leur est étranger, que rien n'est en dehors de leur domaine. Car toutes les parties de la vie humaine doivent être embrassées par l'Esprit, non seulement la vie intellectuelle, esthétique, éthique, mais aussi la vie active, vitale et physique. Ils n'auront donc de mépris ou d'aversion pour aucune d'elles, ni pour aucune des activités qui en jaillissent ; ils insisteront pourtant sur un changement spirituel et une transmutation de la forme [1]*...*

Sri Aurobindo, *Le Cycle Humain*

Revenons au début des années 1980. C'était une époque où beaucoup d'entre nous avaient plusieurs emplois. J'ai donné un cours d'anglais précoce à un groupe d'enfants à l'école du Centre, d'où j'allais travailler sur le chantier de Matrimandir. L'après-midi, je descendais en vélo à Aspiration, pour prendre la relève de Deepti à la boutique d'Auroville, tandis que la vie au camp comprenait des tâches hebdomadaires de nettoyage : toilettes, douches, espaces communs, terrain, etc., et il y avait des journées de cuisine à la cuisine du Centre. Finalement, j'ai commencé à m'entraîner au Bharatanatyam : Jatiswarams et Thillanas chantant dans ma tête alors que je faisais l'aller-retour en vélo entre les cours deux fois par semaine. La vie était un bonus et chaque chose un cadeau.

"Il y avait une telle énergie», se souvient Judith, «un sentiment si merveilleux de vivre dans le champ d'énergie de la Mère. Cela nous a donné tellement de joie de traverser toutes les épreuves qu'elles n'avaient presque plus d'importance. Je ne sais pas comment nous aurions pu faire autrement".

"Petit Hervé" a frappé à ma porte un après-midi, deux semaines après mon retour définitif à Auroville en 1982 et m'a demandé de répondre à une enquête sur l'économie. Je n'avais aucune idée précise, mais c'est ainsi que j'ai entendu parler du système des Enveloppes et j'ai assisté à une réunion deux jours plus tard. Nicole faisait partie de la réunion du groupe «Enveloppes» à laquelle j'ai assisté un soir. En fait, trois femmes très charmantes, Thera, Anne Marie et Nicole, ont pris soin d'expliquer le fonctionnement du système, les rentrées d'argent et l'affectation des fonds chaque mois.

Nicole est arrivée à Auroville en 1975. En marchant le long des canyons au-dessus d'Utility *Road*, elle a été frappée par une lumière alors qu'elle montait, comme une force massive qui semblait habiter l'espace. " C'était partout à l'époque», se souvient Nicole alors que nous déjeunons dans le complexe du centre d'accueil des visiteurs qu'elle gère aujourd'hui. "C'était parfois si palpable qu'on pouvait le toucher ! Je pensais venir dans un endroit où je pourrais être tranquille et méditer, mais ce n'est pas ce qui s'est passé pour moi. Dès le début, il est devenu très clair que cela devait passer par le travail. Et le travail devait être fait, pas contemplé». Nicole a été l'une des premières à s'installer dans la ceinture verte d'Auroville. Avec son partenaire Peter C.S., elle s'est rapidement impliquée dans la plantation d'arbres, la consolidation des terres, la construction de digues et de petits barrages pour lutter contre l'érosion des sols, surtout pendant la mousson, lorsque la pluie emporte des couches de terre arable dans le canyon et dans la mer. Toutes ces activités étaient des priorités immédiates. Mais ce qui intéressait Nicole, c'était l'organisation, où elle a naturellement trouvé ses marques, pas des idées en l'air mais des choses qui devaient être ancrées dans la vie d'Auroville.

Comment nous organiser, gérer nos finances et fonctionner en tant que société, était au centre de nos préoccupations depuis 1972. La proposition de Claire de créer un fond collectif propre à Auroville a été approuvée sans réserve par la Mère lors de la création de Pour Tous. Idéalement, Auroville vise à devenir une société sans argent, avec des relations monétaires uniquement avec tout ce qui se trouve à l'extérieur, mais nous étions, et nous en sommes encore loin. En 1982, nous étions encore moins de 500 personnes, et seulement 360 adultes, mais le travail devait continuer : au Matrimandir, il fallait s'occuper des terres, creuser des puits, réparer les huttes, des moulins à vent furent installés comme source d'énergie alternative. En outre, il y avait des besoins de base comme la nourriture, le savon mensuel et le dentifrice, les deux paires de shorts et de T-shirts par an, les enfants devaient aller à l'école, le matériel pédagogique, etc.

A partir de 1974, peu après le décès de la mère, les tensions entre les résidents et la direction de la SAS à Pondichéry se sont accrues et ont abouti à un conflit ouvert et les fonds destinés aux dépenses collectives ont rapidement diminué ou ont été supprimés, des personnes ont été battues. Plusieurs personnes sont parties à ce moment-là, incapables de faire face au cynisme des deux côtés, mais les choses ont continué.

Après le départ de Claire, Pour Tous est devenu essentiellement une unité de transformation et de distribution de produits alimentaires, jusqu'à ce que le système des enveloppes soit mis en place avec Nicole et d'autres. Outre la prise en charge des besoins individuels des Auroviliens et des cuisines collectives, les Enveloppes s'occupaient aussi de l'éducation des enfants. Les dons pour ce budget collectif étaient spécifiés avec des «enveloppes» désignées, telles que la Coopérative alimentaire, la Coopérative laitière, l'Entretien de la communauté, le Matrimandir, les services, les enfants, le travail vert, etc.

Le système financier d'Auroville fait l'objet d'une révision régulièrement, en fonction de l'évolution de la population ou des besoins. Une étude de l'évolution de l'économie d'Auroville à partir de ce moment-là peut être consultée dans *Economics for People and Earth*, de Henk Thomas et Manuel Thomas. C'est un livre qui vaut la peine d'être lu pour les détails des différents essais, les expériences et les échecs, ainsi que pour les points forts de sa croissance.

La phase pionnière est faite de travail, un karma yoga qui doit durer longtemps car ce «nouveau monde» ne se construit pas du jour au lendemain. *"Auroville a été créée pour réaliser l'idéal de Sri Aurobindo qui nous a enseigné le Karmayoga. Auroville est pour ceux qui veulent faire le Yoga du travail"* [2], disait Mère en 1973.

Le travail est devenu une sorte de mot de passe et les gens se sont lancés dans toutes sortes d'activités et d'aspects pratiques : creuser la terre, marteler au Matrimandir, se pencher sur les aspects juridiques du procès, organiser ceci, résoudre cela, mettre en place des services et se rendre à des réunions. Les réflexions philosophiques et les conversations sur les expériences intérieures pourraient vous attirer des ennuis à cette époque et des plaisanteries. Si vous travailliez sérieusement avec la matière, que vous faisiez le «vrai» travail, pratique et pragmatique pour survivre, vous faisiez apparemment du yoga,

Ruud était bien conscient des illusions «pratiques» de l'époque.

> Deux tendances se dessinent au Matrimandir. La première est le processus continu de construction, professionnelle, bien que réalisée en grande partie par des amateurs ... avec beaucoup de transpiration, mais aussi beaucoup de joie ; et il y a l'autre tendance que l'on a envie de taire, de chuchoter... ce niveau caché de la réalité où le Matrimandir semble ouvrir des sources cachées dans l'être ... d'une Présence grandissante ... mais certains ici au Matrimandir se méfient de ce plan de réalité ... [3]

La «réalité» d'Auroville n'avait besoin ni de prêtres, ni d'intermédiaires, ni de stimulants, mais d'une réceptivité à la «présence» tout autour de nous. Nous nous sommes peut-être méfiés et nous nous sommes pris un peu trop au sérieux, nous qui étions alors des amateurs, chargés d'une tâche apparemment impossible. Nous voulions prouver que nous étions à la hauteur, pratiquement, dans l'action, mais nous étions encore spirituellement timides sous nos fanfaronnades ensoleillées. Mais l'action pour le plaisir d'agir et de produire des choses n'était pas exactement le karma yoga. Un texte de Sri Aurobindo que la Mère a voulu publier dans la Gazette Aurovilienne, met l'accent sur ce point :

...Toute cette insistance sur l'action est absurde si l'on n'a pas la lumière pour agir. Le yoga doit inclure la vie et non l'exclure, ne signifie pas que nous soyons obligés d'accepter la vie, telle qu'elle est, avec toute son ignorance, et sa misère et l'obscure confusion de la volonté et de la raison humaines. ... Le monde, après un développement de l'intellect et une prodigieuse production d'énergie pour laquelle il n'y a pas de parallèle historique, est une preuve éclatante de la vacuité de l'illusion[4].

Ce n'était vraiment pas facile. Cela ne l'est toujours pas, de trouver cet équilibre entre les deux extrémités, l'intérieur et l'extérieur. Guna, dont les capacités sont sollicitées à l'extrême alors qu'il est sur le point d'achever l'imprimerie qu'il est en train de construire, me fait part de son inquiétude face aux jeunes étudiants qui ne cessent de passer au bureau ou sur le chantier. "S'ils viennent, ils doivent savoir ce qu'est Auroville, ce que le Matrimandir signifie vraiment. Ce n'est pas seulement une boule d'or ou un temple touristique. Pourquoi ne savons-nous plus rien de ces choses-là" ?

Guna faisait partie du premier groupe d'enfants du village d'Edyanchavadi sélectionnés pour intégrer l'école Udavi, qui faisait alors partie de l'Ashram de Sri Aurobindo. Contrairement à l'espace libre et les incertitudes des autres écoles d'Auroville dans Aspiration, Douceur, Promesse ou au Centre à cette époque, Udavi était beaucoup plus organisée et un sanctuaire heureux pour les enfants du village.

Le visage de Guna s'illumine lorsqu'il évoque son ancienne école. "C'était un endroit merveilleux pour nous, les gens étaient bienveillants et amicaux. Nous nous amusions beaucoup et nous avions de très bons professeurs. Dès sept heures du matin, tout était organisé pour nous : sous la douche, des vêtements neufs, un petit-déjeuner et un déjeuner réguliers les garçons et les filles étaient traités sur un pied d'égalité. Les cours se poursuivaient jusqu'à midi, et après le déjeuner et la sieste, nous avions d'autres cours, de l'artisanat, de la mécanique et des jeux, ce qui me plaisait beaucoup. Nous avons appris à connaître un peu la Mère et Sri Aurobindo, mais rien sur Auroville ".

C'est ainsi qu'à l'adolescence, Guna a commencé à travailler à temps partiel dans un restaurant d'Auroville tout en fréquentant l'école secondaire. Ce faisant, il est devenu un Aurovilien et a reçu une bourse d'étudiant, c'est-à-dire une allocation mensuelle. Après ses Examens de fin d'études (SLC), Auromode, une unité de confection d'Auroville, lui a proposé un emploi de magasinier. Il aidait à faire les patrons parce qu'il aimait les faire et quand André H. a remarqué son talent de dessinateur, il a envoyé Guna au bureau d'urbanisme d'Aurofuture qui avait redémarré avec le retour de Roger. Il commença à travailler sur des cartes et des diagrammes. C'était la première fois que Guna travaillait sur un ordinateur. Il commença à apprendre les bases de la conception graphique, s'est initié à Autocad et a commencé à produire des travaux pour les projets d'Aurofuture et d'André. Pendant l'événement Asia Urbs, il y avait beaucoup d'énergie nouvelle, se souvient Guna, et Luigi a encouragé l'idée d'une section graphique. Une imprimante, un scanner et un traceur ont été achetés et bientôt il fut en mesure de réaliser toutes sortes de travaux d'impression et de conception pour Auroville : affiches, bannières et même des livres, alors que deux nouveaux membres, Tixon et Prabha, rejoignaient l'équipe. Aujourd'hui, ils dirigent une unité indépendante, AV Dzines, probablement l'un des espaces de travail les plus conviviaux et les plus détendus d'Auroville, où les choses se font toujours et où les expériences sont permises, malgré une demande et une charge de travail stupéfiantes.

Je vois les jeunes étudiants qui attendent dans leur bureau et je pense à ce que Guna disait : «Les gens viennent à Auroville mais ne comprennent pas ce qu'est la ville». C'est une question que nous nous posons : Comprenons-nous ce qu'est vraiment Auroville ? Peut-être avons-nous besoin de nous le rappeler de temps en temps, lorsque nous sommes pris par les activités et l'administration, et rafraîchir notre propre connaissance afin que les nouveaux arrivants puissent eux aussi entrer dans l'espace d'aventure qui nous est offert à tous.

Après que les dernières poutres aient été jointes au sommet du Matrimandir, nous avons démonté l'ensemble de l'échafaudage et attendu. Nous étions en 1986 et la solution pour la peau extérieure qui soutenait les disques n'avait pas encore été trouvée. Entre-temps il fallait tailler le marbre pour la Chambre intérieure. C'était un travail spécialisé et je ne pensais pas en être capable. Je me suis lancée dans la danse et le Tai chi : Le Bharatanatyam parlait des lignes d'énergie et des structures dont le corps humain était capable, du nectar libéré dans le corps lorsque la danse touchait une fréquence physique intérieure, tandis que le Tai chi était une question d'équilibre, de la fluidité du souffle et de la porosité. Le travail sur l'échafaudage du Matrimandir avait été une préparation parfaite pour que le corps entre dans la danse. Le Rig Veda était devenu la langue la plus proche du feu intérieur. *Ô Immortel, Tu es né chez les mortels dans la loi de la Vérité, de l'Immortalité, de la Beauté. (...) Né de la Vérité, il grandit par la Vérité — le Roi, le Dieu, le Vrai, le Vaste* [5].

Après une telle phrase, il était difficile de prétendre que le monde était la chose normale, médiocre et conflictuelle à laquelle nous étions habitués. Au contraire, cela m'a ouvert les yeux sur tout ce qui était toujours extraordinaire, immortel et vrai. Quelles étaient les lois de cette vérité et de ces beautés immortelles à l'intérieur du corps, la chose qui dansait ? Une loi qui était un alignement parfait avec tout ce qui était à l'intérieur de l'être et tout ce qui était cosmique. Je me mis à travailler avec une rare intensité. Le chagrin de Radha, Krishna volant du beurre ou Shiva méditant sur les montagnes étaient des choses belles, symboliques et éternelles. Pourtant, quelque chose se rebellait. Je voulais danser des histoires de notre temps, je voulais un langage avec lequel le corps puisse parler à la fois de la crise humaine et du nouveau pouvoir, maintenant vivant sur Terre. C'est devenu très intense, et j'ai peut-être tiré trop fort, j'essayais d'aller trop vite sans avoir absorbé assez d'expérience, quand un autre rêve, plutôt amusant, m'a appris une leçon importante,

Dans ce rêve, je semblais très pressée d'arriver dans la chambre de Sri Aurobindo, mais pour une raison ou une autre, j'étais constamment retardée. Même la route sur laquelle je marchais n'avançait pas assez vite et mon impatience redoublait. Je remarquais une voiture garée en face de l'endroit où se trouve aujourd'hui la librairie Sabda. Je suis montée et j'ai demandé au chauffeur de me conduire directement à la chambre de Sri Aurobindo. Mais la situation n'a fait qu'empirer. La voiture avançait au millimètre près, même si je poussais le conducteur à aller plus vite, plus vite ! Au lieu de cela, à ma grande surprise, le conducteur s'est mis à grandir sur son siège, jusqu'à ce qu'il devienne massif. Un peu déconcertée, j'ai redemandé, gentiment. Ce n'est qu'à ce moment-là que j'ai remarqué que le conducteur avait de longs cheveux blancs. Il tourna lentement sa grosse tête en me regardant, plein de malice, mon chauffeur, Sri Aurobindo. Quelque chose de plus devait encore être appris et soumis.

J'ai entendu dire qu'Ann cherchait désespérément de l'aide à Pour Tous, je me suis donc rendue à Aspiration. Pour Tous était alors la principale unité de distribution et de transformation des aliments d'Auroville et gérait deux magasins. Cela avait considérablement changé depuis que Christine avait pris la relève de Claire et qu'elle avait fait des expériences avec le tofu, le tempeh et les fruits séchés au soleil et avait réussi à fournir à chacun un panier alimentaire minimum trois fois par semaine malgré le petit budget. De temps en temps, quelqu'un offrait un cadeau d'anniversaire et nous nous régalions de 50 g de beurre dans nos paniers. 'Nous avons beaucoup ri à l'époque», se souvient Christine : «Il y avait de la confiance et une collaboration spontanée pour tant de choses. Nous ne nous bloquions pas les énergies les uns les autres».

J'ai retrouvé Ann au milieu des sacs de légumes en train d'être déchargés. Avant que je puisse finir ma phrase, Ann m'a embrassé sur les deux joues à la française, "Très bien ! Je dois partir en France la semaine prochaine pour deux mois. Tu prends le relais, je t'expliquerai tout".

Mais...

Mais j'étais déjà là et elle partait dans trois jours, pas dans une semaine. Les ordinateurs seront installés la semaine prochaine, ajouta Ann, magnanimement. Voilà qui était fait. Je ne connaissais rien à l'informatique, ce n'était pas pour moi. Ann a dû remarquer mon regard, car elle a rapidement passé son bras autour de mes épaules et m'a fait visiter les lieux. Elle ne reviendrait qu'au bout de quatre mois, et c'est ainsi que, pendant les deux années suivantes, Pour Tous a été ma vie. Il y avait de la simplicité et de la confiance et pas de temps pour le «processus». C'était le processus de confiance de l'époque.

Trois fois par semaine, nous commandions des légumes, des fruits et des produits secs à Pondy. Jean L. ou Jacky se rendaient à Pondy pour faire les courses et, quelques heures plus tard, le vandi franchissait notre porte, chargé de sacs. Les fermes d'Auroville envoyaient également leurs produits chaque semaine. Une fois tout cela réglé, Ann et moi préparions les «paniers» en fonction des listes reçues. Ils étaient ensuite chargés sur le vandi et livrés à différentes communautés et personnes à travers Auroville. Un autre panier allait au Bharat Nivas où Ramalingam préparait les repas des enfants pour les écoles. Les fruits et légumes de saison excédentaires étaient transformés en confitures et en pickles, ou bien séchés au soleil et distribués dans le petit magasin d'Aspiration et dans celui du Bharat Nivas. Le reste était destiné aux cuisines communautaires. Une fois par mois, la ration de blé arrivait à Pour Tous où elle était moulue en farine et envoyée à la boulangerie de Kottakarai, où Otto et Jean Denis fabriquaient du pain pour l'ensemble d'Auroville. En dehors de cela, nous transportions des choses et nous nettoyions les magasins.

Six mois plus tard, Krishnakumar, mon professeur de danse, m'a renvoyée de son cours. Je manquais les cours, j'oubliais des choses, je ne m'entraînais pas et j'étais souvent distraite, me demandant si les paniers étaient sortis à temps, si les fermes avaient envoyé leurs œufs ou si nous avions assez de jaggery pour la semaine. "Reviens quand tu penseras que la danse est aussi ton travail», dit Krishna finalement. Il n'y avait pas de place pour la discussion, car il avait raison.

Deux ans passèrent et j'étais maintenant à l'aise avec la plupart des choses. J'avais une connaissance pratique du Français et du Tamoul et une équipe formidable avec laquelle travailler. Il y avait encore beaucoup de rires et je commençais à m'habituer aux ordinateurs. De 7 heures à 17 heures, le temps était un mouvement de personnes et de couleurs, de légumes, de fruits et de céréales, de la charrette à bœufs franchissant le portail pour entrer dans la cour. Avec les chargements et les déchargements, la cour prenait des dimensions différentes au fur et à mesure que la lumière la traversait au cours de la journée accompagnée des intonations de plusieurs voix et accents, des expressions de colère, de confusion ou d'hilarité, la main tendue vers les tomates, l'inclinaison de la tête d'une femme qui parle, la moitié d'une joue au soleil ; des gens assis, courbés ou le dos droit en rédigeant leurs commandes ; l'expression staccato d'un corps se plaignant d'une pomme pourrie tombée dans son panier et le ver de terre tout à fait organique. C'était une grande danse. Ce va-et-vient quotidien était un corps extraordinaire de beauté, merveilleux avec la divinité de chaque jour. C'est ce qui me manquait, un cours magistral de chorégraphie dans cet extraordinaire champ d'apprentissage de la vie. Je devais retourner à l'entrainement et trouver des danseurs avec qui travailler.

Quelques semaines plus tard, j'ai croisé Krishna sur la route et lui ai demandé s'il pouvait me reprendre, j'étais prête pour le «travail». Mais il partait pour Munich et m'a suggéré d'aider Li Mei qui s'occupait de la classe des enfants en son absence. J'ai eu six mois pour me réadapter et travailler seule. Pour Tous s'est transformé plusieurs fois depuis. À Aspiration, il y a maintenant un magasin régulier, bien géré par Kala et son équipe, qui propose même des glaces. L'époque où il fallait se rendre à Pondy à vélo pour chaque petite chose est désormais révolue. Un autre est le Centre de Distribution Pour Tous (PTDC) qui a été créé à côté de la cuisine solaire par Jocelyn et Nicole à un moment où les structures financières étaient de plus en plus réglementées. Peut-être trop réglementées, car une expérience avec moins de 150 clients semblait vouée à l'échec. C'était du bon sens commun. Les groupes économiques ont tenté de les en dissuader, mais ces dames avaient à cœur de faire fonctionner le projet. Anandi, qui a repris le flambeau après un certain temps, a vu les chiffres augmenter régulièrement. Elle y est parvenue en maintenant l'esprit collectif et en restant ouverte aux nouvelles idées. "Ce fut un travail très inspirant. Nous avons fait des erreurs, nous avons commis des maladresses, mais nous pouvions aussi aspirer et essayer des choses avec la collaboration de tous ceux qui participent et font en sorte que cela fonctionne».

Il est évident qu'il faut structurer, car même un minuscule brin d'herbe dépend de la structure. Mais elle a semblé devenir dominante dans notre organisation avec l'apparition de la Fondation d'Auroville, et dans notre détermination à prouver que nous pouvions être aussi structurés que le gouvernement, nous sommes peut-être allés trop loin.

Dans un entretien accordé à *Auroville Today* il y a quelques années, Alain B., qui était associé à Pour Tous, à SAIIER et à plusieurs groupes de travail, exprimait un certain changement dans le processus collectif :

> *Avant, j'avais l'impression que dans les réunions, les gens avaient des «antennes» : ils écoutaient ce qui se passait, mais en même temps il y avait une écoute plus profonde parce qu'ils savaient que les réponses devaient venir d'ailleurs. Je n'ai plus ce sentiment aujourd'hui. La plupart de nos réunions sont devenues «plates», horizontales. Je pense que nous devons redécouvrir la dimension verticale* [6].

Chez Gérard, un autre «ancien» qui a travaillé au Matrimandir du début jusqu'en 1989, on retrouve ce sentiment de manque. Il avait quitté Auroville depuis quelques années pour travailler à l'extérieur. Après son retour, il s'est joint à l'un des derniers bétonnages au Matrimandir. Il n'y avait pas d'Auroviliens, seulement des ouvriers. Ce fut un véritable choc. Les choses n'étaient plus très différentes de ce qui se passait ailleurs. Auroville avait grandi, était devenue beaucoup plus organisée et stable. Nous pouvions passer pour une bonne ONG pour un projet social ou environnemental, comme partout ailleurs. Nous contribuions à de nombreuses bonnes choses dans ces domaines certainement, et les gens faisaient toutes sortes de projets intéressants, me dit-il, les choses se développaient, mais où était la dimension d'Auroville que nous avions vécue quand il n'y avait littéralement rien ? L'essence que l'on touchait tout de suite avant, était absente. " Elle est toujours là, bien sûr", dit Gérard, "mais elle est voilée, elle s'est éloignée. Elle n'est plus devant, au centre du collectif comme avant, ce qui rend les choses beaucoup plus banales. Mais dès que j'ai pu recommencer à travailler à Matrimandir, ça allait, c'était là, à l'intérieur».

L'»esprit manquant» est lié au fait que les choses changent d'une génération à l'autre. Pour les enfants qui grandissent ici, tout cela est «chez eux» et ils ont tendance à considérer les choses comme acquises, voire à se rebeller contre elles, comme le font les jeunes, et puis il y a les nouveaux arrivants. L'entrée à Auroville, le fait d'être accepté en tant qu'Aurovilien, est un événement qui change la vie et qui découle d'un choix individuel. Personne n'est forcé de rejoindre Auroville. Cette décision doit être prise librement, en ayant une bonne volonté pour mener une vie plus haute et plus vraie.

Auroville sera un jour capable d'accueillir cinquante mille personnes dans la ville. Pour l'instant, des milliers de personnes y passent chaque année, certains restent quelques mois et s'engagent solidement, d'autres viennent en tant que bénévoles. Mais le nombre de personnes qui ont choisi de consacrer leur vie à Auroville et qui forment le noyau de la population de la ville n'a pas augmenté proportionnellement. Il est resté à environ 5 % de la population prévue, ce qui rend l'équilibre fragile. Les personnes souhaitant rejoindre Auroville entrent dans un espace beaucoup plus organisé et veulent parfois que toutes leurs demandes soient satisfaites avant même de s'engager. Certains y voient également un endroit confortable pour élever des enfants, presque gratuitement, prennent les choses pour acquises et puis s'en vont. Les objectifs d'Auroville sont souvent manqués ou simplement ignorés, ce qui tend à apporter un certain degré de confusion et de frustration. Ce sont là quelques-uns des «risques du métier» de notre croissance, comme le dit Judith, mais pour les personnes qui sont restées, l'engagement s'est développé et a perduré au fil des ans.

Du point de vue des finances et des infrastructures, les demandes ont également augmenté : des logements et des équipements pour les nouveaux arrivants, pour les enfants qui grandissent, qui ont besoin de leur propre espace ou qui veulent poursuivre leurs études. Les pressions continueront à s'accumuler à moins que des choix ne soient opérés et que la ville, qui a été largement ignorée, ne revienne sur le devant de la scène. Sur le plan financier d'autres charges sont de plus en plus lourdes. Pendant l'été, contrairement à ce qui se passait auparavant, on assiste à un exode croissant et Auroville ferme pratiquement ses portes, les gens partant en vacances. Auparavant, c'était parce que les enfants en avaient besoin, maintenant tout le monde en a «besoin», ce qui correspond à une fuite massive d'énergie et d'économie et personne n'en est plus conscient qu'Otto.

Otto est arrivé d'Autriche en 1977. Lassé de son travail dans la banque, il a démissionné et a ouvert une discothèque à Vienne.

Un jour, il a pris un livre que sa sœur était en train de lire et tout ce qu'il contenait lui paraissait logique. Il s'agissait d'un livre de Sri Aurobindo. Peu après, les choses ont commencé à s'écrouler dans sa vie, il a dû vendre la discothèque, son couple s'est effondré. Que faire ensuite ? Il ne savait plus. Eh bien, tu peux aller en Inde, lui suggéra sa sœur, car il lisait encore Sri Aurobindo. Otto atterrit donc à Bombay et ce fut une catastrophe. Ses bagages étaient perdus, il y avait de la foule partout et du bruit ! C'était tout à fait accablant. Lorsqu'il sortait pour prendre un peu d'espace, il était assailli par les mendiants et le chaos des voitures. Il se dit que c'était une erreur, et décida de rentrer. Il s'installa à l'hôtel de l'aéroport et ouvrit l'annuaire téléphonique pour appeler l'ambassade d'Autriche. Il rentrait, pouvait-on s'occuper de ses bagages perdus ? Au lieu de cela, il remarqua une autre adresse juste un peu au-dessus de l'ambassade : Sri Aurobindo Society. Il appela pour expliquer qu'il voulait aller à Pondichéry mais qu'il avait perdu ses bagages. "Oui, oui, ne vous inquiétez pas, cela arrive tout le temps», lui assura-t-on. Vous n'avez qu'à venir. C'est ainsi qu'Otto se rendit sur place et qu'on lui donna une chambre. Il y avait une belle photo de Sri Aurobindo sur le mur et, en la regardant, toutes ses grandes angoisses lui sont apparues soudain ridicules. Pourquoi était-il si agité à propos de ses bagages d'ailleurs ? Il avait ses papiers avec lui et un peu d'argent. Qu'y avait-il dans ce sac dont il ne pouvait se passer ? Cesse de t'agiter ! Il décida de partir pour Pondy avec un jeune couple d'Indiens qui s'y rendait en train lorsque l'aéroport l'informa que son sac était arrivé. En arrivant à Pondy, ses compagnons de voyage lui suggèrent qu'Auroville est l'endroit idéal pour lui. Il n'avait jamais entendu parler d'Auroville mais décida de s'y rendre à vélo et de voir. C'est ainsi qu'Otto a atterri à Auroville, à la Guest House du centre, et y a séjourné. C'était un peu déroutant au début, mais à l'époque, on ne pouvait pas rester des mois en tant que touriste. Au bout de deux semaines, il devait quitter la maison d'hôtes ou commencer à travailler quelque part. Il a commencé à aider à la boulangerie et a fini par la diriger pendant les huit années suivantes. "Dès que vous commencez à travailler, vous êtes en contact avec Auroville, tout se met en place et c'est à partir de là que tout se développe».

Au cours des vingt dernières années, Otto a été un pilier du service financier. Comme pour tout le reste à Auroville, l'économie a eu besoin d'un cadre pour permettre aux choses de fonctionner et de rester flexibles. "Le cadre fonctionne pour la plupart des gens, mais il y a toujours des exceptions, de l'ordre de 5 à 10 %. Inévitablement, dès que nous établissons une ligne directrice, l'exception apparaît et nous devons alors y faire face, au cas par cas, mais il faut qu'il y ait un réel besoin et un argument clair pour l'étayer, sinon cela crée un précédent et peut être utilisée à mauvais escient".

La confiance est un mot qui revient souvent, à tous les niveaux de la vie et de l'organisation. Qu'est-il advenu de cette confiance ? L'avons-nous déjà eu pleinement, ou était-ce simplement qu'il y avait une autre attitude envers Auroville auparavant ? S'agissait-il d'une attitude passive, d'une foi naïve et aveugle ou d'une attitude volontaire ? *"La confiance est l'entière dépendance du mental et du cœur au Divin et en sa volonté* [7]*"*, écrivait Sri Aurobindo dans une de ses lettres, sans laquelle l'aide divine ne peut donner de résultats. Il fallait un changement d'esprit, dans notre attitude à l'égard d'Auroville, et une soumission beaucoup plus profonde. Le cynisme à l'égard des buts et des intentions d'Auroville, sans les connaître vraiment, semble s'être développé ces dernières années, ce qui nuit à l'esprit qui a manqué à Gérard à son retour.

Il est évident que ce n'est pas facile, admet Otto, «Quand la confiance est là et qu'il y a un engagement envers Auroville, tout fonctionne et tout se passe bien. Mais quand cela manque, nous pouvons passer trois ans sur un problème et n'aboutir à rien. Les énergies restent bloquées et rien ne se passe. Mais s'il y a un engagement envers Auroville d'abord, je veux dire que c'est pour cela que nous sommes venus ici, pour apprendre à faire cette chose ensemble. Mais si l'attitude est que j'ai le droit à ceci ou que je veux cela parce que je maintenant je suis Aurovilien, qu'est-ce que cela veut dire" ? Otto lève les mains en l'air. C'est un bon acteur et c'est au théâtre qu'on peut le trouver le soir, mais cela n'enlève rien à l'inquiétude qui l'habite tout au long de la journée. "Qu'est-ce qui maintient Auroville" ? demande Otto. "C'est la grâce divine. Nous sommes venus ici pour faire partie d'un Rêve. Cette expérience collective dépend du développement intérieur de chacun. Mais», dit-il en souriant, «Auroville sera. Nous avons traversé tant de difficultés et l'aide nous est venue d'endroits totalement inattendus. Tant de fois. Alors, *ce sera* ! Même si nous essayons de tout gâcher». Cinquante ans, c'est une parenthèse dans le temps cosmique compte tenu de l'ampleur des changements qui restent à réaliser. Nous sommes encore de jeunes pionniers et il n'est pas question de baisser les bras.

Notes de fin
1   Sri Aurobindo, Le Cycle Humain, p. 338.
2   Paroles de La Mère vol 14, p.242, 27 Mars 1973
3   Ruud Lohman, A House for the Third Millennium, p.74
4   Mother, Mother on Auroville, p. 19.
5   Sri Aurobindo, La Vie Divine, p. 1018.
6   'Auroville will become what it's meant to become', Interview with Alain Bernard, Auroville Today, October 2007.
7   Sri Aurobindo, Letters on Yoga II

Rêver encore

Le chant du lever du soleil réveille la vague bleue à l'aube
Et les palmyras qui attendaient depuis cent ans,
Près des falaises dénudées du canyon, d'où ils les
                                    voyaient tous, arrivant...
Arrogants, fous, pleins de bonne volonté,
Rêvant de construire un nouveau monde...

Les grenouilles du fossé rouge les ont vus passer,
et ont dit : «Regardez ces petits coeurs fantaisistes.
Serrés comme des jaquiers, pourquoi pas un peu d'élasticité ?
Regardez ces cerveaux faire des heures supplémentaires, en surplus !

C'est alors qu'une mangouste surgit dans une traînée,
Je vous le dis, ils sont désespérément paresseux.
Ils parlent de changement, mais finissent par compter l'argent,
Il va falloir faire quelque chose.

Tu es cynique, répondirent les grenouilles,
                          regarde comment ils plantent des arbres,
Ils élèvent des moulins à vent, ils travaillent dans le Matrimandir.
Ils ont des écoles, des réunions d'affaires et des cellules solaires,
Ils travaillent dur et sont en désaccord sur chaque détail.'
Ne me faites pas perdre mon temps», dit la mangouste,
                                            peu impressionnée,
«S'il vous plaît, allez parler à quelqu'un d'autre.
C'est ainsi que trente paires d'yeux de grenouille
                                      se tournèrent lentement
Et attendirent impatiemment l'aube...

Elle vint enfin, se levant doucement,
La Reine du Splendide Matin,
Elle a dit : «Laissez-le changer maintenant, dix degrés à l'intérieur,
Le changement a de nombreuses latitudes d'influence dans l'être.
Mais, dit l'oiseau-soleil qui venait de se réveiller
Qu'en est-il de l'unité ? Qu'en est-il de la confiance ?
L'Aurore rit alors à travers les feuilles du banian,
L'unité sans changement est un peu irréaliste.
Laissons le rêve se déplacer, dix degrés à l'intérieur.

En disant cela, elle a entonné son chant d'or
Et le matin s'est réveillé avec une centaine de théières
Et un faible souvenir de trente petites grenouilles
Fixant ardemment le soleil.

-Anu Majumdar, *Auroville Today*

13

UN LABORATOIRE VIVANT

Notre recherche ne sera pas une recherche par des moyens mystiques. C'est dans la vie même que nous voulons trouver le Divin. Et c'est grâce à cette découverte que la vie pourra être réellement transformée [1].

-Mère, *Mère sur Auroville*

Bhagvandas se souvient des oiseaux qui survolaient Aspiration dans les premiers temps, dans le vaste ciel bleu, mais ils ne se posaient jamais, il n'y avait pas d'arbres pour les accueillir. Aujourd'hui, ce plateau rouge et stérile est recouvert de verdure, sauvage par endroits et luxuriante à d'autres, surtout après une pluie. Les fleurs abondent, ainsi qu'une grande variété d'oiseaux. Il y a des vergers, des laiteries, des vaches et des canards, des fermes produisant du riz, des fruits, des légumes, du lait et des œufs, qui répondent à nos besoins dans une faible mesure, car seule une partie des terres de la ceinture verte a été acquise jusqu'à présent. Pour les premiers installés, la régénération de la terre était une priorité naturelle, non seulement pour ceux qui vivaient dans la Ceinture verte mais aussi dans les autres parties d'Auroville. Des arbres ont été plantés, car tout le monde avait besoin d'un peu d'ombre, et des puits ont été creusés, car nous avions autant besoin d'eau que les jeunes pousses. La campagne de reboisement d'Auroville s'est accélérée dans les années 1970, en phase avec le mouvement alternatif en Occident.

Les premières pépinières ont été créées à Success et Kottakarai et, avec l'aide de subventions... la plantation d'arbres à grande échelle a commencé. Au cours des dix années suivantes, dans le cadre d'un vaste programme de conservation des sols et de l'eau, plus d'un million d'arbres (arbres à bois, plantes ornementales, clôtures, arbres fruitiers et fourragers, arbres à noix) ont été plantés... Au fur et à mesure de la croissance des arbres et de la formation de microclimats, de nombreuses espèces d'oiseaux et d'animaux sont revenues, accélérant la dissémination des graines et enrichissant l'environnement [2]

Pierre et moi vivions alors à Certitude, qui se trouve à la limite de la ceinture verte. L'après-midi, nous nous glissions dans la forêt de Pitchandikulam, nous passions devant la maison de Joss, où des ateliers de recherche sur les plantes médicinales étaient souvent en cours ; de là, nous passions devant les chevaux de Sharanga pour entrer dans la partie plus profonde de la ceinture verte, en contournant la maison de Peter et Nicole à Gaia, en passant devant le moulin à vent de Diego à Samriddhi, et jusqu'à Fertile, où nous trouvions parfois Johnny enseignant à un groupe d'enfants.

De Fertile, nous nous dirigions vers Aurogreen, en passant par ses fermes et ses vergers et la laiterie où se trouvaient Charlie ou Suzie, si c'était l'heure de la traite des vaches. Two banyans était interdit, nous le contournions donc et nous coupions à travers la mesa sèche où s'élevaient les grands palmyras, nous cueillions des dattes sauvages si c'était la saison et rentrions à la maison en passant par Djaima et New Création. Parfois, nous marchions vers Forecomers et descendions dans le canyon encore ouvert sur le ciel et nous passions un moment en silence avec le grand hibou des marais. Mon meilleur souvenir de cette époque est d'être allée courir seule, la nuit, de Certitude à Révélation, où une autre forêt poussait. Il n'y avait pas de voitures sur la route à l'époque, seulement quelques motos, ou des vélos sans phares. Sur le chemin du retour, je faisais une halte à l'Urne avant de rentrer à la maison. Sous le ciel nocturne, l'urne était comme un berceau protecteur, encore chaud du soleil. C'était le paradis sur terre.

Tous les travaux effectués sur la terre à l'époque - régénération du sol, reboisement, les puits, les éoliennes et les digues étaient censés préparer le terrain pour la ville à venir et de créer les fermes et les forêts, les vergers, les laiteries et les services à intégrer dans la Zone Agricole, qui en vint à être connue sous le nom de «ceinture verte».

Les énergies alternatives sont devenues un domaine de recherche plus actif vers le milieu des années 1980. Le Centre de recherche scientifique (CSR), créé par Guy et Tency, a commencé à explorer des technologies alternatives telles que le recyclage des eaux usées. Situé à environ 65 mètres au-dessus du niveau de la mer, le plateau d'Auroville n'a pas de rivières ni de lacs naturels et l'eau doit provenir d'aquifères souterrains. Mais pour répondre aux besoins éventuels d'une petite ville de 50 000 habitants, des systèmes de traitement des eaux usées doivent être développés dans le cadre du développement global de la ville. Le CSR a progressivement accueilli d'autres unités de recherche alternatives, telles que l'unité de blocs de boue renforcée et la recherche sur l'énergie solaire, qui ont toutes deux acquis une grande notoriété.

Il y a eu d'autres types d'expériences. Bhagwandas a construit une capsule mobile en polyester avec un dôme qui pouvait être ouvert et fermé en fonction des conditions météorologiques et déplacée d'un endroit à l'autre.

Pour John Harper, il s'agissait de l'énergie solaire. Alors que Piero travaillait sur l'héliostat de Matrimandir, orientant ses doubles dômes équipés de miroirs, John H. du Matrimandir commençait à repenser à l'énergie qui l'avait toujours intéressé. Les miroirs pouvaient-ils être utilisés pour capter le soleil de façon simple, par exemple pour faire bouillir de l'eau pour les ouvriers à l'heure du thé ? Il réalisa une première expérience pour le Centre Guest House, une coupelle concave en ferrociment fixée avec des miroirs orientés vers le soleil. Elle a fonctionné pendant deux ans, mais a finalement été abandonnée. L'un des problèmes était de savoir comment suivre le soleil pour obtenir des résultats optimaux. Heureusement, ce problème était en train d'être résolu par Piero pour l'héliostat du Matrimandir, qui devait diriger la lumière du soleil dans la chambre intérieure pendant toutes les heures de la journée. Cet héliostat montrait la voie pour le four solaire. La tentative suivante de John a consisté à installer un bol solaire de 15 mètres de diamètre sur la cuisine solaire. "Les rayons du soleil, piégés par un immense miroir hémisphérique, se concentrent sur une chaudière cylindrique qui suit la position du soleil à l'aide d'un système de repérage informatisé. Par temps clair, suffisamment de vapeur à une température de 150°C peut être générée dans cette chaudière pour cuisiner deux repas par jour pour 1 000 personnes», raconte John dans une interview sur l'ancien ancien site web d'Auroville. Pour lui, le succès de l'expérience de la cuisine solaire ouvre la voie à l'utilisation de l'énergie solaire à diverses fins, comme le pompage de l'eau et la production d'énergie mécanique, en particulier dans la zone industrielle de la ville.

Les enfants qui grandissaient expérimentaient eux aussi à leur manière. J'ai rencontré Akash, le fils de Ruud et Barbara, pour la première fois lorsqu'il a escaladé ma fenêtre quelques jours après mon installation dans le camp et a exigé qu'on lui raconte une histoire. Il avait cinq ans et c'était une demande très sérieuse. Akash a été scolarisé à domicile jusqu'à l'âge de quatorze ans. Essentiellement solitaire, il était le plus heureux lorsqu'il s'occupait de Lego, bricolait et fabriquait des objets, et lisait beaucoup. À l'âge de quatorze ans, il lisait des livres techniques et voulait apprendre l'informatique. Last School venait de créer une section informatique et a accepté de l'accueillir, même s'il n'avait pas été scolarisé jusque-là. Akash a eu la liberté de se concentrer sur les ordinateurs et de ne pas être obligé de faire des choses dont il n'avait pas besoin, mais il était libre de chercher des cours qui lui plaisaient, comme le cours de Français de Christine. Après Last School, il a continué à trouver les enseignants dont il avait besoin. "Il n'a jamais été question d'obtenir un diplôme», sourit Akash, «cela n'a jamais été un objectif», car à dix-huit ans, il a créé Cynergy, une société multimédia, avec certains de ses professeurs, après avoir développé un outil de création multimédia appelé Navarasa.

En 2015, j'ai rencontré Akash après de nombreuses années, ainsi que sa compagne Monica, à Aurovelo, un café tenu par Sukrit et Aurosylle. Aurovelo est un paradis pour les cyclistes, avec un snack-bar à une extrémité, un atelier de réparation de vélos à l'autre, et un magasin d'articles de sport. Akash et Sukrit s'intéressent aux énergies libres et renouvelables, tous deux bricoleurs et explorateurs motivés, ce qui les a conduits à introduire des vélos électriques à Auroville. J'en ai eu un pendant un certain temps et je peux témoigner du plaisir de rouler à des vitesses moins agressives d'entendre les oiseaux en se déplaçant. Mais compte tenu des fortes coupures de courant fréquentes à l'époque et les coûts élevés d'entretien des batteries, cela est vite devenu un problème et trop coûteux à gérer et le projet a été reporté. Sukrit est retourné aux vélos et Akash a rencontré Monica.

Monica venait d'Espagne. Auroville n'était pas une nouveauté pour elle. Elle avait entendu parler de Sri Aurobindo et de la Mère par ses parents depuis qu'elle était enfant et avait lu quelques articles sur Auroville. Après avoir terminé ses études de biologie et de biochimie, Monica a décidé de visiter Auroville pendant quelques mois, elle en est immédiatement tombée amoureuse et, un an plus tard, elle était de retour pour de bon. "L'expérimentation fait partie de notre vie, pas seulement de notre travail», dit Akash en riant. "C'est un défi, mais c'est aussi amusant. Au fond, on se rend compte qu'on peut vivre ici avec des moyens très simples si on le veut. Il suffit d'inventer des moyens pour y parvenir ". Cela les a conduits, à travers une période d'essais et d'erreurs, à l'exploration de la culture hydroponique, adaptée à l'agriculture urbaine à Auroville. Aujourd'hui, leur ferme hydroponique située sur leur toit prospère avec des laitues, des légumes verts, des pois et bien d'autres choses encore.

Au début des années 1980, alors que nous étions environ cinq cents et que nous essayions de mettre en place Auroville, David Wickenden a écrit un essai inspiré définissant l'expérience d'Auroville comme un laboratoire vivant. "Un dème n'est pas une utopie et ne souhaite pas l'être. Il s'agit plutôt, du moins dans le cas d'Auroville, d'un laboratoire expérimental dont la nature est celle d'une forge. Chaud, sale, bruyant, c'est un endroit où les matériaux sont rassemblés, expérimentés, martelés dans ou hors de forme, déchirés, jetés, fusionnés, et éventuellement transformés. Comme une forge ordinaire, ce n'est souvent pas un endroit particulièrement agréable. Si elle n'était pas de cette nature, elle ne ferait probablement pas très bien son travail ". Il a également établi une forte identification avec le nouveau mouvement environnemental et avec Auroville en tant que village avec cet essai, que l'introduction de William Irwin Thompson semble approuver : " Ce que les villages planétaires comme Findhorn et Auroville sont réellement, c'est une sorte de «dème planétaire... Tous ces villages planétaires sont des dèmes évolutifs, de petites sous-populations où l'évolution culturelle et l'évolution physique deviennent conscientes ³".

Nous reviendrons sur cet essai, avec un peu de recul, pour comprendre où en sont les choses aujourd'hui. Les années 80 marqueront le début de notre «oubli» de la ville. La cité qui m'avait mise en alerte sur Auroville a presque disparu de la vue et mise à l'écart. Les choses pratiques du quotidien nous préoccupaient, la terre reverdissait lentement, mais avec le procès suspendu au-dessus de nos têtes, il y avait d'autres problèmes, beaucoup plus exigeants, car Auroville pouvait être fermée à tout moment.

Bien sûr, Auroville est un laboratoire vivant dans sa totalité, et pas seulement dans un aspect de sa croissance, et il est maintenu par la Charte et la Ville, pour l'avenir de l'humanité. Tout cela devait être protégé contre la fermeture.

Le procès d'Auroville

Comme nous l'avons déjà vu, les relations avec la SAS, en particulier avec son président, sont devenues progressivement de plus en plus difficiles après le décès de la mère. Le principal groupe de coordination était toujours basé à Pondichéry et souvent en décalage avec les réalités d'Auroville, ce qui n'a fait qu'accroître les tensions. Les fonds ont été retenus, ce qui a nui aux projets et à la survie au jour le jour. En outre, une nouvelle tendance autoritaire se dessinait. Les Auroviliens qui étaient sur le terrain, luttant pour faire fonctionner les choses dans des conditions physiques difficiles, devaient désormais obéir aux ordres sans explication. Dans certains cas, les terres dont ils s'occupaient depuis quelques années ont été louées à un second propriétaire sans discussion préalable et des menaces étaient proférées en cas de résistance, et les visas de certains résidents étrangers ont été refusés. Dans ces circonstances, quelques Auroviliens sont allés de l'avant et ont enregistré une Société Indépendante d'Auroville en novembre 1975.

Dans «La genèse de l'acte de la fondation», une conférence d'Alain B. en 2010, nous avons pour la première fois une image complète de la longue bataille pour l'indépendance qui s'ensuivit. Ce qui suit est un aperçu, tiré en grande partie du matériel de cette conférence très complète. La première réaction de la SAS et même de l'Ashram à la nouvelle société d'Auroville fut un choc et une incrédulité. Des réunions eurent lieu entre des groupes et des individus d'Auroville et de la SAS, sans qu'il y ait de percée. Cependant, cela a entraîné deux développements importants dans la vie d'Auroville : la création de l'hebdomadaire les *Nouvelles d'Auroville*, pour relier et informer les différentes communautés, et d'un système financier commun regroupant les services et les activités.

Roger, qui avait suggéré que le groupe de coordination comprenne des Auroviliens, a démissionné, mais compte tenu de l'opposition des deux parties, il retourna en France pour quelques années. Sa lettre de démission indiquait ce qui suit :

Le désir de pouvoir, l'incompréhension, la rigidité ont conduit Auroville à une situation injustifiable au regard de la nature même de son message d'Unité. Ceci montre qu'Auroville doit être indépendante de toutes les formes d'orientations qui ne sont pas en mesure de la guider vers ses aspirations les plus hautes. Le seul résultat positif de ces dernières semaines est l'émergence d'une conscience collective d'Auroville qui souhaite s'affirmer et être. Nous devons ... dépasser les limitations et les égoïsmes et unifier l'ensemble des participants dans le but de créer une Auroville qui se conformerait aux directives clairement énoncées dans sa Charte ...[4]

En décembre 1975 ... la SAS a déposé un affidavit auprès du tribunal de Pondichéry afin d'obtenir une injonction contre la Société d'Auroville, dans laquelle elle fait les revendications suivantes (brièvement) :

- Au sens juridique, Auroville est un projet qui fait partie intégrante de la SAS et qui englobe tous les terrains, bâtiments, biens, propriétés, équipements ...
- Il est inapproprié de citer la Charte dans un document juridique ...
- Tous les terrains, équipements sont des propriétés de la SAS et personne ne peut ... revendiquer le droit de les gérer.
- Les défendeurs n'ont aucun droit, et encore moins un droit statutaire, d'exercer des activités à Auroville, sauf pour effectuer le travail qui leur a été attribué...
- Auroville est la propriété de la SAS ... L'expression vague de «Auroviliens» n'a pas sa place dans les documents juridiques [5].

Il faut rappeler que le terme «Aurovilien» a été inventé par la Mère, non par les résidents et que l'UNESCO avait déjà incorporé la Charte comme un document valide reconnaissant Auroville.

La situation s'est rapidement dégradée avec l'augmentation des interférences, le blocage des visas, les avis de départ, les arrestations, les voyous engagés pour tabasser les gens, dont la photo la plus célèbre est celle de Frederick saignant et inconscient, transporté sur une civière. La SAS ayant de nombreux contacts en Inde, les nouvelles circulaient rapidement, attirant même l'attention du gouvernement central et du premier ministre de l'époque, Indira Gandhi. Plus tôt, en 1969, elle avait envoyé un message inaugural à Auroville :

> Pondichéry fut le lieu d'exil politique et d'épanouissement spirituel de Sri Aurobindo. Son message rayonne dans différentes parties du monde à partir de Pondichéry. Il est donc approprié que les chercheurs d'illumination de divers pays y fondent une nouvelle ville portant le nom de Sri Aurobindo. C'est un projet passionnant pour amener l'harmonie entre différentes cultures et pour comprendre les besoins environnementaux pour la croissance spirituelle de l'homme. Puisse Auroville devenir véritablement une ville de lumière et de paix [6].

Elle envoya alors un haut fonctionnaire pour évaluer ce qui se passait. Cette personne s'avéra être Shri Kireet Joshi, un officier de l'IAS, qui avait fait partie de l'ashram et avait été directeur de l'école de l'Ashram à Pondichéry. En fait, c'est lui qui était responsable de tous les jeunes lors de l'inauguration d'Auroville. C'était la première lueur d'espoir. Le gouvernement pouvait apporter son aide, mais les choses étaient complexes. La SAS avait des droits légaux qui ne pouvaient être ignorés. Un comité de haut niveau pour Auroville en janvier 1977 fut mis en place. Les douze années de procès qui ont suivi ont laissé derrière elles une histoire à rebondissements, marquée par de nombreux espoirs de dernière minute, qui ont été anéantis au gré des changements de gouvernement et ou la moindre initiative favorable pour Auroville semblait être bloquée ou sabotée. La SAS était une organisation puissante, bien connectée et capable d'aller jusqu'à demander au tribunal d'adopter une injonction ordonnant au président de l'Inde de ne pas signer l'ordonnance pour une prise de contrôle temporaire d'Auroville.

Notre seul rempart était le Divin et quelques êtres humains merveilleux, en premier lieu Kireet Joshi, qui a travaillé sans relâche pendant toutes ces années, et d'autres comme Sir J.R.D. Tata, qui était connu pour tout laisser tomber et venir en aide à Auroville, ou encore Sir C.P.N. Singh, (combattant pour la liberté, diplomate et administrateur sous Nehru, qui s'est vu décerner le Padma Vibhushan) et au fil des ans, Mme Gandhi, Rajiv Gandhi, Morarji Desai et d'innombrables fonctionnaires du gouvernement et législateurs qui ont fait tout ce qui était en leur pouvoir pour aider Auroville en raison de leur respect pour Sri Aurobindo et la vision de l'avenir de la Mère. Des Auroviliens comme Frederick, Prem Malik et Toine ont d'abord fait la course à Delhi au début, mais une fois que l'affaire a été portée devant la Cour Suprême, ce sont Frederick, Alain B. et le major général Krishna Tewari qui ont travaillé en étroite collaboration avec Kireet. Mais étrangement, à Auroville, malgré les réunions et les désaccords avec ceux qui s'occupaient de l'affaire à Delhi, il y avait une confiance tacite. Les années les plus difficiles ont été 1977-1979, pourtant quand je suis arrivée la première fois en 1979, je n'ai rencontré que la beauté et une vaste liberté intérieure. Nous n'allions pas partir. Comment pourrions-nous quitter SON Aventure ? Auroville était venue au monde pour y rester.

Une fois l'ordonnance promulguée et l'administrateur nommé, la SAS a immédiatement lancé une contre-attaque, arguant que le gouvernement ne pouvait pas s'immiscer dans les affaires d'Auroville puisqu'il s'agissait d'un organisme religieux et a saisi la Haute Cour de Calcutta, d'où l'affaire est remontée jusqu'à la Cour suprême de Delhi avec une rapidité inhabituelle. L'avocat représentant la SAS n'était autre que Soli Sorabjee, qui a remarquablement bien plaidé en leur faveur, et les choses ont commencé à se présenter très mal pour Auroville. Bien qu'Auroville eût l'assistance de Fali Nariman, un argument décisif était encore nécessaire pour faire comprendre à la cour la différence entre la religion et le yoga, et le laboratoire vivant de changement qu'était Auroville. Cette nuit-là, Kireet pria pour obtenir de l'aide. Le lendemain, l'argumentation présentée par la défense d'Auroville fut concise, grâce à la formulation de Kireet :

> La philosophie, la religion, le yoga, tous visent Dieu, mais la méthode de la philosophie est celle de la ratiocination ; la méthode de la religion est la croyance, le rituel et les cérémonies ; et la méthode du yoga est d'arriver à un changement de conscience par le changement de conscience [7].

A partir de ce moment-là, l'affaire a évolué en faveur d'Auroville, mais il y avait encore beaucoup de terribles "mais", jusqu'à ce que la Cour Suprême statue à la quasi-unanimité, en novembre 1982, que les écrits de Sri Aurobindo n'étaient pas une religion et qu'une prise en charge temporaire était justifiée. Il restait cependant à trouver une solution pour le statut temporaire de deux ans, car chaque renouvellement était contesté par la SAS et constituait une nouvelle épreuve. Dans le même temps, les terrains et les propriétés achetés au nom d'Auroville, avec l'argent provenant de donations pour le projet, devaient être dévolus à Auroville pour qu'elle puisse commencer à fonctionner dans son ensemble. La période d'incertitude s'est poursuivie pendant encore six ans. Les avertissements selon lesquels Auroville pouvait être fermée à tout moment ont été répétés à plusieurs reprises. En outre, tout le monde à Auroville n'était pas d'accord et un petit groupe qui s'est appelé les «neutres» a choisi de ne pas prendre parti. Finalement, en septembre 1988, la loi sur la fondation d'Auroville a été adoptée dans les deux chambres du parlement indien.

Alain B. note que le projet de loi a été adopté en douceur par le Rajya Sabha, à la fin duquel, dans un beau geste, Mme Najma Hepatullah, membre du Parlement, a lu la Charte d'Auroville. Mais il restait un dernier acte à accomplir, au Lok Sabha. Pour une raison technique, le projet de loi avait été retiré de l'ordre du jour par un secrétaire, mais heureusement, l'erreur a été découverte à temps et l'élément a été rétabli, faute de quoi il aurait été retardé à nouveau de plusieurs mois. Alors qu'Alain, Frederick et Krishna attendaient nerveusement que le projet de loi soit déposé à la Lok Sabha, un député qui avait la parole semblait s'éterniser sans jamais s'arrêter. Le temps s'écoulait lorsqu'une députée s'est levée brusquement, se dirigea vers son bureau et y déposa une note indiquant qu'un projet de loi important devait être voté sur Auroville et qu'il prenait tout le temps ! Le projet de loi a été adopté. La dame en question était Mamata Banerjee.

L'ensemble des personnes qui ont fait leur part pour le rêve de la Mère, connu sous le nom d'Auroville, d'une manière ou d'une autre, est vraiment stupéfiant et fait l'objet d'une immense gratitude.

Auroville était désormais libre de commencer à s'organiser, de construire sa ville, de planter ses forêts et de manifester sa culture unique dans le monde entier. Lorsque la nouvelle nous est parvenue à Auroville, il n'y a pas eu de cris ou de hurrahs. Il était évident que sans l'aide du Divin, rien de tout cela n'aurait été possible. Il y avait juste un petit signe de tête ou un sourire lorsque nous nous croisions.

Notes de fin

1 Paroles de la Mère vol 14, p. 224, 2 Mai 1970
2 www.auroville.org/contents/516 Last accessed on 26 September 2016.
3 http://www.context.org/iclib/ic01/walton/ Last accessed on 26 September 2016.
4 Savitra, Sun Word Rising, Auroville: Self-published, 1980, p. 158.
5 'Genesis of the Auroville Foundation Act', Talk Series published by Pavilion de France, Auroville 2010, p. 16.
6 www.auroville.org/contents/870 Last accessed on 26 September 2016.
7 'Genesis of the Auroville Foundation Act', Talk Series published by Pavilion de France, Auroville, p. 34.

14

UNE CULTURE À INVENTER

Il n'y a qu'une chose à faire : devenir soi-même ...[1]
—Sri Aurobindo, La vie divine

Le 28 février de chaque année, un feu est allumé à l'amphithéâtre dans l'obscurité qui précède l'aube. Derrière lui se dresse le Matrimandir, encore en silhouette. Alors que les gens s'installent dans le silence, les flammes s'élèvent et nous entendons l'enregistrement de la Mère lisant une nouvelle fois la Charte d'Auroville. C'est ce qui se rapproche le plus d'une sorte de rituel à Auroville, mais il s'agit plutôt d'un souvenir annuel et de la commémoration de la raison pour laquelle nous sommes entrés dans cette vie et de partager cette expérience avec d'autres personnes inspirées par Auroville. Pour certains, le feu est aussi un symbole de l'âme qui s'éveille, se purifie et se renouvelle, et d'un moment de cohésion avec le Rêve.

La première ligne de la Charte stipule : Auroville n'appartient à personne en particulier, Auroville appartient à l'humanité dans son ensemble puis, qu'il s'agit pour chacun d'être un serviteur volontaire de la Conscience Divine, s'ils choisissent de vivre à Auroville. Il s'agit d'une définition subtile du type de société qu'Auroville doit être, et de la cohésion de son corps collectif.

Qui est donc l'humanité dans son ensemble si ce n'est le Divin ? C'est à partir de ce centre de cohésion que le collectif est engendré et soutenu.

L'unité est la divinisation de la vie, le pas de géant à travers toutes les formes d'égoïsme et de division vers cette beauté de la vie que la Terre attend. Ainsi, Auroville est une culture qui reste à inventer. *"Une vie divine doit être d'abord et avant tout une vie intérieure… L'existence extérieure ne peut rien avoir de divin si l'être intérieur n'est pas divinisé"* [2].

En même temps, le changement et le progrès individuels auront besoin du soutien d'un collectif conscient et ne pas être entravés par lui.

> Pour que le changement spirituel dont nous avons parlé puisse s'effectuer, deux conditions doivent être réunies… D'une part, il faut un individu ou des individus capables de voir l'Esprit, de se développer… Puis de communiquer à la masse, non seulement leur idée mais le pouvoir de leur idée. Et, en même temps, il faut une masse, une société, un mental collectif, ou du moins les éléments constitutifs d'un corps collectif, et la possibilité d'une âme de groupe qui soit capable de recevoir [3].

En tant que ville de la Culture Universelle, Auroville ne possède pas une, mais deux zones de culture : la Zone Culturelle et la Zone Internationale. La croissance et la rencontre de ces deux zones indiquent un champ de recherche et d'apprentissage unique pour une ville destinée à l'unité humaine. La Mère nous donnerait un indice à ce sujet : *L'esprit d'Auroville, c'est fondamentalement l'art de créer une unité par l'harmonie de la complexité.*

L'unité d'Auroville englobe la diversité, mais il ne s'agit pas d'une diversité qui ne fait que catégoriser les différences. Par exemple, aux États-Unis, il y a les Américains et puis, il y a les Afro-Américains, les Asiatiques, les Hispaniques, etc. Nous nous sommes passés de ces catégories pendant quelques décennies ce qui a apporté un esprit d'Auroville et une sophistication libre à notre simplicité. Mais il y a eu une tendance à retomber dans des catégories telles que les Auroviliens, les Indiens et les Tamouls. Les «Auroviliens» sont alors les Anglo-Saxons, les Européens ou les «étrangers» en général. Il s'agit d'une tendance autodestructrice qui ne fait que creuser les différences au lieu de les combler, ou qui crée un sentiment d'»autre» dans nos attitudes. Ce n'est pas une tendance très Aurovilienne et elle nous renvoie de nouveau au défi de l'unité.

Une culture de l'unité implique une formation intérieure. *"Trouver la beauté la plus haute, c'est trouver Dieu «*[4], écrira Sri Aurobindo, et, entre les deux, la musique, l'art et la poésie offraient une parfaite éducation pour l'âme, car au-delà de son utilité intellectuelle, le véritable service de l'art réside dans la croissance de la spiritualité de la race.

Sri Aurobindo était aussi un poète, avec des dizaines de sonnets, des centaines de poèmes, l'épopée *Savitri*, qui compte plus de 700 pages, et un volume sur la théorie poétique, *La poésie future*, à son actif. La Mère était également une artiste de formation et tous deux, comme nous l'avons vu, étaient très conscients de tout ce qui était en jeu pour l'humanité :

L'humanité traverse à l'heure actuelle une crise évolutive qui secrètement recèle le choix de sa destinée ; car le mental humain est parvenu à un stade où il a accompli un immense développement dans certaines directions, tandis qu'en d'autres il est arrêté et, désorienté, ne peut plus trouver son chemin[5].

La poésie de Sri Aurobindo a bien sûr été largement ignorée et mal comprise, qualifiée de romantique et de mystique, tandis que *Savitri* a même été critiquée pour son caractère nébuleux, verbeux et exagéré, ou encore que «son talent et son ingéniosité dans l'utilisation de la langue anglaise étaient limités «[6]. Malgré cette mauvaise presse, *Savitri* continue d'être lu de génération en génération par des personnes d'appartenances très différentes, dans des traductions, sous forme de théâtre ou de méditation, et il est peu probable qu'il ne soit jamais épuisé. Quelques lignes lues peuvent modifier notre vision, ou nous ouvrir à de vastes expériences intérieures, ce que la plus grande poésie du monde fait, leurs lignes s'attardant en nous pour toujours

Aldous Huxley, qui a inclus des passages de *La Vie Divine* dans sa *Philosophie Eternelle*, a décrit le livre comme étant «non seulement de la plus haute importance en ce qui concerne son contenu, mais d'une remarquable qualité en tant qu'œuvre de littérature philosophique». En 1943, Sir Francis Younghusband l'a proposé pour le prix Nobel de littérature, puis à nouveau en 1949, comme le raconte le livre de Peter Heehs, *Sri Aurobindo : une Brève Biographie* : deux lauréats du prix Nobel, la poétesse chilienne Gabriela Mistral et Pearl S. Buck, ont proposé et appuyé une nomination officielle à l'Académie Suédoise. Elle a été prise en considération en 1950, mais Sri Aurobindo était décédé.

On parle beaucoup de «recherche» à Auroville, mais qu'est-ce que cela implique dans l'acte de créer et d'engendrer une culture de l'apprentissage ?

> Les artistes partent du sol sous leurs pieds. D'où écrivons-nous, créons-nous ou chorégraphions ? Quelle est notre source, notre lieu d'origine en tant qu'Auroviliens ? Ici, le sol est fait du monde entier et le ciel est à l'intérieur de nous. Notre point d'ancrage se trouve en avant, entre les deux pôles opposés de la matière et de l'esprit qui cherchent à s'unir en nous, et à nous changer à jamais, car Auroville est une nouvelle création voulue par le Divin. Ce que nous cherchons et créons ici, ce sont des moyens de recevoir et de manifester cette Conscience, car le but d'Auroville est l'unité [7].

La plupart des auteurs d'Auroville ont tendance à reconnaître l'influence de Sri Aurobindo, même si leur travail est différent dans son expression. Et, comme toujours, la poésie est le premier langage de l'humanité :

> Cité de la Paix et la lumière non gardée de Dieu,
> Cité du Silence et la richesse des mots qui se déploient ;
> Cité de l'Amour et du rire des Dieux,
> Cité de l'homme, son travail né du rêve...
> Cité dont l'âme cachée chantera
> Cité des frontières perdues, province jadis des rois ...

Telles sont les premières lignes de «City of Peace» de Roger Harris, écrites après une réunion du Matrimandir en 1983, affirmant la vérité d'une ville qui ne s'est pas encore manifestée, mais désireuse d'exister. Roger H. est Irlando-Américain, si l'on se fie à sa poésie. Il a grandi principalement en France et en Italie, où son père était diplomate et ami de Gore Vidal. Roger est allé à l'université en Irlande et aux Etats-Unis et a été l'un des habitués travaillant sur la structure du Matrimandir, où nous nous sentions tous chez nous.

"Littérature anglaise de Calcutta, hein " ? Roger H. m'a fait un grand signe lorsque je l'ai rencontré pour la première fois dans la cuisine du Centre." Alors, quel est ton poète préféré ? J'aime bien Graves».

Un recueil de Robert Graves se trouve toujours sur l'étagère de Roger. Roger l'avait rencontré sur l'île de Madère alors qu'il faisait de l'auto-stop à travers l'Europe et s'était fait inviter à dîner par le poète.

Une autre influence, lui demandais-je bien des années plus tard, après que la vie de Roger Harris eut radicalement changé à la suite d'un accident.

"Yeats», dit Roger en citant «Byzantium», «mes maîtres chanteurs de l'âme... Bien sûr, Dante et Cavalcanti». Plus tard,

ce fut Rimbaud, Mallarmé, Appollinaire et Dylan Thomas».
Il reste silencieux pendant un moment. Sri Aurobindo est un
grand poète. C'est sa principale influence. Il est Sir Superman
(rires). Bientôt, ce sera le jour de son darshan, je m'en
réjouis». Dans un autre poème de *Alchimies de la nuit*, Roger
H. écrit :

> C'est notre maison
> Né non pas de la terre,
> Bien que faisant partie de la terre,
> Mais du ciel ...[8]

Le ciel est une référence discrète à l'ancrage vertical d'Auroville,
sa première réalité de terrain.

Entre son travail avec les enfants du village, Meenakshi, poète Tamoul, éducatrice et activiste sociale, pense à la colonne de lumière qui descend dans le Matrimandir et écrit «Auroville, le Gange». Un extrait traduit :

> Auroville, le Gange !
> Bhagiratha
> Désirant ta présence sur terre,
> O Ganga
> A accompli une puissante tapasya.
>
> Oui,
> Nous sommes tous des Bhagirathas ;
> Nous sommes tous un nouveau Bhagiratha.
> Comprenez-vous
> La sévère tapasya
> que nous accomplissons pour vous amener
> sur terre, à Auroville, Le Gange ?

L'œuvre de Meenakshi a fait l'objet d'une anthologie par A.K. Ramanujan et d'autres, traduite en Tamoul et en Anglais, mais son intérêt premier a toujours été l'éducation et l'acquisition de compétences pour les enfants des villages.

Après mon arrivée à Auroville, j'ai décidé d'arrêter d'écrire jusqu'à ce qu'il y ait une expérience réelle sur laquelle les mots pourraient s'envoler. Mais dans les premiers temps, il y avait une *Présence* constante, chuchotant tout le temps :

> Impulsion dans le cœur d'un vent secret
> Dans la grotte d'un vaste soleil céleste
> La gloire bleue où l'aigle s'élève
> Chantant tes royaumes à l'intérieur de nos vies.
>
> Profondes les vagues de ce chant sans mesure
> Comme des montagnes tendres avec une force qui tourne
> Sur cette terre de rêve et de lumière
> Et ton seul rire vert qui décide du monde
>
> Ici, nous écoutons ton pouls cristallin
> Chantons un destin qui agrandit notre naissance
> Comme le souffle sous la peau change jusqu'à ce que nous soyons libres
> Et une nouvelle mémoire de la vie ancre notre volonté [9].

Une culture et un peuple se reconnaissent facilement aux valeurs et aux attitudes qu'ils incarnent. À un groupe de personnes d'Aspiration qui lui rendaient visite en mars 1970, la Mère faisait la remarque suivante : « *Vous êtes les pionniers, vous avez la tâche la plus difficile, mais je sens que c'est la plus intéressante. Car vous devez établir de façon concrète et durable l'attitude nécessaire pour être vraiment un Aurovilien* ».

La beauté sous toutes ses formes artistiques : peinture, sculpture, musique, littérature, serait accessible à tous également, la faculté de participer aux joies qu'elle donne étant limitée uniquement par la capacité de chacun et non par la position sociale ou financière. (La Mère : Un Rêve)

Aujourd'hui, Auroville compte des poètes, des artistes, des écrivains, des musiciens, des potiers, des chorales, des chanteurs et chansons pour enfants, acteurs, troupes de théâtre, danseurs, chorégraphes, photographes, cinéastes, jongleurs, clowns, designers, architectes. On y trouve aussi des véliplanchistes, des footballeurs, des joueurs de tennis, des basketteurs, des marathoniens, des adeptes du yoga et des gymnastes. Et il y a ceux qui font du vélo. Il y avait un peu de tout cela au laboratoire de danse d'Auroville.

Après un entraînement bref mais intensif avec Krishna, mon professeur de danse, il était de nouveau reparti. Alarippu de Thillana, même après une centaine de répétitions, est quelque chose de nouveau. Pourtant, ce ne pouvait pas être la dernière limite de cette forme de danse. La tradition est quelque chose qui va toujours de l'avant. Le magnifique traité de Kapila Vatsyayan sur les origines des traditions de la danse indienne, présenté dans son livre *(Le carré et le cercle) The Square and the Circle*, a été une solide source d'inspiration à ce moment-là. Une nouvelle gamme de mouvements semblait suspendue à son bord. J'ai commencé à démonter chaque adavu, en enlevant les couches culturelles fixes et les décorations, pour toucher dans sa structure nue, non pas un vide mais une source. Il s'agissait d'un langage physique abstrait, étonnamment jeune et dynamique, mais plein de rasa. Il pouvait certainement aller plus loin et faire les choses différemment.

À cette époque, Sangita, l'une des danseuses de Chandralekha, est venue proposer un atelier de six semaines. Plusieurs personnes y ont participé, dont Paulo, qui venait d'arriver du Brésil et avait commencé un cours de danse moderne que j'avais rejoint. Un matin, j'ai trouvé Sangita accroupie, la tête entre les mains. Elle était originaire du Sri Lanka et le meilleur ami de son père venait d'être abattu. "Combien de temps faudra-t-il pour changer " ? C'était un cri angoissé. Le besoin d'y répondre, d'une manière ou d'une autre, a été immédiat. C'est venu comme une prière, un poème, et le besoin de le danser :

Sur la ligne de front, le témoin se tient / face à son âme / les images parlent du rêve et de la destruction / et du long destin du monde / nous fluctuons / mais cette heure ne nous quittera pas. / Laissez le large courant / briser cette pierre / et le pouls de la terre/ s'écouler en liberté... Mais pour en arriver là, j'ai d'abord dû franchir plusieurs murs jusqu'à mon propre centre, d'où le travail pouvait être généré.

Quelques jours plus tard, lors d'une séance d'atelier, Paulo m'a joué une courte pièce de Stravinsky. Je l'ai ramenée chez moi et j'ai commencé à travailler dessus. Une semaine plus tard, c'est devenu *First Passage (premier passage)*, ma première pièce qui brise les murs, présentée lors du spectacle de clôture de l'atelier pour lequel Chandralekha était venue spécialement de Chennai. Chandra, comme nous l'appelions, était déjà une légende inspirante et une chorégraphe Indienne contemporaine d'avant-garde. Après le *premier passage*, Chandra m'a invitée à rejoindre son groupe, mais je savais que j'avais du travail à faire à Auroville, et cela ne faisait que commencer.

Après cela, chaque mouvement du monde est devenu un enseignant : Le mouvement d'un mot dans le mental crée une chanson dans le cœur. Le mouvement d'une chanson dans le vent peut faire danser un enfant. Mille danseurs dans la rue peuvent faire tomber un mur, tandis que l'univers se crée et se détruit à chaque seconde, et nous disons que c'est la danse de Nataraja. Comment se déplacer avec tout cela ? La chorégraphie est née de tout cela.

Après avoir travaillé seule pendant un certain temps, j'ai été rejointe par Joy et quelques autres et au fur et à mesure que le groupe s'est agrandi, de nouveaux travaux et de nouvelles représentations ont vu le jour. Au moment où je commençais à préparer *Crossroads*, le laboratoire de danse d'Auroville comptait un noyau de huit danseurs qui travaillaient tous les jours. Joy avait une formation en ballet, Paulo avait une formation en danse moderne et en jazz, Aurelio, Véronique et Lia avaient fait un peu de danse contemporaine et un travail d'improvisation, Kanchana avait fait un peu de Bharatanatyam, Shvetaketu ne pratiquait que le basket-ball et moi, le Bharatanatyam et le Tai chi. Nous nous sommes enseignés mutuellement et, ensemble, nous nous sommes également formés au Kalaripayattu et au Hatha yoga. C'était un amalgame formidable et exaspérant avec lequel il fallait travailler. Il rendait toutes sortes de choses possibles et beaucoup de choses redondantes afin de permettre à ces différentes personnes de travailler ensemble en un tout unifié.

Crossroads a été présenté pour la première fois lors de la conférence de l'UNESCO à Auroville en 1994 : *Humanity at the Crossroads-Evolution of Consciousness* (L'humanité à la croisée des chemins - Évolution de la conscience). Sur la base de mon poème, *Crossroads* faisait travailler plusieurs couches simultanément : le mot, la voix, le mouvement, le théâtre, la lumière, l'espace et le souffle.

Les allées grises sautent les voies
Rue par rue
Sur l'autoroute principale
Le feu blanc s'élève
S'élève [10].

L'espace était une arène texturée, en constante évolution, avec des projections de l'œuvre de Pierre, tandis que Holger utilisait le poème comme base pour composer la musique. Enregistrée à trois voix, la musique était composée de répétitions, de textures, de rythmes, de tonalités, d'espaces et de silences. Au cours des années suivantes, *Crossroads* a été joué plusieurs fois à Auroville et dans tous les festivals de danse contemporaine en Inde. *Speaking in Tongues* est né d'un autre dialogue :

L'homme est une légende, chaque atome est un enfant
Les rumeurs d'un nouveau monde
Entourent son désir
dans le combat de plus en plus profond du temps.

Il est le mythe qui se brise lentement
Entre plusieurs morts, il entend
De partout il s'entend
Incertain, parlant en langues...

Speaking in Tongues, ma dernière œuvre, a été créée pour deux belles danseuses et pour la Biennale d'Attakalari en 2002. Grace a été formée au ballet, à la danse moderne et à la danse africaine. L'autre danseuse était Kanchana, originaire du village de Kottakarai et qui faisait partie du laboratoire de danse d'Auroville. Kanchana nous a quittés pour rejoindre Nrityagram pour apprendre l'Odissi, et s'est bientôt produite en scène et a donné des ateliers dans des lieux comme le Lincoln Center, à New York. Ce fut une joie de la retrouver cinq ans plus tard. Chaque danseur a offert à l'œuvre une sensibilité entièrement différente, et ce sont ces contradictions que l'œuvre a cherché à intégrer, ainsi que les mondes traditionnel et contemporain. Les choses s'effilochent et se désagrègent, ouvrant d'autres horizons. Les solos se combinent avec des duos inattendus, suscitant la curiosité de l'»autre», ce qui a conduit à des ouvertures intérieures inattendues et une acceptation progressive de l'autre et de soi-même. Le troisième protagoniste sur scène était l'ombre, qui jouait avec les deux danseurs, dialoguait, fusionnant et dissolvant les barrières.

Une blessure au genou m'a fait passer de la danse à l'écriture et, après quelques années, le Dance Lab d'Auroville a commencé à ressembler à une fabuleuse vie antérieure, et à être oublié, même par les danseurs. Aujourd'hui, Auroville est capable de produire des productions beaucoup plus importantes, comme la chorale d'Auroville, qui fonctionne si bien sous la direction de Nuria, ou les méga productions théâtrales de Jill ou encore le *Millidacious de Paul* qui a impliqué un nombre record de 100 personnes,

jeunes et moins jeunes, dans sa distribution et son équipe.
Récemment, j'ai retrouvé Joy, avec qui j'ai travaillé pendant près de douze ans. Joy a été la première à me donner le bénéfice du doute et à travailler avec moi dès le début du Dance Lab, ce dont je lui suis très reconnaissante. Elle était le pilier solide qui pouvait repérer une erreur tout de suite et nous poussait à une pratique disciplinée. Joy avait grandi à l'Ashram depuis l'âge de dix ans, où, en plus du système du «Free Progress», il y avait du sport, du chant, du théâtre et du ballet. Les comédies musicales de Joy pour les enfants ont toujours été une source d'émerveillement et d'amusement. Chanteuse accomplie, elle a produit ces dernières années plusieurs CD de musique avec des enfants et pour des enfants, et a été tout aussi active au théâtre, jouant de nombreux rôles principaux dans les productions de Jill et d'Aryamani. Joy est d'humeur réfléchie pendant que nous discutons :

"Auparavant, quoi que nous fassions, cela devait trouver sa source à Auroville d'une manière ou d'une autre, même si nous examinions une situation dans le monde, il fallait qu'il y ait cet autre mode d'expression, un autre sens, non pas parce que nous voulions être différents mais parce que nous explorions d'autres valeurs, que nous regardions les choses différemment. Avant, c'était un choix constant. Aujourd'hui, nous avons de très bonnes choses, des choses lisses, mais pas beaucoup de surprise. Ce quelque chose de différent me manque, ce souffle d'Auroville. Vouloir trouver quelque chose de vraiment différent ou nouveau est beaucoup plus exigeant. Parfois, ce n'est pas du tout confortable. Il faut beaucoup de patience. C'est un peu la même chose pour les personnes qui sont venues ici il y a trente ou quarante ans et celles qui sont arrivées plus tard. Pourtant, c'est un miracle que nous puissions tous vivre ensemble. Alors quelque chose va venir», sourit-elle, «c'est l'espoir».

Véronique a rejoint le Dance Lab lorsque nous cherchions des danseurs pour *Crossroads*. Seule à sortir pour fumer, Vero était la danseuse la plus tatillon, la plus disciplinée, toujours rapide et réceptive, capable d'aller droit au cœur des choses. Aujourd'hui active dans le domaine du théâtre, elle a joué dans diverses productions mises en scène par Aryamani, Jill, Ellen et Paul, excellant dans toute une gamme de rôles, allant de celui d'un oracle grec imposant à celui d'un burlesque sauvage. Nous nous rencontrons après de nombreuses années à Svedame, dans la grande maison champignon recouverte d'un écran solaire vert où elle vit avec son compagnon Louis. ' J'ai grandi dans une famille catholique conservatrice, j'ai assisté à la messe pendant dix-huit ans», s'amuse Vero devant mon incrédulité. Elle a ensuite rencontré Louis, qui parlait toujours d'Auroville, et ils sont finalement arrivés en 1993. Avec ses enfants maintenant adultes et déjà grand-mère, elle dit : «Ce n'est que dans notre tête que nous vieillissons " !

"Le théâtre me confronte à mon potentiel», admet-elle, «il vous fait aussi comprendre l'humanité». Mais il m'arrive de regretter le temps que nous avons passé avec le Dance Lab, quand nous travaillions tous les jours, tout le groupe. Il y avait un tel esprit d'expérimentation. Cette intensité créative me manque aujourd'hui. C'était notre travail, et c'est ce que nous avons offert à Auroville». Récemment, elle a participé à *Millidacious*. C'était une bonne comédie musicale. Une distribution nombreuse et réalisée avec beaucoup d'amour, de soin et de gaieté. Mais c'était comme un grand événement familial, nous sommes encore un petit endroit, tu sais."

UNE CULTURE À INVENTER

Comment se fait-il que nous soyons encore un si petit endroit et que nous n'explorions plus l'inexploré ? Au lieu de cela, il semble y avoir un retour à la «normalité».

L'objectif fixé pour Auroville était assez élevé. Dans la conversation du 4 avril 1972 dans l'Agenda de la Mère, je suis tombée sur ceci :

> Je sais que ce n'est pas facile, mais nous ne sommes pas ici pour faire des choses faciles ; il y a le monde tout entier pour ceux qui aiment la vie facile. Et je voudrais que les gens sentent que de venir à Auroville, ce n'est pas venir à une vie facile : c'est venir à un effort de progrès considérable... on ne peut pas tromper des gens qui ont donné toute leur vie pour dépasser l'humanité. Il n'y a qu'une façon de les convaincre, c'est d'ÊTRE comme ça... Nous sommes ici pour préparer une surhumanité, non pour retomber dans les désirs et la vie facile ...[11]

Les descriptions d'Auroville faites par la Mère comportaient généralement des constructions, des villes en construction, d'une grande beauté, de jardins, de sports et de musique, d'habitations, de principes de construction, même de cuisine, et toujours l'art. "Et il y avait de l'art", disait-elle, satisfaite, «et c'était beau. C'était bon ".

Je me demande donc pourquoi, après presque cinquante ans, nous stagnons à environ 2 500 personnes. Notre perception d'Auroville s'est-elle rétrécie ? Ou est-ce symptomatique d'une phase que nous traversons : Auroville est aujourd'hui volontiers perçue comme une forêt, ou au mieux comme une ville durable, voire un village, mais jamais comme une ville. C'est une image plus à la mode et plus facile à communiquer. Malgré tout, apprendre que le mot «ville» d'Auroville, pour certains, en est venu à signifier village et donc Aurovillage, est troublant. L'art, lui aussi, s'accommode de ce genre d'idées, qu'il s'agit maintenant d'accepter. Toute référence à Auroville en tant qu'aspiration pour l'avenir, pour la transformation de l'humanité, et en tant que ville, pourrait être ridiculisée comme démodée ou rejetée comme controversée. La Mère avait changé d'avis, nous a-t-on dit, et nous avons donc été encouragés à changer avec le temps et à passer à un nouveau paradigme environnemental pour Auroville. Il y a un risque de devenir unidimensionnel et étroit, et peut-être devons-nous comprendre le contexte de ce rejet apparent de la ville et de l'attitude de laisser-faire qui le remplace d'une certaine manière.

Auroville a été accusée de «modernisme» par certains milieux qui considèrent le projet, et le plan d'urbanisme en particulier, comme utopique, élitiste, faisant partie d'un grand récit absolutiste et sa croyance en l'unité et le progrès comme déjà dépassée. En un sens, il s'agit d'une confrontation postmoderniste classique. Cette vision du monde a commencé à prendre de l'ampleur à partir des années 1980, caractérisée par un scepticisme et une négativité à l'égard de la ville, à mesure que la culture environnementale se développait. Elle était typiquement subversive, voulant rejeter la ville et briser les structures hiérarchiques autour d'elle et de «ce que la Mère a dit». Elle ne s'intéressait pas à la «pureté» du style ou à l'avenir, mais à un retour à la nature, à la tradition, au bon sens conventionnel ou à un pastiche de «tout ce qui est possible». La culture est devenue un circuit social en réseau avec un effet de levier environnemental, quelque chose de très différent de la Cité de la Culture Universelle qu'Auroville était censée être.

Bien sûr, le postmodernisme se transforme en un «post-postmodernisme qui fait le point sur ses lacunes et recherche la confiance, le dialogue et la sincérité pour transcender l'ironie et le nihilisme postmodernes.

Il s'agit là d'une lecture extrêmement rapide des schémas changeants et des périodes de l'histoire, et pourtant Auroville peut difficilement être enfermée dans une catégorie. Elle contient certainement quelque chose d'utopique, mais elle est aussi irrévérencieuse, car elle a été créée pour briser les préjugés, les divisions et les superficialités, et pour être multiple, diversifiée et environnementale pour commencer. Pour cela, Auroville exige toujours notre confiance et notre sincérité. C'est pourquoi Auroville reste une culture à inventer. Elle commence avec nous aujourd'hui, mais elle porte un très long souffle vers l'avenir, dans une trans-trans-trans-modernité. Ce serait une erreur de la juger sur ses faiblesses ou ses tendances actuelles et d'essayer d'en modifier le cours à partir d'une perspective ou d'une expérience limitée. La nature humaine est l'environnement qui mettra le plus de temps à se perfectionner et c'est pour cela qu'on nous a donné une ville pour le mettre au point dans tous les détails.

Auroville doit encore dépasser l'ombre de doute que chaque période lui impose et trouver une intégrité intérieure pour devenir ce qu'elle doit devenir. C'est la seule chose à faire.

Une ville vivante est aussi un véhicule naturel pour la croissance d'une culture, lui fournissant des rencontres riches et des ingrédients pour l'apprentissage, mais il est certain qu'une «ville avec une âme» peut ouvrir l'expérience humaine un pas plus loin.

Le Dr Vishakha Desai, membre du Conseil consultatif international d'Auroville, et ancien président de l'Association asiatique, New York, a fait l'observation suivante lors du festival d'Auroville à Chennai, en 2015 : *Les arts ont la capacité unique d'être spécifiques à une culture tout en la transcendant... Ils ont la capacité de nous faire penser et voir d'une manière qui transforme notre monde.*

J'ai eu la chance de naviguer dans de multiples domaines à Auroville : l'enseignement, les travaux de construction au Matrimandir, Pour Tous et au comité de travail, jusqu'aux longues années avec le laboratoire de danse d'Auroville, suivies d'une phase d'écriture solitaire, après une blessure, qui a donné naissance à des fictions, des nouvelles, de la poésie et à l'organisation d'expositions. Bien qu'Auroville soit relativement petite, elle est à la fois un microcosme et un macrocosme, offrant un point de vue unique sur le monde, la nature humaine et la divinité - exactement ce dont un écrivain a besoin.

Les livres n'étaient que la conséquence de ce point de vue différent, ainsi *Les réfugiés du paradis* est né d'une réflexion sur le fondamentalisme religieux et l'unité, tandis que *God Enchanter* (l'enchanteur divin) a été publié à la suite de la guerre d'Irak qui a affecté le monde, tandis que *Infinity Adventures*, une série pour enfants est une plongée dans l'inconnu, dans des mystères qui semblent cachés mais qui sont, en fait, ouverts et tout autour de nous. Auroville n'est pas un univers caché, ni un Shangri-La mystique. *Une révélation moins discrète se prépare ... une force plus concrète se manifeste*, comme Sri Aurobindo l'avait annoncé lors de son départ pour Pondichéry en 1910.

Auroville est une expérience ouverte et fait partie du monde en lutte. Le champ d'action d'un écrivain est immense et stimulant, car le protagoniste ici n'est ni l'individu, ni le «collectif», c'est le divin. Car cette ville est un catalyseur de l'avenir.

LE BERCEAU DU SOLEIL
EST SUSPENDU COMME UN PONT
CORDON DE L'UNITÉ
ACCORD UNIVERSEL
LIEU DE NAISSANCE D'UN NOUVEAU MONDE [12].

Notes de fin
1   Sri Aurobindo, La Vie Divine, p. 1077.
2   Ibid., p. 1077.
3   Sri Aurobindo, Le cycle Humain p. 303.
4   Idem, p. 182
5   Sri Aurobindo, La Vie Divine, p. 1106-1107.
6   Bijay Kumar Das (ed.), Critical Essays on Post-Colonial Literature, Atlantic, 2008, pp. 18–20.

7   Sri Aurobindo, The Human Cycle, CWSA, Vol. 25, p. 247.
8   Roger Harris, Alchemies of the Night, Auroville: Auroville Press Publishers, 2009, p 61.
9   Anu Majumdar, 'Presence', at Tagore Symposium, Sahitya Akademi meet, Auroville, 2010.
10 Ibid.
11 L'Agenda de Mère, Vol. 13, 28 4 Avril 1972.
12 Anu Majumdar, Light Matter Poems: 3.21, p. 123.

3
La ville

―――∞◇∞―――

*Auroville veut être le pont entre le passé et l'avenir.
Profitant de toutes les découvertes extérieures et intérieures, elle veut hardiment s'élancer vers les réalisations futures.*

Charte d'Auroville

15
AU-DELÀ DES OPPOSITIONS

Q : Dans quelle mesure la construction d'Auroville dépend-elle du consentement de l'homme à la spiritualité ?
M : L'opposition entre la spiritualité et la vie matérielle, la division entre les deux, n'a aucun sens pour moi, car en vérité, la vie et l'esprit sont un ; et c'est dans le travail physique et par celui-ci que l'esprit le plus élevé doit être manifesté [1].

L'agenda de Mère

Peu après la création d'Auroville, une dame Suédoise écrivit à la Mère au sujet d'un tableau qu'elle venait d'acheter, une immense crucifixion qu'elle voulait envoyer en cadeau. La Mère l'en a dissuadée et à la place lui a proposé une exposition. Cette exposition ne comporterait que deux choses : la grande crucifixion, " *Et puis de mettre à côté, en tout petit, la photographie de la galaxie, qui est presque identique au projet d'Auroville* …-, et puis, en dessous, le projet d'Auroville qui est grand comme cela (geste encore plus petit)" [2].

Sous la crucifixion, elle a demandé à la dame de mettre une phrase, en grosses lettres :

> « La Conscience Divine crucifiée par les désirs de l'homme. »
> Et après, en tout petit comme cela, sous la photo d'Auroville, on va mettre :
> «La Conscience Divine manifestée par l'unité humaine [3]. »

Il y avait, et il y a encore, beaucoup de doutes au sujet de ce réceptacle physique de l'unité. Certains sont d'avis qu'il faut d'abord devenir conscient, après quoi la ville surgira comme par magie. Mais Auroville attend de nous que nous la construisons comme nous avons construit le Matrimandir.

Le groupe d'"Aspiration» qui rencontrait la Mère une fois par semaine, disait que les gens voulaient une vie plus intérieure et paisible, jardiner et planter des arbres, des choses bonnes pour leur yoga, plutôt que de s'engager dans des préoccupations «extérieures» telles que la construction de la ville et la production d'argent ce qui, lui disaient-ils, ne leur semblait pas correct. Elle leur répondait avec une patience étonnante.

> *Pour être pratique, vous devez avoir une vision très claire de votre objectif... l'argent doit être un pouvoir qui n'appartient à personne et qui doit être géré par la sagesse la plus universelle présente.*

Auroville était un idéal en avance de plusieurs centaines d'années, a-t-elle admis, et nous n'en sommes pas encore là.

Mais il y a un chemin à parcourir entre ce que nous sommes et ce qui doit être. Et alors, pour ça, il faut être très souple, ne jamais perdre de vue le but, mais savoir qu'on ne peut pas sauter là d'un seul coup mais qu'il faut trouver le moyen... Alors c'est beaucoup plus difficile, encore beaucoup plus difficile que de faire la découverte intérieure. À dire vrai, la découverte intérieure, il faudrait l'avoir faite avant de venir ... avoir une vie qui veut croître et se perfectionner, c'est cela qui doit être l'idéal collectif d'Auroville ...Alors quand vous êtes une trentaine, c'est difficile, n'est-ce pas. Quand vous serez trente mille, ce sera plus facile, parce que naturellement, il y a beaucoup plus de possibilités... [4]

Pourtant, il y avait ceux qui refusaient tout simplement de croire que la Mère avait dit qu'Auroville était destinée au travail, à la construction d'une ville, et que les drogues n'étaient pas autorisées. En 1971, un message a finalement circulé :

> *Auroville est en pleine construction et on a besoin de travailleurs disciplinés. Ceux qui ne veulent pas ou ne peuvent pas suivre une discipline ne devraient pas être ici pour le moment. La bonne volonté, la sincérité et la discipline sont des qualités indispensables pour ceux qui veulent être des Auroviliens.*[5]

Il est intéressant à ce stade de revenir sur Golconde. J'ai mentionné Golconde plus tôt dans le livre, le projet entrepris par la Mère et Sri Aurobindo pendant la phase la plus intensive de la sadhana de Sri Aurobindo pour lequel ils avaient invité l'architecte Antonin Raymond. Nous savons également que

Raymond a été chargé par la suite de préparer le plan d'une *ville idéale*, et ceci mérite donc un détour.

Antonin Raymond était un architecte Américain d'origine Tchèque qui avait travaillé avec Frank Lloyd Wright au Japon avant d'y créer son propre bureau d'architecture. L'autobiographie de Raymond ainsi que des documents provenant de l'Ashram, offrent un récit fascinant de la genèse du projet et de son déroulement. "J'ai décidé d'accepter une invitation très intéressante de l'Inde [6]". Raymond correspondait avec Philippe St Hilaire, l'un des premiers disciples de Sri Aurobindo, également connu sous le nom de Pavitra à l'Ashram. Raymond l'avait rencontré au Japon, lorsque St Hilaire avait offert à sa famille un refuge lors d'un tremblement de terre à Tokyo. Ingénieur mathématicien de l'Ecole Polytechnique, il avait beaucoup voyagé en Asie avant de trouver sa place à l'Ashram de Sri Aurobindo. St Hilaire écrivit à Raymond au sujet d'un dortoir moderne que Sri Aurobindo souhaitait construire pour ses disciples, ainsi que des images de Pondichéry et de son architecture coloniale. Bientôt, Raymond renvoya un concept accompagné de dessins, *réalisés dans le feu d'une première inspiration. Je crois que nous avons trouvé quelque chose de très beau, une solution d'une grande simplicité* [7]. Il accompagna sa proposition d'une appréciation honnête du contexte architectural dans lequel il se trouvait :

> J'espère que vous ne serez pas choqués par les apparences, car je n'ai pas le moindre doute que ce bâtiment sera très différent de tout ce qui existe aujourd'hui à Pondichéry. Mais dans l'architecture moderne, nous essayons de retrouver les valeurs originelles, de répondre directement

aux besoins physiques et spirituels de l'homme, sans passer par les préjugés qui nous ont tous entravés au cours des derniers siècles et dont les formes des bâtiments de Pondichéry sont le résultat. Nous sommes en train de jeter les bases d'une nouvelle architecture fondée sur des principes et non sur des habitudes mentales. C'est un peu ce que vous faites dans votre philosophie : d'abord l'esprit libre, ouvert, et le plus possible sans idées préconçues. Rien ne nous empêchera de profiter de l'expérience pratique acquise dans les bâtiments anciens, bien au contraire... Nous vous invitons à étudier attentivement ces plans. S'ils vous intéressent, n'hésitez pas à nous faire part de votre avis sur le sujet »[8].

Ensuite, Raymond parlera avec émerveillement d'une confiance inexplicable qu'il a reçue de Sri Aurobindo qui non seulement a accepté le projet en dépit de ses opinions, mais a même *«payé une somme considérable* »[9] pour couvrir les frais de voyage de Raymond et de sa famille.

Raymond ne pouvait pas rester à Pondichéry tout le temps. Il laissa derrière lui deux architectes de son bureau pour superviser la construction en son absence, George Nakashima et François Sammer. Mais à part eux, *«je n'avais que les disciples de l'ashram pour travailler». Nombreux sont ceux qui ont proposé leurs services, y compris des scientifiques, des ingénieurs, des banquiers, ainsi que ceux qui n'avaient pas d'éducation ou de formation spécifiques.* »[10]

Golconde devait être construit en béton armé, un bâtiment tout à fait moderne, sans précédent en Inde et technologiquement complexe. Raymond était largement tributaire d'une équipe locale dépourvue d'outils et de compétences modernes. Pourtant, *«la bonne volonté, le sérieux et l'enthousiasme de toutes les personnes concernées ont été remarquables, et le résultat, plus que satisfaisant* [11]".

Raymond a rapidement compris que *«le temps que cela prendrait ou le coût que cela représenterait n'avait pas d'importance. Ce qui importait, c'était le processus de construction ... comme un moyen d'apprentissage et d'expérience ... où non seulement le spirituel mais aussi tous les autres aspects de la nature de l'homme devaient être développés et perfectionnés* [12]". Les lettres des disciples, et même de Nakashima, qui est resté sur place pendant les premières années de la construction, témoignent également de ce processus. Les travaux de construction étaient avant tout l'occasion d'une croissance intérieure.

Raymond n'a rencontré Sri Aurobindo qu'une seule fois, brièvement. Rien n'a été dit, mais trente ans plus tard, il se souvenait encore de l'impact *«de la paix et de la beauté de son apparence et d'une lumière extraordinaire qui émanait de lui »* [13].

Golconde a été nommé d'après le fort de Golconda à Hyderabad, en hommage à la généreuse donation de Sir Akbar Hydari pour le projet. Il l'avait fait pour remercier l'Ashram d'avoir pris soin de son fils. En retour, Sri Aurobindo et la Mère choisirent d'utiliser ce fond pour construire quelque chose d'exemplaire pour leurs disciples. Toutes les relations professionnelles de Raymond se faisaient avec la Mère, qui supervisait également les comptes de la construction. Chaque aspect de l'œuvre était discuté avec elle, dont elle semblait avoir une connaissance étonnante, ainsi qu'une compréhension complète des principes architecturaux, et, à l'occasion, elle a même suggéré des corrections. En outre, elle s'occupait des besoins matériels et spirituels de chaque personne de l'Ashram, ainsi que des enfants, supervisait le travail des différents départements, s'occupait de l'œuvre de Sri Aurobindo, veillait à ce qu'il y ait assez de fonds pour faire fonctionner l'Ashram chaque mois, et répondait même aux besoins des personnes éloignées, ce que Raymond qualifie de *«miraculeux»* [14]. Ce que Raymond ne pouvait pas savoir, alors que le béton était coulé et les clous enfoncés, c'est qu'à deux rues de là, Sri Aurobindo était dans sa phase de sadhana la plus intense.

Des années plus tard, à propos d'Auroville, la Mère dira : «*Tous ceux qui participent à l'expérience doivent être absolument convaincus que la conscience la plus élevée est le meilleur juge des choses les plus matérielles* »[15]. Golconde en fut certainement une preuve vivante, car à la fin, Raymond lui-même confirma : «*Cela a été fait avec une excellence que je n'aurais pas atteinte, même au Japon* "[16]. L'image suivante de Golconde est tirée depuis la terrasse de l'Ashram de Sri Aurobindo.

Cinquante ans plus tard, en 1985, Golconde a été présenté dans l'exposition VISTARA au Festival de l'Inde, à Londres, par Charles Correa : *Golconde est sans aucun doute l'un des plus beaux exemples d'architecture moderne en Inde avant la période précédant l'indépendance.*

Aujourd'hui, les jeunes architectes ont tendance à se concentrer sur les éléments durables du bâtiment et à étudier les applications pratiques, les caractéristiques organiques et les niveaux de confort du bâtiment. Une étude intitulée Golconde : *L'Introduction au modernisme en Inde,* par Pankaj Vir Gupta et Christine Mueller souligne comment le projet a non seulement reflété une approche originale de l'économie et des normes de construction élevées, mais a également apporté une intégration habile du bâtiment dans le paysage environnant. Mais ne souligner que cela, c'est perdre de vue l'intention du projet, qui était de créer, selon le mémoire reçu par Raymond, un *'bâtiment moderne vraiment au goût du jour pour les disciples de Sri Aurobindo "*[17].

Autrefois, les Rishis vivaient dans les montagnes et leurs disciples dans les grottes», dit la Mère à Nehru lorsqu'il visitait l'ashram. *"Golconde est l'équivalent moderne de ces grottes pour le yoga intégral Sri Aurobindo »*[18].

S'agissait-il d'une explication plaisante ? Peut-être pas. Il y a aussi la perspective de Sri Aurobindo sur ce bâtiment moderne en béton armé qu'ils ont choisi de créer au milieu de la ville coloniale de Pondichéry, et sur l'œuvre de la Mère à travers les architectes.

> *A Golconde, la Mère a développé sa propre idée à travers Raymond, Sammers et d'autres. Tout d'abord, la Mère croit en la beauté en tant que partie intégrante de la spiritualité et d'une vie divine... c'est sur cette base qu'elle a planifié Golconde. Elle voulait une grande beauté architecturale et elle y est parvenue ---- les architectes et les personnes ayant des connaissances en architecture l'ont admiré avec enthousiasme et comme une réalisation remarquable ... sans équivalent dans toute l'Europe ou l'Amérique* [19].

Mais la question reste entière : Pourquoi ont-ils choisi de le construire à ce moment-là et d'apporter le modernisme en Inde bien avant que Le Corbusier et d'autres n'entrent en scène, et tout ceci à un moment où la sadhana de Sri Aurobindo avait atteint un point d'intensité critique ? Golconde était-il un essai, une préparation à quelque chose d'autre ?

En 1969, Raymond écrivit à la Mère pour la féliciter de la création d'Auroville, et ici enfin, nous avons une première indication de sa part : «*Raymond est un grand architecte. Quand les Raymond sont venus ici et qu'ils ont fait « Golconde », j'ai demandé à Raymond le plan pour la première Auroville que j'avais conçue (c'était au temps où Sri Aurobindo était vivant), et c'était magnifique ...* "[20]

Comme nous l'avons vu dans la première partie de ce livre, il a fallu attendre la «descente» de 1956 pour que le projet de la ville idéale soit repris. Alors même qu'elle écrit le Rêve en 1954, elle commence à faire circuler un message répété : *Il faut découvrir de nouvelles formes nécessaires à la manifestation d'une Force nouvelle* [21]. Une fois son attention revenue sur la «ville modèle», elle commença à envisager un plan différent, plus adapté aux conditions générales de la terre. Cette fois-ci, elle ne contacta pas Raymond, elle avait un autre architecte en tête, Roger Anger, beaucoup plus jeune mais déjà à l'apogée de sa carrière, qui se rendit à Pondichéry peu après 1956, comme s'il s'agissait d'une évidence, et commença à y revenir régulièrement. Elle lui donnait une chambre à Golconde pour travailler, lui demandant des dessins et des petits travaux, puis la maquette d'un complexe sportif pour l'Ashram. Le projet ne s'est jamais concrétisé mais il semble lui avoir donné la confirmation qu'elle pouvait travailler avec lui. «*C'est avec une réelle joie que je lis votre lettre du 24 en réponse à mon projet de ville «idéale». Avec joie, mais aussi sans surprise, car j'ai toujours senti que vous étiez l'homme de ce projet ...*[22]"

Une fois de plus, elle travaillera en étroite collaboration avec les plans et, tout comme Raymond, Roger parlera de l'inspiration et de l'enthousiasme qui l'ont guidé, lui et son équipe, dans la réalisation de la maquette finale. Bien sûr, elle espérait que la ville serait réalisée avec la même bonne volonté et la même collaboration à Auroville. Malheureusement, cela n'a pas été le cas. Nous allons examiner pourquoi cela s'est produit et la possibilité, voire la nécessité, de sortir de cette longue impasse. Car au-delà de l'éducation et de la culture, il y a d'autres choses que la ville implique en termes d'architecture et de planification, d'industrie et d'économie, de logement, d'environnement, de mobilité et d'une unité globale qui peut jeter un pont entre la Conscience et la Matière.

Pour changer l'argument standard selon lequel nous devions d'abord être conscients et ensuite penser à créer la ville, nous devons regarder ce que la Mère faisait réellement au moment où Auroville a démarré. Alors que ses conversations avec Satprem révélaient des progrès rapides dans la conscience cellulaire, elle rencontrait *en même temps* les membres de l'équipe de coordination d'Auroville, comme Roger, Shyam Sundar et d'autres, presque tous les jours, exigeant des détails sur les progrès et les poussait tous à aller plus vite...

Auroville veut être le pont entre le passé et l'avenir. Profitant de toutes les découvertes extérieures et intérieures, elle veut hardiment s'élancer vers les réalisations futures…

Une ville est considérée comme un «centre de population, de commerce et de culture» mais aucune autre ville au monde ne dispose d'une telle charte, ni d'un centre dans son plan d'urbanisme, La Zone de la Paix. Où mène le pont entre le passé et l'avenir, vers quel avenir saute-t-il ? D'où le plan d'urbanisme prend-il sa source et s'élance-t-il en spirale de façon dynamique ?

L'avenir est un lieu sans ego. *Nous voulons une race qui n'ait pas d'ego,*[23] ce qui implique une ville extraordinaire : *où les êtres humains peuvent se consacrer entièrement à la découverte et à la pratique de la conscience divine qui cherche à se manifester.* Elle avait veillé à ce que nous ayons un plan de ville afin ne pas nous disperser et nous développer d'une façon quelconque.

J'ai commencé à découvrir que le plan de la galaxie, qui m'avait donné la chair de poule, était une expérience que beaucoup d'autres personnes avaient vécue, comme Joseba et Anandi en Espagne. Mais je me suis souvent demandée si cette expérience était limitée aux personnes qui étaient venues à Auroville au cours des dix ou vingt premières années, car, en l'an 2000, la galaxie était un sujet presque taboue. Puis, il y a quelques années, lors d'une réunion, j'ai entendu Jean L. parler d'une expérience qu'il avait vécue à la fin des années 1990, lors d'un vol de retour après quelques semaines en Occident. En regardant par le hublot alors que l'avion survolait des villes dans la nuit, il a été stupéfait par ce qu'il a soudain vu : un développement tentaculaire, expansif, vorace, des cartes scintillantes de la cupidité sans fin de l'humanité et de ses souffrances égales. C'était comme s'il était soudain témoin de l'horrible cancer qui anime l'humanité et qui ne pouvait qu'évoluer de manière incontrôlée. Et sans aucune raison, il a ressenti un désir inattendu de voir la galaxie d'Auroville illuminée en bas et son étreinte d'unicité tourbillonnante. C'est alors qu'il est apparu à Jean L., avec une certitude absolue, que cette galaxie devait être. "Ce plan porte l'espoir de notre avenir».

Plus récemment, alors que je discutais avec Sam, au cours d'un déjeuner à Citadines, je lui ai demandé ce qui l'avait amené à Auroville. Il a d'abord semblé surpris, voire embarrassé par la question, comme s'il s'agissait d'un secret qu'il valait mieux taire, mais il a ensuite haussé les épaules. Sam étudiait le droit et la finance en France et travaillait en même temps pour subvenir à ses besoins et à ses études. Il y avait des retards et des obstacles dans les examens à cause de son travail et il commençait à en avoir assez. Un soir, il est allé voir un ami, se sentant plutôt frustré et désorienté par rapport à la tournure que prenait sa vie. Mais son ami était défoncé, il regardait un programme télévisé sans queue ni tête et se désintéressait totalement de la crise existentielle de Sam. Encore plus irrité maintenant, Sam prit la télécommande et changea de chaîne au hasard lorsqu'une image tourbillonna sur l'écran : une chose ronde, en spirale, qui le fit appuyer sur pause et regarder fixement l'image. Qu'est-ce que c'était ? Il n'arrivait pas à le savoir, l'émission était terminée et son ami éteignit la télé en soufflant. Sam n'avait aucune idée de ce qu'il venait de voir, ni de la chaîne sur laquelle c'était passé. Cette nuit-là, pour la première fois, il a rêvé de cette chose en spirale. La nuit suivante aussi, et la suivante encore. Sam n'avait pas l'habitude de faire des rêves, et encore moins de s'en souvenir, mais cela dura près d'un mois. Peut-être était-ce de la science-fiction ? Peut-être un film qu'il avait vu ? Peut-être une ville réelle... Sam a finalement tapé «Cité spirale» sur Google et c'était là, le plan de la galaxie d'Auroville, *la ville dont la terre a besoin*, et nous étions là, en train de déjeuner...

Tant de choses avaient changé à Auroville depuis 1968. Qu'est-il arrivé à cette ville en spirale incontrôlable de tous côtés sans rien pour la maintenir ensemble ? Beaucoup de gens semblent persuadés que la Galaxie est finie, qu'il s'agit d'un modèle vide de sens, destiné uniquement aux riches et qu'il vaut mieux laisser derrière soi ou qui sont prêts à s'y opposer à tout prix. En 1979 déjà, il était risqué d'aborder le sujet dans la Cuisine centrale. Bah, ce vieux truc à quatre zones ? Auroville avait à peine dix ans en 1979. Avions-nous déjà dépassé le rêve et dépassé la conscience supramentale ? En réalité, de plus en plus de gens en savaient de moins en moins sur la ville, et la plupart étaient négatifs à ce sujet. Pourtant, la galaxie faisait toujours son chemin dans le nouveau millénaire et frappait à la porte des rêves de Sam à Paris.

Notes de fin

1 Paroles de la Mère vol 14, p. 212
2 L'Agenda de Mère, Vol 9, 20 Avril 1968
3 Idem., 23 Avril 1968.
4 Paroles de la Mère vol 14, p. 339
5 Mother, Mother on Auroville p. 92.
6 http://motherandsriaurobindo.in/#_StaticContent/SriAurobindoAshram/p 9
7 Ibid., pp. 12–13.
8 Ibid.
9 Ibid., p. 11.
10 Antonin Raymond, An Autobiography, Rutland, Vermont, and Tokyo: Tuttle Publishing, 1974, pp. 162–163.
11 Ibid.
12 Ibid.
13 http://motherandsriaurobindo.in/#_StaticContent/SriAurobindoAshram/p.42
14 Ibid., p. 43.

15 Mother, Mother on Auroville, p. 28.
16 Antonin Raymond, An Autobiography, p. 163.
17 Ibid., p. 162.
18 Recent Publications/Golconde, Sabda Newsletter, 21 November 2002, p. 5.
19 Sri Aurobindo, The Mother, CWSA, Vol. 32, p. 579.
20 L'Agenda de Mère, Vol. 10, 11 juin 1969.
21 Paroles de la Mère, Vol. 3, p.103
22 Gilles Guigan (ed.), History of Auroville, Book 3, Auroville: Auroville Archives, 2016, p. 6.
23 L'Agenda de Mère, Vol. 13, 2 Avril 1972.

16

DE NOUVELLES FORMES POUR UNE NOUVELLE FORCE

Auroville veut être une nouvelle création exprimant une nouvelle conscience d'une manière nouvelle et selon des méthodes nouvelles[1].

-Mère, *Mère sur Auroville*

Le symbole d'Auroville est un bon point de départ, car il offre un résumé simple du plan de la ville que n'importe quel enfant peut comprendre et dessiner. Il en est de même pour l'explication du symbole donnée par la Mère en août 1971 :

Le point au centre représente l'Unité, le Suprême ; le cercle intérieur représente la création, la conception de la ville ; les pétales représentent le pouvoir d'expression, la réalisation [2].

Tout est là : le Matrimandir au centre, le cercle de la Couronne qui maintient les quatre zones ensemble et les empêche de s'éparpiller. Et il y a cinq pétales, et pas seulement quatre comme en 1965, parce qu'en 1968, la ceinture verte a été introduite par Roger, une cinquième zone, qui fait partie intégrante de la réalisation d'Auroville.

Dans un entretien accordé à *Auroville Today* en décembre 1988, Roger a déclaré :

> "Je souhaite vivement que l'on cesse d'appeler le plan de la Galaxy le plan de Roger Anger… Ce n'est pas ma vision, mais le résultat logique de la recherche … et de la présence de la Mère en particulier. Son inspiration et son influence ont donné naissance au concept de la Galaxie. Ce concept contient dans son intégralité le message de la Mère et du Rêve … (elle) a donné suffisamment d'explications sur les fondements de son concept d'urbanisme spirituel … Je dirais que ce n'est pas l'image de la Galaxie qui s'impose à Auroville, c'est la nécessité de la ville correspondant aux directives de la Mère qui nous ont conduit à la Galaxie [3]".

Le premier rapport de Roger en septembre 1965 ainsi que les commentaires de la mère offrent quelques éléments de base :

- Une ville harmonieuse, nouvelle dans son esprit. Prévue à terme pour 50 000 habitants.

DE NOUVELLES FORMES POUR UNE NOUVELLE FORCE

- Descriptions générales des QUATRE ZONES avec commentaires. Il est important de noter que la ceinture verte ne faisait pas partie de son plan de départ donné à Roger mais qu'elle l'a acceptée plus tard.
- Le CENTRE doit être éloigné de tous les grands axes de circulation. Ce à quoi sa réponse fut : «Le Parc de l'Unité doit être entouré d'une sorte de zone d'isolement qui le rende distant et silencieux. Accessible uniquement avec autorisation». Ceci explique le Lac et pourquoi la Couronne, la seule circulation fixe, est placée à mi-chemin entre la zone du Centre et la limite extérieure de la ville qui se confond avec la ceinture verte.
- MOBILITÉ : Le règne de la voiture a conditionné l'urbanisme du vingtième siècle et continue à le tyranniser. Faut-il limiter les voitures ? Choisir des options non polluantes. Réponse : petits véhicules électriques, vitesse limitée à 15 km/h.
- LE VISAGE D'AUROVILLE : Futuriste, issu de la recherche de la beauté. S'intégrer à la nature, contribuer à l'harmonie de la vie. Éviter l'écueil des «cités dortoirs» et de l'étalement urbain. Réponse : Très important.

Tout cela définit le caractère et l'atmosphère de la ville, mais j'ai été intriguée par le long paragraphe intitulé «Le visage d'Auroville», jusqu'à ce que je me rende compte que la Mère était intéressée par la «nouvelle forme» que prendrait cette ville, un «visage» qui serait immédiatement reconnaissable et qui la distinguerait des autres villes par son caractère et ses intentions. Elle en avait manifestement discuté avec Roger pour mériter ce long paragraphe, ce qui explique aussi pourquoi elle a rejeté la maquette rectangulaire élaborée qu'il avait faite en premier.

> Le moteur de l'architecture d'Auroville sera une architecture du futur ... en raison de l'objectif et de la mission même d'Auroville, il faut lui donner un nouveau visage, fruit d'un élan et d'une quête de beauté.

En ce qui concerne les différentes zones et l'urbanisation, Roger ajouterait :

> Chacune de ces sections doit véhiculer sa propre atmosphère ; donnant parfois même le sentiment d'une certaine liberté de fantaisie pour recréer la liberté des anciens peuplements urbains, avant que la maladie de l'urbanisme incompris n'impose ses lois... l'entretien etc…, à vérifier par un service d'Auroville qui en prend la responsabilité. Ceci afin d'éviter l'inévitable laisser aller à l'avenir.

Ce à quoi elle répondra : «Indispensable»[4].

Le futur. Le Nouveau. Ces mots sont devenus synonymes d'Auroville. Mais c'était une tâche très lourde, qui faisait dire à Roger : «Ce que je serai en tant qu'architecte d'Auroville sera certainement très différent de ce que j'ai été jusqu'à présent». Si, aujourd'hui, la responsabilité d'Auroville repose sur moi, ma ferme intention est d'ouvrir largement les portes à d'autres architectes «[5]. C'est ce qu'il fit, en commençant par Aspiration, en invitant Piero à la concevoir.

L'énergie et l'enthousiasme des premières années étaient palpables à Aurofuture alors que la ville démarrait. Roger travaillait gratuitement, faisant la navette entre l'Inde et la France à ses frais et en acceptant un travail en Inde pour comprendre le contexte local et soutenir financièrement le bureau.

Auroville sera une expérience psychologique, sociale, éducative et architecturale sans précédent... C'est pourquoi la formule la plus plastique du point de vue de l'urbaniste sera la meilleure [6].

Les idées circulaient rapidement et librement : de la manière dont les bâtiments élevés ne doivent pas devenir opaques et denses, mais offrir des trans-sections ; prévoir des panneaux solaires sur les toits pour l'autosuffisance énergétique ; comment résoudre le problème de l'eau une fois que la population aura atteint une certaine densité ; la recherche de solutions pour une mobilité plus silencieuse qui encourage la marche à pied comme «*un changement des voies rapides vers un système de circulation satisfaisant et heureux pour l'homme, de lieu de rencontre en lieu de rencontre : places, fontaines, jardins, bassins, escaliers, ailes d'ombre, éclats de lumière soudains ...* [7]"

Roger ne s'intéressait pas seulement aux bâtiments, mais à tout ce qui les entourait, leur donnait vie et leur offrait de nouvelles possibilités. La flexibilité, l'innovation et l'imagination débridée étaient les saveurs d'Aurofuture.

Le problème de la densité était le plus difficile à résoudre tout en laissant suffisamment d'espaces ouverts et verts dans la ville. Les lignes de force en spirale ont aidé à atteindre cet objectif et nous trouvons de nombreux dessins qui montrent comment les rendre poreuses, légères et intégrées à l'environnement, pourtant, elles suscitent encore beaucoup de résistance, car certains pensent que Roger les a imposées au plan. Il est donc intéressant d'entendre Roger confirmer dans l'interview de 1968 *que les principales lignes de force d'Auroville ont été déterminées depuis longtemps : les principales voies de pénétration, les anneaux et les quatre grands secteurs* [8]. Manifestement, ces paramètres n'ont jamais été sa propre décision.

"Il ne faut pas oublier", souligne Toine, "que ces plans ont été élaborés dans les années 1960 et que Roger parlait déjà d'une ville verte, d'énergie solaire sur les toits, de la dimension humaine de la ville et de la nécessité d'éviter l'étalement urbain». Toine est cofondateur d'Auroville Consulting, où il se concentre sur les solutions énergétiques durables, la conception et gestion de la politique énergétique. Il a été membre du groupe consultatif du Conseil de développement de la ville d'Auroville (TDC) et a également occupé des postes d'encadrement et de direction dans le secteur mondial de l'énergie éolienne. "La galaxie est vraiment un plan environnemental durable si l'on considère tous les différents paramètres qu'il couvre et la manière dont les villes durables sont aujourd'hui envisagées. La conscience s'est concentrée sur chaque zone, et la mère a en fait trouvé la densité de population optimale, soit 50 000 habitants" ! Toine fait ici référence à Peter Head, l'un des principaux défenseurs du développement durable, qui dirige l'Ecological Sequestration Trust, et qui a étudié le nombre de population optimale par hectare. Si les densités de population existantes dans les grandes métropoles ne sont pas optimales, l'étalement actuel d'Auroville ne l'est pas non plus. Interrogé sur ce qu'il considère la meilleure solution pour une telle zone, lors d'une conférence à Auroville, Head a suggéré environ 10 000 personnes par kilomètre carré. Auroville a une superficie de 5 kilomètres carrés, ce qui correspond exactement à son objectif de 50 000 habitants. Bien entendu, cela implique une certaine densité pour accueillir la population pour laquelle les lignes de force ont été introduites. Je voudrais suggérer ici que les lignes de force destinées à résoudre la question de la population sont en fait une invention urbaine majeure qui n'a pas encore été égalée ou réalisée dans le monde à l'échelle d'une vie collective. Aujourd'hui, le développement est devenu synonyme de haute densité, de hautes tours qui marquent l'horizon partout et qui ont rendu la vie urbaine sans visage, agressive et stérile. Les lignes de force offrent la possibilité de niveaux progressifs qui s'harmonisent progressivement avec les autres niveaux environnants et dialoguent même avec l'environnement naturel au fur et à mesure qu'elles descendent jusqu'au niveau du sol. Leur hauteur ne culmine qu'à une extrémité, tandis que leur longueur ouvre de nombreuses possibilités de modes de vie et de travail collectifs et urbains. Étant donné que les lignes de force se trouvent dans les sections résidentielles et industrielles, le groupe d'urbanisme d'Auroville a encore beaucoup à explorer. En 1968, le Matrimandir n'existait pas encore. Mais une fois qu'il fut fait la dimension intérieure au cœur de la ville et l'ancrage spirituel dans le plan final de la ville ont été intégrés dans le plan final de la ville. Le tourbillon lumineux en spirale au-dessus de l'atmosphère terrestre laisse clairement une empreinte sur cette carte google, avec le littoral à l'est et Pondichéry au sud.

Une carte terrestre affichée sous le banian en février 1968 faisait écho à cette image, avec le littoral et Pondichéry, et les anneaux maintenant le centre, la zone urbaine et la ceinture verte.

"Cela montre à quel point ce plan était en avance sur son temps». Toine me parle d'un autre pionnier, Herbert Giradet, cofondateur du World Future Council, qui a écrit plus de dix livres sur les villes durables et régénératrices et a récemment reçu le prix Global 500 de l'ONU. Giradet a travaillé sur la transition des villes d'une économie rurale, Agropolis, à une économie de la surconsommation et de l'insoutenabilité Petropolis, et montre la nécessité d'évoluer vers un développement équilibré dans l'Ecopolis. Son modèle montre la ville idéale en cercles concentriques, entourée de ceintures de fermes, de laiteries et de forêts, exactement comme la ceinture verte d'Auroville. Pourtant, il manque à l'Ecopolis quelque chose qui va au-delà de l'économie, de la société et de la ceinture verte, quelque chose qu'Auroville possède. Toine le dit avec un grand sourire : "Une ville avec une âme en son centre. Auroville devrait défendre l'Auropolis devant le monde entier» «*Quand Auroville sera prête, ce sera une ville au milieu de toutes les villes et ce n'est que sa capacité propre de vérité qui aura du pouvoir...*»[9]

Voyons comment elle peut y arriver, malgré nous.

L'interview de 1968 est présentée dans le livre *Roger Anger : La recherche sur la beauté* de l'architecte Anupama Kundoo, et fournit un document complet et perspicace sur le mandat donné à Roger en tant qu'architecte en chef d'Auroville. Pour lui, *le premier «visage»* d'Auroville ne serait visible qu'une fois que la ville aurait atteint une population de 5 000 à 10 000 habitants. Un *second «visage»* serait visible lorsque la ville atteindrait 25 000 personnes et, à 50 000, Auroville atteindrait sa singularité.

L'expérience n'aurait pas besoin de s'étendre davantage, mais elle n'aurait pas non plus besoin d'être achevée au sens conventionnel du terme car une fois l'expérience achevée, elle servirait de véritable modèle : «De nouvelles Aurovilles commenceront à être construites ...», a déclaré Roger, «pour résoudre les problèmes de vie en communauté dans le monde entier "[10].

Roger avait placé beaucoup d'espoir dans les personnes qui rejoignaient Auroville, pensant qu'elle bénéficierait d'un type de population qui comprendrait l'expérience tentée, consciente du but à atteindre et prête à coopérer avec les découvertes contemporaines en matière de techniques, de sciences sociales, d'économie et de communication. Mais cela n'a pas été le cas, du moins pas immédiatement. Après le décès de la Mère Auroville s'est trouvée prise dans une lutte pour l'autodétermination et, en son absence, la ville s'est effacée de la vue.

Notes de fin

1   Paroles de la Mère vol 14, p. 272
2   Idem., p. 233.
3   'Pushing the Future Forward', Interview with Roger Anger, 'Auroville Adventure', Auroville Today, December 1988, p. 110.
4   'First report: Roger Anger's Notes', via Paulette Hadingy, published in Auroville's Intranet. Source: Aurofuture Archives, 7 September 1965.
5   'Meet the Architect', interview with Roger Anger, in Equals One Newsletter, Auroville Architecture, 1968, p. 16.
6   Ibid., p.17.
7   Ibid., p. 17.
8   Ibid., p. 18.
9   L'Agenda de Mère, Vol. 7, 21 Septembre 1966.
10 'Meet the Architect', Auroville Architecture, p. 18.

17
L'ÉNIGME DE LA VILLE

Toute connaissance était désertée comme une Ignorance discutable [1].

—Sri Aurobindo, *Savitri*

Comme nous le savons, les villes ne se construisent pas du jour au lendemain. La plupart d'entre elles sont le fruit d'une histoire complexe, se développant au fil des guerres, des dynasties, les droits de l'homme, des forces de résistance et des périodes de croissance et d'épanouissement jusqu'à ce qu'elles s'imposent. Mais Auroville, comme nous le savons maintenant, n'est pas destinée à être une ville ordinaire. Cependant, avec l'absence de la présence physique de la Mère et le départ de Roger, il y avait un vide dans notre compréhension. À la suite du procès et de l'arrivée de la Fondation, une nouvelle situation se présentait à nous.

Plusieurs conceptions ont commencé à évoluer dès le début des années 1990, et en l'an 2000, ces conceptions s'étaient imposées, ancrant fermement Auroville dans une histoire unique qui était très en phase avec l'époque - politiquement correcte, digne d'être subventionnée et en réseau. Il n'y a rien de mal à cela, si ce n'est que la ville future était désormais remise en question, jugée défectueuse et ridiculisée. On commençait à penser que la Mère, la pauvre, avait des vues si démodées. Elle s'était trompée, elle avait été induite en erreur par les grandes idées mégalomanes de Roger. C'était une mégapole, grossièrement dépassée, qui deviendrait un Club Med.

C'est ce que les enfants ont entendu et cru, tout comme les nouveaux arrivants.

Le mouvement contre la ville semble avoir commencé dès 1975, si l'on en croit le récit de Savitra dans *Sun Word Rising*, lorsque l'allocation du Fond vert a été brusquement supprimée par la SAS, sans explication. La direction de la SAS semblait plus intéressée par l'achat de terrains et la mise en place de la ville.

Les gens ne savaient pas grand-chose de la ville ou des décisions prises, à l'exception de quelques-uns qui s'intéressaient au travail d'Aurofuture. Les hostilités se sont accrues au fur et à mesure que les fonds étaient coupés et les visas bloqués, et bientôt l'idée de la ville commença à devenir synonyme de ces figures d'autorité. En tant que membre de cette équipe de coordination, Roger a lui aussi été confronté à ce problème. Son incapacité à s'harmoniser avec d'autres architectes était un problème, et un certain autoritarisme en tant qu'architecte en chef face à une opposition sans réserve n'arrangeait pas les choses.

Après la fin du procès, la SAS s'est finalement retirée, nous avons jeté le bébé avec l'eau du bain et oublié la ville. Nous avons oublié qu'elle n'appartenait à aucun groupe de personnes, ni à aucune zone de la ville, ni à aucun dogme à la mode, ni à Roger, mais au Divin. Mais à présent, une vision alternative pour Auroville était fermement ancrée.

Il convient ici de revenir sur l'essai de David Wickenden, «Le laboratoire vivant», publié dans *la revue d'Auroville* en 1979, et de voir une fois de plus comment ce mouvement a pris de l'ampleur à Auroville. Bien que faisant partie des archives d'Auroville, j'en ai trouvé une copie personnelle en vidant la maison de mes parents à Calcutta, après le décès de ma mère en 2015, avec mon journal, la brochure et d'autres choses. David vivait dans la Nursery quand j'ai visité Auroville pour la première fois en 1979 et son article « Laboratoire vivant» a provoqué une grande effervescence. David m'a envoyé une copie dactylographiée du texte quelques mois plus tard. Ce qui nous émerveillait tous à l'époque nous a apporté d'autres leçons avec le recul et je l'ai relu avec beaucoup d'intérêt.

Ville de l'Aube, Ville de l'Unité Humaine, Ville de l'Avenir et d'autres expressions similaires ont été appliquées à Auroville dans les premières années avec sincérité, bonne volonté et, comme nous le voyons maintenant, avec une grande naïveté. On ne les entend plus guère aujourd'hui. L'époque des projections futures, des rêveries utopiques et des attentes illimitées est révolue. Il est intéressant et instructif de voir ce qui les a remplacées. Les projections initiales provenaient presque entièrement de l'imagination des architectes et des planificateurs. Elles étaient de nature mentale et, rétrospectivement, nous pouvons voir qu'elles auraient dû être considérées comme rien de plus.

La juste certitude de l'époque, qui tend à se perpétuer encore aujourd'hui, fait sourire, car, en réalité, il n'y avait pas de recul ni d'idée réelle sur le comment et le pourquoi Auroville avait été créée en tant que ville. Nous avions à peine dix ans. Au lieu de cela, il y a une citation de la Mère disant à un Ashramite qu'elle avait pris soin *«de ne pas dire qu'Auroville sera comme ceci ou comme cela... L'Auroville que j'ai vue il y a trente ans était le principe de quelque chose qui devait être réalisé»*. Comme nous l'avons vu, la Mère a ensuite travaillé avec Roger pendant près de trois ans, apportant de grands changements à ce concept original et avait, en fait, suffisamment à dire sur Auroville, à la fois spécifiquement et sur son orientation générale, de quoi nous faire avancer encore 1 000 ans, compte tenu de l'état de l'évolution humaine. Cependant, «The Living Laboratory» défendait l'idée dominante selon laquelle le plan d'urbanisme était une sorte *de Disneyland spiritualisé de l'ère spatiale... Auroville était chargée d'une facture d'avance qu'il lui était impossible d'honorer.* Et c'est ainsi que commença l'incompréhension totale et le déni de la ville. A partir de ce moment-là, on a commencé à parler d'Auroville comme d'une communauté, et non plus comme d'une ville. Mais il est facile d'y voir une réaction à l'autoritarisme de la SAS, qui a conduit à un désir de croissance collective libre et non structurée.

Parallèlement, le mouvement écologiste qui avait gagné du terrain en Amérique et en Europe en réaction à près d'un siècle d'industrialisation brutale, attira beaucoup de monde, en particulier ceux qui travaillaient à la régénération des terres et au reboisement. L'essai établit un lien entre Auroville à des projets tels qu'Arcosanti et surtout Findhorn, alignant Auroville avec gen ou Global Eco-Village Network. Et c'est là que tout a commencé : l'affirmation d'un paradigme totalement différent pour Auroville par un groupe de personnes qui ont cru bon de changer les choses, après juste dix ans, afin de créer une Auroville qu'ils pensaient meilleure et juste. Cela partait certainement d'une bonne intention et né d'une préoccupation pour l'environnement, mais c'était aussi, de fait, une affirmation d'autorité sur le Rêve et sa ville : *un lieu ... qui avait été conçu, il y a longtemps, dans un autre but.*

Si «le laboratoire vivant » émettait quelques réserves sur le profil ouvertement New Age de Findhorn, il avait une affinité générale avec ses orientations et ses idées en tant qu'éco-communauté en réseau. Le reste de l'article s'appuie sur *The Twenty-Ninth Day (le vingt neuvième jour)*, le traité fondamental de Lester Brown sur l'urgence de contrer la destruction des systèmes naturels, des forêts, des prairies et des terres cultivées, des pêcheries, etc. en raison de la surpopulation, du surpâturage et de la surconsommation, qui *tous représentent une menace plus directe pour le bien-être, la continuité et la survie de l'humanité que les agressions militaires et l'instabilité politique.* De ce point de vue, poursuit le document, l'imminence d'une catastrophe environnementale est *le problème contemporain le plus pressant, et non pas, sauf de manière indirecte, les problèmes économiques, politiques ou militaires ; ils sont d'ordre écologique et spirituel.* La naïveté est ici profondément inquiétante, car si le monde n'était manifestement pas conscient dans les années 1960, il a depuis été témoin d'un excès de pouvoir militaire, économique et politique qui ont été à l'origine de l'énorme crise écologique et spirituelle, du vaste déséquilibre économique et des troubles humains persistants. La ville dont la Terre a besoin a été réduite à une entreprise environnementale, la spiritualité a été confondue avec l'écologie qui, au fil des ans, a réussi à obstruer le besoin d'Auroville d'être une ville consciente et planifiée qui intégrerait également les préoccupations environnementales et durables.

Les années 1980 ont toutefois été marquées par une période de calme relatif. Les gens pouvaient désormais travailler sans pressions ni obstructions arbitraires. La scolarisation s'est stabilisée, la forêt s'est développée, de même que les projets, les unités commerciales et la transition des huttes aux bâtiments en pucca a commencé, de même que l'art et la créativité. Les gens ont automatiquement pris soin de la terre, même dans la zone urbaine, qui a également commencé à verdir. Même si les gens construisaient des maisons en pucca, c'était un peu au hasard, où bon leur semblait, sans tenir compte de la ville ou de son plan. Le premier groupe d'urbanisme, créé par Piero et d'autres, a essayé de sensibiliser les gens, afin que les zones destinées à la ville et à ses circulations ne soient pas bloquées ou mal utilisées. Mais il est déjà un peu tard.

Une petite et nouvelle génération d'architectes, fraîchement sortis de l'école, débarquait dans ce paradis écologique en plein essor, avec leurs idéaux bien ancrés. Ils ont jeté un coup d'œil sur le plan de la Galaxy et l'ont qualifié d'erreur : un projet non durable, non écologique, une horreur socio-économique, inadaptée aux réalités du terrain, un morceau de gâteau aux fruits des années 1950 et un projet suspect ressemblant étrangement à une mégalopole. Et bingo, Auroville a fait l'objet d'une transformation rapide. Il s'agissait d'un bannissement total de Roger. La Mère s'est avérée être une ignorante, une écologiste ratée et totalement démodée. Nous devions évoluer avec notre temps et la Terre Nourricière est revenue à la mode en même temps qu'une foule de gourous du Nouvel Âge et de l'environnement. Cultiver et manger bio sont devenues des choses profondément spirituelles. Les bâtiments et les projets devaient répondre à de longues exigences en matière de "durable», sous peine d'être excommunié ou bloqué par le «processus».

Bien entendu, la seule chose interdite à Auroville a été commodément ignorée.

Entre-temps, la durabilité est devenue un peu comme la mère supérieure, un lobby dominant, plein de ferveur morale, trouvant à redire à tout et établissant des règles à gauche et à droite. La ville devait «évoluer» avec le temps et une alternative à la galaxie était recherchée. À l'école, les enfants ont grandi en croyant que la Galaxie était «mauvaise» et que nous étions destinés à devenir un éco-village. Personne n'était encouragé à explorer le plan original. Ce puritanisme vert est devenu la nouvelle résistance. La ville ? Quelle ville ? Nous sommes ici pour grandir en conscience, pas pour construire une ville. Nous n'avions pas besoin de 50 000 personnes et de lignes de force. C'était juste l'ego de Roger qui hallucinait pour de grandes choses. Nous étions libres, nous pouvions faire ce que nous voulions, n'est-ce pas ? L'élan était donné.

Tous ceux qui essayaient de défendre le plan original, même les architectes qui choisissaient de travailler avec lui, étaient rapidement chassés de ce nouveau club. Le traitement de leurs permis de construire pouvait prendre jusqu'à cinq ans, alors que les membres de l'éco-club pouvaient tout obtenir en six semaines et commencer à construire en moins de trois mois, en passant outre la «procédure» et les objections. Pourquoi le développement durable doit-il être si peu respectueux de l'homme, pourquoi son processus nous divise-t-il en tant que société et nous sépare de la ville qui était censée l'unifier ? Mais surtout, il était déraisonnable, voire contraire à l'éthique, de rejeter une expérience *avant* même de l'avoir tentée.

En 1971, avec moins de 300 adultes, le Matrimandir et le Bharat Nivas furent commencés, tous deux en béton, avec des problèmes d'eau et tout le reste. Cela fait-il de la Mère une écologiste ratée ? Ou bien la «ville dont la terre a besoin" sur ce plateau vide était-elle destinée à atteindre une nappe phréatique beaucoup plus profonde pour l'humanité et le monde ?

Au fil des années 1990, Auroville s'est éloignée du plan d'origine. Nous ne nous intéressions plus à la ville mais à la bio région, en étendant notre portée vers l'extérieur. Mais qui étions-*nous* pour décider de cela ? Heureusement, ce n'est pas à une génération d'architectes ou d'écologistes de prendre cette décision, quelles que soient nos réticences à l'égard des mégapoles.

Cela dit, Auroville ne veut pas devenir, ni même ressembler à une mégapole. Dans un rayon de 2,5 km, les mégapoles peuvent facilement construire jusqu'à cinquante immeubles de dix à cent étages. Cela est généralement dû au prix élevé des terrains et de l'espace disponible, ce qui pousse la population vers le haut, et la ligne d'horizon est marquée par des gratte-ciels. Aucune meilleure solution n'a encore été trouvée, c'est pourquoi les Lignes de Force sont une contribution si intéressante.

Une simple recherche sur Google permet d'obtenir des informations intéressantes : Le passage d'un village à une petite ville en Inde varie grosso modo entre 5 000 et 20 000 personnes. Une petite ville peut s'étendre de 20 000 à 50 000 personnes ou plus. Une grande ville commence avec environ 200 000 habitants et continue de s'étendre.

L'ère industrielle, qui s'est traduite par des pressions démographiques et de développement et une plus grande intensité urbaine, a conduit les gens à fuir la ville vers l'extérieur, créant ainsi l'étalement urbain moderne. La distinction entre une ville et une cité dépend généralement de la taille de la population, mais certaines villes, ces derniers temps, sont considérées comme des cités et sont appelées «cités globales» en raison de leur portée mondiale, de leur influence potentielle, de leur impact commercial et socio-économique. Cependant, même ces cités sont souvent très grandes et se situent à la limite de la mégapole qui commence à dix millions d'habitants avec littéralement des centaines de tours verticales qui atteignent facilement cinquante à cent étages, et peuvent dépasser les trente-sept millions d'habitants, comme dans le cas de Tokyo.

Tout cela pour dire que nos craintes de devenir une mégapole sont peut-être très exagérées avec seulement douze lignes de force. Sur ces douze, une seule s'élève à dix-huit étages (RdeC+17), et ce uniquement à une extrémité, et descend au niveau du sol à l'autre extrémité. Les autres lignes de force descendent successivement de (RdeC+16) à (RdeC +6) au plus bas, ce qui ne laisse en fait que dix qui atteignent le statut d'immeuble de grande hauteur pour toute la ville. Les douze s'incurvent vers le bas jusqu'au niveau du sol. La grande surface du toit peut être utilisée pour un mélange de toiture solaire, d'agriculture urbaine ou d'espace culturel. La verticale rejoint l'horizontale pour s'inscrire dans le paysage, non pas comme une mégastructure monolithique, mais comme une structure ouverte à plusieurs possibilités. Des études ont été réalisées pour indiquer des puits verts poreux, des cours, des espaces ouverts. Roger a également suggéré qu'une ligne de force résidentielle pourrait être traitée comme un village de montagne descendant, s'arquant sur des canyons, ou se combinant avec l'environnement, plein de vie, des aires de jeux et des jardins. Les possibilités sont immenses si l'on fait preuve d'imagination. Il est certain que les lignes de force ne peuvent pas être bon marché si elles doivent être bien faites, avoir une structure solide et durer longtemps pour accueillir une expérience de personnes de toutes les couches sociales et culturelles.

Les lignes de force ont également le potentiel de servir de percée socio-économique en permettant une intégration plus large, une fusion des couches sociales et économiques, des nationalités, des cultures, et des âges. Elles peuvent offrir à chacun la capacité de participer à une vie qui aspire à quelque chose de plus élevé et de plus vrai et beau ensemble, sans sentiment de propriété. A la question de savoir si les Auroviliens (c'est-à-dire ceux d'origine occidentale ou indienne aisée) devraient vivre dans les mêmes maisons que les personnes arrivant du village, la Mère a répondu que ceux qui ne pouvaient pas vivre dans le même type de maison n'étaient pas aptes à faire partie d'Auroville.

Si les architectes et les planificateurs d'Auroville développent leur imagination et l'associent à la vision globale d'Auroville, les Lignes de Force peuvent offrir de réelles contributions en termes de gestion de la densité et de la diversité à une échelle plus petite et s'intégrer à l'environnement. Elle ne se présente pas comme une ville intelligente (smart city), mais comme une ville universelle – une «micropolis» dynamique et durable – un modèle qui s'éloigne de l'étalement urbain pour offrir une ville plus équilibrée, plus imaginative et plus humaine.

La première vague de résistance a commencé à la fin des années 1980, après le retour de Roger et qu'il a voulu commencer par la première chose qui tient la ville ensemble, la Couronne. Les tentatives répétées du marquage de la Couronne ont été bloquées. Ce périphérique intérieur est crucial, car il relie les quatre zones et constitue la principale artère de circulation et de service de la ville. Les gens ont commencé à planter des arbres ou à les laisser se propager exactement à l'endroit où la route devait passer. Certains ont construit des maisons temporaires, directement sur la route, et ont même signé des accords selon lesquels ils déménageraient lorsque le moment serait venu de commencer la route. Mais à ce moment-là, des structures plus permanentes avaient été ajoutées, des maisons d'hôtes ont été construites et les gens refusaient de bouger. Toute question émanant du groupe d'urbanisme était considérée comme «fasciste» et l'argument commun était que la Mère aurait changé d'avis sur tout maintenant. La tendance s'est poursuivie. Les terrains situés dans la zone urbaine, s'ils étaient plantés, étaient transformés en forêts, au mépris total de la ville, qui était considérée comme un fléau.

Étant donné que la Mère nous a donné un terrain largement vide pour commencer, les problèmes actuels d'empiètement et de spéculation sont en grande partie auto-générés par notre propre tendance à retarder et à obstruer, alors que les prix des terrains continuent à grimper et que les terrains destinés à la ville et à la ceinture verte sont vendus à des marchands de biens immobiliers qui n'ont que peu d'intérêt pour Auroville en dehors des avantages du tourisme.

En l'absence d'une route de la Couronne, nous continuons à ne pas avoir de zone urbaine qui définit la vie et le caractère d'Auroville, ni la sécurité que cela permettrait, ni le plan de mobilité qui permet une circulation à pied et à faible vitesse, ni un riche dynamisme de vie. Au lieu de cela, nous continuons à dépendre de routes qui encouragent un afflux accru de trafic, un développement aléatoire, et des touristes avec des résidences secondaires et des maisons d'hôtes en plein cœur de la ceinture verte et de la zone urbaine. Nous ne voyons pas le «premier visage» de la ville émerger, même après cinquante ans, mais un étalement, merci à notre résistance. C'est exactement ce que le plan d'Auroville voulait éviter.

L'une des façons de justifier le statu quo de 2 500 personnes a été de dire que nous n'avions pas besoin de plus de monde. Si nous incluons les villages, nous sommes déjà 50 000, et nous n'avons pas besoin de plus de monde. Ce chiffre peut être manipulé car Auroville est une question de choix et même les habitants locaux doivent avoir la liberté d'exercer ce choix individuellement. Il faut comprendre que même si certaines familles ont été initialement «intégrées» par la Mère, plusieurs ont abandonné par la suite en raison d'autres besoins et d'autres choix, tout comme les personnes qui rejoignent Auroville pendant quelques années pour ensuite partir, parce qu'elles réalisent que ce n'est pas pour elles. Pourtant, de nombreux jeunes gens des villages qui ont commencé par travailler à Auroville ont finalement choisi de s'y joindre, ce qui est un résultat naturel et sain. S'il y a des problèmes, c'est parce que la vision initiale et notre engagement à son égard ont été relégués au second plan par d'autres objectifs.

Néanmoins, il y a des raisons valables d'être frustré par le groupe d'urbanisme. "Galaxie ou pas, ce n'est pas la question», dit X, qui a grandi à Auroville. "C'est un endroit magnifique, inspiré et béni par la Mère. C'est la façon dont les choses sont gérées qui est inquiétante. Les routes sont soudainement modifiées, les cartes sont erronées, il devrait y avoir plus de respect pour les personnes sur le terrain qui sont affectées, qui ont besoin d'avoir des informations correctes. Parfois, j'ai l'impression que les deux cotés qui s'opposent sont comme des jumeaux qui ont besoin l'un de l'autre et que nous devons peut-être lâcher un peu de lest de part et d'autre».

Je pose la question à Jacqueline, qui fait maintenant partie du TDC. Elle admet que des erreurs ont été commises dans le passé, en particulier avec les cartes, qui ont suscité plus une opposition, plutôt qu'une attaque de la Galaxie et elle pense qu'il faut s'efforcer de combler ce fossé. Dans le même temps, TDC est constamment confronté à la réalité des personnes qui plantent bien au-delà des espaces réservés aux parcs et aux corridors verts, dépassant les zones établies dans la zone internationale et ailleurs, et s'appropriant des terres au nom de forêts destinées à la ville, ce qui reste problématique.

Les gens commençaient à se demander quel type de ville nous voulions. C'était comme si rien n'avait jamais existé et qu'il ne s'agissait que de «nos» droits et de "nos" choix. Mais «notre droit de décider» n'incluait plus tout le monde, parfois même pas le Divin. Certains architectes et urbanistes ont commencé à insister sur les études de mobilité, tout en rejetant le plan d'urbanisme. Il y a eu des études topographiques pour prouver que la galaxie était fausse, des études sur l'eau pour prouver la même chose, de même en ce qui concerne la haute densité et la circulation. Certains architectes se plaignent que les zones sont contraignantes. L'alternative proposée est de s'étendre dans la bio région, d'intégrer les villages, d'étendre notre influence éducative par le biais de projets éducatifs et sociaux. En d'autres termes, devenir une ONG humanitaire et écologique de poids qui s'étend à l'infini, mais pas la ville voulue par la Mère. Aucune étude n'a été réalisée jusqu'à présent pour montrer pourquoi la Galaxie fonctionne et peut également être durable.

L'article de l'architecte Anupama Kundoo sur le zonage dans le modèle de la Galaxie d'Auroville, paru dans le BBVA Journal, jette une lumière plus claire sur l'intention de ces zones, non pas comme des zones spécifiques pour un usage particulier, à l'exclusion des autres, mais comme des zones de chevauchement pour une coexistence plus poreuse :

> Dans les années soixante-dix et quatre-vingt, l'idée du zonage a suscité une certaine opposition fondée sur les théories émergentes de l'urbanisme de l'époque. Roger Anger a expliqué que les zones n'étaient séparées qu'en théorie, mais que leur intégration et leur communication progressives étaient facilitées par un plan circulaire en spirale. Les zones distinctes sont alors moins séparées pour se fondre complètement au centre en un tout unifié, un melting-pot, fusionnant les domaines essentiels de chaque zone [2].

Il y a encore beaucoup de leçons à tirer, de défis à relever, en premier lieu sur le plan humain, de la part de toutes les parties concernées. En fin de compte, je pense que la Galaxie nous surprendra tous. Peut-être aura-t-elle besoin de professionnels et d'Auroviliens qui ont une compréhension plus profonde et une vision plus créative de la ville et de sa durabilité globale. Si nous restons au seul niveau des réalités du terrain, ou en tant que projet de développement socio-économique de la bio région, Auroville n'aurait jamais dû être autorisée à démarrer, ni le Matrimandir construit.

Cela dit, ce qui a été réalisé pour l'environnement jusqu'à présent, ainsi que l'écologisation générale d'Auroville et la prise en compte des préoccupations écologiques sont des éléments d'une immense valeur. Il existe désormais un écosystème sur cette terre aride qui a survécu et prospéré malgré le cyclone dévastateur Thane en 2012. Ce ne sont pas des réalisations insignifiantes, mais ce ne sont que les premières étapes de cette aventure. Aujourd'hui, la plupart des gens ont le luxe de vivre dans un environnement naturel magnifique, avec de vastes étendues de terre et une vie assez confortable. Enfin, arrivé à ce stade après de nombreuses luttes, il est difficile de s'en défaire. Et d'aller encore plus loin. De laisser d'autres personnes se joindre à l'aventure, beaucoup plus que ce que nous sommes prêts à accepter aujourd'hui et faire vivre la ville en harmonie avec la terre, et faire d'Auroville une expérience durable à tous points de vue. Ce ne sera pas toujours facile, mais il faut le faire. L'aventure est toujours en cours de construction comme nous le sommes aussi.

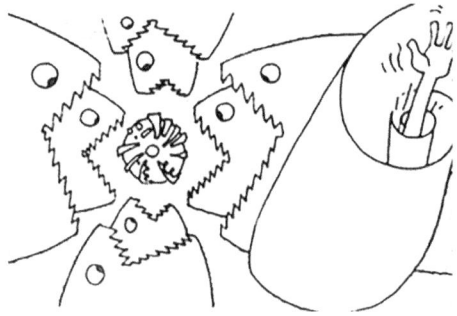

Notes de fin

1 Sri Aurobindo, Savitri, Livre 2, Chant 7.
2 Anupama Kundoo, 'Zones', BBVA Journal.

La galaxie en bref

La **zone de la paix** abrite le Matrimandir, le banian, l'amphithéâtre, le parc de l'unité et, à l'avenir, le lac. De là, la ville rayonne vers l'extérieur, en quatre zones principales :
- La **Zone résidentielle** : pour les résidents du monde entier, participants volontaires d'Auroville.
- La **Zone culturelle** : pour l'art, l'éducation, le sport, la recherche et l'expérimentation, et un espace culturel.
- La **Zone internationale** : un campus international composé de différents pavillons nationaux, pour découvrir la diversité culturelle, dépasser les conflits et ouvrir de nouvelles portes de compréhension.
- La **Zone industrielle** : pour le développement socio-économique, y compris l'innovation dans des industries petites et grandes, la conception, le développement de produits, etc., afin d'établir une base financière pour Auroville.

Les quatre zones doivent être entourées d'une **ceinture verte,** avec des vergers, des fermes et des laiteries pour assurer l'autosuffisance alimentaire et servir de tampon régénérateur pour limiter son empreinte carbone.

La galaxie est formée par les **Lignes de Force** et maintenue par la **Couronne**.

18
REVOIR LE PLAN DE LA GALAXIE

Q : Qui a pris l'initiative de la construction d'Auroville ?
La Mère : Le Seigneur suprême [1].

— Mère sur Auroville

Pendant très longtemps, mon intérêt pour la ville a été passif. La nuit de Diwali, en 2008, après la fin des feux d'artifice, je me suis assise sur la terrasse pour regarder les étoiles. Il devait être minuit passé lorsque j'ai entendu quelqu'un m'appeler. Je me suis approchée du bord de la terrasse et j'ai regardé en bas. Il faisait grand jour et là, sous une sorte de soleil, j'ai vu toute la galaxie, solidement ancrée au sol. Ce n'était pas une maquette, mais quelque chose d'aussi grand que la ville. Je me suis reculée, abasourdie, mais au bout d'un quart de seconde, je regardais à nouveau vers le bas. Elle était toujours là, toujours dans cette «lumière du jour», mais cette fois, j'ai senti qu'elle était habitée. Il y avait des gens en bas, qui marchaient ; il y avait de la vie, c'était dynamique, et pourtant il y avait quelque chose de très calme. Quelque chose de très puissant. Une force immense, vraiment, et cette force, c'est La paix. Elle avait la capacité de changer l'énergie de tout ce qui l'entourait. Je me suis reculée pour reprendre mon souffle et, lorsque j'ai regardé à nouveau vers le bas pour la troisième fois, elle avait disparu. Il ne restait plus que le coin de notre jardin dans la nuit. Je n'ai pas su quoi en penser pendant longtemps. Je n'en ai même pas parlé à Pierre, au cas où il m'aurait prise pour une folle, mais au cours des semaines qui ont suivi, chaque fois que je prenais un livre sur Auroville, un article ou une image, je découvrais quelque chose de plus sur la ville. Un après-midi, je regardais une vieille carte de l'aire du Matrimandir quand j'ai remarqué un nom que nous semblions avoir oublié, du moins il n'était plus très utilisé : La ZONE DE LA PAIX. Cette Force consciente qui avait le pouvoir de détourner les forces de division et de destruction : la raison d'être d'Auroville. La Galaxie tourbillonne littéralement de la Zone de Paix, formant le berceau d'Auroville.

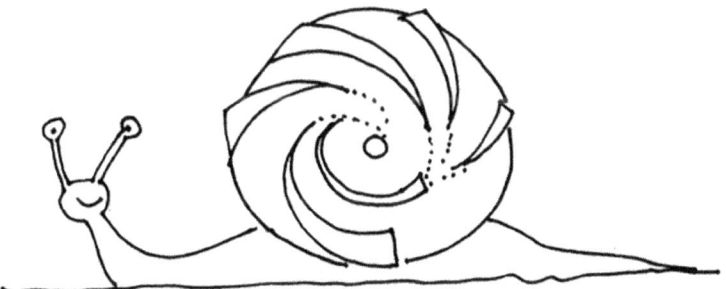

Mais nous étions là, à nous quereller sans fin. Et ce n'est pas étonnant. Les forces de division ne veulent pas être détournées si elles peuvent l'éviter, et nous les aidions magnifiquement.

Je me suis surprise à m'arrêter devant la maquette de la Galaxy qui était exposée dans le hall de l'hôtel de ville et je me suis demandée pourquoi elle avait suscité tant d'opposition. Tant de faits avaient été occultés, tant de temps perdu. Pourquoi avons-nous cru qu'elle ne pouvait pas être durable elle aussi ? La ceinture verte est énorme par rapport à la superficie de la ville. La question de savoir si cela est réalisable compte tenu des prix des terrains et de la spéculation en hausse reste ouverte.

J'ai trouvé une vieille carte postale d'Ireno sur laquelle un plan bleu de la Galaxie flottait dans l'univers et je l'ai posée sur mon bureau. Lorsque Pierre l'a vue, il a ricané. Oh, la Galaxie ? Attention, les gens vont se moquer de toi !

Quelques mois plus tard, le studio de Pierre devint soudain très silencieux. Aucun bruit de travail, ni de musique, ni de cadre que l'on pousse. Je suis allée voir et je l'ai trouvé assis par terre, dans un coin de l'atelier, très concentré, en train de découper des dizaines de bandes de polystyrène, toutes légèrement incurvées. Une semaine plus tard, il m'a appelée : « Tu veux voir quelque chose ? La table de travail au centre de l'atelier avait été débarrassée. Une maquette en polystyrène de la galaxie était posée dessus, avec au centre un citron jaune vif symbolique.

"Qu'est-ce que tu en penses" ?

Nous avons regardé le modèle en polystyrène en silence. Pierre a fini par le placer sur une impression du plan réel. "Je pensais à des villes célèbres comme Florence, Paris ou Vienne. À travers les siècles, ce qui est resté le plus durable, ce sont les espaces négatifs, les rues, les places et les jardins, les rivières. Les bâtiments vont et viennent, mais ces espaces restent. Notre problème actuel est que nous n'avons pas les moyens de manifester les énormes structures du modèle de la galaxie, nous en sommes à un stade de croissance au coup par coup, ce qui aboutit à un cafouillage désordonné. Alors, comment protéger ces espaces jusqu'à ce que le temps et les fonds arrivent pour construire ces grandes structures ? Le modèle présenté ici pourrait être un moyen de se concentrer sur les espaces négatifs Si nous analysons la galaxie comme une grille faite de l'intersection de deux spirales opposées, nous pourrions accepter de respecter cette grille et l'avenir de la galaxie serait assuré».

Tout cela a abouti à ce que Pierre rejoigne pour un temps le groupe d'urbanisme. "La Galaxie ne peut pas être comprise comme un plan architectural fonctionnel de plus», m'a-t-il dit après avoir quitté le groupe, "c'est ainsi que nous l'avons tuée". Le plan doit être compris comme une vie et comme un outil permettant de créer une culture pour l'avenir. Sans cela, même le meilleur plan deviendra une série de maisons en rangée et de bâtiments pratiques, mais pas la cité de l'avenir que la galaxie signifiait lorsque Roger y a travaillé».

En parcourant de vieux documents, je suis tombée sur quelque chose d'intéressant. Les architectes et les concepteurs qui ont participé au concours pour le modèle du Bharat Nivas n'ont pas seulement reçu un cahier des charges, mais aussi une liste de lectures qui incluait Le *cycle humain*, Sri Aurobindo sur l'art indien, le yoga intégral de Sri Aurobindo, pour les aider à comprendre Auroville et à trouver l'inspiration pour le pavillon indien.

Cela m'a rappelé un membre d'Aurofuture, il y a quelques années, qui se demandait s'il était nécessaire que les urbanistes et les architectes sachent tout sur Mère et Sri Aurobindo et Auroville ? Après tout, ils devaient s'occuper de la planification et des réalités du terrain, et non de quelque chose de philosophique ou spirituel. De toute évidence, on attend de nous que nous sachions. Car l'urbanisme d'Auroville ne se limite pas à l'assemblage de bâtiments et d'infrastructures, mais à la manifestation d'une expérience, dans sa totalité.

Ce que veut la nouvelle conscience, elle y tient, c'est qu'il n'y ait plus de divisions. Être capable de comprendre l'extrême spirituel, l'extrême matériel, et trouver le point de rencontre où elle devient une véritable force.

J'ai commencé à me demander s'il n'y avait pas eu d'autres rencontres clandestines avec la ville qui avaient rendu les gens accros à la ville comme elle l'avait été pour moi, et, à ma grande joie, j'ai découvert que la ville avait commencé à nous parler "officieusement», hors de la portée de nos professionnels.

Aryamani vient du Brésil. Elle a entendu parler de Sri Aurobindo et de l'Inde à la fin des années 1960 par son professeur de danse, Rolf Geleweski, qui s'était rendu à Pondichéry et avait créé la Casa Sri Aurobindo à Sao Paulo. En août 1979, elle est venue à Pondichéry avec Luigi, mais au bout de deux ou trois mois, elle n'y avait pas trouvé sa place. Au début du mois de novembre, il y a eu un «adesh» inattendu : «Va à Auroville le 17». C'est ce qu'ils firent en se rendant directement au Matrimandir. "Une fois sur place, il y a eu une sensation étrange", se souvient Aryamani, «une sorte de vision intérieure de la ville. Elle était complète, mais elle flottait encore au-dessus, et il y avait une sorte d'instruction de travailler à la construction de la ville». Trois jours plus tard, ils s'installèrent à Auroville.

En tant que danseuse, elle était curieuse de connaître la Zone Culturelle. Où se trouvait-t-elle ? Personne ne semblait savoir quoi que ce soit, alors avec Luigi, elle a essayé de trouver des cartes et décida de s'installer à Transformation, dans un ensemble de trois minuscules huttes en keet reliées par des ponts. "De là, nous pouvions voir jusqu'au Matrimandir à travers les champs vides ", se souvient Aryamani. Il régnait une atmosphère incroyable, pleine de paix, malgré le fait qu'Auroville était en proie à un procès et que les conditions de vie étaient si rudimentaires et si dures».

"C'était une période très physique, nous avons planté des arbres et tout le monde était dans ma classe de danse», s'amuse Aryamani, «soit au jardin d'enfants, soit à Last School». Pourtant, il y avait à l'époque une sorte de refus de la vie matérielle, une négligence des choses, un manque de raffinement élémentaire. Il s'agissait d'être primitif et pauvre d'une manière complaisante. Une sorte de dualité s'installait. L'individu et son développement étaient plus importants que la ville. Sri Aurobindo et la Mère étaient dépassés. Seul l'Agenda avait raison. Toutes sortes de mesures ridicules " ! C'est à ce moment-là qu'elle a commencé à se poser des questions sur cette personne qui s'appelait Roger. Où était-il ? La ville était-elle censée se produire ?

Pendant que nos «experts» parlent et dorment, de manière inattendue, d'autres personnes commençaient à rêver.

Un jour, à l'heure du déjeuner, quelqu'un a dit que Judith avait écrit un article sur une ligne de force. Quoi ? Judith ? Non seulement elle l'avait écrit, mais elle avait élaboré ses fonctions, les zones, les niveaux, les circulations internes et externes et son organisation générale, le tout dans les moindres détails. Fantastique. J'avais entendu dire qu'Anupama, en Espagne travaillait également sur une Ligne de Force dans la Zone Résidentielle, et maintenant Judith en avait imaginé une qui se tenait entre la Zone Résidentielle et la Zone Internationale, la galaxie réveillait les gens !

J'ai rencontré Judith deux semaines plus tard. La façon dont elle a commencé à travailler sur cette ligne de force était une question de nécessité pratique. L'équipe du Matrimandir se penchait sur le problème d'un éventuel accès au Matrimandir depuis le centre d'accueil des visiteurs, étant donné que le lac entourerait bientôt la zone de Matrimandir. "Une Ligne de Force semblait être en travers du chemin, tout le temps. Nous avons essayé de trouver des solutions en la contournant, en passant en dessous, mais après l'avoir contournée et essayé de l'éviter pendant des semaines, nous avons réalisé que la meilleure chose à faire était de travailler avec elle ". Judith rit. "Elle était là en fait pour servir à quelque chose" ! Non seulement elle résoudrait les problèmes d'accès et l'organiserait mieux, mais elle pourrait intégrer de nombreux autres éléments, comme le centre d'accueil des visiteurs qui a dû être déplacé, ainsi que des installations pour la Zone Internationale, et bien sûr pour offrir une densité résidentielle, et les espaces pour les invités, touristes pour lesquels ces structures avaient été prévues. Judith ne pouvait s'empêcher de visualiser les détails, les idées et les images ne cessant d'affluer, pendant plusieurs semaines, jusqu'à ce qu'elle les mette enfin sur papier.

Deux ou même trois lignes de force, de tailles et de hauteurs différentes, une fois manifestées, peuvent finalement apporter le *premier visage* tant attendu, littéralement, la première phase d'Auroville. Obtenir le soutien d'une partie de la population et de quelques architectes qui restent farouchement opposés au plan d'urbanisme sera difficile, à moins que quelque chose ne change. Mais peut-être que le Rêve est à nouveau dans les airs, nous appelant pour sa ville.

Ancienne élève de l'école d'art et d'architecture J.J. de Bombay, Anupama est venue à Auroville après avoir entendu une présentation du travail de Ray Meeker à Trivandrum. C'était à une époque de désillusion face à la réalité banale et corrompue de la pratique architecturale en Inde, pilotée par les promoteurs. Découvrir Golconde, Aspiration et Last School, c'était se sentir spontanément partie prenante de cette réalité. L'esprit d'aventure et d'audace était toujours présent dans ces bâtiments. Dès le début, l'intérêt d'Anupama s'est porté sur le contexte général de la ville et sur la responsabilité qu'elle avait à son égard. Des questions sans réponse concernant la ville l'ont conduite à une rencontre avec Roger et à de nombreuses discussions au fil des ans, Roger lui demandant de travailler sur différents aspects du plan. Elle se souvient de Roger comme de quelqu'un de franc et direct, toujours ouvert et intéressé à entendre de nouvelles idées, très imaginatif et réaliste à la fois. "Je me souviens de lui comme d'un homme libre d'esprit et courageux, qui faisait son travail malgré les obstacles».

Anupama a participé activement au processus collectif de création d'un plan directeur pour Auroville. Elle a également élaboré un plan d'urbanisme pour le centre-ville. Malheureusement, cet élan vers la ville n'a pas été bien accueilli dans de nombreux quartiers et une série d'obstacles difficiles l'ont obligée à quitter Auroville.

Depuis, elle a occupé des postes d'enseignante dans le monde entier, a fait partie de jurys internationaux et son travail a été présenté à la Biennale d'architecture de Venise. Malgré tout, Anu continue de travailler et de rêver au plan d'Auroville, en testant des idées de logements à bas prix ainsi qu'une Ligne de Force établie dans la Zone Résidentielle afin de relever les défis et les potentiels de la vie à haute densité.

Récemment, j'ai eu la chance d'assister à une présentation rapide, pour quelques amis, d'une ligne de force sur laquelle elle avait travaillé. Il s'agissait d'une ligne de force (R de C+11) qui n'était pas un monstre extraterrestre, mais une élévation graduelle, se déroulant dans le paysage comme une étreinte et une relation d'aide, d'abord dans son propre espace, puis avec tout ce qui l'entoure - sur le plan architectural, social et environnemental, ainsi qu'en tenant compte de la réalité du terrain. Il s'agit d'une œuvre complexe et remarquable en cours, qui cherche à équilibrer l'échelle humaine avec une structure de grande envergure.

Je l'ai interrogée sur les résistances qui ont entravé le plan d'urbanisme pendant des années :

"Nous devons comprendre qu'Auroville est plus durable que la durabilité. En matière de durabilité, la chose la plus importante est une pensée intégrale. Le terme de durabilité est plus récent que celui d'Auroville, mais cela ne signifie pas qu'Auroville, tel qu'elle est envisagée, est moins durable. En tant qu'expérience vivante du yoga intégral, aucun aspect n'est négligé dans sa vision ou son plan d'urbanisme. La chose la plus importante que les écologistes et autres doivent réaliser est que l'étalement et le manque de densité que nous connaissons aujourd'hui est le modèle le plus Non Durable selon toutes les normes internationales, en particulier dans le contexte Indien, où de nombreuses personnes vivent souvent sur peu de terres et où l'espace agricole diminue. Aujourd'hui, Auroville ne peut absolument pas être considérée comme un modèle durable, quel que soit le nombre de bâtiments construits avec des blocs de terre, ou que nous traitions nos eaux usées. C'est un modèle élitiste. Nous devons faire vivre beaucoup plus de gens sur la terre».

Pour Anupama, rejeter le plan de la ville équivaut à rejeter l'expérience d'Auroville et toute l'innovation qui y est inhérente. Non seulement en termes d'architecture, mais tout ce qu'elle rend possible : en termes d'éducation, d'une société au-delà des hiérarchies habituelles, d'une économie au-delà de l'argent, et bien d'autres choses encore. "Malheureusement, l'avenir ne semble pas enthousiasmer certains d'entre nous, il nous inquiète, pour beaucoup, l'avenir doit être évité simplement parce qu'il n'est pas pratique ou inconfortable de s'y adapter».

Pourquoi une telle peur et une telle méfiance à l'égard de la ville ?

"En grande partie par ignorance", dit-elle, "ou par manque d'intérêt. Il faut une curiosité, une ouverture d'esprit pour comprendre le plan de la ville. Les gens ont peur des villes qu'ils ont laissées derrière eux, ou du type de développement urbain industriel après la Seconde Guerre mondiale. Mais tant d'innovations et de solutions urbaines et environnementales sont actuellement à l'essai. Il semble qu'il y ait un manque de volonté, un manque de courage pour expérimenter ".

Il est ironique, dit-elle en souriant, que des mouvements alternatifs se soient développés en Occident pour protester contre l'asphyxie des villes industrielles de masse et l'étalement des banlieues tentaculaires, et ici nous nous opposons à la création de quelque chose qui est censé résoudre ces problèmes.

Lorsque David a obtenu son premier passeport à l'âge de onze ans, un passeport britannique, il a été stupéfait de constater qu'il était autorisé à voyager n'importe où au nom de la Reine. À quatorze ans, il a entendu parler de l'idée d'un passeport des Nations unies et a réalisé que c'était ce qu'il voulait vraiment : une citoyenneté mondiale. Après l'obtention de son diplôme, une aspiration intérieure le poussait à trouver un moyen de faire de l'architecture qui pourrait changer quelque chose dans le monde d'une manière profonde, ce qui l'a finalement conduit à Auroville en 1995. David a travaillé sur le projet Luminosity, le nouveau bâtiment de Last School et le projet en cours du CRIPA, un centre pour les arts de la scène dans la zone culturelle. Mais sa plus intéressante contribution à la vie culturelle d'Auroville a été la création du Forum Dreamcatchers (des Capteurs de rêves), auquel j'ai assisté à plusieurs reprises. Le forum avait lieu une fois par semaine, à 6 heures du matin, sur un toit d'Auroville. C'était la seule plateforme où l'on pouvait réimaginer la ville en toute liberté, une rareté en 2006, et à chaque fois, j'en sortais inspirée.

J'ai demandé à David : «Qu'est-ce que la durabilité ? Il a semblé amusé par cette question. "Ma réponse est que cela n'a rien à voir avec ce que nous *pensons* être la durabilité. Elle n'a rien à voir avec les solutions techniques ou organiques, car peu importe le nombre de correctifs que nous apportons à un bâtiment ou à un projet, sans le changement de conscience qui nous amène à une autre attitude psychologique et sociologique, tout cela n'est pas pertinent. La façon dont nous choisissons de vivre en tant qu'êtres humains est bien plus importante, et la durabilité peut probablement se résumer à un seul mot : L'amour. Non pas d'une manière New Age, mais comme une décision à l'égard de tout : le Divin, le voisin, l'environnement, l'univers et la façon dont nous construisons, à partir de ce lieu d'amour. Ensuite, si nous ne parvenons pas à satisfaire tous les paramètres «corrects», tout ira bien, mais sans cela, tout est perdu».

Qu'en est-il du plan de la Galaxie ?

"Il offre tellement de possibilités. Lorsque j'ai réalisé pour la première fois que la Mère avait rejeté au moins quatre autres modèles avant le plan de la Galaxie, j'en ai été bouleversé. Lorsque j'ai vu le modèle de la Nébuleuse pour la première fois, j'ai pensé qu'il y avait tellement de choses incroyables. En tant qu'architecte, j'ai été impressionné. Comment pourriez-vous dire non à cela ? Mais Elle avait le pouvoir de dire non à ce modèle et aux modèles suivants ; Elle avait ses raisons. Et c'était oui pour la galaxie. Il y a tellement de niveaux de complexité et de profondeur dans ce modèle. Il permet en fait de construire dense tout en ayant de la verdure des deux côtés, de sorte que lorsque vous ouvrez votre fenêtre, vous n'avez pas à regarder dans la salle de bain de votre voisin, par exemple. C'est ce que nous avons essayé de faire avec le projet Luminosity. Alors qu'y a-t-il à ne pas aimer dans la galaxie ?».

Nous discutons des erreurs et des blocages de part et d'autre : une adhésion rigide au plan qui prive de la flexibilité nécessaire aux nouvelles idées, contre une attitude de laisser faire qui a gravement compromis les choses sur le terrain. La durabilité pour David ne doit pas être utilisée comme un relooking superficiel de la spiritualité, qui est beaucoup plus profonde et incarne les valeurs d'Auroville. "L'éco village contre la cité, la phase de retour à la nature, c'est quelque chose que nous avons dû traverser, mais nous devrons finalement la dépasser. La Conscience Divine est la chose qui nous soutient ici, donc réduire cela à la durabilité est un grave préjudice. L'idée du forum Dreamcatchers était d'explorer les valeurs les plus profondes d'Auroville, de faire le lien avec la croissance, afin de ne pas nous perdre dans des détails techniques. L'idée des Crownways (Les chemins de la couronne) est née de cela, pour essayer d'aller au-delà des syndromes pour et contre dans lesquels nous étions coincés, pour voir la route comme une série de places, et non comme une seule artère».

Il y a des idées dans les Crownways qui méritent d'être incorporées dans de nombreux domaines et chemins d'Auroville, mais Roger ne pouvait pas l'accepter comme la Couronne. La réticence de Roger a laissé David profondément déçu, comme beaucoup d'entre nous. Pourquoi ne pouvait-il pas ?

C'est à cette époque que je suis tombée sur la photo d'une exposition sous le banyan lors de l'inauguration de 1968. Sur ce terrain aride et quelque peu vallonné, on ne voit qu'un point au centre et deux anneaux.

L'emplacement des anneaux n'est pas exact car rien n'avait encore été cartographié. Mais la question se pose : Pourquoi était-il si important de les présenter sous le banian en ce jour inaugural ? J'ai demandé à Jacqueline de me montrer les archives des maquettes et des plans sur lesquels Roger avait travaillé, dans la perspective de la Galaxie. Après le rejet des premiers plans rectangulaires et hexagonaux, Roger a manifestement reçu une suggestion de la Mère. Essentiellement, les deux anneaux concentriques.

Ces anneaux sont apparus pour la première fois dans le plan de la nébuleuse et sont ensuite restés constants. Les lignes statiques de la nébuleuse se sont mises à tourner, puis, dans des modèles successifs, les radiales sont apparues, ainsi que les lignes de force, d'abord en spirale, de l'extérieur vers l'intérieur, pour s'enrouler autour du centre. Peu à peu, la Mère invita Roger à ouvrir davantage le modèle, à inclure des niveaux mixtes et des densités qui se chevauchent, le modèle devenant plus poreux et finalement ce fut la galaxie. Les deux anneaux sont restés constants à travers les nombreux changements et les douzaines de dessins. Ils n'ont jamais bougé.

La Couronne n'est pas une énorme artère, mais une circulation de service dont la fonction principale est de maintenir la cohésion des zones et de contenir la ville.

Elle peut passer sous les immeubles, franchir des petits canyons, border des places et des cours d'eau, comporter des voies piétonnes et cyclables comme le proposait David, et que Roger avait vu depuis le début. Mais il ne s'agissait pas d'un «cercle aléatoire», rendu flexible uniquement pour répondre à notre résistance. La ville qui rayonne de la forte géométrie du Matrimandir a besoin d'un peu d'abandon de notre part. Tout ce qui rayonne à partir de lui devrait correspondre, comme l'effet d'ondulation d'un caillou dans l'eau - une géométrie claire et organique de la nature - que Roger ne s'est peut-être pas senti «autorisé» à modifier, ou, ayant travaillé avec la Mère sur la seule chose qu'elle n'a jamais changée, il ne voulait tout simplement pas le faire.

Comme je la harcelais de questions, Jacqueline m'a demandé si j'avais vu une ancienne interview de Roger qui venait d'être traduite.

Jusqu'à présent, j'ai parlé de Roger Anger comme de l'accusé. Je ne l'ai jamais vraiment connu, je me souviens juste qu'il se promenait parfois dans l'auditorium du Bharat Nivas pour nous voir répéter *Crossroads* alors que le bureau d'Aurofuture était encore en bas. Mon opinion a été formée par les rumeurs et les opinions qui le définissaient comme un homme un peu vaniteux, distant et autocratique qui voulait nous imposer «sa» ville. Une conversation avec Aryamani, Luigi et Jacqueline, enregistrée en 1996 et récemment traduite en anglais, offre un contraste étonnant. Roger parle de sa propre recherche, de sa rencontre avec la Mère, de la naissance de la ville et de ce qu'elle représente pour lui. Ce qui suit est tiré de cette conversation et de quelques extraits directs :

Roger a été initié aux pensées philosophiques de Ramakrishna et de Vivekananda par son professeur d'art au lycée. La philosophie Indienne commença à le fasciner et il se rebella contre la religion et la religiosité, il ne s'intéressait pas à la politique mais était profondément insatisfait des inégalités sociales. Déjà, il y avait une quête de la beauté : "une recherche de valeurs authentiques et un besoin intense d'imaginer une société meilleure ; je souffrais parce que la société dans laquelle nous vivions était injuste, cela me paraissait tout à fait hypocrite». Mais surtout, Roger voulait peindre et étudier la médecine, mais il n'en fut rien. La Seconde Guerre mondiale est intervenue et il dût se réfugier sur la Côte d'Azur. C'était une période sans but et tout était en suspens, jusqu'à ce qu'il rencontre un architecte qui l'invita à faire de l'architecture avec lui au lieu de traîner. "Je suis architecte parce que Mère l'a voulu. Je ne voulais pas être architecte". Après avoir terminé ses études d'architecture à Paris, il connut une ascension rapide de son activité d'architecte. Les années d'après-guerre furent marquées par un renouvellement urbain en France. À une époque de construction massive et de développement rapide, où la monotonie stérile était commune, son travail est reconnu pour offrir une dimension individuelle, même lorsqu'il s'agissait de loger un millier de personnes, et pour redonner une échelle humaine à l'environnement urbain.

Et puis, par hasard ou à dessein, il a été présenté à une femme qui s'intéressait à la pensée Indienne et qui avait visité Pondichéry parce que sa grand-mère y dirigeait un Ashram. "On me l'a apporté sur un plateau d'argent», reconnaît Roger avec ironie, alors que je n'avais aucune idée de ce qu'était un Ashram. Après cela, j'ai commencé à lire des livres sur Mère et Sri Aurobindo et cela m'a semblé être une découverte fantastique. J'ai ressenti un choc très fort à l'intérieur de moi, en termes de découverte intérieure".

Roger est arrivé à Pondichéry vers 1957. La première rencontre avec la Mère fut un «grand moment, dans le silence et l'unité ... ce fut un contact d'une grande force. C'est un moment qui ne peut être effacé».

Par la suite, il visitait Pondichéry tous les ans. En 1965, il reçut une lettre de la Mère lui disant qu'elle avait un grand projet et lui demanda s'il était intéressé. Il dit oui, sans rien savoir, et il vint la voir.

"Elle m'a expliqué son projet en détail. À quoi servaient les quatre zones, chaque zone. Pourquoi elle voulait une cohésion entre ces quatre activités différentes. Le but de la ville : réaliser l'unité humaine... Elle m'a expliqué que la construction de la ville serait une expérience - une recherche spirituelle serait effectuée : dans le travail de la ville, dans la matière, dans la friction des relations avec les gens et les difficultés... une aventure collective».

A : Comment est né le concept (de la Galaxie) ?
R : Le concept est né après la discussion sur la note que j'avais envoyée à la Mère. Nous sommes entrés dans les explications. J'ai posé beaucoup de questions sur la nature des habitations, sur les activités qui s'y dérouleraient, sur le système de transport. Ce qui était fabuleux avec Mère,

c'était l'aspect sans limites des possibilités, absolument sans limites... C'était au niveau d'une immensité considérable... C'est peut-être cette capacité qu'Elle m'a transmise, à moi, Mère... cette capacité à ne pas se satisfaire de la médiocrité.

Roger retourna auprès de son équipe à Paris et leur parla d'un projet fantastique en Inde, un concept de quelque chose qui n'avait jamais été fait. "Si au début Mère m'avait donné des contraintes financières ou économiques, nous aurions fait quelque chose de petit avec des possibilités d'amélioration, compte tenu de la réalité économique de l'Inde... Pas du tout. C'était exactement l'inverse. Elle voulait la perfection sans aucune contrainte. C'est ainsi que nous avons commencé à en rêver». Lorsqu'il lui a montré le modèle final, après près de trois ans, elle l'a trouvé abouti et lui a dit : «C'est un mouvement de nébuleuse qui existe déjà dans le cosmos». La conversation aborde également des questions sur lesquelles nous avons débattu pendant des années :

A : Mère parlait-elle déjà de 50.000 habitants ?
R : Oh oui. Dès le début, quand j'ai commencé à parler avec elle, elle a fixé le nombre à 50,000. Je pense que c'était le nombre nécessaire pour que l'expérience ait une réalité complète.
A : C'est à la suite d'une suggestion de votre part ou de sa propre initiative ?
R : Cinquante mille, ça a toujours été 50 000. Je ne sais pas pourquoi j'aurais donné un chiffre. Si elle m'avait dit 10 000, j'aurais mis 10 000 ; 20 000, j'aurais pris 20 000".

Cette conversation facile et franche entre amis est un témoignage fascinant.

La Mère avait également souhaité que la ville soit construite rapidement, en vingt ans.

'La force du message de base a été perdue : c'est celui de notre engagement spirituel qui est contenu dans la ville... Je suis convaincue que si la ville avait été construite (rapidement), nous l'aurions construite comme *Elle* le voulait. Pas comme les gens la veulent. C'est la ville de Fra Angelico. C'est la ville qui attend». C'est une curieuse analogie que Roger apporte - une ville qui a dû attendre que les bons habitants arrivent. Peut-être devons-nous encore attendre, si les habitants actuels continuent à lui résister. "Je suis certain que s'il y avait eu une harmonie ... Elle aurait construit une ville à son échelle, comme Elle l'envisageait... C'est la mauvaise volonté qui l'a rendue impossible et non le manque de personnes ; c'est le refus des personnes de participer».

L : ... *Il y a une formation qui dit : «Heureusement que la ville n'a pas été construite en vingt ans car des erreurs énormes et colossales auraient été commises».*

R : *Qui aurait fait ces erreurs ? La mère ?*

L : *Non, non, nous.*

R : *Qui est «nous» ?*

L : *Nous, les planificateurs ; nous, les Auroviliens.*

R : *... Est-ce à nous de planifier la ville ? Le concept de cette ville fait-il référence à sa vision ou à notre volonté ? C'est toute la question ... On voit la difficulté que nous rencontrons dans l'incarnation de Matrimandir. (On dit) que c'est impossible. Ce n'est pas impossible, cela prendra du temps».*

Face aux vieux jugements, aux vieilles mentalités, aux tentatives répétées de rejet, Roger dira : «Le plus décourageant, c'est de penser qu'alors qu'Elle était là physiquement, attentive à l'expérience dans ses moindres détails -c'est incroyable- dans le plus petit de ses plus petits événements quotidiens, dans la réaction de certains Auroviliens ... Elle était consciente de tout ... Il y avait déjà une opposition latente évidente qui s'était mise en place pour combattre son projet (tant à Pondichéry qu'à Auroville). Je n'en étais pas pleinement conscient parce que je ne pouvais pas croire qu'il y avait une telle mauvaise volonté».

"Tout ce qui se passe à Auroville peut être contesté aujourd'hui», poursuit Roger, "l'attitude à l'égard de l'éducation, la responsabilité à l'égard des enfants, les problèmes d'argent, les relations humaines, le mensonge philanthropique. Tout cela est devenu de faux arguments qui nous conduisent à une impasse... Elle nous a dit :»Venez et construisez une ville» ... s'il y avait la moindre bonne volonté, qu'elle ampleur pourrait prendre l'expérience d'Auroville ! Quelle connaissance partagée ! Quelle perception des choses ! Quelle connaissance de l'autre et de soi-même ! C'est une expérience fabuleuse... Il faut se rassembler (pour) enlever ces voiles pour que la lumière devienne de plus en plus transparente».

Et enfin, voici ce qu'il dit, l'homme que nous accusons d'être à l'origine de la galaxie :

"Si la galaxie a une force, c'est parce qu'Elle l'a inspirée. Pour conclure, je peux affirmer que cette Galaxie est en fait sa réalisation, sa volonté... Je n'y ai rien apporté personnellement, n'étant qu'une sorte d'instrument".

Roger a supervisé l'achèvement du Matrimandir jusqu'à la fin de l'année 2007. Il devait revenir pour l'inauguration en février 2008, mais il est décédé en France en janvier 2008. Il avait quatre-vingt-cinq ans. Roger n'a pas été en mesure de faire avancer d'autres parties ou projets de la ville et, jusqu'à aujourd'hui, la Couronne attend de boucler la boucle. "Il faut être un gardien de la foi (qui est) inébranlable ... sinon on peut être martyrisé ici».

Qu'est-ce qui fait que la galaxie et Roger, tous deux assez bons pour la mère, ne sont pas assez bons pour nous ? Que faudra-t-il pour admettre qu'Auroville est la Cité au service de la Vérité ? Sommes-nous déjà à son service, ou à la poursuite d'autres demi-vérités plus commodes ? A l'heure où les puissances mondiales rivalisent pour développer des armes biologiques et que plus de vingt-six mille bombes sont larguées en une seule année, que signifie être un autre éco-village face à un tel assaut de carbone dans l'atmosphère terrestre ? On ne peut qu'espérer que la poisse se dissipera et apportera de la convivialité à ce projet pour l'avenir d'Auroville.

Notes de fin
1 Paroles de la Mère vol 14, p. 203.

19

L'ANARCHIE DIVINE

Au fond, le problème se réduit presque à ceci : remplacer le gouvernement mental de l'intelligence par le gouvernement d'une conscience spiritualisée [1].

La Mère, L'Agenda de Mère

Une partie des problèmes de gouvernance d'Auroville proviennent d'une ambivalence à l'égard de *l'autorité*. Qui est l'organisme client ? Qui autorise Auroville, sa construction, sa vie, et qui continuera à le faire dans des centaines d'années ? Dans une autre réponse, la Mère a été plus explicite : *La conception d'Auroville est purement divine et elle a précédé de beaucoup d'années son exécution. Naturellement dans les détails de l'exécution la conscience humaine intervient* [2]. Ceci qui résume assez bien la situation.

Auroville est née libre. Le premier segment de la Charte stipule que *Auroville n'appartient à personne en particulier. Auroville appartient à toute l'humanité dans son ensemble.* La première partie du Rêve affirme la même chose : un lieu où les hommes peuvent vivre librement en tant que citoyens du monde. Cela dit, il faut continuer à lire jusqu'à la fin des deux segments, qui ont tendance à être supprimés.

Le premier segment de la Charte se termine par : *Mais pour séjourner à Auroville, il faut être le serviteur volontaire de la Conscience Divine.*

Dans Un Rêve : *où tout homme de bonne volonté ayant une aspiration sincère pourrait vivre librement comme un citoyen du monde, et n'obéir qu'à une seule autorité, celle de la suprême vérité.*

Tromper quiconque, y compris nous-mêmes, est impossible. Notre liberté est directement liée à notre don de nous-même au Divin.

Défendre cette autorité était au cœur de la lutte contre le SAS. Dans le cadre de la Fondation d'Auroville, nous avons une liberté, mais nous avons aussi une structure organisationnelle plus formelle. La vraie liberté est le défi le plus difficile de la conscience. Quel type d'organisation la Mère avait-elle envisagé pour Auroville ?

"*Il me vient une définition amusante : une anarchie divine. Mais le monde ne comprendra pas. Il faut que les hommes prennent conscience de leur être psychique et spontanément s'organisent sans règles et sans lois fixes, c'est l'idéal. Pour cela, il faut être en contact avec son être psychique, que l'on soit dirigé par lui et que l'autorité et l'influence de l'ego disparaissent* ³".

Elle a répondu à une autre série de questions qui lui ont été posées ultérieurement. Manifestement, l'organisation d'Auroville n'est pas un processus standard et rationnel.

Q : Quelle devrait être la nature de cette organisation ? Dans le présent ? Dans l'avenir ?

R : L'organisation est une discipline de l'action ; mais pour Auroville, nous aspirons à dépasser les organisations qui sont arbitraires et artificielles. Nous voulons une organisation qui soit l'expression d'une conscience supérieure travaillant à manifester la Vérité de l'Avenir.

Q : En attendant une conscience commune, et que la vraie et juste manière de travailler collectivement soit à l'oeuvre, que faire ?

R : Une organisation hiérarchique, groupée autour du centre le plus éclairé, et se soumettant à une discipline collective ⁴.

Alors que nous aspirions à l'égalité des droits, au consensus et aux principes démocratiques, elle proposait une hiérarchie de la conscience, à la fois souple et flexible, au service de la collectivité. " *Il faudrait pour régir Auroville une conscience libérée de toutes les conventions, et qui soit consciente de la Vérité supramentale. J'attends encore une personne comme cela. Il faut que chacun fasse de son mieux pour y arriver* ⁵. C'était une tâche très difficile. Nous étions encouragés à nous élever, et non à nous complaire dans la platitude.

Mais la réalité était loin d'être parfaite. Nous avions été jetés ensemble dans un chaudron de changement. Lorsque nous étions en difficulté, nous appuyions sur le bouton 'à l'aide' du Divin. Mais lorsque nous étions satisfaits, en proie au doute ou à une certitude totale, le divin se mettait souvent en retrait et nous regardait avec amusement. Notre vie collective, bien que chaotique, avait un charme mémorable. Voici un extrait du livre de l'extravagant et pince-sans-rire Roger Harris sur les réunions de Pour Tous, les assemblées générales des années 1980, paru dans *Auroville Today*. L'article offrait un aperçu enivrant de l'atmosphère collective de l'époque, avec les gens arrivant de tous les coins de la ville, dans toutes sortes de moyens de transport, ou encore, à pied. C'était avant que la Fondation Auroville ne s'installe. Nous étions moins de 600 adultes, les conditions étaient encore très basiques et rudes, et les inévitables failles d'un système démocratique se heurtaient à la nature humaine :

Il y a eu beaucoup de débats ces derniers temps, souvent virulents, lors de nos réunions générales et dans les pages d'Auroville News - l'équivalent de notre tableau d'affichage communautaire hebdomadaire - concernant les réunions, les assemblées, les quorums de décision, la démocratie et les droits des minorités opprimées et des hiérarchies…

Dans cette arène de points de vue contradictoires, une question (est) ... la non-participation aux réunions, sur une base régulière, d'une grande majorité des résidents ... Je suis un participant sporadique aux réunions, ce qui, pour certains, est le symptôme d'une délinquance civile avancée et, pour d'autres, une déclaration politique éclairée ... À l'ère de la démocratie, il suffit d'aller à une réunion et de lever la main pour désigner son meilleur ami ou son pire ennemi... selon le poste à pourvoir. Comme beaucoup d'autres, j'ai été un adepte des réunions dans les années 80, une période que certains révisionnistes historiques d'aujourd'hui assimilent à l'âge des ténèbres... c'était l'époque où les réunions étaient des réunions et où les présidents (même s'il s'agissait de femmes) étaient des hommes et non des animateurs formés à Findhorn ... Il y a eu beaucoup de réunions mémorables, mais c'est le marathon du Matrimandir de 87, - présenté comme le choc des Titans - qui a obtenu le taux d'audience le plus élevé de tous les temps. Historiquement divertissant, c'était le *nec plus ultra* des réunions. Les organisateurs se sont surpassés en mettant sur pied un spectacle de sept heures qui a rassasié pour plusieurs mois même les plus affamés de nos appétits impériaux et plébéiens ...

La Fondation d'Auroville a fait son entrée officielle le 29 janvier 1991 avec l'établissement du bureau du secrétaire de la Fondation d'Auroville. L'acte de la fondation (Foundation Act) comprend trois organes principaux : un Conseil de direction (Governing Board GB), un Conseil consultatif international (International Advisory Council IAC), et une Assemblée des résidents (RA) composée des résidents, les Auroviliens. Le rôle de la Fondation a été d'assurer la croissance et le développement d'Auroville dans le respect de la Charte, de structurer et de réguler son fonctionnement financier dans un cadre juridique valide, de recommander des visas pour les Auroviliens d'autres nations et de tenir à jour une liste principale des résidents.

Cela signifie que nous, ostensiblement l'Assemblée de résidents (AR), qui avions maintenant une présence légale dans cette loi, devions rendre des comptes, être responsables des politiques de fonctionnement interne, assurer le développement, sélectionner les groupes de travail, etc. tandis que le GB superviserait, examinerait, approuverait et s'assurerait que nous étions correctement gérés et l'IAC conservait un rôle consultatif pour s'assurer qu'Auroville était libre de se développer selon la Charte.

Bien qu'il s'agissait d'un cadre bénin, c'était quand même d'un changement tectonique psychologiquement. Ce n'était pas ainsi que le collectif avait fonctionné jusqu'à présent. Les modalités d'un système de gouvernement semblaient étrangères, voire contraires à l'organisation attendue d'Auroville. Nous avions après tout mis en place des cadres adaptés à notre situation, plus souples et qui fonctionnaient bien. Il s'agissait d'un système partagé, largement basé sur la confiance. Le système de responsabilisation du gouvernement semblait diamétralement opposé à l'organisation que nous étions censés créer. Nous semblions nous noyer dans les pièces justificatrices et il nous a fallu plusieurs années pour nous habituer à sa logique et à ses modes de fonctionnement.

La situation était encore ambivalente lorsque j'ai été élue à la deuxième commission de travail (Working committee WC) Cela s'est produit en entrant par hasard dans une réunion, dans la bibliothèque du Bharat Nivas où j'étais allée rendre des livres. J'ai été nommée dès que je suis intervenue et même si je pensais que c'était vraiment un mauvais choix il n'y avait pas d'échappatoire. Notre équipe a fini par être connue sous le nom de «Commission de travail du cœur», une façon de dire que nous étions idéalistes et inexpérimentés. Le nouveau secrétaire a alors décidé de commencer à introduire quelques règles nécessaires, comme un ordre de service, et en peu de temps, nous avons eu une révolte tonitruante. C'était comme si le ciel nous était enfin tombé sur la tête. Aujourd'hui, ce règlement fait partie de la routine. Plus personne ne sourcille, mais c'était une transition par laquelle nous devions passer.

Judith se souvient de ce moment avec un certain regret. Alors qu'Auroville commençait à glisser dans un sillon bureaucratique inévitable, le collectif a d'abord réagi de manière émotionnelle. Au lieu de cela, il aurait fallu une affirmation de foi beaucoup plus forte, me dit-elle, «que nous faisons ce travail comme une sadhana. Nous aurions dû mieux les convaincre que la recherche d'une autre façon de faire les choses était au cœur de l'expérience et qu'il s'agissait de notre raison d'être. Bien sûr, nous n'avions pas encore la vision. Nous étions à la recherche d'une économie collective, de l'unité dans la diversité, mais tout cela est essentiellement une question de conscience. Pourtant, il y a eu tant d'efforts pour trouver des moyens de travailler ensemble et de créer des systèmes qui nous convenaient». Le fait que la Fondation n'en ait pas du tout tenu compte à l'époque a rendu les choses plus difficiles, mais ce sont, dit-elle en souriant, «nos risques du métier». Cependant, ceux qui représentent Auroville auprès de la Fondation ou à l'extérieur devraient parler de la vision d'Auroville, parce que les critères normaux d'organisation ne fonctionnent pas toujours pour Auroville. Non pas parce qu'ils sont faux, mais parce que notre but est différent. Regarde, par exemple, "l'Assemblée des Résidents, elle a définitivement détruit le collectif d'Auroville». C'est une préoccupation exprimée par de nombreuses personnes. "Tant de gens semblent coupés de l'énergie que nous avions. Peu importe si vous aviez faim, l'énergie, la joie étaient là, et elles nous portaient à travers toutes les épreuves. Aujourd'hui, tout cela semble avoir sombré sous le poids mort du processus.»

Il est vrai qu'un grand nombre d'Auroviliens ont progressivement cessé d'assister aux réunions de l'AR, j'ai fait de même. Cela a d'abord été lié à un sentiment d'officialité s'infiltrant dans nos affaires mais, en fait, cela avait plus à voir avec la façon dont nous changions *nous-mêmes* et devenions plus officiels avec un nouveau sens des droits démocratiques. Nos réunions étaient de mieux en mieux organisées, de mieux en mieux animées et de mieux en mieux conduites, mais de moins en moins inspirantes et sujettes aux conflits. Elles n'étaient que rarement fédératrices et les gens s'en détachaient. Tout pouvait être contesté, parfois même la Charte. Les élections et les votes sont devenus une routine fastidieuse qui a souvent rendu les groupes de travail dysfonctionnels. Pourquoi ne laisse-t-on pas les gens travailler ?» a été un refrain entendu par beaucoup ces dernières années, tandis qu'un lobby autoproclamé de «citoyens concernés» bloquait grossièrement les personnes, les projets, et même une proposition d'art sur un rond-point. Au lieu de cela, il a proposé un arbre. L'art et la culture ont été anéantis par le pétrole et l'électricité dans certaines parties du monde, à Auroville par un lobby écologiste actif. Quoi qu'il en soit, il s'agit d'une source d'inquiétude. De plus en plus de personnes se sont retirées des réunions, espérant encore un corps collectif gouverné par l'âme.

Après son exposé sur l'Acte de fondation d'Auroville, il a été demandé à Alain Bernard pourquoi Kireet avait donné de l'importance à l'Assemblée des Résidents dans l'Acte ?

Dans un premier temps, Alain B. a précisé que Kireet n'était même pas sûr que cela soit accepté. "Je ne voudrais pas créer un système démocratique à Auroville avec des votes et tout le reste», avait dit Kireet. Ce qui était plus important pour lui, c'était que l'Assemblée des résidents soit reconnue et de donner «un statut légal à l'Assemblée des résidents, sans spécification... afin de donner aux Auroviliens la possibilité d'évoluer et de trouver progressivement la bonne méthode de gouvernance. En effet, si les Auroviliens sont unis, ils ont pratiquement le pouvoir [6]. »

On en revient toujours à l'unité. En d'autres termes, à la Conscience. Quelque chose de mieux pouvait-il émerger ? C'est ainsi qu'est né un exercice appelé la «Retraite», qui a permis une ouverture des énergies. La retraite a suscité une large participation et a accueilli les jeunes. Il s'agissait d'une tentative d'examiner les problèmes sous un angle nouveau, notamment dans les domaines de l'éducation, de la gouvernance et de l'environnement, mais encore une fois, il n'y avait pas d'espace pour la ville, qui, ironiquement, est le chaînon manquant de toutes les autres questions. Au lieu de cela, un barrage routier a été organisé, parallèlement à la retraite, afin d'attirer l'attention. Il s'agissait d'une route radiale dans la Zone Industrielle, l'une des deux zones à forte densité de population de la ville qui a besoin d'un accès pour se développer. Tant que la ville reste une persona non grata, et qu'elle est manipulée hors des plates-formes collectives, les vraies solutions collectives continueront à nous échapper.

Outre les changements que la Fondation Auroville avait introduits dans notre fonctionnement collectif, d'autres facteurs fortement révisionnistes sont intervenus.

Le second résulte d'un procès intenté à Auroville International, en Allemagne, l'accusant d'être une secte. C'était horrible et embarrassant. Nous n'étions pas des religieux, cela allait à l'encontre de l'esprit d'Auroville, et nous n'avions pas l'intention de devenir une secte. Cela a provoqué une réaction extrême et quelque part, consciemment ou inconsciemment, une bonne partie des gens sont entrés dans le déni. Nous avons commencé à supprimer toute mention du Divin, de la Conscience et de la Vérité, de peur que les gens ne pensent que nous étions une secte. Citer la Mère ou de Sri Aurobindo était désormais réprimandée. Les écoles ont été invitées à cesser d'»endoctriner» les enfants. Au lieu de cela, les enfants ont grandi en étant conscients de nombreux concepts culturels et environnementaux, mais très peu de l'aventure dans laquelle ils vivaient. D'une certaine manière, nos deux «cartes» - la Ville et la Charte - ont été affectées. Pourtant, curieusement, cette période a vu une prolifération rapide d'idées et d'ateliers New Age. Toutes sortes de gourous furent en vogue : spirituels, organiques, environnementaux, architecturaux, tous sauf la Mère et Sri Aurobindo. Repoussés dans la clandestinité, ils ont continué malgré nos réticences, ont faits des apparitions clandestines, et nous embarrassaient même publiquement de temps en temps. Après tout, c'était Leur Ville. Mais comme ils étaient relativement hors de vue, nous avons commencé à penser que c'était nous qui commandions, et Auroville a commencé à se présenter au monde comme un modèle à dominante environnementale, socio-économique.

Il est certain que toutes les visions «originales» évoluent avec le temps et les circonstances. Néanmoins, il est important de réaliser que la vision fondatrice d'Auroville se trouve très en avant. Elle a été créée pour l'avenir et doit encore être pleinement testée, expérimentée et accomplie, et être physiquement manifestée à un degré substantiel, par une population importante qui a vécu l'expérience et supporté suffisamment les exigences de la conscience pour témoigner de sa réussite ou de son échec. C'est ce qui doit se passer avant que nous n'envisagions allègrement de réécrire la Charte ou de discréditer la ville. Une organisation destinée à l'anarchie divine est souvent confondue avec l'anarchie de base. Quelqu'un a écrit à la Mère qu'il était venu à Auroville pour n'obéir qu'à lui-même, et qu'il avait découvert qu'il y avait des règles et des lois qu'il refusait de suivre. "Je suis libre". Ce à quoi elle a répondu :

> " On n'est libre que quand on est conscient du Divin et que c'est le Divin qui prend les décisions en chacun, autrement on est l'esclave de ses désirs, de ses habitudes, de toutes les conventions... l'état anarchique est le gouvernement de chacun par lui-même. Et ce sera le gouvernement parfait quand chacun sera conscient du Divin intérieur et n'obéira qu'à Lui et à Lui seul [7] ".

L'autorité réelle, même invisible, continue à régner sur des dizaines de groupes de travail, de comités et de conseils, sur la Fondation et sur d'autres organes, et sur chacun d'entre nous, dans la tourmente et l'harmonie, jusque dans les moindres détails de notre vie, déplaçant peu à peu l'accent du petit moi au grand Soi de l'âme, apprenant à s'abandonner et à être vraiment libre. Tous les organes d'organisation ou de direction d'Auroville existent pour faciliter cette «autorité» primordiale.

Dans une première interview accordée à *Auroville Today*, le président du Conseil d'administration, le Dr Karan Singh, a comparé la Fondation à un avion, prêt à décoller. "Et qui s ont les pilotes ? Il est clair que Sri Aurobindo et la Mère sont les pilotes de cette entreprise unique". Il considère les membres de la Fondation comme le personnel de cabine, qui aide les passagers, les Auroviliens, à décocher une flèche vers l'avenir[8].

J.R.D. Tata, alors membre du Conseil consultatif international, a également donné des conseils pertinents : "Je voudrais que les Auroviliens gardent leur liberté. Je ne parle pas d'une liberté légale, mais d'une liberté de l'âme», pour sauvegarder la liberté de pensée et le droit des pionniers, contre tout type d'ingérence ou d'institutionnalisation. Auroville n'est pas seulement une idée. C'est l'avenir, l'avenir du monde»[9]. Plus récemment, lors du festival d'Auroville à Chennai en 2015, le Dr Karan Singh s'est référé à deux philosophes pour attirer l'attention sur l'intention d'Auroville: Tout d'abord, la théorie d'Arthur Koestler, selon laquelle les êtres humains sont programmés pour s'autodétruire et ensuite, la théorie de Sri Aurobindo selon laquelle les êtres humains étaient programmés pour évoluer, ce qui est l'objectif principal d'Auroville dans tous les domaines de la vie et du travail.

"Auroville a atteint un plateau», a fait remarquer le Dr Karan Singh lors de la Retraite qui s'est tenue peu après, en février, «et c'est le moment soit de faire une percée, soit de s'effondrer», soulignant la nécessité de trouver de nouvelles manières d'avancer, d'encourager les jeunes à venir participer à l'expérience et de commencer à construire cette ville «mythique» avec la pleine coopération et la bonne volonté des Auroviliens et il a "souligné qu'Auroville est spécifiquement un lieu de croissance et de transformation spirituelles».

Auroville a eu l'immense chance de pouvoir compter sur des personnes qui ont une ouverture d'esprit et une vision pour aider à promouvoir cette expérience : lui permettre de faire des erreurs, tout en insistant sur la responsabilité et en l'encourageant à se développer conformément à ses objectifs.

Je me suis entretenue avec M. Srinivasmurty, qui a rejoint le bureau de la Fondation en tant que responsable des finances en 1995, et a été récemment promu sous-secrétaire. Il est bien conscient de nos défis et de nos craintes concernant le rôle du gouvernement, étant donné qu'Auroville a été créée comme une expérience au-delà des frontières.

"Tout d'abord", me dit-il, "je suis un dévot". Il vient de Chennai, où il travaillait dans le secteur financier, et avait visité l'Ashram de Sri Aurobindo à Pondichéry depuis 1985. "C'est grâce à la Mère que ce poste m'a été offert ". Pendant des années, nous l'avons vu se porter volontaire au Matrimandir. M. Srinivasmurty se souvient d'avoir travaillé sous la direction du Dr S.C. Dey, le deuxième secrétaire de la Fondation, également un dévot, auprès duquel il a beaucoup appris, et en particulier sous la direction de Bala Bhaskar, qui a contribué à établir des liens de bonne volonté avec la communauté.

Ce qu'il faut comprendre à propos de la Fondation, explique-t-il, c'est que le gouvernement est un système établi et qu'il fonctionne conformément à la loi adoptée par le parlement et les règles établies par le ministère du développement des ressources humaines dont dépend l'institution.

Je lui demande si un autre gouvernement reconnaîtrait une autorité suprême supérieure à lui, comme l'a fait le gouvernement Indien depuis le début.

Il sourit. La Fondation a essayé d'offrir à Auroville la protection de ses terres et de ses biens, ainsi que la facilitation qu'un gouvernement démocratique peut offrir. Dans une telle expérience, toute application de la loi devient un dilemme éthique et le conseil d'administration fait preuve de sagesse et de maturité en ne s'immisçant pas dans les affaires d'Auroville tout en la soutenant, afin que vous puissiez créer vos propres initiatives et vos propres efforts pour développer une base de bonne volonté. N'attendez pas du gouvernement qu'il fasse le yoga à votre place, mais il dépassera vos attentes en matière d'aide et de bienveillance si vous êtes sincères dans la réalisation de vos objectifs.

Pourquoi donc Auroville est-elle devenue trop bureaucratique ? Était-il nécessaire de rendre les choses si compliquées ? Pourra-t-elle un jour parvenir à l'autodétermination comme prévu ?

"Vous voyez, certaines choses doivent être assurées, certaines conditions doivent être remplies pour que vous ayez une crédibilité et une transparence dans votre fonctionnement pour vous-même et devant le monde. Cette confiance est importante. Au-delà de cela, il n'y a pas lieu d'être plus compliqué. Bien sûr, les positions de pouvoir et d'autorité, où que ce soit, ne sont pas faciles à abandonner, et cela complique les choses, même pour vous. Pour les relations extérieures, vous devez suivre certaines procédures officielles, mais en interne, vous ne devez pas faire la même chose, car vous perpétueriez l'ancien système. Vous avez tous une minorité bruyante et une majorité silencieuse. Ce sont ces personnes qui font le travail, qui font la sadhana. Il se peut qu'ils ne l'annoncent pas, ne soient même pas connus, vus ou entendus, mais il y a une sincérité et une aspiration. Ce sont ces personnes qui assurent la cohésion d'Auroville et c'est pourquoi il faut les protéger. Si les jeunes et les autres Auroviliens, qui ont certaines capacités, sont formés pour travailler avec le gouvernement, un jour cette présence pourra être minimisée. Pour travailler avec le gouvernement, en faire partie, il faut se défaire de certaines peurs. Un jour, vous pourrez lui apporter quelque chose de nouveau, qui sait ? Si vous êtes capable de maîtriser les peurs et de penser de manière créative, c'est possible, même si cela semble un peu philosophique. Un peu de gratitude aide».

Le large éventail de groupes administratifs et de travail comprend le Comité de travail, le Conseil d'Auroville, le Comité de gestion des finances et des actifs, Aurofuture, ou le Conseil de développement de la ville (CDV), le Groupe logement, SAIIER, le Conseil foncier, Groupe vert, Groupe agricole, Groupe forestier, Groupe de la zone internationale, Groupe d'action villageoise, groupe de l'assemblée des résidents, groupes et sous-groupes de facilitation, à l'infini...

« *Plus de comités, plus de bavardages* [10]. »

La recommandation de la mère nous hante souvent. Elle ressemble à un rêve. Imaginez : plus besoin de discuter, de débattre ou d'opposer son veto pour toujours. Pouvoir faire entièrement confiance au Divin et aux autres. Laisser les gens trouver leur place et les laisser faire leur travail. Au lieu de cela, nous avons plus d'une centaine de groupes, chacun avec un ensemble de règles qui se gênent souvent les unes les autres et beaucoup de discussions inutiles.

Il faut simplifier», dit X en levant les mains. Combien d'administration pour 1500 adultes ?

X est arrivée à Auroville en 1971 avec sa mère, à l'âge de sept ans. Elle a vécu à Promesse, à Aspiration, puis a déménagé à Slancio avec les plus grands, à l'adolescence. "C'était incroyable d'être une enfant à l'époque, nous avions une belle école et il y avait un tel mélange d'enfants à Last School. Les enfants venaient en bus de l'Ashram, il y avait les enfants Tibétains, les enfants Tamouls locaux et le mélange d'enfants d'Auroville, occidentaux et Indiens. Nous n'avons jamais eu l'impression d'être différents. Nous étions tout simplement à notre place".

X est retournée en Europe pendant quelques années, puis est revenue au milieu des années 1990 et travaille à l'école Udavi depuis un certain temps. Il y a quelques mois, les routes d'Auroville nous ont soudain surpris avec un ensemble de panneaux de signalisation humoristiques et joliment dessinés, représentant des mangoustes, des porcs-épics, des fourmis, des caméléons et bien d'autres encore, que X a mis au point avec quelques amis. En règle générale, les panneaux ont suscité de nombreux débats : étaient-ils politiquement corrects et adaptés à la circulation ? Distrayaient-ils les conducteurs ?

Avec la permission de qui ?

"C'est parfois surréaliste», dit X, «mais assister à une réunion en tant qu'observateur silencieux peut parfois être une très bonne école, tu sais ? Tu apprends sur la nature humaine, sur les luttes de pouvoir que se livrent les gens. Nous devons aller au-delà du processus démocratique, qui est sans fin. En ce qui me concerne, j'ai parfois l'impression de ne pas avoir progressé du tout ! Je peux encore être blessée, en colère ou contrariée par les choses. Je n'ai pas encore l'équilibre psychique intérieur», dit-elle en souriant, «je suis encore une aspirante Aurovilienne. Si le collectif pouvait vraiment avoir cette qualité psychique qui est spontanée, inventive et joyeuse, mais nous semblons coincés dans des contradictions mentales ».

Compte tenu de la controverse qui règne dans la ville, Sonali, architecte originaire de Pune, a décidé que la seule façon de procéder était d'accepter toutes les réactions humaines, de ne pas pousser, mais d'avancer pas à pas. Elle est venue à Auroville attirée par l'image du plan de la Galaxy, ses idées expérimentales, espérant voir quelque chose de la ville. Elle a travaillé avec Anupama pendant quelques années et a fini par créer son propre cabinet, même si toutes deux continuent à collaborer.

"Je reste ici pour l'ancrage intérieur. Même quand c'était difficile et que je n'avais pas de projets sur lesquels travailler, je suis restée, parce qu'Auroville est plus important que tout cela et qu'il y a une réelle satisfaction à travailler ici. J'essaie donc de ne pas insister et de laisser les choses venir. Dans les projets collectifs, il peut y avoir beaucoup de stress pour de petits détails et on peut devenir très compétitif et pressant, sans avoir une vue d'ensemble pour un plus grand bien».

Sonali a travaillé sur des projets de logements collectifs et des bâtiments publics, mais elle est aujourd'hui très heureuse de travailler sur un projet d'achèvement des salles de l'Amphithéâtre souterrain du Matrimandir avec un autre architecte, Ganesh. "C'est une merveilleuse opportunité de travailler pour le Matrimandir et je peux y travailler toute la journée. J'aimerais que le lac du Matrimandir soit construit et qu'il y ait davantage d'espaces publics où la vie d'Auroville peut se manifester dans des espaces magnifiques et consciemment conçus. Je pense qu'avec toutes ces années, bien que l'on devienne plus attaché à Auroville, on se détache un peu de soi-même et l'ego disparaît également. Aujourd'hui, j'apprécie de plus en plus le processus de mon travail ".

Un tel détachement sera nécessaire tout au long du jeu de ping-pong des reproches jusqu'à ce que nous parvenions à un système de gouvernance coopératif pour aider à sortir de l'impasse. "Une bonne gouvernance permet à une ville de s'épanouir», déclare Anupama, «c'est ce qui s'est passé dans le passé et c'est encore le cas aujourd'hui. Auroville a besoin d'une organisation capable de faire avancer les choses en collaboration, dans un esprit de non-rivalité, entre les architectes et toutes les personnes concernées, parce que la ville est un être collectif».

Sindhuja, jeune architecte de Chennai, est une Aurovillienne de la nouvelle génération, qui a débarqué ici lors d'un week-end universitaire pour assister à un défilé de mode organisé par Colours of Nature et a été tout simplement époustouflée. L'atmosphère de l'endroit, la verdure dense, le contexte non religieux et la liberté d'expérimenter en matière d'architecture, tout cela ressemblait à un rêve. Après avoir obtenu son diplôme, elle est revenue faire un stage auprès d'André H. et a travaillé avec lui pendant plusieurs années. La découverte de son processus avec la Mère lui a ouvert l'esprit et, un jour, en lisant les Conversations avec la Mère, c'était comme si «elle répondait à toutes les questions que je ne savais même pas que j'avais en moi. C'était incroyable, et Elle était là, à leur répondre». Sindhuja est aujourd'hui activement impliquée dans de nombreux domaines de la vie d'Auroville. Outre son cabinet d'architecture, elle siège au conseil d'Auroville et fait partie de l'équipe du Youth Link, ce qui fait d'elle à la fois un témoin et une participante d'un large courant d'énergies, de controverses et de défis.

"Il est dommage que de nouvelles personnes doivent prendre des positions qu'elles n'ont pas créées, au lieu de mettre toute leur énergie au service d'Auroville. Je ne sais pas pourquoi nous continuons à vouloir nous placer au-dessus de la vision, c'est comme si l'on nourrissait notre ego collectif au lieu de notre moi collectif. Il y a trop de contrôles dans notre fonctionnement avec lesquels nous nous bloquons les uns les autres. C'est comme si nous essayions de construire avec la peur. C'est impossible. Souvent, le problème vient de ceux qui ont perdu le rêve. La négativité qu'ils projettent sur le collectif est très lourde, voire destructrice. Certains veulent juste régler leurs comptes. Ces dernières années, tant de gens semblent être venus ici pour toutes sortes de choses : les arbres, la durabilité, les affaires, le gain financier, le statut, mais pas pour Auroville. C'est à un niveau très humain maintenant, très basique, de moins en moins de confiance. Aucunes réunions et groupes ne nous apporteront de réponses. La seule chose nécessaire est un don de soi, une volonté de faire changer les choses au lieu d'utiliser nos énergies pour nous bloquer les uns les autres».

Je lui demande comment elle voit la ville et la résistance qu'elle suscite. "La ville est en train de naître pendant que nous nous disputons, simplement parce qu'elle est nécessaire. Le choix est de continuer les vieilles batailles ou de laisser la ville se faire. L'opposition est en fait une opposition mentale, le mental s'endurcissant pour résister. Mais la Galaxie n'est pas du domaine du mental. Être pour ou contre ne signifie rien pour elle. Mais le mental n'est pas prêt à laisser passer les choses, pas prêt à se taire et à voir ce qui peut arriver. Les choses deviennent insincères et politiques quand on veut rester bloqué, ce qui est inquiétant. Ensuite, il y a des gens qui veulent projeter Auroville comme un grand projet de vie, la belle vie, etc. et il y a ceux qui pensent que c'est leur «droit» de tout avoir».

Plus récemment, des discussions ont eu lieu sur la création d'une New Town Development Authority NTDA) d'une manière adaptée à l'expérience d'Auroville, afin de protéger ses terres. Mais ce projet a également rencontré des résistances et certains, comme Pashi, craignent que nous perdions un temps précieux, des opportunités et la bonne volonté offerte pour sauvegarder les terres pour la ville et sa ceinture verte. "Si j'y réfléchis normalement, il y a toutes sortes de craintes», déclare Sindhuja. "Mais Auroville n'est pas «normal». Une certaine grâce a dû protéger Auroville pendant toutes ces années difficiles, non ? Les gens ont également manifesté une certaine résistance à l'égard de la Fondation. Il est important de ne pas rester bloqué sur le «non». Sinon, notre soi-disant peur bloquera la protection dont Auroville a besoin pour le terrain. Cela pourrait même nous aider à nous ressaisir».

"J'aime être ici», me dit Sindhuja avec une assurance qui augure bien de l'avenir d'Auroville. Je ne serais nulle part ailleurs pour rien au monde ! Nous pouvons réfléchir à nos problèmes pour toujours, mais les réponses ne viendront pas de cette façon, car Auroville est faite différemment. Il faut juste que nous ayons la volonté de faire en sorte que cela se produise".

Pour quelqu'un qui a construit Golconde dans les années 1930, créé une ville dans les années 1960, au milieu de nulle part, a planté son âme au centre même de la ville et était, paraît-il, pressée de faire démarrer la ville, l'élan audacieux vers les réalisations futures ne devait pas se faire sans enthousiasme et de nombreuses énergies nouvelles sont encore nécessaires pour l'accomplir.

Alors que tous les autres domaines d'Auroville progressent, c'est seulement la ville qui semble apporter les plus grandes difficultés et résistances, il y a donc là un mystère. Alors que toutes les autres choses nous amènent à une transformation individuelle, la ville est un catalyseur collectif qui nous secoue à travers nos résistances, l'espoir et la soumission, à changer, à apprendre, à lâcher prise et à grandir. En ce sens, elle est à la fois un catalyseur et un chaudron, mais aussi le tourbillon d'un rêve plus grand qui nous tire vers l'avant. Un rayon de lumière dans tout cela a été le besoin ressenti par certains de retourner à la source et de réapprendre Auroville. Mita D. en a pris l'initiative très récemment, sous la forme d'une série de présentations basées sur la connaissance qu'elle estimait absolument nécessaire. Elle a été rejointe par Inge et Sandrya pour créer les sessions CAT, acronyme de Create Auroville Together (créer Auroville ensemble). CAT a réexploré une variété de sujets, depuis la ville jusqu'à l'économie, en passant par l'éducation, l'urbanisme, la Charte et bien d'autres encore, et où se réunir est une occasion d'apprendre et de partager des idées plutôt que de patauger dans des débats préconçus et de demi-savoirs qui tendent à créer des malentendus et des divisions. Bien qu'encore jeunes, les CAT ont le potentiel d'être un catalyseur collectif.

Notes de fin
1 L'Agenda de Mère, Vol. 8, 30 Décembre 1967.
2 Paroles de La Mère Vol. 14, p. 218, 17 avril 1969.
3 Idem, p.240, 28 Décembre 1972.
4 Idem., p. 215, 6 février 1969.
5 Idem., p. 227, 15 juillet 1970
6 Alain Bernard, 'Genesis of the Auroville Foundation Act', Gazette Auroville, Pavillon de France Publication, Auroville, 2014, p. 57.
7 L'Agenda de Mère, Vol. 11, 7 Fevrier 1970.
8 'The Foundation: An aeroplane not a bullock cart', Interview with Dr Karan Singh, 'Auroville Adventure', Auroville Today, September 1992, p. 103.
9 'Don't lose the pioneering spirit', Interview with J.R.D. Tata, 'Auroville Adventure', Auroville Today, September 1992, p. 147.
10 Paroles de La Mère Vol. 14, p. 227, 17 Fevrier 1971

20
POUSSER VERS L'AVENIR ?

Q : Qui participe au financement d'Auroville ?
Mère Le Seigneur suprême [1].
—Mère, Mère sur Auroville

Nous y revoilà.
L'argent est un pouvoir mystérieux dans le monde. Il a la capacité d'hypnotiser et d'asservir ou, au contraire, de donner du pouvoir, d'habiliter et de libérer. Pour Auroville, *"la vraie attitude est celle-ci : l'argent est une force destinée à faire le travail sur terre, le travail nécessaire pour préparer la terre à recevoir les forces divines et à les manifester…*[2]*"*

Auroville a vocation éventuellement d'aller au-delà de l'utilisation de l'argent dans son organisation interne, lorsqu'elle n'en aura plus besoin que pour le travail et les relations avec l'extérieur. Compte tenu du pouvoir de l'argent et la façon dont la plupart des gens réagissent à son égard dans le monde, un tel projet nécessiterait un changement intérieur massif. L'intention n'est pas de glorifier une frugalité ascétique, mais d'appeler à l'épanouissement de l'abondance pour tous sur terre. En cela, la richesse dépasse l'argent.

Cependant, l'argent suscite encore de fortes réactions moralisatrices. Le riche est mauvais, le pauvre est bon. Faire des affaires est mauvais, travailler dans les services est bon, et ainsi de suite. Mais le fait est que des quatre zones principales de la ville, la mère voulait une zone industrielle. Il s'agissait d'une zone à forte densité et à forte activité pour construire des industries innovantes et créatives, aider à générer l'énergie et la base financière d'Auroville pour soutenir la ville et la faire évoluer vers une économie sans argent.

Dans une certaine mesure, l'économie de partage a été expérimentée lorsque la population était encore très réduite avec des fonds communs comme Pour Tous ou les Enveloppes. Actuellement, il existe un système de contribution commune régulière aux services de la ville qui distribue ensuite le budget mensuel. Mais avec l'augmentation de la population et des besoins en infrastructures, il n'est plus possible de répondre à toutes les demandes nous-mêmes.

Auroville a eu la chance de bénéficier du soutien financier du gouvernement Indien dans des domaines clés tels que l'éducation, la recherche et le développement. L'État du Tamil Nadu finance et soutient des projets environnementaux et des programmes de formation dans la bio région. Le travail vert, la diffusion extérieure et la formation sociale dans les villages, la santé, etc. reçoivent des subventions de donateurs privés, Indiens et étrangers, en particulier d'Allemagne, de Hollande et de France et, dans une certaine mesure, des États-

Unis. Cependant, le fonctionnement quotidien, la création et l'entretien de la plupart des services, des biens et des terrains sont pris en charge par Auroville grâce aux contributions régulières de ses unités commerciales et des particuliers.

Bien que cela nous permette de continuer, nous sommes loin d'être une société sans échange d'argent, et nous ne sommes certainement pas en mesure de construire la ville. Dans l'état actuel de la population, elle ne peut espérer le faire. Pourtant, dans certaines parties d'Auroville, il y a une réticence envers la croissance. Tout développement qui vise à une meilleure qualité ou à une échelle un peu plus grande, est inévitablement qualifiée de mégapole et une sorte de panique exagérée s'installe.

C'est un choix, nous dit-on, entre Aurovillage et Auroville.

Pour Aurovillage, les choses peuvent rester gentiment là où elles sont : satisfaites, vertueuses et statiques. Mais Auroville exige que nous grandissions en conscience en la construisant. Cependant, si l'on suit la logique dominante, tout ce qui se passe dans la ceinture verte, par exemple, est bon et personne ne peut y interférer, pas même le Conseil d'Auroville. La Ceinture Verte a même sa propre charte et tout tourne autour de la Terre Mère. On a l'impression qu'ils ont fait sécession et qu'ils n'ont aucun intérêt pour la ville ou de son intention générale, tant qu'il y a des lois vertes uniformes. Cela permet à ceux de la ceinture verte et à leurs amis de se réserver le droit de bloquer et d'interférer avec tout ce qui ne correspond pas à leurs priorités. Pour ajouter à tout cela, même *Auroville Today* désigne certains architectes à la vindicte publique, alors que les quelques élus sont commodément laissés en paix, toutes les erreurs et malversations ignorées. C'est pour le moins gênant. Auparavant, nous avons dû repousser la SAS qui tentait de bloquer notre travail sur le terrain. Mais maintenant que la ville est enfin en position de commencer à grandir, nous semblons vouloir à tout prix la bloquer.

Auroville doit se développer intégralement, dans toutes ses parties, dans toute sa variété. Peut-être que ça peut enfin changer pour Auroville ... Une fois que la phase de construction sera lancée, Auroville commencera à émerger en tant que ville urbaine et écologique, mais elle a encore besoin du soutien et de l'ouverture d'esprit des deux parties pour y parvenir.
La population de la ville stagne également depuis un certain temps. L'une des raisons pour lesquelles nous avons été incapables de manifester la ville pendant si longtemps, c'est bien sûr l'argent. Voici un point de vue intéressant sur ce problème :

> *Q : Y a-t-il un obstacle particulier qui empêche l'argent de venir à Auroville ?*
> *R : C'est le manque d'élan vers l'avenir qui empêche l'argent de venir.*
> *Q : Y a-t-il quelque chose de particulier à faire pour que l'argent vienne en plus grande quantité ?*
> *R : Une certitude confiante dans l'avenir inéluctable peut briser cette résistance* [3].

Henke Thomas et Manuel Thomas, co-auteurs de *Economics for People and Earth*, (l'économie pour les gens et la Terre), une étude de cas de l'économie d'Auroville, offrent une évaluation convaincante dans une interview de 2008 et une autre, plus ancienne, de 1997, toutes deux disponibles dans la compilation «Auroville Adventure» d'*Auroville Today*. "Actuellement, Auroville n'a pas la base nécessaire pour former sa propre économie monétaire interne... Auroville est trop petite pour expérimenter une économie d'échange sans argent". Pour que cela devienne possible, ils envisagent un minimum de 30 000 à 40 000 personnes et une stabilité économique via les secteurs industriel et commercial. Les deux hommes s'inquiètent de la «santé» du secteur commercial, compte tenu de l'attitude négative de la communauté envers l'argent et les unités commerciales.

M. Henke a réaffirmé la nécessité d'un développement sur différents fronts, notamment le développement agricole et industriel. "L'industrie a été à l'ordre du jour d'Auroville depuis le tout début. L'une des quatre zones de la ville a été décrite par la mère comme la zone industrielle. Mais ce défi n'a pas été suffisamment relevé ... cela implique une attitude accueillante à l'égard du commerce et de l'industrie ... et de réfléchir au modèle industriel qu'elle souhaite promouvoir», ainsi que des modèles de distribution, de gestion et de prise de décision participative. À l'heure actuelle, la zone industrielle est une zone désordonnée sans direction claire, et n'offre que peu de signes d'évolution vers le secteur productif fort qu'elle était censée être. Au contraire, elle se heurte à une résistance au développement.

A l'exception de quelques unités régulières et importantes comme Maroma, la plupart des unités d'Auroville sont des entreprises artisanales de taille moyenne ou petite qui ne peuvent pas servir à la construction ou à l'entretien de la ville. Un nouveau secteur touristique s'est développé entretemps, avec une prolifération de restaurants, de boutiques et de chambres d'hôtes qui contribuent également à l'essor de la ville depuis quelques années, mais les gens restent réticents à l'idée de se vendre à ce secteur. Manuel et Henke Thomas soulignent que si des subventions substantielles sont reçues de l'étranger, la plupart d'entre elles sont destinées à l'éducation et aux travaux écologiques et alimentent généralement l'économie bio-régionale et celle de quelques porteurs de projets. Bien que cela soit une bonne chose, cela ne sert pas à construire Auroville et ne cultive pas l'étape suivante, au-delà de la philanthropie, qu'Auroville doit créer. Cependant, à la décharge d'Auroville, souligne Manuel, ses unités d'affaire ont une excellente politique sociale en termes de motivation, de formation et de bonnes conditions de travail. "Ici, Auroville montre la voie».

Examinons l'intention de la zone industrielle incluse dans le plan d'urbanisme :

Les industries participeront activement, ils apporteront leur contribution en nature. Ceux qui n'ont que de l'argent donneraient de l'argent, les autres apporteraient leur travail, leurs compétences et leurs capacités, tandis que les fermes offriraient leurs produits. *"la ville est responsable de la nourriture de tout le monde", disait la Mère, "c'est-à-dire que l'on n'aura pas besoin d'acheter de la nourriture avec de l'argent, mais il faut la gagner. C'est une sorte d'adaptation du régime communiste, mais pas dans un esprit de nivellement : suivant la capacité, la position... la position intérieure de chacun "*[4]...

"Le communisme est d'hier», a-t-elle déclaré un jour, *«le communisme de demain aura pour centre le divin»* [5]. *"L'organisation doit être telle, doit être arrangée de telle façon que les nécessités matérielles de tous soient assurées, non pas selon des idées de droit et d'égalité, mais en se basant sur les nécessités les plus élémentaires ; et alors, une fois cela établi, chacun doit être libre d'organiser sa vie ... "*[6].

Certains de ces principes ont été essayés de différentes manières : une partie de l'alimentation est subventionnée et, bien que les exploitations agricoles, les laiteries et les vergers se développent de plus en plus, ils ne sont pas encore en mesure de produire tout ce dont nous avons besoin. Bien sûr, toutes les terres ne sont pas encore dans la ceinture verte, mais une grande partie de ce qui s'y trouve a été utilisée pour le reboisement, avec quelques fermes et laiteries entre les deux.

Les unités commerciales ont été une sorte de bouée de sauvetage financière pour Auroville. La plupart d'entre elles sont nées de la joie de créer des choses, mais aussi d'un moyen de gagner de l'argent. Prema est née à Auroville. Je me souviens particulièrement d'elle dans le camp d'été pour enfants de Berijam dans les collines de Kodaikanal. Alors que les autres enfants couraient devant, Prema s'arrêtait pour regarder toutes les fleurs sauvages sur le flanc de la colline, et moi aussi, juste pour m'assurer qu'elle ne se laissait pas distancer. À la fin de la journée, lorsque tout le monde rentrait au camp, épuisé, Prema marchait avec une brassée de fleurs, complètement extatique. "J'ai adoré les couleurs" ! Son sourire est toujours aussi malicieux. Il n'est donc pas étonnant qu'elle ait baptisé son unité de confection Rangoli.

Après le départ de ses camarades de classe pour des études supérieures ailleurs, Prema a voyagé en Inde pendant un certain temps, attirée par les couleurs et tout ce qui était unique et original, et a même passé du temps à Nrityagram pour apprendre la danse Odissi. Elle a eu l'occasion de vivre et d'étudier à l'étranger, mais elle ne pouvait envisager de quitter Auroville aussi longtemps. "Je n'ai jamais eu de problème avec l'éducation, je savais que je pouvais faire ce que je voulais vraiment et je pense que j'ai eu de la chance de grandir sans que l'argent soit une équation pour tout».

Rangoli a commencé tout à fait par hasard. Prema était attirée par la beauté des saris Bengalis Tangail que la mère de son amie Anupama portait toujours. Après le décès de sa mère, Anupama a donné à Prema tous ces saris. "C'était comme un trésor et je ne voulais pas me contenter de les empiler, je voulais les célébrer d'une manière ou d'une autre et j'ai commencé à créer des vêtements à partir de ces saris». Travaillant avec des tailleurs locaux, elle a commencé à confectionner des vêtements pour elle-même et ses amies et la demande s'est rapidement faite sentir.

Depuis, Prema travaille avec des tisserands à Indore et surtout dans les villages du Bengale, «où ils connaissent Sri Aurobindo. Dans un village, je suis même tombée sur la Charte d'Auroville. C'était quelque chose". Ce qui l'inspire le plus dans son travail est le poème de la Mère sur la beauté. Avoir de la beauté dans la pensée, l'action, les mots et l'expression. "C'est presque comme une devise». Les vêtements de Prema ne se trouvent pas dans les boutiques de mode habituelles, mais dans les stations touristiques et les endroits où les gens sont plus attirés par le style que par la mode, et où ils ont tendance à apprécier la beauté et la qualité. Tout a été une pratique croissante, en écoutant son intuition et tout en apprenant à gérer une équipe, la main-d'œuvre, ou à gérer des déficits soudains au milieu des échéances et à maintenir la qualité. C'est parfois difficile, mais une fois que tu es complètement claire, quelque chose se produit, comme une magie ou un miracle. Rangoli ne fait pas encore partie des grands contributeurs mais, dit-elle, «j'apprends à travailler dur maintenant, mais avec détachement».

La trajectoire de Chandresh a été différente. Ancien élève de l'école de l'Ashram, il se souvient d'avoir aidé lors de l'inauguration d'Auroville, puis d'être venu travailler au Matrimandir. Après avoir terminé ses études d'ingénieur à la SAICE, Pondichéry, son penchant naturel pour le démontage et le remontage des choses l'a amené à s'intéresser à l'électronique informatique, un domaine alors très nouveau en Inde et il a rapidement participé à des projets avec de grandes entreprises

Indiennes. Ensuite, ce fut vingt-deux ans dans la Silicon Valley, une période très productive et couronnée de succès. Bientôt, il fut en contact avec les groupes Sri Aurobindo aux États-Unis, organisant des conférences et des groupes d'étude, éditant *Collaboration* et devenant un membre actif d'Auroville International USA (AVI-USA). À partir des années 1990, il a commencé à collecter des fonds pour Auroville : pour le terrain, le Matrimandir, la Maison Internationale dans la Zone Internationale, et a même lancé une anthologie de poésie spirituelle éditée par Lloyd.

Après deux décennies actives aux Etats-Unis, Chandresh a décidé de revenir à Auroville. La situation post-11 septembre lui a fait comprendre qu'il ne pouvait pas rester plus longtemps. Au cours de l'année du millénaire, l'appel de la Mère à des "héros guerriers», les personnes sans ego dont on avait besoin pour le travail de l'avenir, lui a laissé une profonde impression, indiquant que son travail était désormais à Auroville. Cependant, si collecter des fonds et faire avancer des projets de loin était gratifiant, faire de même à Auroville, en tant qu'Aurovilien, était une tout autre histoire ! Pour Chandresh, le modèle d'entreprise artisanale qui ne profite qu'à quelques Auroviliens et à leurs travailleurs, et qui offre une petite contribution mensuelle, n'est pas le meilleur modèle pour la croissance d'Auroville. Néanmoins, il a apporté avec lui un esprit d'entreprise engagé et une envie d'incuber et de motiver de nouvelles start-ups pour voir ce qui pourrait être fait au-delà du commerce, dans les secteurs des services et des activités. C'est dans cette optique qu'il a créé Saracon et qu'il a exploré des projets qui bénéficieront à l'ensemble d'Auroville, tels que le transport collectif, la fibre optique, les vélos électriques, un plan d'ensemble pour les vélos et des kiosques à vélos pour l'ensemble d'Auroville, ainsi qu'en aidant des unités comme Well Paper qui travaillent avec la microfinance pour autonomiser les femmes des villages. Le projet du marathon d'Auroville qu'il a initié a été particulièrement réussi. Il dispose désormais de sa propre équipe de base et d'un groupe de plus de 200 bénévoles. Avec plus de 3 000 coureurs qui ont participé en 2015 et beaucoup d'autres qui veulent se joindre à eux, il est considéré comme l'un des meilleurs marathons en Inde. Pour une ville qui rêve des Jeux olympiques, c'est un bon début.

Cependant, tous les projets n'ont pas abouti et le processus collectif a parfois été frustrant. Chandresh est retourné à son domaine, l'informatique et les réseaux, pour mettre en place deux portails clés pour Auroville : Auroville Green Practices et Auroville Consulting, qui rassemblent des personnes ressources et une expertise dans les domaines des travaux verts, des technologies appropriées, de l'agriculture biologique, la gestion de l'eau et des déchets d'Auroville et de l'extérieur. Cela a conduit à un flux productif d'idées et de réseaux de recherche et il travaille actuellement à la création d'un portail pour l'éducation. Et qu'en est-il de la ville ? Ne mérite-t-elle pas quelque chose ?

Chandresh sourit, mais ne dit rien.

Le Matrimandir n'aurait jamais pu être construit par les 1 000 adultes à bord, vivant avec une maintenance moyenne d'environ 500 roupies par mois. La chambre intérieure et la peau intérieure n'auraient pas été possibles sans l'engagement soutenu d'un homme, que nous soupçonnions d'appartenir à «l'autre" camp. Son offrande ne nous a pas été faite à nous, mais comme un engagement envers la Mère. Toine m'a donné un compte rendu fascinant sur la façon dont cela s'est produit au moment le plus improbable.

Mais d'abord, un rapide coup d'œil sur la façon dont Toine est arrivé à Auroville, une autre histoire de l'entrée dans les plans bien conçus du Divin, apparemment par hasard, pour découvrir un nouvel oxygène qui a conduit tant d'entre nous directement à Auroville. Alors que Toine terminait ses études d'ingénieur électricien en Hollande, il se sentait agité, cherchait des livres de philosophie occidentale et jouait au ping-pong avec un voisin, un jeune moine d'un monastère situé un peu plus loin, qui était allé en Inde. Il s'appelait Ruud Lohman et il parlait parfois d'un ashram intéressant. Après son départ, Toine a découvert une longue rangée de livres à son université qu'il n'avait jamais remarquée auparavant. Il a lu *Le Cycle Humain* de Sri Aurobindo, et bien d'autres, jusqu'à ce que l'*Aventure de la Conscience* de Satprem l'amène à découvrir Auroville International, en Hollande. Toine a repris contact avec Ruud par leur intermédiaire, est venu lui rendre visite et est resté.

«C'est un miracle comment tout a été arrangé», me dit-il. Il est arrivé à Auroville le jour où débutait la construction des piliers du Matrimandir, et il a commencé à travailler immédiatement, à porter la brouette à tour de rôle avec Kenneth. On lui a donné une chambre dans la pépinière et il a rapidement commencé à s'occuper des travaux électriques à l'amphithéâtre et au Matrimandir. Parallèlement, il a créé le service électrique d'Auroville. "Il fallait d'abord s'occuper de l'âme, puis du corps d'Auroville», explique-t-il avec la logique typique de Toine.

Retour au mois de juin 1990 : Le Matrimandir était bloqué financièrement et Toine de retour dans l'équipe de coordination. Le jour de l'anniversaire de John, Toine l'a conduit à l'Ashram pour qu'il puisse se rendre dans la chambre de Sri Aurobindo pour une méditation. Après cela, sur une impulsion soudaine, ils décidèrent de rendre visite à Madanlal-ji et de l'inviter à voir les progrès du Matrimandir. John était nerveux, Madanlal-ji avait fait partie de l'équipe d'organisation à Pondichéry et était membre de la Société. Même si le procès avec la SAS était terminé et que nous étions désormais une fondation, il y avait encore un certain malaise. Madanlal a été tout aussi surpris de les voir et accepta prudemment de visiter le Matrimandir après quelques mois. Deux jours plus tard, il y eut un appel téléphonique. Pouvait-il venir le lendemain ? "Heureusement, il est arrivé alors qu'une réunion du Matrimandir était en cours, sinon l'enfer se serait déchaîné». Toine sourit. Personne ne l'a remarqué, mais à la fin de la matinée, Madanlal avait pris en charge la totalité du coût de la chambre intérieure. Il a progressivement financé la peau intérieure et bien d'autres choses encore, jusqu'aux pétales et à toute la pierre d'Agra pour le Matrimandir».

Toine énumère une liste de donateurs issus du monde des affaires et de l'industrie Indienne qui ont offert des matériaux, de l'aide et du dévouement, comme ce fut le cas pour la moquette de la Chambre intérieure. Il s'agit là d'une générosité inestimable qui a joué un rôle actif en aidant le Matrimandir à se manifester, sans interférence. Lors de la retraite, Toine a apporté la présentation des «éléphants dans la pièce» pour proposer une issue à notre impasse actuelle avec la ville. "Nous devons sortir du schéma «pour et contre» dans lequel nous sommes coincés depuis si longtemps. Je voulais donc proposer une troisième position où les deux parties peuvent être intégrées. Mais comme tu le sais», dit-il en riant, «cela n'a pas été autorisé». Mais il y a une écriture dans le ciel pour que les choses changent, même si nous ne pouvons pas encore le voir.

En plus des affaires, de l'esprit d'entreprise et de la collecte de fonds, il y a aussi la question de la terre, de la sécurisation de la base matérielle d'Auroville. Les promoteurs extérieurs achetant des terrains à la périphérie de la ville et dans la ceinture verte ont fait grimper les prix en flèche et ont entraîné un développement aléatoire tels que des hôtels, chambres d'hôtes, magasins et restaurants là où une partie de la ville et de la ceinture verte sont marquées. Cela peut faire échouer le plan de la Galaxie et même l'empêcher de se réaliser et Auroville a depuis longtemps besoin d'une forme de protection des terres jusqu'à ce qu'il y ait des fonds pour acquérir le terrain.

Une collecte de fonds active est en cours pour sécuriser les terrains dans la zone de la ville, et pour commencer à compléter la ceinture verte. Une autre approche a consisté à essayer d'échanger certains des terrains périphériques qui ne relèvent pas du plan directeur, ce qui pourrait résoudre le problème d'un seul coup. Inutile de dire que toutes les suggestions ont été rejetées. C'est peut-être là notre soupape de sécurité, sauf que de précieuses opportunités sont manquées, ce qui rend le processus beaucoup plus difficile et la réalisation d'Auroville est volontairement retardée.

Le problème de l'investissement dans les terres, achetées au hasard, est évoqué dans une conversation, dans l'*Agenda de la Mère* du 10 mars 1972, où elle raconte à Roger la confusion à laquelle elle est confrontée pour la première fois en matière de fonds. Les gens ne savaient plus où donner de l'argent avec la prolifération de Sri Aurobindo ceci ou Sri Aurobindo cela. J'ai beau leur dire, vous n'êtes pas ici pour représenter vos intérêts... ils ne comprennent pas... (le chef de la SAS) continue à vouloir développer la Société Sri Aurobindo, et il achète des propriétés qui valent des lakhs de roupies", en apparence des terres dont Auroville n'avait pas besoin et "alors cet argent, au lieu d'aller au travail général, il s'en va comme cela"

Il était urgent à l'époque, et il l'est encore aujourd'hui, de sécuriser les terrains pour la zone urbaine et la ceinture verte d'Auroville. Au lieu de cela, certains collectent des fonds pour des projets environnementaux en Haïti, au nom d'Auroville, ce qui est une aberration. Peut-être tout ce qu'il faut, comme le dit Toine, c'est un petit nombre de personnes, qui voudront financer le terrain pour Auroville et éventuellement sa construction.

Aryadeep a été l'ange gardien du terrain d'Auroville pendant des années, s'en inquiétant, écrivant à ce sujet quand personne d'autre ne réalisait qu'il y avait un problème. Je le rencontrais au bureau du CSR où les gens allaient pour faire des copies Xerox à l'époque. De temps en temps, il me disait : «Tu sais écrire. Pourquoi ne pas écrire quelques histoires pour sensibiliser les gens à la situation des terres ? Je pensais qu'il plaisantait, mais Aryadeep était très sérieux. "Tu ne me crois pas ? me disait-il, déçu. En fait, personne n'y prêtait attention jusqu'à ce qu'un jour, en 1999, Guy convoqua une réunion d'urgence à l'amphithéâtre et déclara : "La maison est en feu». Les terrains d'Auroville risquaient d'être détournés par des spéculateurs immobiliers et nous n'avions pas d'argent pour les acheter. Que faire ? Combien fallait-il pour acheter tous les terrains de la zone du plan directeur ?

Originaire d'Ahmedabad, Aryadeep lisait et étudiait Sri Aurobindo depuis de nombreuses années avant de venir vivre à Auroville. Homme discret et élégant, il devient ardent et loquace lorsqu'il s'agit d'aborder le sujet des terres d'Auroville. "Avec la Mère et Sri Aurobindo, nous sommes entrés dans une phase très évolutive. Notre venue ici est comme remplir un joint d'action avec eux : de rendre l'invisible visible pour le monde».

Il a commencé dans la ceinture verte, près de la maison de Diego à Samriddhi. Au fur et à mesure qu'Aryadeep circulait en vélo il s'est rendu compte qu'une grande partie des terres destinées à Auroville ne nous appartenaient pas et restaient sans surveillance. Toutes ces terres était destinée à manifester l'œuvre de la Mère. Son voisin, Alan, d'*Auroville Today*, lui a fait part des difficultés et espérait que le conseil d'administration se pencherait sur la question. Mais Aryadeep n'était pas tranquille. Des panneaux «À vendre» commençaient à apparaître ici et là. Pourquoi personne ne s'en inquiétait ? Pourquoi Auroville n'avait-elle pas de groupe pour les terres ? L'opinion générale était que nous avions plus de terres que nous ne pouvions en gérer, et que tout allait bien. C'était une erreur, dont nous sommes tous conscients aujourd'hui, mais de manière réaliste, quels étaient nos moyens ? Et à l'époque, l'image de l'ensemble de la ville n'était plus très claire. "Mais la vérité doit être prise dans son ensemble", dit Sri Aurobindo, me dit Aryadeep, «et non par morceaux». Aryadeep ne pouvait donc pas s'empêcher de penser à la terre une seule minute.

La superficie totale nécessaire pour la ville est d'environ 465 hectares, et plus du double pour la ceinture verte. Il ne reste qu'environ 15 % à acheter pour la ville aujourd'hui, alors que plus de la moitié des terres de la ceinture verte n'ont pas encore été achetées et est sujette à la spéculation et à l'empiètement.

Pour Aryadeep, tout a commencé avec Blanche Sherwood.

Peu de temps après, une dame âgée, originaire d'Amérique, est venue nous rendre visite. Elle vivait simplement, aidait à nettoyer les colonnes de Matrimandir et s'arrêtait souvent pour ramasser des plumes au bord de la route. De retour chez elle, sans que nous le sachions, elle rédigea un testament dans lequel elle engageait ses biens en faveur des terrains pour Auroville. Après son décès, le terrain autour de Matrimandir fut enfin acheté et la Zone de la Paix assurée. Ce fut le cadeau de Blanche Sherwood au Divin et cela a réveillé Aryadeep. Les gens avaient besoin de savoir qu'il y avait un endroit où donner, un endroit qui ferait une différence pour le monde. C'est ainsi qu'il a commencé à travailler sur Auroville, la Terre Reine - un appel à l'acquisition de terres pour Auroville, exhortant les Auroviliens et les sympathisants à se réveiller avant qu'il ne soit trop tard et à apporter leur contribution, grande ou petite.

... je dis aux gens que la création d'une ville comme Auroville a plus de poids dans l'histoire de la terre que tous les groupements du monde [7]*...*

Ainsi soit-il.

Notes de fin

1   Paroles de La Mère, Vol 14, p.204
2   Idem., p. 294.
3   Idem., p. 270-271.
4   Idem., pp. 291.
5   'History of Auroville Compilation, Mother India, Vol. 6, December 1981, p.46 Auroville Archives.
6   Paroles de La Mère, Vol 14, pp. 291.
7   L'Agenda de Mère, Vol. 8, 25 octobre 1967.

21

UNE EXPÉRIENCE DE VIE COLLECTIVE

Conditions requises pour vivre à Auroville
La conviction de l'unité humaine essentielle, et la volonté de collaborer à l'avènement de cette unité. La volonté de collaborer à tout ce qui favorise les réalisations futures [1].

Paroles de La Mère

Les informations sur la façon de rejoindre ou de vivre Auroville peuvent être facilement trouvées sur le site d'Auroville, mais les deux conditions énoncées ci-dessus restent prioritaires et il est étonnant de constater à quel point elles sont exactes. La première fait écho à la Charte. La seconde, à la ville.

Cinquante mille personnes dans la ville, ses fermes et ses forêts ? Il y a suffisamment d'espace disponible, mais nous devons être créatifs et ouverts pour essayer de nouvelles idées, pour que les gens continuent à venir, comme nous l'avons fait, attirés par quelque chose d'indéfinissable. Nous devons être prêts à les accueillir et non à les rejeter parce qu'il n'y a pas assez de logements. Le choix qui s'offre à nous est donc le suivant, une croissance aléatoire et irréfléchie, ou une belle ville, planifiée consciemment, même s'il s'agit d'un mélange de projets temporaires et permanents - car la zone résidentielle et d'autres zones d'habitat dans la ville ont été créées à la fois pour une forte densité et pour des concentrations plus détendues.

Actuellement, plus de la moitié de la population mondiale vit dans les villes. Pour la majorité d'entre eux, les villes sont devenues synonymes de normes sous-humaines, sans visage, d'un environnement désensibilisé, de lutte, de violence, de stress et de conflit, ou encore une banlieue tentaculaire. Construire une ville en harmonie avec l'environnement et une grande variété d'individus n'est que la moitié du défi. L'autre moitié consiste à devenir une ville qui exprime Auroville, ses valeurs et un autre mode de vie. Les densités résidentielles peuvent-elles rassembler de multiples courants culturels, à travers les nationalités, les langues, les sexes et les groupes d'âge, de différentes couches financières et sociales ? Peuvent-elles réduire la consommation en partageant des jardins et des équipements communs, en supprimant les domestiques et les machines à laver personnelles et, surtout, permettre de ne pas considérer la maison ou l'appartement qu'ils habitent comme une possession ?

Auroville est l'endroit idéal pour ceux qui veulent connaître la joie et la libération de ne plus avoir de possession personnelle[2].

Citadines est une expérience pionnière. Située dans le quartier Habitat du Centre-Ville, elle a tenté un certain nombre de choses pour renforcer le sentiment d'appartenance collective des personnes qui y vivent, ainsi qu'un sentiment de responsabilité collective à l'égard du lieu de vie et de l'environnement. En même temps, elle apporte un équipement collectif pour l'ensemble d'Auroville, le Centre des Arts, et bien sûr, pas de propriété. Toutes les propriétés appartiennent à Auroville. Citadines est également à l'origine d'un sens de l'économie partagée qui va au-delà de l'idée d'un logement abordable par rapport à un logement cher, où seuls les nantis peuvent avoir de beaux endroits pour vivre et que ceux qui n'ont rien doivent se contenter de biens de moindre qualité. L'objectif est plutôt d'encourager un mélange de possibilités économiques permettant à Citadines d'offrir plus de 75 % des appartements gratuitement, à ceux qui vivent et travaillent à Auroville depuis longtemps, mais qui n'ont pas la possibilité de financer un logement.

Citadines n'est pas une déclaration architecturale extraordinaire, mais elle réussit à offrir quelque chose de simple, de riche et de beau pour tout le monde. La Zone d'Habitat est une rue qui comprendra des bâtiments interconnectés tels que Sunship, Mitra, Inspiration à une extrémité de Citadines et la Maison des Jeunes à l'autre. Elle est conçue comme une zone piétonne, non seulement pour préserver la zone de la pollution et du bruit, mais aussi pour créer une ambiance urbaine et une vie harmonieuse. Ici, les gens peuvent se rencontrer, déjeuner ensemble, assister à des activités et à des expositions, se rendre à pied au Matrimandir ou à travers les parcs et les couloirs verts, intégrer l'agriculture urbaine, suivre des cours de tai-chi, jouer et rêver. Tout cela en fait quelque chose de plus qu'un simple immeuble d'appartements. Citadines récupère également les eaux de pluie, gère ses jardins avec les eaux usées du bâtiment, évite l'air conditionné, recycle les eaux usées et a introduit l'énergie solaire.

A l'heure du déjeuner, le mélange de personnes dans la salle à manger de Citadines possède un charme qui lui est propre : il y a des gens qui viennent de la région, d'autres de l'Andhra, du Gujarat, du Punjab ou du Bengale. Une douzaine d'entre eux sont Français, et d'autres viennent de Bulgarie, de Russie, d'Ukraine, d'Allemagne, de Hollande, du Sri Lanka, des États-Unis, d'Argentine et du Brésil, et bien sûr les enfants nés à Auroville. C'est à peu près tout le monde, de huit à quatre-vingts ans. Mais de l'autre côté de la table, rien de tout cela n'a d'importance : nous ne sommes qu'une bande d'Auroviliens qui parlent de la pompe, d'une réunion ou d'une pièce de théâtre que quelqu'un a vu la veille. Parfois, la discussion porte sur un changement de conscience.

Derrière ce projet, il y a un homme intrépide au rire joyeux, Louis C., et une équipe dévouée. Louis a été régulièrement critiqué pour être un adepte de la Galaxie de Roger, un promoteur Français en plein voyage personnel et avide de construire et de construire, et qui détruira sûrement la planète entière et rendra Auroville complètement insoutenable. Avec de telles références, je lui ai demandé si c'était vrai.

"C'est tout à fait différent», répond-il simplement. "Tu te souviens qu'il y a eu une crise du logement il y a quelques années ? Les Auroviliens de longue date et les nouveaux arrivants avaient un besoin urgent de logements et nous avons donc pensé à ce projet dans la zone d'habitat. Il s'agissait également d'un essai pour voir ce qui fonctionnerait en matière de vie urbaine collective. Le développement est tellement plus difficile et compliqué ici, que ce soit sur le plan matériel ou administratif. Il y a eu des difficultés, mais maintenant c'est là et j'en suis totalement reconnaissant. C'est Elle qui l'a fait.

Elle était derrière tous les détails. Il ne s'agit pas d'être un promoteur ou quoi que ce soit de ce genre, mais de participer au plan de la Mère, de le réaliser matériellement sur la terre. Auroville possède à la fois une dimension spirituelle et urbaine à la fois. Avant d'être écologique et verte, elle doit être une ville spirituelle, où l'on peut apprendre à vivre différemment et suivre une quête intérieure permanente de transformation. Il s'agit de vivre cette recherche de l'unité humaine, surtout en cette période de crise dans le monde, avec de nombreuses personnes de pays et d'horizons divers. Citadines a toujours été un projet collectif». Pour Louis, cela a été une expérience de créer ce lieu d'hébergement pour les gens, de pouvoir offrir des appartements gratuitement et de créer un environnement et une économie de partage. "Mais après le niveau conceptuel et les détails de la réalisation, cela doit devenir un lieu d'unité spirituelle et fraternelle. Et nous voulions que l'entretien matériel soit pris en charge par une équipe et qu'il soit considéré comme un système de services dans la ville ".

"La mère a dit que c'était indispensable», lui dis-je.

" Elle l'a dit" ? Louis est interloqué. "Où as-tu vu ça" ?

Je lui parle du premier rapport de Roger que Paulette vient de mettre en ligne sur Auronet : *l'entretien à vérifier par un service d'Auroville qui en prend la responsabilité.* Ce à quoi la Mère répond : «Cette mesure est indispensable».

"Il était là..." Louis secoue la tête, il est de l'autre côté, mais c'est la même chose. Il est avec nous pour continuer la ville».

Thulasi est une incontournable du Matrimandir. Quelle que soit l'heure de la journée, vous la trouverez en train de faire quelque chose, au téléphone, avec une serpillière, en train d'arranger une chose ou une autre. Elle est également la fée des gâteaux de Citadines. Thulasi est venue en visite du Sri Lanka en 1999. Ces années-là étaient difficiles dans son pays.

Au premier abord, elle n'a pas aimé Auroville. Il y avait trop de touristes qui traînaient. Mais alors qu'elle déjeunait à la cuisine solaire, Joy s'est arrêtée à sa table.

Es-tu Aurovillienne ?

Elle secoue la tête.

Une nouvelle venue ?

'Non !'

'Non ? Mais tu en as l'air.

Thulasi revint trois ans plus tard en tant que professeur de yoga et Auroville commença à prendre tout son sens, mais ses parents avaient besoin d'elle et ce n'est qu'un an plus tard qu'elle a finalement décidé de joindre Auroville. "Tout était si facile», se souvient-elle avec un peu d'étonnement, «tout s'est passé comme ça». Elle a commencé à travailler au Matrimandir, s'occupant d'abord des réservations pour les visiteurs qui venaient se concentrer. Un jour, alors qu'elle traversait une crise personnelle difficile, quelqu'un lui a montré John H. et lui a dit : «C'est John Harper. Il est venu du Canada et il donne toute sa vie au Matrimandir. À ce moment-là, un déclic s'est produit en elle. Je voulais être cela, donner toute ma vie à quelque chose. Le Matrimandir est devenu cet endroit». Le lendemain de l'énorme cyclone Thane, Thulasi était en service de nuit. Tout était calme alors qu'elle se promenait dans le jardin et regardait le Matrimandir. "Cette nuit-là, j'ai compris quelque chose. Auroville était là. L'âme était là. Nous avions été placés ici pour voir ce que le monde n'était pas capable de voir. J'ai commencé à connaître Sri Aurobindo et ce qu'était l'Auroville de Mère. Petit à petit, chaque jour, comme si j'étais ici pour la première fois».

Thulasi arrive généralement en retard pour le déjeuner et se dirige directement vers la salade de fruits. De temps en temps, elle arrive avec un gâteau auquel personne ne peut résister.

"L'obtention de l'appartement à Citadines a été une très belle expérience». Son visage s'illumine. J'avais entendu dire que l'équipe de Citadines établissait une liste pour les appartements gratuits. Alors, quand j'ai vu Louis au Matrimandir un jour, j'ai demandé s'ils pouvaient penser à moi. L'après-midi même, Gérard et Fabienne l'invitaient.

"Tu veux un appartement avec ou sans meubles ?
"C'était trop ! Alors j'ai dit «n'importe quoi».
"Prends avec les meubles, ce sera plus facile pour toi".
Et c'est ce qui s'est passé. "Parfois, il faut juste demander à la Mère." Thulasi rit.

Je lui demande si Citadines était différent de l'endroit où elle se trouvait auparavant. Est-ce que quelque chose a changé pour elle ?

"C'est plus souple. C'est aussi un foyer. Je pense que nous avons eu de la chance avec toutes les personnes qui sont venues vivre ici. Personne ne vous demande de leur ressembler, la diversité est admirée et pourtant l'unité afflue. Et tout est pris en charge, alors on apprend aussi à prendre soin de tout. Mais maintenant, je peux aller travailler sans me soucier d'un robinet qui fuit». Thulasi regarde la cafétéria et sourit. Regarde, nous avons trois camps de base. Il y a la table française, la table russe, la table mixte où Pierre et toi vous asseyez habituellement et les enfants ont leur propre table. Mais nous nous déplaçons parfois d'une table à l'autre, ou nous mangeons seuls quand nous en avons envie, et il y a vraiment une beauté dans les relations. Ce n'est donc pas seulement un bâtiment où l'on vient dormir. Les difficultés seront toujours là, mais j'apprends que ce n'est pas la fin du monde».

Louis a demandé à Carlos s'il souhaitait rejoindre le projet Citadines et faire partie de l'équipe, et c'était oui, tout de suite. Carlos se souvient du jour où la construction a commencé.

"Aiswarya (sa fille, alors âgée de cinq ans) était notre présidente ce jour-là, et lorsqu'elle a posé la première pierre, il y avait une telle force, et j'ai su que c'était le début de la ville. Je ne m'attendais à rien du tout, mais c'est venu comme une perception claire dans le corps. Ce n'était pas quelque chose de superficiel, ni une idée ou un sentiment, c'était une force. Parfois, la grâce traverse tout cela et nous donne sa vision".

Carlos travaille dans le domaine de la peinture : maisons, bâtiments publics, écoles et, à l'occasion, il s'occupe de chantiers de construction. La philosophie et les grandes idées ne l'intéressent pas. Il s'intéresse aux peintures et aux couleurs, à l'antirouille à utiliser. Il préfère se fier à l'expérience directe et suit ce fil conducteur autant que possible pour guider sa vie et son travail. Originaire d'Argentine, Carlos a passé quelques années en Europe où il a entendu parler de Sri Aurobindo et d'Auroville à travers les livres de Satprem.

La première fois que Carlos s'est trouvé devant le Matrimandir, il s'est rendu compte d'une manière très physique qu'il ne pouvait pas entrer dans le bâtiment. Une préparation était nécessaire pour pouvoir contenir l'expérience qui se trouvait à l'intérieur et il s'est retrouvé à demander de l'aide. "Un ouragan a traversé le corps et tous les conflits qui m'habitaient ont été effacés. C'était une telle puissance que j'ai su que je pouvais maintenant y entrer». Le Matrimandir reste un pivot, guidant Carlos à travers une variété d'expériences et une compréhension intérieure. "À Auroville, tant de choses sont attaquées : notre unité, la ville, notre éducation, mais rien ne peut toucher cela. Cela permet à chacun de suivre le chemin collectif avec ses propres difficultés et de contribuer à les changer. En fin de compte, tout est lié au Matrimandir. C'est notre centre physique et notre centre intérieur. C'est le pont. Si nous établissons une relation avec lui, si nous apprenons à lui faire confiance avec sincérité, humilité et conscience, tout ce qui doit changer dans notre humanité peut changer grâce à son pouvoir".

Comment faire le pont avec la conscience ? Tout cela peut devenir des discussions autour de la table à l'heure du déjeuner avec Carlos, Aryamani, Sam, Gudula, Pierre et d'autres, selon l'humeur. Carlos se souvient d'une expérience bouleversante avec Sri Aurobindo : un silence massif, et le fait de comprendre que pour chacun, seul le corps peut faire un pont avec cette Conscience. C'est pourquoi la ville doit être là, dit-il, c'est le corps physique d'Auroville. "Lorsque les choses deviennent difficiles ou disharmonieuses et que le mental commence à se débattre, je dois me rattraper et revenir à cette expérience, car c'est le pouvoir d'une harmonie bien plus grande».

Un homme grand et mince arpente chaque jour Citadines pour s'assurer que tout fonctionne correctement et que tout est entretenu. Ses yeux sont très bleus et se plissent lorsque le soleil darde ses rayons sur Auroville. Yevgeny (Jenya) vient de Biélorussie où les températures peuvent descendre jusqu'à -50°C en hiver. Chaque été nous le sentons brûler dans la chaleur du sud de l'Inde, mais il est là, à travailler. Comment a-t-il atterri à Citadines, Auroville, en Inde ?

"J'étais déjà dans le courant du yoga», me dit-il. Sa mère s'intéressait au mysticisme oriental, il avait lu quelques livres, l'avait accompagnée une fois à une conférence où l'orateur, un Indien, avait le pouvoir du cœur et dégageait une chaleur qui allait bien au-delà des mots. À vingt-deux ans, il lisait Sri Aurobindo. À la fin de ses études à Saint-Pétersbourg, il est resté à la cité des jeunes, après que tout le monde soit parti, lisant tout et restant tranquille, et il eut alors la première expérience du silence, comme une force descendante de la conscience. "Le démarrage a été assez fort», sourit-il, mais il était difficile d'en parler à qui que ce soit. Les gens ne comprenaient pas. Pourtant, l'expérience était si concrète que «vous ne pouviez pas vous en passer. S'en éloigner, c'était comme trahir le cœur même de votre être». C'était aussi une compréhension qu'il devait être sincère à tout moment et être ce qu'il était vraiment, au-delà de toute définition extérieure. Ce fut une période de préparation intense. "Je savais que la Biélorussie n'était pas ma vraie maison. Je devais aller là où je devais être. Il a essayé d'apprendre l'Hindi, mais à Minsk ce n'était pas facile. L'ambassade de l'Inde lui a donné un livre et une cassette avec de la musique Hindi, mais pas de professeur. Finalement, il a décidé qu'il devait apprendre l'anglais pour voyager et qu'il était temps d'aller en Inde, pour toucher Pondichéry.

Jenya est arrivé en 2005, mais n'a pas pu trouver la bonne place dans l'Ashram. Il avait lu au sujet d'Auroville, ainsi que l'*Aventure de la Conscience* de Satprem et a décidé de s'y rendre.

Mais Auroville lui semblait un peu trop détendu, et il voulait quelque chose de plus concentré. Pourtant, quelque chose lui disait que s'il s'en détournait maintenant, ce serait la plus grande erreur de sa vie.

Dans la maison d'hôtes de Galina, il rencontra un Russe avec qui il put enfin parler de son expérience spirituelle. C'était un cadeau extraordinaire, mais la meilleure chose était de pouvoir travailler au Matrimandir. Il est allé voir Victor et s'est vu proposer de travailler avec l'équipe des disques et, par la suite, d'effectuer un travail plus technique à l'intérieur de la structure.

À cette époque, il était primordial d'apprendre à communiquer. Il travaillait avec une équipe de travailleurs Tamouls et, avec eux, la timidité était strictement interdite ! "Tout ce qui m'avait bloqué par le passé a dû disparaître et je me suis rendu compte qu'en fait, je connaissais assez bien l'anglais. C'était une expérience merveilleuse ! Ils m'ont aidé à grandir et je me suis fait de nouveaux amis. Bientôt, il était temps de partir, mais il était clair que le retour n'était qu'un moyen de clore un chapitre en Biélorussie, de gagner de l'argent et de revenir».

De retour en Biélorussie, il s'est vu offrir un emploi immédiatement, en pleine crise du chômage. "C'était comme si on s'occupait de moi". Mais il y a eu une curieuse découverte : les rues qu'il avait quittées quatre mois plus tôt étaient toujours les mêmes, comme si rien n'avait bougé, alors qu'à l'intérieur de lui, tout grandissait, apprenait, avançait comme une fusée, à une telle vitesse à l'intérieur.

Jenya a commencé sa période de nouvel-arrivant en 2009 et s'est mis à la recherche d'un travail. Quelqu'un lui a suggéré d'aller voir Carlos à Citadines et ce fut tout, tout était réglé. "C'était vraiment génial " !

Jenya est un Aurovilien relativement jeune, mais sa liste de souhaits pour Auroville est fermement ancrée dans le rêve. "Je comprends qu'à l'heure actuelle, nous sommes les meilleurs que nous puissions être, mais se dépasser, aller plus haut, c'est ce que nous sommes vraiment censés faire. J'espère que beaucoup plus de gens viendront avec ce besoin en eux. L'idéal que nous avons est de vivre selon le Divin, de vivre la vraie existence et je souhaite que les gens viennent pour cela. En grand nombre ! Nous ne sommes pas ici pour faire un peu mieux, vivre un peu plus harmonieusement, mais pour vivre une vie absolument différente. J'espère pouvoir le faire, répondre à toutes les conditions du Divin, parce qu'Auroville est remplie d'une énergie qui nous soutient. La chose la plus importante est de ne jamais abandonner, même lorsque les choses ressemblent à un échec. Nous devons nous tourner à nouveau vers la lumière, vers cet enthousiasme initial, qui est le point le plus important, et ne jamais le trahir ".

Lorsque Pierre et moi avons décidé de nous installer aux Citadines sur un coup de tête, tout le monde a dit que nous étions fous. Abandonner une grande maison-atelier pour s'installer dans un immeuble avec ces servants de la Galaxie ? C'était insoutenable et politiquement incorrect. Certaines personnes ont même cessé de nous regarder. Notre changement avait été motivé par la nécessité de déménager dans le quartier de la ville. Nous étions loin de nous douter de la richesse qui nous attendait. La ville invisible nous réserve bien d'autres surprises à nous offrir au fur et à mesure qu'elle prendra vie.

Notes de fin
1   Paroles de La Mère, Vol 14, p. 208, 19 juin 1967.
2   L'Agenda de Mère, Vol. 10, 20 Septembre 1969.

4
L'Unité

---―∘◇∘―――

Auroville sera le lieu des recherches matérielles et spirituelles pour donner un corps vivant à une Unité Humaine concrète.

Charte d'Auroville

22

LA TERRE D'ACCUEIL

Les personnes en contact avec les villageois ne doivent jamais oublier que ces gens valent autant qu'eux, qu'ils savent autant qu'eux, qu'ils pensent et sentent aussi bien qu'eux. Qu'ils n'aient donc jamais une attitude de supériorité ridicule[1].

Mère sur Auroville.

L'expérience d'Auroville est située sur une petite parcelle de terre dans le Tamil Nadu, en Inde, où nous nous réveillons chaque jour et entendons parfois le *"Suprabhatam"* de M.S. Subbulakshmi à travers les champs. Ici, des personnes du monde entier se sont réunies pour une expérience évolutive d'unité. Cette terre et son peuple ont apporté une immense contribution à l'avenir du monde. Lorsqu'Auroville sera réalisée, la ville construite, la contribution des habitants qui ont rejoint Auroville et de ceux qui travaillent avec nous, ne sera pas moindre. C'est le point de départ de notre unité.

La légende locale semble suggérer que la terre était restée stérile et inoccupée depuis plusieurs siècles pour une raison bien précise. Il y a quelques années, Meenakshi, une poétesse, travailleuse sociale et éducatrice Tamoule bien connue, qui dirige aujourd'hui le Tamil Heritage Centre au Bharat Nivas dans la zone internationale d'Auroville, a commencé à faire des recherches sur l'histoire et les légendes locales. Une anecdote liée à l'ancien temple d'Irumbai raconte l'histoire d'un sage aux grands pouvoirs yogiques. La chaleur de sa tapasya avait asséché la terre et provoqué une famine, mais personne ne pouvait le sortir de sa transe. Finalement, une jeune danseuse du temple trouva le moyen de le faire sortir de sa transe en douceur. Les pluies revinrent et la terre redevint luxuriante. Le chef de la région organisa un puja et des célébrations en l'honneur du sage. La danseuse fut également invitée à se produire au temple. Au milieu de sa danse, quelques clochettes tombèrent de son bracelet de cheville et le sage se pencha en avant pour les remettre en place. La foule commença à se moquer de lui parce qu'il avait touché une femme de basse naissance. Furieux de leur hypocrisie, il les maudit en disant que leur terre serait à jamais desséchée et c'est ce qui se produisit. Le chef demanda l'indulgence, mais la malédiction ne pouvait être retirée, alors le sage prophétisa qu'un jour, des gens viendraient de nombreux pays et la rendraient à nouveau verte et fertile.

Naturellement, cette histoire résonne, mais il existe des documents historiques sur cette région qui remontent à bien plus longtemps. Meenakshi a également consulté des spécialistes de la région et de son histoire. Il s'avère qu'il existe onze hymnes sur Irumbai, attribués au saint-poète du septième siècle Thirugnana Sambandar, qui a parcouru le sud du pays en enregistrant ses temples et ces hymnes ont ensuite été rassemblés à l'époque du Raja Chola au dixième siècle. Les hymnes de Sambandar décrivent Irumbai comme un endroit magnifique, plein de fleurs, mais surtout comme un lieu de tapasya. Un hymne suggère également que la «renommée» de ce lieu disparaîtrait un jour pour revenir ensuite, anticipant ainsi la légende ultérieure.

Meenakshi a également fait des recherches sur l'étroite association du grand poète tamoul, Subramania Bharathi et Sri Aurobindo. Tous deux s'étaient réfugiés à Pondichéry en raison de leur rôle dans la lutte pour la liberté de l'Inde. Avec l'aide de Bharathi, Sri Aurobindo a traduit certaines œuvres des grands poètes Tamouls, Tiruvalluvar, Nammalvar, Kulasekhara et Andal. Récemment, Meenakshi a lancé un magazine commémorant Bharathi, appelé *Mahakavithai*. Je suis très honorée que quelques-uns de mes poèmes aient été traduits en Tamoul dans cette revue. Meenakshi a ensuite attiré mon attention sur le poète Bharathidasan, dont la statue se trouve à l'extrémité du parc qui surplombe la résidence du lieutenant-gouverneur à Pondichéry. La statue porte une petite inscription des mots du poète :

Prêtez tous serment :
Nous ferons un monde vraiment nouveau. Nous le ferons.

C'est le cadeau extraordinaire que les habitants de Pondichéry et du Tamil Nadu ont fait au monde : accepter Sri Aurobindo et la Mère, l'Ashram et Auroville, et permettre la naissance et la croissance *d'un nouveau monde* pour toute l'humanité.

Une relation non seulement cordiale mais amicale avec les habitants du village voisin est absolument indispensable [2] «, soulignait la Mère aux nouveaux arrivants de l'Ouest et de l'Est, *"sans aucune condescendance"*. Comme nous l'avons vu, sur les quelques premières familles qui avaient demandé à joindre Auroville, une seule est restée.

Il est intéressant de noter que ce sont les enfants, parfois très jeunes, qui étaient les plus attirés et les plus curieux au sujet d'Auroville, laissant derrière eux leurs chèvres et s'aventurant dans les salles de classe et les terrains de basket, ils ont rejoint Auroville pour devenir des membres à part entière de la communauté. Les premières générations de Tamil Auroviliens locaux incarnent souvent une synthèse remarquable qui permet de réunir plusieurs mondes en un seul. Leurs enfants, à leur tour, font un autre bond en avant. Il est fascinant et émouvant de voir les expériences de vie très différentes qui sont entrées dans cette aventure.

Parthasarathy (Partha) est né à Aspiration et a fréquenté Last School. À la naissance de sa sœur Lakshmi, il se souvient que sa mère donnait le sein aux jumelles, Swadha et Swaha, car leur mère, Laurence, était malade. Très tôt, il s'est intéressé au théâtre. Cela s'est produit d'une manière curieuse. Une fois par semaine il devait aller chercher des idlis au village de Kuilapalyam pour un petit déjeuner familial spécial. Un jour, alors qu'il attendait, il a vu Srini répéter une pièce avec sa nouvelle troupe de théâtre juste de l'autre côté de la route, dans le village. Partha a commencé à aller les regarder souvent. Un jour, l'un des acteurs est tombé malade et Partha l'a remplacé. Srini s'intéressait aux problèmes sociaux liés à la vie du village et la plupart de ses pièces reflètent cela. Partha était tout aussi curieux de la scène théâtrale d'Auroville et ne manquait jamais une pièce de Joy, Jill ou Johnny. Il a fini par rejoindre le groupe de théâtre de Jill, où il a beaucoup appris. Cela lui a donné l'envie d'écrire et de mettre en scène ses propres pièces, en recherchant des histoires traditionnelles pour les interpréter et les présenter sous un jour nouveau. Partha a également été le premier à lancer des campagnes de nettoyage hebdomadaires avec les enfants de la région dans les rues d'Auroville, en particulier autour du village, et reste en contact avec les programmes bio régionaux pour les jeunes afin de les aider à créer des liens avec Auroville. Mais il met en garde contre le fait qu'Auroville impose ses idées sur la façon dont le village devrait se développer, et qu'il faut au contraire l'aider à grandir à sa manière. Partha a également fait partie du service de l'assemblée des résidents pendant un certain nombre d'années, mais il s'en est retiré, désenchanté par le manque de confiance et la tendance à faire de la «politique», il garde cependant un ferme espoir dans la capacité d'Auroville à changer.

L'intérêt de Partha pour le théâtre l'a amené à se former au programme Awareness Through the Body (La conscience par le corps) avec Aloka et Juan. Il enseigne maintenant ce cours aux enfants du village à l'école Udavi avec Suzie. Ayant toujours eu des intérêts et des capacités multiples, Partha a récemment créé le Dosa Corner au Centre des visiteurs, un endroit où les jeunes peuvent se rassembler et prendre un repas du soir à un coût minimum. Mais pendant ce temps, dans un coin de sa tête, une nouvelle pièce se prépare.

Si vous rencontrez Tixon derrière son ordinateur à l'hôtel de ville, vous penserez que ce jeune homme au sourire chaleureux, aux manières calmes et faciles, a toujours eu la vie facile, sans problèmes et rien pour l'inquiéter, à part une raideur du dos qui va de pair avec les ordinateurs. Faux.

La mère de Tixon était une tisserande de Cuddalore qui est venue travailler à Fraternité, à Auroville, où elle a rencontré son père, un charpentier de Chennai. Le mariage a été difficile pour sa mère et les choses se sont rapidement dégradées. Heureusement, Roy a pris Tixon en pension à l'école de New Creation à l'âge de neuf ans. Il avait onze ans lorsque sa mère a amené son jeune frère à l'internat un matin et lui a dit qu'elle devait partir travailler au Kerala. C'était très étrange et profondément déconcertant. Tixon n'a pas eu de nouvelles d'elle pendant plus de deux ans, n'avait aucune idée où elle était ni comment elle allait. Puis, un jour, il a reçu un coup de téléphone. Elle était à l'arrêt de bus et voulait vraiment le voir. Pouvait-il venir ? Il se souvient du bonheur de la revoir, mais après environ deux heures, elle a dû repartir. Apparemment, elle avait maintenant un travail et un logement à Chenglepet. Peu après, Roy l'a laissé aller lui rendre visite pendant deux jours. Il s'est avéré que c'était un endroit extrêmement éloigné. Ils ont dû marcher pendant des heures après être descendus du bus, c'était très loin de tout. Elle vivait seule et il n'y avait pas grand-chose à manger. Cela l'a l'effrayé. Sur le chemin du retour, il n'arrêtait pas de se demander pourquoi elle devait se battre et souffrir autant ? Quel était le sens de tout cela et à quel point Auroville était spécial.

Tixon a bien réussi à l'école New Creation et, après le septième grade, il est allé à Udavi. Il a adoré l'atmosphère qui y régnait. C'était plus organisé, il y avait de bons professeurs et on s'amusait beaucoup. Il se souvient particulièrement de la prière de la Mère pendant l'assemblée comme d'un véritable moment de beauté. Après le neuvième grade, quelques élèves avaient l'occasion d'étudier au Royaume-Uni dans le cadre d'un programme d'échange. Tixon s'est présenté aux tests et a été sélectionné.

Le fait d'aller au Royaume-Uni lui a ouvert les yeux sur le monde. Tout était nouveau, le programme scolaire était dur et difficile à gérer au début, mais il a appris à s'habituer à la manière différente d'enseigner et à s'ouvrir à une nouvelle façon de penser. Le campus de l'école était un endroit idéal, mais à l'extérieur, dans la ville, lui et les autres étudiants du programme d'échange ont été confrontés à leur première expérience du racisme. Cela l'a fait beaucoup réfléchir au sujet d'Auroville. Comme il était beau que tant de personnes différentes puissent y vivre ensemble. Lorsqu'il est retourné à Auroville, c'était comme revenir enfin à la vraie vie, dit-il en riant. Vraiment, Auroville était la chose la plus réelle au monde». Roy lui a suggéré de s'essayer à l'informatique et il connaissait un certain Guna qui travaillait chez Aurofuture, alors au Bharat Nivas. Tixon est devenu l'assistant de Guna, scannant de vieilles diapositives et apprenant à utiliser l'ordinateur et le graphisme. Bientôt, ils formèrent une équipe, Guna, Prabha et lui, et ils durent faire en sorte que cela fonctionne. C'était une période d'apprentissage intensif. L'internet est devenu mon professeur, j'ai appris à comprendre les choses et à les faire fonctionner».

Travailler pour Aurofuture a également permis de découvrir Auroville pour la première fois, comprendre ce que cela signifiait vraiment et pourquoi c'était là. Pour cela, je suis vraiment reconnaissant pour mon expérience à Aurofuture. Nous avons été exposés à un monde et à une Auroville que je ne connaissais pas. Je souhaite que les enfants qui grandissent ici puissent connaitre Auroville d'une manière ou d'une autre, à l'école ou par d'autres moyens. Ce serait bon pour les enfants et pour Auroville. Cela manque aujourd'hui. Tixon s'occupe de l'internat où il vit désormais avec sa femme, professeur de mathématiques, son enfant et sa mère. Cette responsabilité lui a été confiée peu après le départ de Roy. Il l'accepte simplement parce qu'il veut être là pour les enfants qui, comme lui, ont besoin d'Auroville et d'un endroit sûr pour grandir. Les difficultés sont toujours là, dit-il en souriant, comment les surmonter et travailler ensemble pour Auroville, c'est ce qui doit être fait.

"Ensemble» à Auroville signifie des personnes d'une quarantaine de nations et d'au moins vingt états de l'Inde, qui doivent toutes être capables de vivre et de travailler ici, en harmonie, négocier les langues, les us et coutumes, les opinions et les différentes façons de voir le monde. Ils ne doivent pas être enfermés dans une définition unique de la culture, mais être perçus à travers l'unité de «l'âme unique de l'humanité, de cette personne unique que nous sommes tous», comme le dit John du Matrimandir. Ces dernières années, le plus grand nombre d'Auroviliens est venu de la région, la plupart par intérêt sincère ou suite à un appel, d'autres pour d'autres raisons. Au fur et à mesure qu'Auroville devient de plus en plus stable et organisée, certains ont tendance à la percevoir comme un lieu qui offre un meilleur statut et certains avantages. Mais sans l'appel ou le choix intérieur, que l'on vienne du village voisin ou du Groenland, Auroville peut décevoir et même conduire à des malentendus et des conflits. Ce «vrai besoin» d'Auroville est plus profond et va au-delà des besoins et des satisfactions ordinaires, et constitue le soutien le plus solide pour nous aider à grandir et à résister aux difficultés.

À dix-huit ans, en Italie, Santo traverse une période de curiosité aléatoire et de confusion sans but, qui l'amène à rejoindre un groupe de jeunes d'extrême droite pendant un certain temps. Au même moment, il prend conscience de la crise dans le monde, des gens qui fuient leur pays, et il tombe amoureux d'une jeune fille qui se rendait dans un endroit appelé Auroville. C'était la première fois qu'il entendait les noms de Mère et de Sri Aurobindo.

Quelque temps plus tard, assis dans un bar avec des amis, il eut une expérience inattendue avec le nom de Sri Aurobindo, que les Italiens ont l'habitude de prononcer comme Auurobindo. Il sentit son mental s'apaiser et s'élargir soudainement. Il pouvait même se voir dans la position d'un témoin. Devant lui flottait un mot, d'une sonorité magnifique : Aurora. Lentement et magnifiquement répétant : Aurora ... Auuro est l'or, en italien, et Aurora, l'aube. La vision est devenue blanche, et quelque chose comme une rivière semblait s'avancer vers lui, jusqu'à ce qu'il soit submergé par la lumière. L'expérience était à la fois puissante et très paisible. Mais déjà, le nom de Sri Aurobindo, grandissant dans le cœur, devint la plus grande aide dans les moments de difficultés.

Un an plus tard, en 1983, Santo décida de se rendre à Auroville pour impressionner la jeune fille dont il était épris. Il avait vingt-trois ans, mais la première expérience fut difficile. Il resta avec son ami Stefano, le saxophoniste, essaya de travailler au Matrimandir, mais physiquement tout était dur et grinçant. Qui était la Mère ? Il n'arrivait pas à comprendre et les frustrations commencèrent à s'accumuler. Santo décida alors de rentrer au pays. Sur une impulsion, il demanda à voir un très vieux disciple italien, Nata, avant de partir, mais on le lui refusa. Santo insista, car c'est par les traductions de Nata qu'il avait connu Sri Aurobindo. Il voulait lui poser des questions sur la Mère. Finalement, on le laissa entrer, à contrecœur et il fut choqué de trouver Nata allongée dans un lit, sous assistance respiratoire. Il y avait des bouteilles d'oxygène à côté du lit et un tube dans son nez. Nata lui fit signe de s'approcher. "Il y avait une telle profondeur de cœur dans ses yeux». Santo secoue la tête, submergé par le souvenir. "Une petite vibration de celui-ci est entrée en moi, au plus profond de mon corps, et a pris le contrôle total. Je l'ai reconnue immédiatement. C'était une goutte de l'amour de la Mère. En même temps, il y avait une voix intérieure qui venait des yeux de Nata : *C'est vrai.*

Santo quitta la pièce en larmes, marcha jusqu'à la plage et resta assis très longtemps. *Voilà ce qu'est la Mère*... C'était un état extraordinaire qui a duré quelques heures, comme s'il voyait désormais beaucoup plus loin et plus large que l'horizon." Elle n'est pas cette dame française, comme certains le disent, tu sais. C'est la Mère Divine !

Il a fallu encore sept ans, en Italie, jusqu'en 1990, date à laquelle Santo a finalement dit *«assez»*. Il avait assisté à suffisamment de réunions et de conférences sur Sri Aurobindo et Auroville, mais elles lui semblaient toutes si insuffisantes. L'expérience de la «goutte d'amour» était tellement plus élevée. Comment la relier à Auroville ? *C'était là tout le travail* ! Ce fut un moment qui changea sa vie et Santo s'est rapidement mis en route pour Auroville, après quelques arrêts en Inde.

Dans une bibliothèque d'hôtel, il trouva *La synthèse des yogas* et s'y plongea, se dit qu'il était miraculeux de se rendre dans un endroit où les gens venaient pour cela ! "Mais quelque chose a changé», dit Santo en haussant les épaules. "Les gens ne viennent plus pour cela, ils ne viennent plus pour Auroville. Je parlais avec Rosella l'autre jour. Les gens peuvent venir pour planter des arbres, faire de l'agriculture biologique, travailler avec des architectes, et ceci cela. Ils apportent du bon travail et de l'énergie, mais ne sont tout simplement pas intéressés par Auroville. Cela crée une confusion dans l'atmosphère. C'est pourquoi lorsque nous parlons d'unité aujourd'hui, je ne vois pas le genre de mélange que nous avions auparavant, entre la population locale, les Indiens et les étrangers, tous ensemble. On trouve maintenant des regroupements par nationalité ou par langue, c'est le vieux schéma que l'on retrouve partout ailleurs, et ce n'est pas très Aurovilien.

Les gens ont besoin de savoir *pourquoi* Auroville est là, qui sont Mère et Sri Aurobindo. Les gens ont besoin de savoir pourquoi ils veulent vraiment joindre et rester. Nous avons besoin d'une nouvelle masse critique de qualité. En ce qui me concerne, je reconsidère toutes les positions que j'ai prises au fil des ans pour voir ce que je dois changer en moi «. Santo a toujours soutenu activement les «Tamils Auroviliens» en essayant d'établir des ponts entre les différentes approches lorsque des problèmes se posent. Certaines choses fonctionnent, d'autres se retournent contre eux, créant davantage de malentendus et de conflits. Une nouvelle compréhension est nécessaire de la part de toutes les parties concernées, dit-il. Comment l'âme du groupe émergera-t-elle ? Avec une goutte de l'amour de Mère, peut-être...

Santo me raconte la nuit du cyclone Thane : les arbres tourbillonnaient et tombaient, un demi-million en une nuit, les tuiles et les tiges s'envolaient des toits et le vent grondait et sifflait sinistrement en dépassant les 120 km/h. Comme beaucoup autour à Auroville, Santo lisait Sri Aurobindo à la lumière des torches et répétait le mantra de la Mère et tout était calme à l'intérieur.

Les arbres se sont écrasés très prudemment, juste à côté de nos maisons. C'était comme si les arbres avaient essayé de nous protéger cette nuit-là et personne n'a été tué. Mais le cyclone nous a permis d'entrevoir à nouveau un ciel ouvert et nous a rappelé que, même si les forêts sont admirables et nécessaires, nous avions encore une ville à construire, il nous montrait que nous avions l'espace nécessaire pour le faire, et pour laisser entrer plus de gens.

J'ai fait la connaissance de Bridget au cours de l'été 2012, lorsque nous nous sommes retrouvées dans l'équipe d'urgence du festival d'Auroville à Delhi. À peine trois mois avant l'événement et les deux autres membres de l'équipe étant absents de la ville, Bridget et moi avons commencé à travailler sur le programme, à définir les détails, à obtenir les personnes et le matériel, à planifier le budget, et la logistique des différents événements, nous étions surchargées de travail, mais nous avons pris beaucoup de plaisir à le faire. J'ai appris à apprécier la bonne humeur et le dévouement de Bridget. Bien qu'elle soit encore une Aurovilienne assez «jeune», elle savait négocier les moments difficiles avec un équilibre tranquille.

Bridget vient d'Irlande où elle a fait carrière dans le marketing et la communication avant de s'engager dans l'aide humanitaire. Cela l'a amenée à se rendre au Rwanda après le génocide, une expérience bouleversante. "Je n'étais pas aussi forte que je le pensais». Cette expérience l'a complètement ébranlée et a changé toutes ses perceptions de «l'ordre mondial», ce qui a marqué un tournant dans sa vie : "Il était clair que je devais travailler sur moi-même, renforcer ma croissance intérieure». Les sept années suivantes ont été une période d'exploration et de travail intérieur : yoga, ayurveda, vipassana, guérison pranique, et Bridget a également pris le temps de se qualifier comme professeur de yoga.

L'année 2000 l'a amenée à Auroville pour suivre un cours de Hatha Yoga Elle a séjourné au Centre Guest House et a été charmée par la liberté et la non-conformité générale de l'endroit, et a également assisté à une conférence organisée par Aster, au Bharat Nivas, le Pavillon Indien de la Zone Internationale. L'un des thèmes abordés était le suivant : «Comment faire entrer le divin dans la vie ? "J'ai alors été frappé par le fait qu'il y avait quelque chose ici. Quelque chose d'évolutif. Je pourrais m'épanouir ici" ! Bridget a également rencontré Kathy, qui vivait dans une communauté appelée Adventure, qui lui a dit : «Si tu es intéressée par la croissance intérieure, il n'y a pas d'endroit comme Auroville». Quelque chose était planté à l'intérieur d'elle et elle a commencé à penser qu'elle pourrait y venir quelques mois par an. Mais Bridget est revenue pour de bon en 2005, même s'il y avait encore beaucoup de peurs et de doutes à éliminer, des résistances à abandonner et même, pendant un certain temps, un sentiment d'être très coincée. Puis une période de déblayage s'est produite, comme un feu qui brûlait tout vers la légèreté. Bridget me dit avec un émerveillement tranquille : «C'était une expérience incroyable d'Amour. Mais ces expériences viennent et puis elles disparaissent. Comment les rendre permanentes " ?

Bridget a travaillé comme secrétaire chez Aurofuture et s'est ensuite occupée de Pitanga, un centre de yoga et d'art. "Mais vraiment, il se passe tellement de choses ici, tant de types de personnes. C'est comme un champ fourni où tout le monde peut s'épanouir. Ce serait formidable si les gens pouvaient parler de Mère et de Sri Aurobindo et ne pas les enfermer ou les exclure. Lorsque j'ai lu la Charte pour la première fois, j'en ai eu la chair de poule".

Le chemin intérieur de Bridget est étroitement lié à son sens du service social, ce qui l'a amenée à s'impliquer à Thamarai, avec Kathy, un projet d'action villageoise pour l'éducation, avec une attention particulière pour les femmes. C'est la travailleuse humanitaire qui enfin émerge du feu pour construire un espace d'espoir et de possibilités pour les autres. Je pense à la légende d'Irumbai pendant que nous parlons. Une partie parlait de la terre qui reverdit après une longue sécheresse. L'autre partie concerne la malédiction qui en est à l'origine, à cause d'une mauvaise attitude envers les femmes. Il y a cent ans, Subramania Bharathi écrivait : «*Nous détruirons l'idiotie/du dénigrement des femmes*».

Les attitudes changent, même si c'est lentement, au niveau local, grâce à des programmes d'éducation et de formation professionnelle. De nombreuses villageoises travaillent à Auroville venant en grand nombre en vélo tous les matins, avec des fleurs dans les cheveux, apportant leur beauté dans nos maisons, nos écoles et nos lieux de travail.

Il faut cependant rappeler qu'Auroville n'est pas un projet missionnaire ou humanitaire pour la bio région et au-delà, bien qu'elle atteigne spontanément les villages environnants et travaille avec eux sur divers projets tels que l'éducation, la formation professionnelle, la santé et l'environnement.

"*Vous vous trompez certainement en pensant ... que nous travaillons spirituellement pour soulager les pauvres*», disait Sri Aurobindo dans une lettre. "*Mon travail n'est pas d'intervenir dans les questions sociales dans le cadre de l'humanité actuelle, mais de faire descendre une lumière et un pouvoir spirituels supérieurs... qui changeront radicalement la conscience de la terre...*».

Leur travail n'a rien à voir avec la philanthropie, répétait la Mère. "*Nous voulons éliminer définitivement la cause de la souffrance en divinisant la matière par une transformation intégrale*".

Auroville a permis une collaboration avec le peuple de cette terre pour réaliser la transformation de l'humanité par la vie. Comme l'a dit le saint-poète tamoul Thiruvalluvar un jour :

Lorsque l'occasion rare se présente, saisissez-la / pour accomplir l'acte rare.

"La présence d'une expérience comme Auroville soulève nécessairement le problème du développement régional", a fait remarquer Roger dans une interview accordée à *Auroville Today*, suggérant des villages modèles expérimentaux avec ceux qui étaient volontaires pour participer. "Il faut apprendre à vivre ensemble, car on n'aura pas toujours assez de terrain pour construire à des kilomètres de son voisin le plus proche... et c'est l'affaire des Auroviliens d'avoir la bonne attitude...Il faut avoir une démarche inventive, une démarche urbanistique qui fait partie du message d'Auroville".

Il y a quelques années, j'avais organisé une soirée de poésie autour du chant «L'Âme du monde» de l'épopée de Sri Aurobindo, *Savitri*. Nous l'avons lu en intercalant la poésie de Thiruvalluvar, Nammalvar, Basavanna, Andal, Hafiz, Rumi, Walcott, Homère, Shakespeare, Tukaram, Neruda, Whitman, Rilke, Rimbaud, Darwish, Jimenez, Milosz, Langston Huges, Frank O'Hara, Emily Dickinson, Blake, Ovide, Wu-Men Hui-K'ai et bien d'autres encore. Nous les avons tous lu à l'Amphithéâtre : Norman, Otto, Srimoyi, Aster, Aurevan, Jeremy, Nikolai et moi. Nous les avons lus avec des lampes frontales de cyclistes attachées autour de nos têtes, dans l'obscurité, avec pour seule compagnie les étoiles, quelques douzaines de bougies en terre cuite éparpillées sur le sol, une petite musique d'Aurelio et le Matrimandir à notre droite, tandis que des lignes immortelles de poésie faisaient écho au feu de l'âme humaine, à travers le temps.

Notes de fin
1 Parole de la Mère, Vol 14 p.265, Octobre 1969
2 Parole de la Mère, Vol 14, p. 266, 23 Novembre 1969

23
LE COMMENCEMENT DE L'HARMONIE

L'unité de la race humaine ne peut être accomplie ni par uniformité, ni par domination et sujétion. Seule l'organisation synthétique de toutes les nations, chacune occupant sa vraie place suivant son génie propre et le rôle qu'elle doit jouer dans l'ensemble, est capable de produire une unification compréhensive et progressive qui aura quelque chance de durer [1].

Mère, Education

Au moment où je commence ce chapitre, les répercussions des guerres injustes se font sentir dans le monde entier. Elles font éclore davantage de terreur à mesure que les bombardements se poursuivent, les drones tuent au hasard, les gens sont de plus en plus violents, les films de plus en plus féroces, les enfants de plus en plus désensibilisés, les armes atteignent une sophistication stupéfiante et les gros titres internationaux atteignent des niveaux psychotiques. L'espace extra-atmosphérique est militarisé, le changement climatique est réel, mais la météo peut aussi être manipulée. La planète est soumise à toutes sortes de pressions : inondations, religions, réfugiés, inégalités économiques, sociales et de genre, pauvreté, juxtaposées à une cupidité insatiable et à des guerres et des aides «humanitaires» qui sont autant de sous-textes à de nouvelles occupations coloniales, alors que la principale économie mondiale vit de la guerre et des désastres.

Certains «futuristes» du Nouvel Âge ont des idées bien précises sur la manière de contrôler le «cancer» du monde en l'éliminant : "Un quart de l'humanité doit être éliminé du corps social. Nous sommes en charge du processus de sélection de Dieu pour la planète Terre. Il sélectionne, nous détruisons. Nous sommes les cavaliers du Cheval Pâle, la mort". Cette «évolution consciente dans la co-création du monde» se fait toujours au nom de Dieu ou, comme dans le cas présent, de la Terre Mère. "Nous le faisons pour le bien du monde"[2].

Il va sans dire que les habitants d'autres régions du monde n'accueilleront pas favorablement de telles idées de co-création aussi déformées et égocentriques, magnifiquement alimentée par la technologie.

Pourtant, au milieu de tout cela, il y a des actes de courage, d'amour et de résilience qui transcendent toutes les divisions. Des milliers de personnes prennent déjà du recul peu à peu à l'intérieur d'elles-mêmes, alors que notre civilisation actuelle patauge, essayant de trouver des solutions dans des systèmes et des croyances, mais rien ne fonctionne. Il est peut-être temps de regarder enfin le pouvoir qui attend à l'intérieur de soi.

Auroville peut-elle *détourner le courant destructeur* ? La ville a encore une zone à manifester. Ironiquement, c'est la première à avoir été créée par la Mère, en 1971, et décrite comme la «Zone d'Union».

> Q : Mais tu parles de l'imminence d'une catastrophe, tout de même Auroville va prendre du temps à se réaliser ?
> R : Non ! je parle de la collaboration des pays pour CRÉER quelque chose... mais pour créer quelque chose qui est fondé sur la Vérité au lieu d'une émulation dans la création du Mensonge. Ce n'est pas quand Auroville sera prêt – quand Auroville sera prêt, ce sera une ville au milieu de toutes les villes et ce n'est que sa *capacité propre de vérité* qui aura du pouvoir, mais ça... il s'agit d'un intérêt combiné pour construire quelque chose qui se fonde sur la Vérité. Elles (les nations) ont eu un intérêt combiné... à créer... un pouvoir de destruction ; et Auroville, c'est dériver un peu de cette force (la quantité est minime, mais la qualité est supérieure) ...c'est fondé sur un espoir

– de faire quelque chose qui soit le commencement d'une harmonie [3].

C'était en 1966, dans le sillage de la course aux armements dans le monde. Plus tôt, au chapitre 4, nous avons vu la Mère dire : «Et c'est exactement ce que je veux ... que des gens de pays en conflit construisent un pavillon ici et apprennent à travailler ensemble. Plus tôt encore, le 14 janvier 1964, elle parle de l'idée d'un petit «centre international» partagé avec Khrouchtchev et Kennedy. Khrouchtchev avait trouvé l'idée «excellente» et Kennedy avait envoyé un émissaire pour rencontrer la Mère. Les deux n'ont pas survécu, mais elle n'a pas abandonné le plan, ni le but.

Le monde a déjà connu suffisamment de destructions. Auroville a-t-elle traîné trop longtemps, détournant l'objectif par des conflits inutiles et une réticence à accepter sa propre raison d'être ?

"Pour la section internationale", dit-elle à Satprem en 1965, *"On a déjà approché un certain nombre d'ambassadeurs et de pays pour que chacun ait son pavillon...* [4]*"*

Prem Malik, l'un des membres pionniers d'Auroville, qui n'est plus parmi nous, ne comprenait pas pourquoi une expérience internationale comme Auroville avait besoin d'une Zone Internationale, question qu'il posa à la Mère. La réponse de celle-ci fut qu'elle *«démontrerait, au niveau physique ... l'unité essentielle qui existait derrière la diversité ... une unité qui existerait à tous les niveaux"* [5].

Comment cela se manifesterait-il à travers les pavillons nationaux et le rôle du Bharat Nivas ?

Sa réponse a été notée par Prem Malik : L'unité essentielle n'existait qu'au niveau spirituel... Elle voulait que le pavillon Indien soit le premier à s'établir physiquement dans la zone internationale, car l'Inde était le seul pays qui possédait un héritage spirituel ininterrompu et qui pouvait servir d'exemple à suivre aux autres pavillons [6].

Le pavillon Indien a été lancé à l'occasion d'un concours national en 1970, définissant les paramètres à la fois du Bharat Nivas et de la Zone Internationale : " Cette zone contiendrait des pavillons culturels représentant toutes les grandes cultures du monde ... non seulement sur le plan intellectuel, en termes d'idées, de théories, de principes et de langues, mais aussi sur le plan des habitudes et des coutumes, de l'art sous toutes ses formes ...[7]" Pour le Bharat Nivas, en particulier, le cahier des charges était le suivant :

> *Le Bharat Nivas doit être une représentation **symbolique** de l'âme de l'Inde : les architectes devront s'inspirer du passé spirituel de l'Inde, de la pensée Indienne, du caractère Indien, de la perception Indienne, de la grandeur Indienne, puis faire un bond en avant pour trouver pour l'Inde sa place parmi les cultures du monde et pour exprimer son dynamisme renouvelé.*

Comme nous l'avons déjà vu, les architectes ont reçu une liste de lecture en même temps que leur cahier des charges : *Le Cycle Humain* et *L'Idéal de l'Unité Humaine*, la *Signification de l'Art Indien* de Sri Aurobindo et des introductions générales à Sri Aurobindo et à son œuvre. Cette notification officielle contenait également des spécifications sur l'architecture qui semblent être restées dans l'ombre :

L'architecture d'Auroville, et en particulier celle de Bharat Nivas, doit être une expression dynamique de l'art de la construction et un renouveau de l'architecture. Toute expression archéologique ou copie du passé doit être évitée.

Un rappel encore une fois que tout ceci est pour réaliser un futur différent.

La première brochure de collecte de fonds préparée par Kailash Jhaveri avait projeté la Zone Internationale comme une université, ce qui a été fortement rejeté par la Mère. La deuxième version, également préparée par Kailash, basait les pavillons culturels sur le *Cycle Humain* et *l'Idéal de l'Unité Humaine*. Cette version fut acceptée, donnant le ton à la Zone Internationale. Elle est bien documentée dans le livre de Paulette Hadnagy, qui retrace le travail de Kailash Jhaveri auprès de l'UNESCO à l'époque de la Mère.

Quelques-uns des objectifs culminants contenus dans *l'Idéal de l'Unité Humaine* de Sri Aurobindo sont les suivants :

+ Une union mondiale libre doit être une unité complexe fondée sur la diversité...
+ Il considérerait l'humanité comme une nation unique...
+ L'élimination de la guerre et la reconnaissance des droits égaux de tous les peuples sont intimement liées l'une à l'autre... Cette interdépendance... devra être reconnue d'une façon permanente pour qu'une unification du genre humain soit possible...[8]

Tout cela implique une évolution psychologique, comme si la Zone d'Union était une sorte de premier noyau pour atteindre les conclusions visées dans *L'Idéal de l'Unité Humaine*.

La zone internationale est également un espace où de multiples cultures se rencontrent dans la collaboration, la créativité et la joie dans les domaines de la musique, de l'art, de la littérature, de l'histoire, de la spiritualité et de la philosophie, ainsi que de la recherche dans tous les domaines des arts et des sciences, de l'architecture et du design, de l'agriculture et de l'environnement, et même de l'alimentation, de la santé et du sport, portées par une grande variété de langues et de sensibilités. Comme me l'a dit un jour David : «Qu'y a-t-il à ne pas aimer " ? Ce sera le début d'une harmonie.

Dès le début, les femmes ont fait la différence dans la Zone Internationale. Aster a été chargée du Bharat Nivas peu après l'arrivée de la Fondation Auroville. Comme il s'agissait à l'époque du seul grand bâtiment en béton armé, le Bharat Nivas est rapidement devenu un abri pour de nombreux groupes de travail et services. Mettant en place le Centre de Culture Indienne et le Centre d'Etudes Indiennes, Aster a organisé des séminaires et des conférences sur la recherche scientifique, culturelle et spirituelle, a créé une bibliothèque, proposé une sélection minutieuse des meilleurs programmes de danse et de théâtre Indiens et d'Auroville, et a tissé des liens avec les principaux organismes culturels et individus du pays. Elle a accueilli des projets d'autres nations dans une Zone Internationale pourtant dépourvue d'autres pavillons, tout en proposant des expositions, des festivals et des ateliers, et s'est efforcée, au fil des ans, de compléter le projet.

Le Bharat Nivas attire l'attention sur la deuxième raison d'être d'Auroville : *"L'Inde est devenue la représentation symbolique de toutes les difficultés de l'humanité moderne. l'Inde sera le lieu de sa résurrection, la résurrection à une vie plus haute et plus vraie* [9] *".*

"Ce qui a ruiné l'Inde, c'est cette idée que la conscience supérieure a affaire aux choses supérieures et que les choses d'en bas ne l'intéressent pas du tout" avait observé la Mère.

"Eh bien, cette erreur-là doit être abolie complètement [10] *".* Espérons que le Bharat Nivas deviendra un lieu symbolique de *résurrection* par son travail, ses activités, ses recherches, ses relations humaines, l'attention qu'il porte à son campus et à son environnement, et qu'il entretiendra une atmosphère ouverte sur l'avenir, tout en demeurant le noyau spirituel de la Zone d'Union.

Le Centre de la culture Tibétaine borde le Bharat Nivas d'un côté, et offre son essence à travers ses activités et son esprit. La fascination de Claude Arpi pour le Tibet et son histoire a rendu ce centre possible. Le Dalaï Lama s'est rendu à Auroville pour poser la première pierre du centre, puis pour l'inaugurer, apportant avec lui les valeurs de la compassion et de l'interdépendance, l'engagement pour l'environnement et la chaleur humaine, toutes choses précieuses pour l'esprit d'unité dans le monde. Le centre est pris en charge par Kalsang, qui a quitté le Tibet à l'âge de trois ans et a perdu sa famille pour toujours. Elle a grandi à Dharamshala et apporte un solide esprit de service à Auroville.

Jusqu'à présent, la Zone Internationale dispose d'une maison internationale, un projet du Pavillon Américain, pour les étudiants et les visiteurs intéressés à y travailler, tandis qu'un Inuksuk symbolique marque le début du Pavillon Canadien, en hommage à son patrimoine indigène.

Le Pavillon Français a récemment fait un début modeste, mais a été actif par l'intermédiaire de Claude J. qui nous a apporté une gamme soutenue d'activités : présentations, lectures, films et expositions, et nous a fait rencontrer des écrivains, penseurs, scientifiques et écologistes, qui passent par Auroville ou, parfois, en collaboration avec l'Alliance française et le consulat de France.

Un certain nombre d'autres pavillons d'Afrique, de Corée, du Japon, d'Allemagne, du Royaume-Uni, de Scandinavie et des Amériques, en plus d'une Maison de l'Europe sont en gestation, et d'ici la cinquantième année, la zone espère voir un nouveau type d'émergence.

Bill, qui s'occupe maintenant de la Maison Internationale avec Nandini, et qui se rafraîchit dans un grand tonneau bleu plein d'eau pour lutter contre la chaleur, me dit que le nouveau Pavillon des Amériques espère unifier l'ensemble des deux continents, du nord au sud, en mettant l'accent sur les peuples indigènes. Étant donné que le Pavillon canadien avait déjà commencé par un hommage symbolique à ses peuples indigènes, les Amériques ont un long chemin à parcourir, du Nord, économiquement fort, aux États d'Amérique centrale et du Sud, moins avancés, qui ont des caractéristiques politiques et économiques différentes et qui luttent pour conserver leur indépendance dans un monde dominateur. Il sera intéressant de voir comment ce pavillon abordera ces questions avec un sens plus universel.

Le pavillon de l'unité, initié par Jaya et Shivaya, deux autres femmes intrépides, est un centre important pour les nations qui n'ont pas encore de pavillon. Il accueille également des réunions et des séminaires, et coordonne des volontaires Indiens et étrangers. C'est le lieu de rencontre de la communauté actuelle et des groupes de la Zone Internationale, y compris Auroville

International, qui a été, en quelque sorte, un précurseur de cette zone. Le Pavillon de l'Unité abrite également la Table de la Paix de George Nakashima, qui renvoie à Golconde, dont il était l'architecte, l'assistant de Raymond et, plus tard, un créateur renommé à part entière. Il existe quatre Tables de la Paix de ce type dans le monde. Les trois autres se trouvent à New York, à Moscou et au Cap.

La première association d'Auroville, aujourd'hui connue sous le nom d'Auroville International France, a été fondée par Roger Anger en avril 1968. Une conférence de presse tenue à l'ambassade de l'Inde à Paris annonça la naissance d'Auroville. La brochure et les premières photos d'Auroville suscitèrent un intérêt immédiat dans tout le pays et dans la presse internationale et *«il est apparu urgent d'avoir un organisme qui puisse répondre aux nombreuses demandes d'information* [11]*»*. L'Association française a joué un rôle actif en informant les gens et en envoyant les premières caravanes de personnes à Auroville. Elle a fini par acquérir des locaux permanents d'où elle pouvait aider les gens avec des informations, des livres, des expositions et des présentations.

Si les Français ont toujours été les plus actifs, d'autres associations ont commencé à se former, certaines grandes, d'autres minuscules, en Europe et en Amérique du Nord et du Sud. Plus récemment, des groupes ont également vu le jour en Asie, en Afrique et en Australie. Dans certains cas, les centres ont été créés pour répondre au besoin de créer un point d'ancrage à des milliers de kilomètres de la «vraie» maison, en créant des espaces d'Auroville en Suède, au Canada et au Brésil.

Il a fallu quelques années et plusieurs essais pour que tous ces groupements se rassemblent sous l'égide commune d'Auroville International (AVI).

Une brochure publiée par AVI et intitulée «Auroville International : Le réseau mondial des amis d'Auroville» offre une vue d'ensemble intéressante de leur processus et de leur relation avec Auroville. Nous y découvrons l'histoire de Peter, Dorothee et Yusuf effectuant un long voyage à travers l'Europe pendant l'été 1982, appelant des amis d'Auroville perdus et retrouvés pour voir comment tout cela pourrait se mettre en place. Paulo et Ila de la Casa Aurobindo, au Brésil, vivaient à Zurich lorsque Peter et Yusuf sont passés. Des discussions sur la manière d'organiser une association internationale pour Auroville ont conduit Paulo et Ila à la création immédiate d'un centre suisse, tandis que la liaison avec le Brésil n'est intervenue que plus tard. Tout cela aboutit à une conférence dans le sud de la France et, en 1983, Auroville approuva enfin la création d'une association internationale pour Auroville, Auroville International. *"La nécessité d'un organisme international légal est apparue donnant forme à l'ensemble des personnes déjà existantes dans le monde, pour lequel le nom d'Auroville est un espoir* [12]*"*.

Il existe actuellement huit centres AVI principaux en Europe et en Amérique du Nord, et plus de vingt centres plus informels, appelés «Liaisons», dans le monde entier qui se réunissent une fois par an dans un pays différent ou à Auroville. Outre l'information qu'ils fournissent, ils publient des bulletins d'information, filtrent les volontaires et les aident à collecter des fonds. Au fur et à mesure que la zone internationale prendra forme, les AVIS devront s'associer activement à ce développement. Dans un message adressé à l'Association Canadienne, Satprem écrivit :

"C'est une nouvelle espèce qu'il faut construire, pas une petite église avec des idées confortables et commodes... Tout dépend de la capacité de QUELQUES ÊTRES à se donner avec sincérité et enthousiasme au monde nouveau qu'il faut construire ... et pas une de ces innombrables œuvres de charité inutiles ... c'est une nouvelle vibration qu'il nous faut INCARNER, une nouvelle façon de «se répandre" ...[13]

Adolescente, Jaya était animée d'une étrange inquiétude, comme un trou intérieur qui devait être comblé. Elle a voyagé en Inde comme beaucoup de gens de sa génération et, après plusieurs détours, elle atteignit Auroville.

Son premier contact fut décevant. L'Auroville qui l'avait incitée à venir n'avait pas eu lieu. Un soir, se sentant un peu perdue et seule, elle se préparait à manger sur une chulla, lorsqu'une petite fille, vraisemblablement du village, est passée et a couru autour d'elle en jouant et en chantant toute seule. "Elle m'a rendu si heureuse par son bonheur. C'était comme une main sur mon épaule, une présence. Je n'ai jamais su qui elle était. L'amour de la Mère est ainsi" dit Jaya "non sentimental, désintéressé et complètement serein».

Jaya a passé de nombreuses années à faire des allers-retours entre Auroville et la Suède. Au début des années 1970, un groupe d'amis qui étaient allés à Auroville ou qui lisaient Sri Auroville ont créé un Centre Auroville, inspirés par la volonté d'Auroville d'être un «laboratoire pour le monde». À son retour en 1980, Jaya et sa famille s'installèrent dans la hutte du gardien du Bharat Nivas. "C'est là que mon amour pour la Zone Internationale a commencé. J'ai rêvé une nuit que le bâtiment de Bharat Nivas ressemblait à un avion à réaction, j'étais assise au-dessus de l'entrée pointue et il volait très vite !

Auroville vise à créer un nouveau type de société humaine. Nous y sommes venus pour servir. Peu importe que l'on soit un être réalisé ou non, nous sommes ici pour aider le travail".

Et la prochaine étape pour Auroville, alors que la zone internationale semble prête à s'étendre ?

"Je veux voir la Galaxie se manifester. C'est l'instrument de la Mère, il n'y a rien de mental à ce sujet. Il est temps de laisser tomber les rumeurs et les idées fausses. Je veux voir la Couronne et un campus urbain riche prendre vie. Je veux vraiment que nous maintenions cette unité, et que nous soyons vraiment soucieux d'amener nos pays respectifs dans la zone internationale. Et je souhaite un cœur ouvert et une collaboration entre le Pavillon de l'Unité et le Bharat Nivas».

Auroville International des Pays Bas a été fondé dans les années 1980 alors que l'organisation générale d'Auroville International était enregistrée à La Haye.

Linda Grace, une Indonésienne Néerlandaise, a été un membre actif du conseil d'administration d'AVI Pays-Bas et d'AVI International. Praticienne professionnelle de shiatsu, elle s'est également impliquée dès le début dans le projet du Centre de santé Intégral pour aider à collecter des fonds, à construire et à mettre en place son organisation. Cependant, peu après avoir déménagé à Auroville il y a environ cinq ans, elle a été invitée à rejoindre le groupe de coordination de la Zone Internationale et s'est investie dans un travail acharné pour rassembler les groupes, les aider à travailler dans la confiance et la collaboration, et non en compétition, afin qu'un développement graduel et planifié puisse aller de pair avec les festivités du cinquantième anniversaire d'Auroville qui s'approchait.

Originaire également de Hollande, Mauna est devenue la représentante d'Auroville pour les centres AVI pendant de nombreuses années. "J'ai commencé à ressentir les centres comme des points d'ancrage dans l'univers, des lieux solides qui maintiennent fermement cette Auroville parfois bancale, fermement connectée, connectée à eux, connectée à un monde plus large". Communicatrice naturelle, elle a rendu compte non seulement des événements officiels, mais aussi de ces moments invisibles qui font d'Auroville ce qu'elle est vraiment. Le 29 mars 2000, date commémorant la première arrivée de la Mère à Pondichéry, elle écrivit :

Chers amis d'AVI,
Aujourd'hui, au coucher du soleil, 150 Auroviliens se sont réunis à l'Amphithéâtre. Un modeste appel avait été lancé pour que les gens se rassemblent. Non pas à cause d'un darshan ou d'un feu de joie, d'un discours, d'un appel ou d'une cérémonie pour un VIP, ni même parce qu'il y avait une urgence à Auroville ou ailleurs dans le monde. C'était un appel pour que nous nous réunissions, et pour cette seule raison : être ensemble. J'y suis donc allée ... Matrimandir ... Au bout d'une demi-heure, le sentiment d'être ensemble a émergé, nous nous sommes levés silencieusement et nous avons souri...Chaque fois que nos regards se croisaient, il y avait cette étincelle, cette sorte de sourire secret, et non, oh non, ne parlons pas encore, restons connectés, mais en silence ...[14]

Les nations peuvent-elles enfin apprendre à créer une atmosphère de partage, de curiosité et d'acceptation mutuelle ? Si l'ego est l'obstacle principal sur le chemin de la conscience, voici enfin un endroit où les egos des nations et les divisions culturelles peuvent enfin changer et se transformer en unité.

La Zone Internationale honore et célèbre chaque âme nationale. Grandir davantage, c'est transcender toutes les frontières. Quelles possibilités, évolutionnaires, spirituelles et matérielles en émergeront ? Quel genre de monde sera-t-il un jour lorsque nous nous reconnaîtrons enfin les uns les autres en tant que citoyens du monde et membres de l'Ame Universelle ?

La Zone Internationale a encore une carte dans sa manche, celle d'être - située à la limite nord de la zone, à côté du parc Mahakali, et bordant le futur lac du Matrimandir. Le projet est également le plus proche de la Zone Culturelle, devenant ainsi le lieu de rencontre des deux zones. Le CIRHU (Centre International de Recherche de L'Unité Humaine) a été mis en place par Roger en 1986.

> Pourquoi le CIRHU ?
> Nous sommes confrontés aux effets d'une crise évolutive qui nous oblige à prendre conscience que derrière ce chaos apparent se cache un processus dynamique d'une force universelle qui nous propulse irréversiblement vers un changement de conscience. Cette poussée exige de nous un changement de comportement en dehors de toute tradition, de tout dogme et de toute forme de sectarisme, qu'il soit religieux ou politique. Un sentiment d'urgence émerge à travers le monde, aspirant à ce renversement radical. Le CIRHU est un projet majeur qui vise ce Grand Sens, qui réoriente la boussole et met le cap sur un nouvel horizon ... «[15].

Il aurait pu être écrit aujourd'hui. Le projet est tombé dans l'oubli peu après le décès de Roger, mais le CIRHU est le genre de projet qui grandira au fur et à mesure qu'Auroville grandira. Geneviève a fini par prendre le relais. Son association avec Auroville remonte à son enfance en France, où sa mère dirigeait le Centre Sri Aurobindo à Nice. Geneviève est venue à Auroville avec Louis C. et a été immédiatement attirée par le projet. Réactivant l'idée, elle a commencé à travailler en réseau avec des personnes et des chercheurs du monde entier et un groupe commence à faire avancer le projet. Au fur et à mesure que les pavillons grandiront, le CIRHU deviendra plus actif et diversifié, et impliquera également les jeunes d'Auroville et du reste du monde.

"Comment arriver à un lieu de véritable administration collective " ? demande Geneviève. "Individuellement, les gens savent, mais comment faire pour que cela fonctionne collectivement ? C'était magnifique de voir la participation des gens à la Retraite. Les jeunes sont ouverts aux idées. Nous devons trouver un nouveau langage pour notre époque. La société est construite sur les langages de la division, nous devons trouver un autre type de langage qui apporte la confiance et rend les choses possibles, parce que partout les gens sont ouverts à Auroville, ils la cherchent même s'ils ne le savent pas. Ils sont ouverts à venir, à donner, à participer dans de nombreux domaines. Auroville doit exister harmonieusement, sans jugement et bénéficier de l'énorme réservoir de talents que nous avons et que nous allons créer».

Ce n'est pas un hasard si le CIRHU est à un point de réémergence avec des énergies jeunes et fraîches qui s'unissent pour donner au projet un élan dont il a bien besoin. Un nouvel esprit semble planer sur nous une fois de plus, et bien que la Zone Internationale ait encore un long chemin à parcourir, il semble y avoir une forte aspiration pour un *début d'harmonie*.

Notes de fin

1. La Mère Éducation, Vol 12 p. 47.
2. Barbara Marx Hubbard, 'Manual for Co-Creators of the Quantum Leap',
3. L'Agenda de Mère, Vol. 7, 21 Septembre 1966.
4. Idem., Vol. 6, 23 Juin 1965.
5. Prem Malik, 'Bharat Nivas: A Personal Testimony', Bharat Nivas archival records, from a recording with the Mother in 1979, extracted by Prem Malik in 1997.
6. Ibid.
7. 'The Bharat Nivas Competition Announcement', Bharat Nivas archival records, 23 July 1970.
8. Sri Aurobindo, L'Ideal de L'Unité Humaine, pp. 319-321.
9. L'Agenda de Mère, Vol. 9, 3 Fevrier 1968.
10. L'Agenda de Mère, Vol 9, 10 Avril 1968
11. Auroville International, *Auroville International*: The Worldwide Network of Auroville Friends', Auroville: Auroville Intended, 2014, p.49.
12. Ibid., p. 21.
13. Ibid., p. 25.
14. Ibid., p. 31.
15. CIRHU papers: Presentation article by Roger Anger, Auroville, February 1995, pp. 1–2.

24

LES JEUNES RÊVES

Cette musique-là... Ça fait l'impression d'une bande d'enfants qui crient pour avoir quelque chose – et la porte ouverte. Il faut traverser, il faut aller plus loin – il y a des possibilités maintenant qui n'étaient pas là avant...[1]

-Mère, Agenda de la Mère

Ce fut le commentaire amusé de la Mère lorsqu'on lui a fait écouter les Rolling Stones.

Les nouvelles personnes qui arrivent maintenant, en particulier les jeunes, surtout ceux qui ont moins de trente-cinq ans, seront ceux qui transmettront le Rêve aux générations suivantes. Et les jeunes d'Auroville bien sûr, ceux qui ont grandi ici. Certains sont partis pour un temps et sont revenus, d'autres sont restés et ont mûri différemment. Ils sont aujourd'hui des hommes et des femmes, certains avec des enfants et souvent plus conservateurs que leurs parents, ayant eu une enfance en dents de scie sans les cadres disciplinaires ou la sécurité habituels. D'autres ont de plus grandes ressources intérieures et de liberté, et beaucoup d'entre eux sont issus de parents des nationalités mixtes.

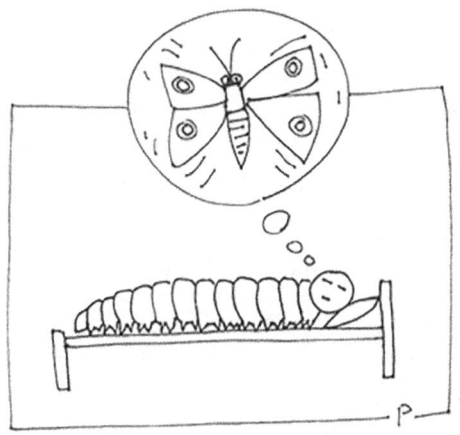

Pendant des années, les enfants qui grandissaient à Auroville sont restés à l'écart de la vie collective, sceptiques à l'égard des adultes «imparfaits» qu'ils voyaient autour d'eux, qui débitaient libéralement des idéaux mais qui n'étaient pas à leur hauteur ; mais cela commence à changer. Qu'est-ce qu'Auroville a signifié pour eux au-delà des jargons spirituels et environnementaux ? Dans ce chapitre, nous nous intéresserons à un certain nombre de personnes, jeunes de différentes manières, pour qui les domaines spirituels et matériels ne sont pas des sphères opposées, mais un fait accepté dans leur vie.

Mandakini, une jeune femme calme et élégante, est tombée très tôt dans le chaudron de la potion magique. Elle est née à Promesse, Auroville, mais est retournée à l'Ashram en 1983 avec ses parents et a rejoint l'école de l'ashram à Pondichéry. "Tu étais en présence de la Mère et de Sri Aurobindo tout le temps, partout, même quand tu jouais. Dans le cours supérieur pour les étudiants plus âgés, Sri Aurobindo et la Mère étaient des sujets majeurs. Ce n'était pas de l'endoctrinement", précise Mandakini avec empressement, " mais une façon d'aborder les choses. Cela rendait l'esprit flexible et on apprenait à utiliser ces connaissances, c'était comme si on vous donnait des outils pour la vie». Un cours accéléré de sept ans sur le mariage et la société, loin de Pondichéry a été une leçon qui a accéléré le passage vers le «moi témoin» intérieur et la confiance en la Grâce. "C'était incroyable de voir comment les difficultés et les conflits étaient résolus miraculeusement".

De retour à la maison avec un jeune enfant, il était temps de retourner à Auroville, et elle voulait maintenant faire partie du Rêve de la Mère pour de bon. Intéressée par la mode et le design, Mandakini a travaillé pendant un certain temps au studio de design Upasana et à Rangoli et a contribué à la rédaction d'articles pour *Auroville Today*, jusqu'à ce qu'elle reçoive un soir un appel téléphonique lui annonçant qu'elle avait été nommée au comité de travail. Cela s'est avéré être une chance de travailler avec une équipe qu'elle ne connaissait pas auparavant et de découvrir l'immense potentiel d'Auroville et les problèmes. Le travail l'a confrontée aux résistances et aux blocages collectifs : «Nous devons porter notre attention sur le positif et ne pas toujours rester bloqués dans le négatif. Il y a un travail à faire qui a besoin d'un soutien collectif. Nous devons continuer à expérimenter et ne pas laisser nos structures devenir trop imposantes. Parfois, le processus collectif devient trop dense, comme si nous avions peur de faire ce saut. Lorsque les choses deviennent trop négatives, j'appelle à l'aide, car aucune réponse rationnelle ne fonctionne dans ces moments-là. Pourtant, individuellement, Auroville offre tant de chaleur et de bonté. Si nous parvenons à décoder le Rêve ensemble, cela aura un tel impact sur l'humanité ! Si seulement nous pouvons mettre de côté nos projections de peur et de méfiance».

" Les complexités de la société multicolore et multicouche d'Auroville sont énormes", dit Mandakini, et pourtant il y a une tendance à rejeter les idéaux et les valeurs d'Auroville et Sri Aurobindo et la Mère comme quelque chose de dépassé ou comme rien d'autre que des projections mentales. "Cela m'attriste de voir une telle résistance au Rêve. Dans cette expérience, nous devons entraîner le mental autant que les couches physiques et vitales à la discipline et à l'humilité. Le mental doit être entraîné à devenir réceptif. Mais lorsque je dis de telles choses, je suis souvent critiquée. Mais si je ne peux pas parler de tout cela ici, alors où ailleurs dans le monde " ?

La veille de ma rencontre avec Mandakini, Kavitha, de Youth Link, m'avait dit : «C'est vrai que personne ne parle plus de tout cela, Tu devrais rencontrer Mandakini, elle utilise le Matrimandir pour travailler».

"Tu sais, il y a parfois tellement de pressions, pour agir, pour produire rapidement des résultats», me dit Mandakini, «mais parfois il n'y a pas de solutions immédiates. Au lieu d'obtenir un résultat à la hâte pour prouver que nous avons fait quelque chose, il faut avoir le courage d'attendre dans un état de "calme actif» à l'intérieur et d'appeler la bonne solution. Un jour, il y a eu un problème difficile et sur un coup de tête, j'ai emporté le dossier à l'amphithéâtre et j'ai commencé à le lire. Il ne s'est rien passé jusqu'à ce que, environ un mois plus tard, les choses se soient arrangées d'elles-mêmes, même mieux que nous ne l'avions prévu. Mais la plus belle surprise est venue lorsque j'ai reçu un courriel alors que j'étais en voyage. Le reste du groupe était en proie à un désaccord majeur qu'ils n'arrivaient pas à surmonter, quand soudain, ils ont tous décidé de se rendre à Matrimandir. Le temps qu'ils sortent de la chambre, le problème était déjà passé par la porte ! En fait, toutes les énergies négatives et les résistances qui tentent de nous arrêter montrent l'importance d'Auroville pour le monde et pourquoi nous devons réussir».

Kavitha est née à Auroville avec deux paires de grands-parents, l'une dans le village voisin, l'autre en Hollande. Jeune femme posée, calme et éloquente, elle a traversé ses propres rébellions en grandissant, choisissant d'étudier à Kodaikanal à l'âge de quatorze ans. Auroville était censée être ce lieu spécial, sourit-elle, ses deux parents étaient ici, mais à cet âge-là Auroville semblait petit et ennuyeux, il n'y avait rien à faire. Après l'école, elle est partie aux Pays-Bas, où elle a obtenu une bourse d'études à l'université de Leiden pour étudier le développement durable. L'éloignement lui a permis d'évaluer différemment la situation et apporté la curiosité d'en savoir plus sur l'endroit qu'elle avait laissé derrière elle, qui ne connaissait pas les tabous d'une société normale. "Les jeunes d'Auroville qui partent étudier réussissent très bien, l'attitude est différente. Les enfants sont plus calmes, confiants en eux et réfléchis». Après son retour, elle a créé Youth Link et en est l'une des principales coordinatrices fondatrices. Youth Link est un nouveau groupe de jeunes qui vise à impliquer les jeunes d'Auroville et des environs dans des activités et à créer de meilleures opportunités d'éducation, de travail et de logement, qui se développe en un réseau dynamique et collaboratif.

"Il y a un changement en cours. Il y a un besoin différent pour un ensemble différent de personnes qui choisissent de ne pas quitter Auroville, par exemple, mais qui devraient également se voir proposer des options de formation complémentaire ou des programmes qui les intéressent".

Serait-il utile qu'Auroville soit, dans une certaine mesure, une ville à la vie culturelle plus dynamique, ouverte sur le monde et sur l'extérieur ? Cela aurait-il permis de lutter contre l'ennui ?

Kavitha rit. "Nous devons en savoir plus sur Auroville par nous-mêmes. Ce n'est pas seulement un éco-village, Auroville est une ville pour le monde. Mais personne ne veut parler de tout cela aujourd'hui. Au lieu de cela, nous faisons venir des experts qui nous disent que la Charte et les idéaux sont ce avec quoi les Auroviliens devraient travailler. C'est un peu ironique. En fait, ce devrait être l'inverse».

Smiti est l'une de celles qui n'ont jamais pensé devoir quitter Auroville après avoir terminé Last School. J'ai appris à la connaître un peu lorsque nous planifions un projet d'exposition et j'ai été frappée par sa clarté, sa simplicité, sa droiture et sa façon créative de regarder les choses autour d'elle et le monde. Smiti, a évidemment beaucoup de choses à faire, son emploi du temps étant rempli de projets d'exposition pour Auroville, de spectacles de danse, de compétitions de frisbee, de projets environnementaux et maintenant, elle enseigne également à Last School. Sortir ou entrer n'a jamais été un problème, bien qu'il soit toujours bon de s'engager avec les autres, dit-elle. "J'ai choisi de rester ici parce que je suis inspirée par Auroville, par son rêve et ses idéaux, par ses habitants et leurs histoires, par sa beauté et ses possibilités illimitées. Oui, je suis idéaliste. Et oui, il n'y a pas que la beauté et le charme. Mais cela ne semble pas changer grand-chose, que nous critiquions ou que nous en fassions l'éloge, que nous soyons cyniques ou saints, d'une manière ou d'une autre, nous avons tous une connexion avec ce rêve, ce lieu, les uns avec les autres et avec quelque chose de plus. Que nous vivions ici ou ailleurs, que nous soyons d'accord ou non, que nous nous aimions ou non, il y a plus que nous à Auroville». Smiti a déclaré à *Auroville Today* : «Je ne sais pas pourquoi la vie à Auroville est tantôt simple, tantôt très compliquée, plus facile pour certains et plus difficile pour d'autres, mais qui peut en juger... J'ai toujours reçu ce dont j'avais besoin ou ce que je voulais "[2].

Inge est venue vivre à Auroville avec ses parents à l'âge de dix ans. "J'ai été placée dans le groupe d'accueil, à l'école de transition, qui est un groupe mixte d'enfants d'âges et de langues différents pour les aider à trouver leur place à l'école. Je pense que j'ai appris l'anglais très vite parce que je voulais savoir ce qui se passait autour de moi ! Les classes étaient petites, très ouvertes et libres, très différentes de ce que j'avais connu en France, quarante enfants par classe et tout était très rigide. Après avoir obtenu son diplôme à Future School, Inge a passé les six années suivantes à Maastricht pour obtenir une licence en sciences de la vie et en développement durable interdisciplinaire et un master en santé globale, et a passé un an à travailler. Sortir d'Auroville n'était pas seulement destiné à obtenir un diplôme, mais aussi à faire son propre choix de vie concernant Auroville, tout comme ses parents avaient fait le leur. Elle ne voulait pas rester à Auroville uniquement parce qu'elle y avait grandi, si elle revenait, c'était pour pouvoir y apporter quelque chose. Il est vite apparu qu'elle ne voulait pas vivre en Europe, ni s'inscrire dans des objectifs de carrière. "Les valeurs dont nous avons besoin pour relever les défis à venir dans le monde ne font pas partie de cette éducation ou de ce système, et Auroville vous donne cette éducation différente pour le changement qui est nécessaire". Après son retour en 2013, Inge a commencé à travailler à Future School, à écrire pour *Auroville Today*, mais elle essayait toujours de trouver une raison de rester. Une nomination surprise à la commission de travail pouvait être ce qu'elle recherchait. "L'unité est une question importante et délicate, nous avons tellement de liberté ici, mais parfois je pense que nous devons apprendre comment l'utiliser pour ne pas la laisser perturber Auroville ou nous opposer les uns aux autres, ou que nous ne l'utilisions pas pour justifier les choses».

Au cours des dernières années, de nombreux adultes, principalement des parents, en sont venus à penser que leurs enfants ont besoin de connaître Auroville, en particulier ceux qui sortent, et qui font face à des questions curieuses mais ne savent pas toujours comment y répondre. Cela a suscité une réflexion chez Inge et une prise de contact avec d'autres personnes, et elle écrivit une enquête conversationnelle publiée dans *Auroville Today*, en septembre 2015. La plupart des amis ont confirmé un lien intérieur profond avec Auroville et ont estimé qu'il n'était pas nécessaire de lire ou de connaître Sri Aurobindo et la Mère, et certainement pas de cours ou de dogmes formels. Le contact intérieur était suffisant. Noe a dit la meme chose, mais il ajouta que parfois, lorsqu'il jetait un coup d'œil sur les *Nouvelles d'Auroville*, contenant des extraits de textes de Sri Aurobindo ou de la Mère, il avait souvent envie d'en savoir plus. Quel était le contexte et quel était son rapport avec Auroville ou avec la vie en général ? Noe préférerait assister à des sessions informelles où de telles discussions de ce type pourrait naitre plutôt qu'à une étude formelle en classe. Shrishti se souvient de son passage à Last School où Auroville, Sri Aurobindo et la Mère n'étaient pas des sujets tabous mais faisaient l'objet de discussions ouvertes qu'elle appréciait et n'a jamais eu l'impression d'être endoctrinée.

Anandamayi est née à la ferme de Djaima. Dans les années 1980, l'enfance était un paradis, à explorer les arbres à la recherche de baies et à piller les jardins potagers avec des amis quand ils avaient faim. Elle a fréquenté toutes les écoles «expérimentales», y compris celles qui étaient méprisées par les écoles plus classiques. Ses parents, Jean et Joy, tous deux passionnés de théâtre et de musique, ont encouragé sa passion pour le chant.

Anandamayi a rejoint la première chorale d'enfants et fait maintenant partie de la chorale d'adultes et est aujourd'hui soliste. "La musique est toujours stimulante, elle change l'atmosphère". Elle est également une actrice polyvalente, jouant le rôle principal dans *Savitri* ou encore dans Millidacious, où elle joue le chat. Alors que beaucoup de ses camarades de classe sont partis pour faire des études supérieures, Anandamayi est restée après avoir terminé Last School et a commencé à apprendre les choses par la pratique. Elle a fait partie du comité de travail, du groupe d'entrée, de l'équipe de sécurité et est professeur de sport, elle s'implique activement dans le théâtre et participe inévitablement à des productions chaque année. En même temps, elle aurait apprécié d'avoir la possibilité de poursuivre ses études sans avoir à sortir d'Auroville, et espère que de tels programmes pourront être mis en place à l'avenir.

Avec tant de choses derrière elle déjà, comment voit-elle Auroville aujourd'hui ?

"C'est plus conventionnel aujourd'hui. La volonté d'expérimenter ne semble plus présente comme avant. Individuellement, elle est là, mais pas dans la volonté collective. Les gens veulent s'installer dans une vie plus confortable et plus sûre, les enfants veulent leurs tablettes. Auroville est censé être une aventure... mais c'est un peu bourgeois maintenant. Ou alors, il y a les enfants du Centre de la Jeunesse (Youth center) qui bloquent la route, donc nous sommes toujours pris dans des jeux de polarisation. Mais en fin de compte, Auroville est une expérience humaine pour laquelle nous avons besoin d'une masse critique minimale de qualité. Si la force psychique se manifeste dans la ville, devient le centre, cela seul changera les choses, nous changera. Nous n'avons pas à avoir peur de nos idéaux ".

Découvrir Auroville n'est pas une religion. La raison pour laquelle la curiosité naturelle d'en savoir plus a été bridée est déconcertante ? Avec la montée du fondamentalisme dans le monde entier, qui tire sa force de l'ignorance et de la demi-connaissance, et d'autres systèmes de croyance qui atteignent leur apogée avec la crise, la religiosité ne sera jamais la voie d'Auroville, mais nous n'avons pas non plus besoin de vivre dans la peur du savoir.

Je repense à Angeli, alors qu'une partie de la ville traverse une nouvelle phase de blocages et d'agitation. Elle est partie, elle a pris une année sabbatique aux États-Unis pour travailler et étudier. "Ce qui se passe ici est plus important que tout ce qui se passe là-bas. Mais il y a un moment où nous devons sacrifier nos idées, nos jugements. Pourquoi devrions-nous juger ? Les humains ont tellement peur de changer». J'attends le retour de cette fille qui dit : «Il y a des jours où j'en ai marre de moi-même. Si nous pouvons nous analyser, nous relier spirituellement, avoir la capacité d'être objectifs et transparents, tout peut arriver. Mais nous sommes à un point de division à Auroville, ce sera soit tout le développement, soit tout le vert».

Pour le bien d'Auroville, pour celui d'Angeli et pour notre avenir commun, j'espère qu'il ne s'agira pas d'une scission mais d'un rapprochement des deux parties pour coexister car Auroville est une totalité à laquelle nous appartenons tous.

Ribhu faisait partie d'une génération qui partait étudier à Kodaikanal, puis aux Pays-Bas pour y faire des études universitaires. Ses préoccupations sont radicalement différentes.

Comment traiter les déchets ? Cette question épineuse fait le tour du monde depuis des années. Stefano a lancé l'Eco Service, Partha a organisé des campagnes de nettoyage hebdomadaires pendant un certain temps, et Bruce marchait tous les soirs pour s'assurer qu'aucun déchet ne traînait sur la route menant à la cuisine solaire. Pendant tout ce temps, Gillian a persévéré, avec Auralice, pour que l'Eco Service continue à fonctionner. Mais les déchets continuent d'être une tâche ardue, car il ne s'agit pas seulement d'un problème local.

Pour Ribhu et sa sœur Chandra, il est devenu évident qu'il n'y avait pas grand-chose à espérer des adultes et qu'il ne servait à rien de prêcher. Pourtant, il fallait faire quelque chose pour résoudre le grave problème de la gestion des déchets dans le pays. C'est ainsi qu'ils ont créé WasteLess, une entreprise sociale, ainsi que Garbology 101, une approche pédagogique de sensibilisation aux déchets et de changement systémique. Ribhu a décrit cela dans une interview accordée au magazine *Life Positive* : Un tel mouvement devrait commencer avec les jeunes, faire partie du programme scolaire et des ateliers universitaires, être amusant et inventif et créer une prise de conscience qui fasse partie de leur vie. Le mouvement a commencé à Auroville, avec une journée de collecte qui a donné naissance aux « Mont des déchets «, que les enfants ont ensuite appris à séparer et à trouver des moyens de les recycler. Garbology 101 a également été introduit dans les écoles et les centres de santé des villages voisins. Le programme est fréquemment invité dans des écoles de Chennai et d'autres régions de l'Inde qui souhaitent s'initier au tri des déchets et à la réduction, au recyclage et à la réutilisation. Ribhu est parfois appelé le «gourou des ordures», et invité à des conférences TED et autres, mais il n'hésite pas à souligner que «nous devons respecter nos ramasseurs d'ordures car ils sont nos héros. Sans eux, nous aurions tous vécu sous une montagne d'ordures »[3]. Le chemin à parcourir est encore long et doit se faire «un déchet à la fois».

Jusqu'à présent, nous avons examiné les enfants qui ont grandi à Auroville, mais il y en a d'autres, encore jeunes dans leurs années à Auroville, qui sont venus à différentes étapes de leur vie. Contrairement à ceux qui sont nés ou ont grandi à Auroville et qui sont tombés dans le chaudron de la potion magique et ne ressentent pas le besoin d'en savoir plus, ceux qui viennent d'ailleurs s'accrochent souvent à ces mots comme à une bouée de sauvetage.

Mathilde et Marc étaient amis depuis le lycée en Espagne. "Un jour, nous sommes tombés sur la Charte et c'était comme, Ouah" ! Après l'école ils suivirent chacun leur chemin. Mathilde a commencé à voyager. Qu'y avait-il d'autre dans le monde ? Marc est resté pour travailler et s'est rendu en Inde. Mathilde était en Patagonie et se demandait ce qu'elle faisait là quand elle a reçu une carte postale de Marc : Je suis dans un endroit et je pense que tu l'aimerais, ils ont une grande communauté. "J'ai pleuré quand j'ai lu ça», me dit Mathilde, «et quand on s'est revus, nous avons réalisé que nous avions tous les deux changé. Nous sommes tombés amoureux et avons décidé de nous installer à Auroville. Les parents étaient contrariés, mais j'avais vraiment besoin de ce sentiment de communauté, au-delà de toute distinction de classe et de couleur, où l'on est d'abord un être humain avant tout. Et de rencontrer des gens qui sont si différents de vous et avec qui vous pouvez soudain parler à un niveau beaucoup plus profond, il y a un contact d'âme».

Tatyana, une jeune ingénieure en électronique Bulgare, se rendait souvent dans une librairie qui proposait de nombreux livres sur l'Inde. Elle avait essayé le Hatha Yoga et un peu de philosophie, mais tout cela lui paraissait futile jusqu'à ce qu'elle tombe sur l'ouvrage de Satprem intitulé *Sri Aurobindo ou L'aventure de la Conscience*. "C'était la photographie de Sri Aurobindo, c'était comme reconnaître quelque chose à l'intérieur». Peu après, elle visita Pondichéry. "C'était un endroit où l'on pouvait tout abandonner et la joie qui régnait au Samadhi de l'Ashram, c'était une atmosphère que je n'avais jamais connue auparavant".

Elle est retournée en Bulgarie, s'est mariée et s'est dit qu'elle avait les livres ; le yoga pouvait être pratiqué n'importe où. Mais les choses se sont gâtées et elle a décidé d'assister à la réunion de l'AVI à Saint-Pétersbourg. C'était à nouveau la même atmosphère ! L'année suivante, elle a assisté à la réunion à Paris et a finalement écrit au Service d'entrée d'Auroville pour demander si elle pouvait y venir. Tout s'est bien passé, les AVIs m'ont même aidée à financer mon billet. C'était comme un miracle.

Mais la réalité d'Auroville était différente. "J'étais assez idéaliste, j'ai donc connu quelques déceptions», sourit Tatyana. Pourquoi les choses n'étaient-elles pas ce qu'elles étaient censées être ? A l'extérieur, tout allait bien, mais à l'intérieur, c'était un grand bouleversement, très intense, trois ans comme trois vies. Un jour, lors d'un déjeuner à la Cuisine solaire, elle était sur le point de décider de partir. Piero et Gloria étaient à la même table, se souvient-elle. Personne n'a parlé, mais lorsque Gloria s'est levée pour partir, elle s'est arrêtée pour regarder T. : "Il y avait quelque chose dans ses yeux qui disait : «S'il te plaît n'abandonne pas». Les choses sont devenues plus simples à l'intérieur à partir de ce moment-là. Depuis lors, année après année, la vie intérieure s'est enrichie. Il y avait moins de doutes. Je pouvais voir les problèmes, mais l'attitude avait changé. Auroville m'est devenue très chère, un miracle qui était toujours présent et auquel je pouvais m'ouvrir sans jugement».

Il n'est pas facile de vivre au milieu d'une telle variété de personnes, si étroitement liées les unes aux autres, pourtant, il y a un air différent ici, dit Y, si nous pouvions nous y accorder davantage, nous accorder davantage à nos réalités les plus profondes, alors l'unité serait plus perceptible. Il ne s'agit pas de se tenir la main et tout le reste, bien sûr, sourit-elle. L'unité se manifeste dans la manière dont nous travaillons ensemble pour résoudre nos problèmes.

Que souhaiterait-elle maintenant ? "Les choses sont un peu diffuses", dit-elle, "Auroville a besoin de cohésion, d'un peu plus d'intensité. Je n'arrête pas de penser à cette phrase de *Savitri* : « *La base de son être était rassemblée comme une flèche vers un seul point* [4]». Nous avons reçu tout le reste, c'est dans l'air, tout ce dont nous avons besoin, c'est d'avoir cette concentration et nous pourrions faire une percée. Un jour, je scannais des photographies de la Mère pour une exposition et je me demandais ce qu'il y avait de différent en Elle et Sri Aurobindo ? La réponse m'est venue instantanément : Le Pouvoir de la Vérité. C'est venu avec l'expérience d'une paix très puissante dans le corps».

Manoj a tendance à observer la vie et ses nombreux problèmes à travers le spectre du design, afin de comprendre où se situent les blocages et les potentiels. À la fin de ses études d'ingénieur au Kerala, il s'est rendu compte qu'il faisait fausse route. La science et la vie étaient en crise aiguë, il devait y avoir des réponses ailleurs. Cela l'a finalement conduit aux livres de Sri Aurobindo et à un sentiment de retour à la maison. Ici, enfin, toutes les réponses pouvaient être trouvées, sur n'importe quel sujet, pas seulement sur la spiritualité. Manoj s'est intéressé à l'idée de la vie en tant que design et a étudié à l'Institut national du design d'Ahmedabad, mais une attraction plus profonde grandissait en lui. Manoj a finalement atterri à Auroville en 1995 et a créé le site web d'Auroville et son intranet, dont il s'occupe toujours. Il a participé à la création de l'Upasana Design Studio pour Uma et, plus récemment, il s'est concentré sur la création de films d'animation sur le yoga intégral et la conscience évolutive et à inventer des programmes éducatifs avec l'équipe de Swadharma, un projet d'auto-motivation d'apprentissage, d'action et de découverte de soi.

Manoj a également observé nos réactions face à l'autorité. D'une part, il y a des personnes qui ne peuvent pas déléguer leur pouvoir, tandis que d'autres refusent le contrôle mais veulent contrôler tous les autres. "L'autorité finale est à la fois invisible et infinie, mais nous devons lui faire de la place. L'être psychique pourrait être considéré comme le principal outil de conception dans la création de cet Etre Collectif, et est le moyen de se connecter avec la force évolutive qui peut aider chacun à s'ouvrir, à s'abandonner et à changer. Le chemin de la confiance est long, mais il doit être construit et il y a beaucoup de peurs et d'egos à laisser tomber». Mais Manoj reste confiant. "Auroville est une sorte de société du savoir, qui partage avec le monde sa connaissance plus vaste de la conscience. C'est un processus d'éducation tout au long de la vie, où rien n'est laissé de côté, aucune partie n'est exclue. En fait, je suis très optimiste pour Auroville, presque enthousiaste pour l'avenir".

C'est en tout cas ce qui semble se passer, malgré toutes les contradictions et les dysharmonies apparentes. J'étais particulièrement curieuse au sujet d'une nouvelle venue, qui venait d'un milieu juridique prospère et que je voyais pourtant travailler avec l'équipe de nettoyage du Matrimandir, heureuse et concentrée avec une serpillière. Cela me rappelait l'époque où les personnes qui arrivaient ne se souciaient pas de leur statut ou de leurs qualifications professionnelles, mais se mettaient au travail, quel qu'il soit, sans se poser de questions. C'est ce qu'on appelait autrefois un processus de «désapprentissage», de «vidage» de tous les conditionnements passés et repartir à zéro.

Elena est peut-être la plus jeune arrivée des personnes que nous avons rencontrées jusqu'à présent. Elle est devenue Aurovilienne il y a seulement deux ans. Originaire d'Orel, une ville proche de Moscou, Elena se souvient d'une expérience de contact intérieur à l'âge de six ans et de son désir d'aller vers cet être merveilleux. Bien sûr, à Orel, il n'y avait personne à qui parler de cela. Ses parents étaient très sévères et elle a toujours été contrainte de suivre une discipline stricte et d'exceller. À l'adolescence, elle se posait la question intense de savoir pourquoi elle était sur terre ? Était-elle un être humain ou un investissement ? Pourquoi continuer à vivre ? La famille ? L'argent ? Le succès ? Des partenaires ? C'est alors que, de manière tout à fait incroyable, sa mère découvre un groupe de la Mission Ramakrishna qui vient de s'installer à Orel et autorise Elena à assister à l'une de leurs réunions. C'est là qu'elle découvre dans un magazine ce qu'on appelle le Yoga Intégral, ainsi qu'un paragraphe de la Vie *Divine*. Bien que très attirée par ce texte et bien qu'elle l'ait lu et relu, elle n'y comprenait rien. À vingt ans, elle assista à la conférence Russe sur le Yoga Intégral à Saint-Pétersbourg où elle rencontra des gens de l'Ashram et d'Auroville. Il y avait une vibration si particulière, se souvient-elle, et cet amour pour la Mère. À ce moment-là, Elena préparait déjà sa maîtrise en droit. Comment être proche de la Mère ? Elle choisit d'aller à Paris, dans une université qui invitait les Russes, pour y passer son diplôme, mais son accent ne lui permit pas d'y exercer, alors elle retourna à Saint-Pétersbourg avec le livre l'*Aventure de la Conscience* et une excellente offre d'emploi. Au cours des années suivantes, elle connut le succès, le pouvoir et l'argent pour se rendre compte que ce n'était pas ce que la Conscience attendait d'elle. Mais la peur d'aller en Inde, seule, était toujours présente. Finalement, elle s'est jointe à un groupe qui partait de Moscou. Cependant, Auroville, à part le Matrimandir, restait un point d'interrogation à cause de nombreuses informations négatives. "Cela me semblait aussi trop touristique et je ne voulais pas faire tout ce chemin pour être comme ça". Mais en 2011, elle a décidé de demander si elle pouvait travailler au Matrimandir. Thulasi a accepté et tout a changé dès que j'ai commencé à travailler. Auroville était comme un être vivant et je me suis sentie étreinte à l'intérieur ! La clé, c'était le travail. Ce n'est qu'ici que j'ai pu m'ouvrir au contact de cette conscience et aux progrès incroyables qu'elle pouvait faire".

Mais tout cela n'était que la moitié du chemin à parcourir. Elle devait finaliser les choses et revenir. Mais que pouvait-elle offrir à Auroville ? Ses services d'avocate ? À son retour en Russie, elle a été atteinte d'une grave pneumonie atypique que les médecins n'arrivaient pas à comprendre. Mais pour la première fois de sa vie, elle se sentit en vacances, n'ayant rien d'autre à faire que de s'allonger sur un lit d'hôpital et de lire enfin la *Vie divine*. J'ai tout compris», dit-elle en riant. Je comprenais tout ! C'était si clair et je pouvais le lire du début à la fin. Je n'avais jamais été aussi heureuse". Mais le traitement ne fonctionnait pas, son état se dégradait et un matin, les nouvelles sont devenues très mauvaises. Il n'y avait rien d'autre à faire que de se soumettre complètement : «Si tu n'as pas besoin de ce corps, je n'en ai pas besoin non plus. Il n'est là que pour toi...».

Le lendemain matin, les médecins annoncèrent qu'ils avaient enfin retrouvé la trace du virus. Elle pouvait être soignée ! En quatre jours, l'épreuve était terminée et la décision claire aussi : elle rentrait chez elle à Auroville. Et elle n'avait pas à prouver au Divin qu'elle était une bonne avocate. Elle repartait de zéro.

De retour à Auroville, le processus d'entrée d'Elena en tant que nouvelle arrivante, puis en tant qu'Aurovillienne, s'est déroulé sans heurts, elle a trouvé des amis, un logement, un travail et, bien qu'il y ait eu des obstacles, elle les considère comme faisant partie de l'expérience pour l'aider à trouver où elle doit être et quel est son travail, qui est au Matrimandir et au Parc de Darkali. "C'est le trésor que Mère m'a donné, et ce n'est que maintenant que le yoga peut commencer ".

Deux ans, c'est jeune à Auroville, mais Elena a déjà commencé à se débarrasser des couches d'oignon inutiles de l'être afin de s'enfoncer dans le vrai moi où l'on peut vraiment rencontrer et travailler pour le Divin.

Chaque jeune histoire se déploie ici comme un univers, chacune étant unique et précieuse dans cette expérience. Le yoga d'Auroville, si on peut l'appeler ainsi, est inscrit dans la Charte : que signifie être un serviteur volontaire de la Conscience Divine si ce n'est un processus d'éducation sans fin.

La ville mûrit, malgré nos réticences, nos préjugés et nos peurs. Les chiffres sont encore invisibles, mais ils augmentent, car chacun passe par de nombreux filtres, se débarrassant des bagages dont il n'a plus besoin. De vieilles attitudes subsistent encore dans les forteresses de notre ego, provoquant de vieilles réactions et, souvent, de vieilles blessures et des antagonismes qui peuvent durer des années ou se transformer en divisions. C'est la guerre humaine qu'il faut défaire. Le corps collectif d'Auroville est précisément l'endroit où nous pouvons nous permettre de changer et de réaliser que nous nous portons les uns les autres en nous-mêmes, un lieu où le monde peut enfin passer de toutes sortes de divisions à l'unité.

Aujourd'hui, nous sommes 2 500. Lorsque nous serons 50 000, Auroville portera une charge très différente dans le monde, et une atmosphère merveilleuse : profonde, libre et miraculeusement vraie.

Notes de fin
1 L'Agenda de Mère, Vol 10, 16 Avril 1969.
2 'Why I Am in Auroville', interview with Smiti, Auroville Today, No. 303, October 2013.
3 'Teaching Trash', interview with Ribhu Vohra, www.lifepositive.com/teaching-trash/ Last accessed on 20 September 2016.
4 Sri Aurobindo, Savitri, Livre 3, Chant 2.

25

LISTES DE SOUHAITS POUR LE DON DE SOI

Tous les problèmes de l'existence sont essentiellement des problèmes d'harmonie [1].

-Sri Aurobindo, *La vie divine*

Après tout ce qui a été dit et fait, comment passe-t-on à cette autre position d'harmonie d'où le changement individuel commence et forge le collectif ?

Q : Si l'on veut vivre à Auroville, qu'est-ce que cela implique pour soi ?
R : D'essayer d'atteindre la Perfection Suprême [2].

Cette perfection est-elle une sorte de sommet d'excellence sans faille ? La perfection est une harmonie ... un équilibre ... mais un équilibre progressif, dynamique ... l'être humain tel qu'il est actuellement ne peut atteindre à la perfection s'il n'évolue pas *davantage* ³". Il ne s'agit pas d'un sommet sans faille ni d'une limite maximale après laquelle les choses stagnent, tombent ou se brisent, mais quelque chose qui «ne peut pas être démoli» mais qui peut continuer à croître, à s'intégrer de plus en plus. C'est un choix, ce besoin d'évoluer, de participer à l'aventure, de s'abandonner aux besoins de l'avenir.

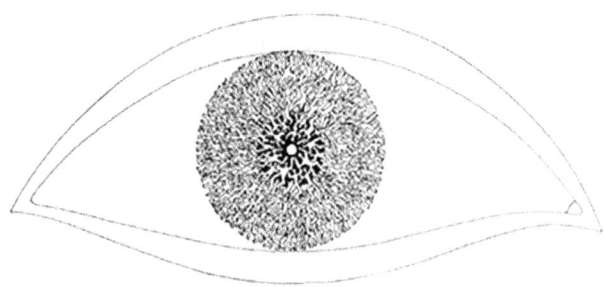

"L'unité ne peut être imposée», prévient cependant Frederick. "Elle doit venir de l'intérieur. Avec le recul, si j'avais su certaines des choses que la Mère a dites sur Auroville, dans l'Agenda et ailleurs, et que nous n'avons découvertes que plus tard, peut-être que notre relation avec Roger, la ville, et même la SAS, aurait été différente. Nous avons besoin d'affirmer ce centre intérieur, de faire vraiment d'Auroville la ville de Sri Aurobindo. L'unité n'est pas une sorte d'uniformité mais une identité brûlante».

Je reviendrai encore une fois sur ceux qui sont ici depuis de longues années, sur ce chemin inconnu appelé Auroville et qui sont parfois passés par le feu. Avec le recul, qu'est-ce qui s'est distillé ? Qu'est-ce qui est encore souhaité ?

Srimoyi a grandi à l'ashram et travaille au Matrimandir. "Tu vois, je n'ai pas de grandes expériences ou attentes. Je crois simplement en ce que Sri Aurobindo et la Mère ont dit à propos d'Auroville et cela m'inspire. Je suis tellement reconnaissante de pouvoir travailler ici. Parfois, il y a un bonheur total ou un élan d'amour quand je travaille. Et je vois toutes les personnes qui viennent, parfois de nombreuses régions de l'Inde et du monde, qui suivent notre processus, juste pour ces dix à quinze minutes, alors il doit y avoir quelque chose. C'est pourquoi nous devons veiller à ce que le Matrimandir reste tel que la Mère voulait qu'il soit utilisé et respecté. Ce n'est pas un lieu touristique exotique. Je veux voir la cité d'Auroville et je prie pour que le véritable Auroville se produise, et non nos idées sur ce qu'elle devrait être. Mais», sourit Srimoyi, «le Divin a mille façons différentes».

John jette un coup d'œil par la fenêtre du bureau improvisé du Matrimandir, qui était autrefois la cuisine du Centre : «Je regarde les gens venir au Matrimandir de tous les horizons, et bien sûr des Auroviliens. Ils vont dans la chambre ou s'assoient simplement sous le banian. Ils viennent ici pour toucher le vrai tissu d'Auroville, le matériel et le spirituel sont tissés ensemble ici. Nous devons donc continuer. Tu vois», dit John en tapotant sa chaise et en souriant, «nous sommes assis sur le lac. Ce bâtiment devra bientôt disparaître. Nous devons encore penser au lac, aux jardins, nous sommes dans la phase finale de l'achèvement. Ainsi quelles que soient nos agitations mentales du moment, j'ai la foi que quelque chose surgira avec légèreté à travers tous nos enchevêtrements ".

Pour Chali, la grande préoccupation est que l'engagement envers Auroville n'est plus le même que celui de la génération de ses parents. "À l'époque, les gens donnaient tout sans attendre de retour. Il y avait un tel engagement pour trouver une autre façon de vivre, d'être, parfois en sacrifiant tout confort matériel ou toute stabilité, même pour leur famille. Avec les nouvelles personnes, cela devient parfois très comme des affaires : quelles sont mes attentes d'Auroville, qu'est-ce que j'obtiens en retour, est-ce que j'ai besoin de ceci, etc. -un peu comme un investissement, ce qui est étrange, et nous nous plions à cela. Il y a eu un changement d'attitude. Il n'y a plus cette envie de se lancer dans l'aventure, quoi qu'il arrive. Je souhaite qu'Auroville devienne ce qu'elle est censée être, pour accomplir le Rêve dans sa plus haute expression de vie. Avant que cela puisse arriver chacun d'entre nous doit viser ce qu'il y a de plus élevé en lui et qui va au-delà des limitations ".

Il y a certainement des gens qui sont exigeants, qui se plaignent et qui sont insatisfaits en permanence comme s'ils étaient aveugles aux dons d'Auroville, ou bien ils n'aiment pas ses objectifs et ses idéaux et trouvent tout défectueux et dogmatique ou qui sont tout simplement réticents au changement. Faut-il les «ménager» ?

Dans 200 ans, ce sera un bel endroit. Le processus d'élimination doit se poursuivre parce qu'il n'y aura plus personne à Auroville pour dire : «Sortez ! et ceux qui ne conviennent pas devront partir avec dégoût. Ils partiront volontairement parce qu'ils n'aiment pas ça [4]".

Alain B., qui a tout vu depuis l'époque d'Aspiration, me dit qu'il a renoncé à penser aux problèmes. "Il faut trouver un moyen de s'unir ensemble. Tant que nous n'aurons pas atteint une véritable anarchie divine, il ne sert à rien de parler». Pour l'anarchie divine, *l'autorité et l'influence de l'ego doivent disparaître*[5]. Encore une fois, ce que nous semblons nous dire les uns aux autres, c'est de nous soumettre.

Louis C. se fait l'écho d'un large éventail de personnes interrogées dans ce livre lorsqu'il dit : «Actuellement, nous souffrons tous d'une sorte de démocratie obscure qui semble s'être emparée de la collectivité. Chacun peut s'opposer et arrêter des mois, parfois des années, de travail et de préparation, comme s'il y avait une jouissance perverse à bloquer les choses. Nous avons besoin d'une démocratie éclairée, ou au moins d'une volonté de la créer. Et une fois que nous aurons élu un groupe, aidons-les à travailler, donnons-leur le soutien et la foi pour travailler. J'espère vraiment une accélération, et pour cela nous avons certainement besoin des jeunes, mais plus encore, nous avons besoin d'âmes vivantes qui veulent vraiment Auroville».

Ponnusamy ajoute : «Nous ne pouvons pas revenir en arrière, ni retourner à un autre rêve. Les gens doivent savoir pourquoi ils sont ici. Cela semble manquer aujourd'hui pour une raison ou pour une autre. Nous avons encore une ville à construire, à compléter, parce que de nouvelles personnes viendront». Un matin, un poème est apparu à l'improviste sur l'intranet d'Auroville, l'autobiographie d'un égaré, qui est lentement refondu par la grâce. Qui aurait cru que Francis pouvait écrire ?

Le garçon est créé
toujours à la manière
d'un qui n'a pas
totalement égaré, au nom de l'amour...
le matérialisme devient le but
la méchanceté le moyen,
la grâce descend
la perception change
le cœur s'approfondit
Dieu entre -
les vieilles habitudes, difficiles à éteindre
lentement, toujours si lentement
le cœur continue
la gratitude domine
trébucher et tomber continuellement, se relever et se brosser
grandir sans cesse malgré soi
apprendre à aimer
doux est l'air que je respire.

"Peut-être faut-il attendre une nouvelle génération», dit X. "Nous avons l'impression d'être tout le temps en train de nous faire la guerre maintenant. Pourtant, tout est là et semble parfois si simple...».

"Les défis deviennent très difficiles à relever», confirme Jacqueline de TDC. "Nous devons travailler avec les jeunes, mais nous devons aussi trouver un moyen ensemble sans abaisser les idéaux ou les compromettre au profit d'autres rêves, comme celui d'être un village tribal ou une ville écologique. La Mère voulait un autre type de ville, ne l'oublions pas et ne rejetons pas les spécificités qu'elle a données. Parfois, c'est l'agonie pure et simple. Si nous devons nous soumettre, c'est à Elle, à Auroville, et non à ce que nous voulons lui imposer ".

"Il est temps de dépasser ce piège du pour et du contre, dit Toine, et de trouver cette troisième position inclusive qui nous aide à aller de l'avant".

"Il y a beaucoup de peur. Nous devons cesser d'agir par peur», reconnaît Deepti, "la peur entraîne toutes sortes de tactiques mentales et d'accusations, et la confiance disparaît. Nous devons aborder les choses différemment. Il ne faut pas établir de règles générales parce que quelques-uns font des erreurs. Il ne faut pas pénaliser et bloquer le flux pour tout le monde. Gardez une marge de manœuvre pour des décisions flexibles. Une expérience implique qu'il y aura parfois des erreurs, voire des échecs. Nous devons reconnaître la grâce, même là où se trouve l'ombre».

Ces derniers mois, cependant, quelque chose semble avoir commencé à nous pousser de l'intérieur.

"Un souhait" ? se demande Judith à voix haute. "Si je pouvais agiter une baguette magique et tout serait là : le lac du Matrimandir, les Lignes de Force, la Couronne...'

"C'est seulement lorsque le cercle sera complété, que les deux extrémités se toucheront, que le plus haut manifestera le plus matériel, que l'expérience sera vraiment décisive. Il semblerait que l'on ne comprenne jamais vraiment que lorsqu'on comprend avec son corps [6]".

Pour un artiste comme Pierre, Auroville est avant tout un champ d'évolution.

Il s'agit d'une exploration sans relâche pour arriver à un point de simplicité qui se crée lui-même. Sa recherche artistique s'appuie sur le niveau cellulaire, à travers ses réseaux unificateurs, ses codes et ses points de lumière qui se trouvent à l'intérieur de notre substance physique et font en même temps partie du champ universel. "Il y a des moments fugaces où l'on sent son corps se dilater dans une joie très calme et infinie. Cela vous surprend, défait vos doutes et vos difficultés. Peut-être qu'un jour, ces expériences annuleront la catastrophe du monde. Pour mon travail, c'est le seul test : Transmet-il cette frontière de la joie physique, sa légèreté intérieure et sa pulsation ? Le travail n'est qu'un moyen de donner à ces expériences inattendues une certaine permanence physique. Bien sûr, un nouveau type d'art a besoin d'un nouveau type de ville. La Mère nous a donné Auroville, une cité qui, nous l'espérons, portera la contagion de la vérité et de la beauté partout où nous irons. L'art devrait être au service de cela. Les plus grandes villes du passé qui ont conservé une vie et une beauté durables sont celles qui ont été rigoureusement planifiées et construites par une autorité incontestée. Si nous pouvons au moins respecter les souhaits de la «première autorité» d'Auroville, la plupart des problèmes seront résolus".

Se donner au Divin, c'est renoncer à ses propres limites étroites...
Le vrai don de soi élargit [7].

Notes de fin

1. Sri Aurobindo, La Vie Divine, p. 13.
2. Mother, Mother on Auroville, p. 11.
3. La Mère, entretiens, 1950–51 pp. 19.
4. Gilles Guigan (Ed.), History of Auroville, Book 6, Auroville : Auroville Archives, 2016, p. 38.
5. Paroles de la Mère, Vol 14, p. 240.
6. 'Towards February 29, 1960', Mother India Special Supplement, February 1960, Pondicherry: Sri Aurobindo Ashram Trust, p 26.
7. Paroles de La Mère II, p. 126.

26

LE BATEAU SUPRAMENTAL

Quand nous commençons à vivre la vie spirituelle, il se produit un renversement de conscience qui est pour nous la preuve que nous sommes entrés dans la vie spirituelle ; eh bien, il s'en produit encore un autre quand on entre dans le monde supramental [1].

-Mère, *L'Agenda de Mère*

Il y a un certain nombre de choses particulières à propos d'Auroville. Les gens sont généralement désignés par leur seul prénom. Les gens n'utilisent pas de noms de famille, sauf lorsqu'il y a trop de Johns ou de Selvis pour les distinguer. La mère donnait parfois aux enfants occidentaux des noms indiens, et aux enfants indiens des noms occidentaux et les enfants de la première génération nés à Auroville avaient souvent un préfixe à leur nom, comme Auroson, Auradha, Aurovici ou Auralice.

Et pas de tante, d'oncle, de dada ou de didi. On s'adressait directement à la personne, sans aucun bagage d'âge, de convention ou de hiérarchie, et on s'adresse à elle telle qu'elle est, c'est-à-dire une âme vivante.

Au sein d'Auroville, les titres et les positions ne sont pas des choses à exhiber, parce que le travail est une occasion de grandir et de servir. Il est également entendu que la véritable hiérarchie ne dépend pas de la richesse ou de la position sociale, mais du pouvoir de la conscience. Pour que le nouveau monde s'épanouisse, l'ego a besoin d'une fin heureuse et d'un adieu ferme.

Une autre particularité est qu'il n'y a pas de propriété personnelle ou d'héritage des terrains ou des bâtiments. Il s'agit non seulement d'encourager un sentiment de détachement, mais aussi de conserver chaque millimètre de cette petite cité, non morcelée, pour une expérience qui appartient aux générations successives de l'humanité qui viendront accomplir Auroville.

Mais quels sont les signes

indicateurs de cette aventure, ses moyens et ses techniques internes ? Le renversement de perspective est-il moral ou spirituel, ou est-il avant tout une affaire de conscience ? Auroville n'est ni une ville intelligente (smart city), ni un écovillage, ni une ville d'un certain mode de vie mais un centre évolutif :

Auroville est le lieu où s'élabore cette nouvelle manière de vivre, c'est un centre d'évolution accélérée où l'homme doit commencer à changer son monde par le pouvoir de l'esprit intérieur [2].

Quel est donc ce pouvoir intérieur qui *peut changer le monde et le maîtriser sans l'écraser* ? A quoi ressemblerait la «technologie» de la conscience ?

Deux ans après ce que l'on appelle la Manifestation Supramentale, La Mère a raconté une expérience vécue lors d'un cours du soir en février 1958, d'un «contact» avec le monde supramental, qui existe en soi, au-delà de toute subjectivité.

> *C'est comme un pont qui est en train d'être jeté entre les deux mondes.... Maintenant, je sais que ce qui manque pour que les deux mondes se joignent dans une relation constante et consciente, c'est une zone intermédiaire entre le monde physique tel qu'il est et le monde supramental tel qu'il est. C'est cette zone qu'il reste à construire, à la fois dans la conscience individuelle et dans le monde objectif... Quand je parlais autrefois du monde nouveau qui est en train de se créer, c'est de cette zone intermédiaire que je parlais* [3].

Il est facile de comprendre pourquoi cette expérience est devenue une référence emblématique pour Auroville alors même que la Charte stipule : *Auroville veut être le pont entre le passé et l'avenir bateau.* C'était la zone intermédiaire, le pont, la ville...

"Je me trouvais sur un immense bateau, qui est une représentation symbolique de l'endroit où ce travail est en train de s'accomplir. Ce bateau, aussi grand qu'une ville [4]*...* «

En effet, la Mère a décrit le navire comme une sorte de monde-pont où les personnes destinées à une vie supramentale étaient formées, un lieu de «joie et de calme extraordinaires» où beaucoup avaient déjà subi une transformation qui était évidente dans *leur substance physique.* Lorsque le navire atteignait le rivage supramental, les personnes qui étaient prêtes débarquaient, mais certaines devaient être renvoyées pour une préparation plus poussée...

Décrivant les personnes autorisées à débarquer sur le nouveau rivage, elle disait :

Ce que je peux dire, c'est que le point de vue, le jugement, était basé EXCLUSIVEMENT d'après la substance qui constituait les gens... Le point de vue adopté n'est ni moral ni psychologique. Il est probable que la substance dont leur corps était fait était le résultat d'une loi intérieure ou d'un mouvement intérieur... Ce point de vue n'avait rien de mental et il donnait un sentiment intérieur, étrange, que quantités de choses que nous considérons comme bonnes ou mauvaises ne le sont pas réellement. Il était très clair que tout dépendait de la capacité des choses, de leur aptitude à traduire le monde supramental ou à être en relation avec lui. C'était si complètement différent, parfois même si contraire à notre appréciation ordinaire !... J'ai même ri de certaines choses... Notre sentiment habituel de ce qui est anti-divin semble artificiel, semble basé sur quelque chose qui n'est pas vrai... Ceci rendrait alors toute différente notre appréciation de ce qui nous rapproche du Divin ou de ce qui nous en sépare. Chez les gens aussi, j'ai vu que ce qui les aide à devenir supramental, ou les en empêche, est très différent de ce qu'imaginent nos notions morales habituelles [5].

La description des objets présents sur le navire offre un premier indice d'une «technologie intérieure».

Par exemple, les vêtements n'étaient pas faits de tissu... ils n'étaient pas fabriqués. C'était une partie du corps, faite de la même substance qui prenait des formes différentes. Cette substance physique " avait une sorte de plasticité. Quand un changement devait être effectué, il se faisait non par un moyen artificiel et extérieur mais par une opération intérieure, par une opération de la conscience qui donnait forme ou apparence à la substance... La vie créait ses propres formes. Il y avait UNE SEULE substance en toute chose" [6]...

Imaginez donc un monde qui se génère de lui-même, sans nécessité de guerre économique, sans industrie lourde et sans armement, sans pauvreté et avec une connaissance directe... Certainement, une Terre très différente.

En même temps, elle voyait aussi que la plus grande résistance à cette conscience force viendrait d'un manque de réceptivité. Surtout de la part de mentals très organisés et de l'ego. Certains ne se laisseraient pas toucher du tout et trouveraient des moyens de créer des problèmes. *"Tout ce qui peut se transformer va s'imprégner de plus en plus de cette nouvelle substance et de cette nouvelle conscience au point de monter vers elle et de servir de lien entre les deux* [7] *".*

Le bateau n'avait pas de moteur, précisait-elle, tout était mis en mouvement par la volonté, mais ce n'était pas une volonté mentale, mais une volonté intérieure. " *La conscience ne fonctionne pas dans l'ordre habituel, elle fonctionne directement du centre de volonté spirituelle à la Matière... tant qu'on peut garder cette immobilité absolue du mental...*[8]"

Pour qu'une nouvelle création soit possible, comme la création d'Auroville et d'une nouvelle humanité, «la substance qui constitue le corps de l'homme doit subir un grand changement, elle doit devenir plus réceptive à la conscience et plus plastique sous son action».

Ceci explique enfin pourquoi la seule chose formellement interdite à Auroville, et même subordonnée à une condition d'entrée était l'usage de drogues, car elles *déforment et endommagent la conscience*. A bien y réfléchir, le travail de Sri Aurobindo et de la Mère n'a jamais dépendu des drogues.

Le Vaisseau Supramental a révélé une autre chose intéressante : que les gens se «qualifiaient» *exclusivement* par leur substance physique et non par une quelconque vertu morale, il s'agissait d'un changement évolutif produit par la conscience. La question que Satprem lui a posée dans *l'Agenda* était la suivante : S'il ne s'agit pas de vertus morales, quelles sont les capacités ou les qualités qui permettent d'accéder au supramental? Quel était le critère intérieur totalement différent ?

+ Sa réponse est arrivée quelques jours plus tard :
+ *Capacité d'élargissement indéfini de la conscience sur tous les plans, y compris le matériel.*
+ *Plasticité illimitée pour pouvoir suivre le mouvement du Devenir.*
+ *Égalité parfaite abolissant toute possibilité de réaction d'ego*[9].

C'est ici que je vis, le pont sur lequel je marche, et la réalité d'une autre vie, d'une vie plus grande, ici même sur terre, rêvant l'humanité plus loin.

Je ne sais pas si j'atteindrai le rivage supramental dans cette vie, ou si Auroville le fera. Compte tenu des lignes de faille qui existent encore dans l'être, c'est peu probable. Mais j'espère, en fait je prie, d'être de retour sur ce bateau dans une prochaine vie pour revivre à nouveau à Auroville, disons dans une centaine d'années : marcher dans ses avenues, jouer dans ses forêts, traverser le lac jusqu'au Matrimandir, vivre dans une Ligne de Force, ou peut-être dans une ferme de la ceinture verte, et rencontrer cet esprit d'unicité, puissant, paisible et conscient, de 50 000 personnes.

Notes de fin

1 L'Agenda de Mère, Vol. 1, 15 Novembre 1958.
2 Idem., Vol. 9, 3 Aout 1968.
3 Idem., Vol. 1, 3 Fevrier 1958.
4 Idem.
5 Idem.
6 Idem.
7 Idem.
8 Idem., Vol. 3, 12 Janvier 1962.
9 Idem.

27

UN LONG COMMENCEMENT

Seul, un long commencement a eu lieu…[1]
-Sri Aurobindo, *Savitri*.

Ce livre a eu deux initiateurs. Tout d'abord, mon éditeur, dont l'intérêt pour un livre sur Auroville était une offre rare et bienvenue, mais je n'étais pas sûre du genre de livre que cela allait être, étant donné qu'il y avait tant d'informations qui circulaient. J'ai recommencé à lire des choses que je pensais connaître et qui, à la relecture, ont commencé à offrir un autre point de vue, alors que des points commençaient à se joindre, comme des étoiles lointaines qui s'illuminent soudain pour offrir une nouvelle perception et, soudain, beaucoup plus de sens. J'ai dressé des listes de personnes à voir, anciennes et nouvelles, j'ai regardé les vidéos qui se bousculaient sur YouTube et j'ai commencé à passer du temps dans les archives au Bharat Nivas lorsque j'avais du temps libre. J'ai regardé de vieilles photographies et des articles anciens, j'ai pris des notes, j'ai fait des photocopies et j'ai eu des petites discussions avec Krishna quand il était là. Le général de division Krishna Tewari, ou Krishna comme nous l'appelions, avait maintenant plus de quatre-vingts ans, mais il ne manquait jamais un jour de travail. Il avait créé seul les archives d'Auroville, nous harcelant au fil des ans pour que nous lui envoyions des documents qu'il conservait de manière immaculée et en ordre parfait dans le petit local temporaire qui lui avait été attribué dans les locaux du Bharat Nivas. De temps en temps, il me demandait où en était mon livre, mais rien n'avait encore commencé et un an et demi s'est écoulé.

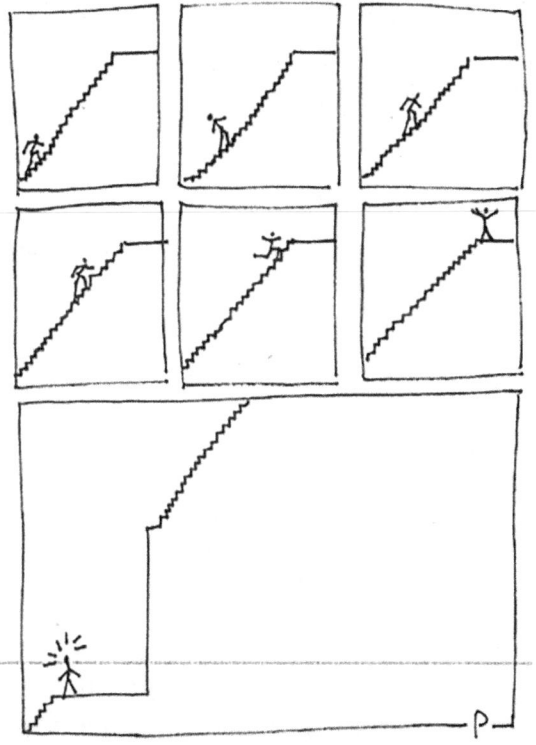

Le second initiateur était curieux mais a donné le coup d'envoi décisif.

Lors d'un voyage, j'ai rencontré des amis d'amis. Ils étaient ravis de découvrir que je venais d'Auroville. Ils en revenaient de vacances merveilleuses. Auroville avait de si bons restaurants biologiques qu'ils n'avaient jamais été malades. Et c'était tellement vert et paisible, ils avaient séjourné dans une sorte de forêt et avaient même eu droit à un massage. Qu'avaient-ils trouvé d'autre intéressant ? Ils étaient censés aller au Matrimandir, mais il fallait réserver et tout, ce qui était un peu fastidieux, ils ont donc préféré se détendre, faire du shopping, manger de la bonne nourriture. Il y avait tant de bonnes choses à faire dans le domaine de l'environnement, et tant d'étrangers à voir. Ils la recommandaient à tous leurs amis pour leurs prochaines vacances.

"Et qu'est-ce que tu fais là-bas ?" m'a-t-on demandé. C'était surréaliste.

J'ai essayé de me rappeler mes premières impressions sur Auroville, il y a trente-six ans. Que pouvais-je bien y faire ? Aurais-je rejoint l'endroit qu'ils venaient de décrire ? La rencontre de Gérard avec Auroville, après une interruption de quelques années, avait contenu un peu de ce choc : Auroville s'était retiré avec succès derrière un voile. Ce voile était l'histoire unique que nous semblions être devenus : un projet environnemental célèbre, son objectif, la durabilité, un travail formidable dans la bio région, la culture d'aliments biologiques, la construction avec des matériaux durables et vivant dans une forêt. Auroville était un éco-village inspiré par Sri Aurobindo.

Avaient-ils entendu parler de la ville ? Ils m'ont regardé, incrédules. Quoi ?

J'ai appelé mon éditeur ce jour-là et lui ai confirmé que j'allais écrire ce livre. Cela m'a amené à découvrir que cette histoire unique et durable était au cœur de nombreuses divisions insoutenables et un certain degré de stagnation auxquelles Auroville devait faire face. Cela a également conduit à un effacement progressif de la galaxie dans nos vies, sur le terrain et dans tous les discours, comme quelque chose d'impossible, de démodé, d'insoutenable et de réduit à rien de plus qu'un timbre à usage officiel et pour la collecte de fonds. Elle a également suscité un sentiment d'appropriation légitime de toutes les terres qui avaient été plantées comme réservées aux nouveaux objectifs environnementaux d'Auroville et non pour la ville. Comme nous l'avons vu, ce malentendu ou détournement de la ville se poursuit. C'est vraiment dommage et la ville, dans sa globalité, réserve une place pour tous et pour tout.

Si la durabilité suffisait à résoudre la crise humaine dont le monde souffre aujourd'hui, Sri Aurobindo et la Mère n'auraient certainement pas hésité à arrêter leur travail de conscience et à se concentrer sur un plan entièrement pour l'environnement mais leur objectif était plus vaste. C'est à ceux qui choisissent de participer à cette aventure de sauvegarder ce but.

Il y a quelques mois, j'ai participé à un atelier de deux jours sur l'urbanisme et le développement, un appel à la restructuration et à la sélection d'une nouvelle équipe. Comme beaucoup, j'ai cessé d'être une «adepte des réunions « depuis plus de dix ans, mais j'ai été intrigué par une citation qui passait pour étant de la Mère, citant l'accent mis sur la planification socio-économique fondée sur des valeurs éthiques. En ce qui concernait l'éthique, c'était intrigant.

Chaque fin de mandat d'Aurofuture (TDC) tend à apporter une tension sur le thème Galaxie vs pas de Galaxie avec des schémas de négation prévisibles. L'effacement du nom a été une première étape. Aurofuture ou L'Avenir s'appelle désormais le Conseil de Développement Urbain, ostensiblement, parce qu'il est mieux compris dans le monde officiel. Sur une planète qui comprend Yahoo et Google, il est certain que Aurofuture ne peut pas être un tel obstacle mental à franchir. L'effacement progressif de la cité et le dénigrement constant du plan de la Galaxie, il faut s'en prémunir, surtout lorsqu'il est écarté de la table parce qu'il est «controversé».

Les réunions et les ateliers sont les artifices collectifs qui sont adoptés pour l'instant, de peur de ne pas être perçus comme démocratiques et transparents. Mais la démocratie, comme tout le monde le sait aujourd'hui, est la manipulation des masses la plus réussie.

Je me suis donc rendue à la réunion. Bien sûr, le plan de la ville était en mode «loin des yeux, loin de la pensée «. Et malgré toutes les discussions sur la méthodologie et les parties prenantes, la charrue était solidement mise devant les bœufs. La ville était absente de l'action.

Pourtant, Auroville offre toujours une magie surprenante. La réunion a attiré un grand nombre de participants, bien que l'été fût à son apogée et s'est déroulée harmonieusement pendant deux jours, malgré des points de vue opposés autour de la table. Un miracle inattendu s'est produit entre nous tous. Au lieu de polarisations, nous avons vu soudain émerger un terrain d'entente serein et une tentative de synthèse, ainsi qu'une première tentative d'acceptation du fait que la zone urbaine et la ceinture verte faisaient partie de la même Auroville où nous avions tous une chance de coexister. Malheureusement, il ne s'est pas passé grand-chose par la suite, jusqu'à ce que l'article du blog d'Helmut fasse réagir les gens.

Compte tenu de l'état d'esprit qui règne dans certaines parties de la communauté, qui s'apprête à oublier la galaxie et tout ce que cette ville planifiée impliquait, Helmut posait la question : Sommes-nous prêts à laisser Auroville devenir une ville tentaculaire de plus, bien qu'organique et durable, dans la bio-région ? Ou bien étions-nous prêts à travailler pour traduire le modèle architectural en un plan viable qui pourrait se manifester. Si ce n'était pas le cas, nous devions être prêts à oublier la Galaxie car le temps était compté. Plus nous tarderions, plus les conditions deviendraient difficiles. Beaucoup d'entre nous étaient stupéfaits. Étions nous vraiment allés aussi loin ? Ce soir-là, j'ai rédigé et posté *Un Appel pour la Cité* sur notre intranet et je l'ai également publié dans notre bulletin hebdomadaire News and Notes, n° 663. Il a reçu une réponse importante de personnes jeunes et moins jeunes, comme si quelque chose d'inexprimé avait enfin été dit. Je reproduis le texte ici :

Un Appel pour la Cité

> L'article du blog d'Helmut sur la planification sonne comme un réveil de dernière minute pour chacun d'entre nous. Le fait qu'entre nos professionnels, nos planificateurs et nos écologistes, nous en soyons arrivés à ce point après 50 ans, au lieu d'être en bonne voie pour une première phase d'achèvement, est un sujet de grave préoccupation [sic], c'est pourquoi, en dépit de mes références non professionnelles, je partage ce qui suit avec vous.
>
> Comment se fait-il qu'après toutes ces années, nos architectes et nos urbanistes n'aient pas effectué de véritables recherches pour nous aider à voir cette ville planifiée pour ce qu'elle est : une invention extraordinaire combinée dans ses nombreuses parties, avec une ceinture verte et un centre vivant et conscient, le Matrimandir. C'est la contrepartie matérielle parfaite qui « permet » à

la Charte de manifester le Rêve. Au lieu de cela, année après année, nous avons vu des rapports sur le fait que la Galaxie était un échec et ne méritait pas d'être testée. Le fait que cela vienne de certains de nos architectes et planificateurs a été très décourageant.

La galaxie a été systématiquement dénoncée comme un gâteau des années 1950, insoutenable, contraire aux réalités du terrain, inabordable, Mère comme désespérément démodée ou Auroville n'ayant jamais été conçue pour être une cité - sans le moindre effort pour comprendre les incroyables possibilités qui rendent le plan tout à fait durable, de manière beaucoup plus intégrale et centrée sur la réalisation de l'objectif de la Charte d'Auroville : l'Unité Humaine.

Malheureusement, la résistance n'a pas seulement divisé Auroville, elle a aussi fait dérailler et retardé des initiatives, et des opportunités ont été perdues au motif que le plan doit maintenant évoluer. Mais évoluer vers quoi, telle est la question ? Vers le premier scénario d'Helmut, comme nous le voyons déjà ? Dans ce cas, on ne peut qu'appeler cela une régression vers les modèles existants d'urbanisme raté, quelle que soit l'image de marque durable/organique qu'on veuille lui donner.

Il est peut-être temps de considérer honnêtement que ce n'est pas le plan, mais nous, les Auroviliens, qui devons évoluer et apprendre à nous mettre à sa hauteur, à découvrir tout ce qu'il nous offre. La Charte et la Galaxie ont été «données» à la naissance d'Auroville et chaque Aurovilien en est le dépositaire pour le reste de l'humanité et pour son avenir.

Nous ne pouvons en aucun cas nous accorder la permission de jeter le plan de la Galaxie car en le faisant, nous écartons Auroville de sa trajectoire et du potentiel réel de l'expérience. J'en appelle au CDT, au Comité de Travail, au Conseil d'Auroville et à tous les autres groupes et résidents d'Auroville, ainsi qu'aux membres du Governing Board et du Conseil Consultatif International de ne pas laisser cela se produire à l'approche de notre 50ème année.

Une fois que nous aurons le courage et la générosité d'accepter le plan et de travailler avec lui, ce sera ouvrir la voie à tous pour travailler ensemble, collaborer dans de nombreux domaines et de nombreuses manières que nous devons découvrir ensemble. Ce n'est que si nous acceptons de construire cette ville avec amour et un travail acharné et ne pas la transformer en un étalement aléatoire, que nous pourrons manifester l'organisation, l'économie, l'éducation, l'art, l'architecture, la santé, la mobilité, la durabilité, la société, l'agriculture et l'environnement - en tant qu'expérience réelle à l'échelle d'un Rêve, dans la cité qui contient également une ceinture verte et un centre lumineux.

En priant pour qu'Auroville ne soit pas obligée de se transformer en ville durable (uniquement) parce que la Galaxie a échoué, ce que certains articles récents sur Auroville ont déjà commencé à nous dire avec l'aide de nos propres médias.

Que la 50ème année soit un renouveau d'espoir pour la ville planifiée et sa manifestation.

Je vous invite à ne pas vous contenter de réagir, mais à y réfléchir, à visiter la Chambre intérieure si vous le souhaitez, et à voir comment nous pouvons faire avancer cette ville ensemble et ne pas la considérer comme un échec. C'est là que notre égoïsme collectif nous a menés jusqu'à présent, mais de telles décisions ne sont pas les nôtres, même si l'Acte de la fondation nous a accordé une voix dans l'assemblée des résidents (AR). Construire la ville, c'est trouver la vérité de notre don de nous-même et notre liberté de travailler ensemble avec bonne volonté et unité. Cela créera un corps collectif fantastique et une RA pour laquelle il faut rêver...

Je croise les doigts, car s'il est tentant de planifier la «prochaine vie» dans l'espoir d'atterrir dans une Auroville prête à l'emploi, magnifiquement accomplie, c'est dans cette vie que nous devons nous assurer que de tels espoirs peuvent être réalisés. Que la ville soit construite sans obstacles pour réaliser le Rêve que l'humanité attend. Nous n'avons fait qu'un long début, nous nous sommes battus sur des problèmes, avons combattu nos propres limites, mais aussi aimé Auroville et les uns les autres, et nous apprenons lentement à nous abandonner.

En réponse à mon appel, j'ai reçu un message merveilleux et inattendu de la part de Tim, une semaine plus tard, dans les nouvelles d'Auroville du 10 sept. 2016, 664, également en faveur du plan de la Galaxy. Il souligne sa beauté rayonnante, son potentiel de relation avec la nature et pour générer une libre circulation de l'air. Et surtout, le quatrième point que je cite ci-dessous.

> Mon quatrième point est peut-être le plus important de tous. J'ai parlé plus haut de l'»impraticabilité» de la Galaxie, comme le prétendent certains critiques : cela ne peut tout simplement pas fonctionner selon eux. À cela, je ne peux que répondre BIEN ! car ce qu'ils disent inconsciemment, c'est qu'avec un tel tracé, nous ne pourrons pas créer

une ville comme les autres villes de la Terre. Nous ne pourrons pas créer un autre Pondichéry, un autre Chandigarh, un autre Paris, un autre Londres, un autre Pékin, un autre New York. C'est une excellente nouvelle, car nous ne sommes pas ici juste pour créer une autre ville. Pour que le plan de la Galaxie fonctionne, nous devrons mettre de côté toutes les règles, les concepts et les formations en vigueur depuis des siècles, et nous ouvrir à quelque chose de nouveau qui cherche à se manifester. En d'autres termes, nous ne pouvons faire fonctionner le plan de la Galaxie qu'en dépassant tous les critères établis pour les villes existantes. La Galaxie, dans toute sa puissance et sa beauté, nous obligera à trouver une nouvelle façon de faire fonctionner une ville. Et dans cette nouvelle façon de faire, nous serons capables de briser les moules établis, de passer à un nouvel état d'être et de vivre une vie collective d'une manière totalement nouvelle. On pourrait même supposer qu'un grand pas vers l'unité humaine deviendra une nécessité pour vivre harmonieusement dans une telle ville. En d'autres termes, la Galaxie est une garantie que nous ne pourrons pas répéter ce que l'humanité a toujours fait auparavant.

C'est la cité qui nous demande de travailler avec elle. Dépasser nos limites, nos peurs et notre étroitesse, et embrasser un pas plus grand et plus large de l'âme et de son unité.

Quelque chose s'est remis à vibrer. La joie de découvrir que le Rêve était toujours vivant, qu'il poussait encore tant d'entre nous, de façon inattendue. Soudain, il n'est plus stagnant, mais ouvert à un nouvel espoir. Les gens parlent à nouveau de la ville. Tout est encore possible, et même nos résistances font partie d'un passage à franchir pour aller plus loin dans cette aventure ensemble. Parfois, je sens dans l'air, au début d'une nouvelle journée, une légère vibration de quelqu'un qui rit.

La ville sera construite par ce qui vous est invisible. Les hommes qui doivent servir d'instruments le feront malgré eux. Ils ne sont que des marionnettes entre les mains de forces plus grandes. Rien ne dépend de l'homme, ni la planification, ni l'exécution, rien ! C'est pourquoi on peut rire [2].

Notes de fin
1   Sri Aurobindo, Savitri, Livre 1 Chant 4.
2   Mother, Mother on Auroville, p. 13.

28

LE RÊVE FINAL

Sri Aurobindo est venu dire au monde la beauté de l'avenir qui doit se réaliser [1].

-Mère, Paroles de la Mère

Le 15 août 1947, Sri Aurobindo diffuse un message à l'Inde libre. Ce jour marquait également son soixante-quinzième anniversaire. Ce message, connu aujourd'hui sous le nom des *Cinq Rêves*, était une vision de l'avenir de l'Inde, de l'Asie et du monde, du rôle spirituel de l'Inde et d'un cinquième et dernier rêve :

> Le dernier rêve était une *étape dans l'évolution qui élèverait l'homme à une conscience plus élevée et plus vaste et commencerait à résoudre les problèmes de l'humanité qui l'avaient rendu perplexe et contrarié depuis qu'il avait commencé à penser et à rêver de perfection individuelle*

et d'une société parfaite... Les difficultés qui se dressent sur le chemin sont plus redoutables que dans n'importe quel autre domaine, mais elles sont faites pour être surmontées et, si la Volonté Suprême est là, elles seront surmontées. Ici aussi, pour que cette évolution ait lieu, puisqu'elle doit passer par une croissance de l'esprit et de la conscience intérieure, l'initiative peut venir de l'Inde et, bien que la portée doive être universelle, le mouvement central peut être le sien [2].

Après la disparition de Sri Aurobindo, la Mère a poursuivi son œuvre. Elle s'assura que ce dernier rêve a pris racine sur terre, dans une ville qui porte son nom, au sud de l'Inde. *Auroville : veut être la première réalisation de l'unité humaine basée sur l'enseignement de Sri Aurobindo* [3], ouverte à toutes les personnes de bonne volonté qui souhaitent une vie plus haute et plus vraie. C'est un futur en marche.

Notes de fin
1   Paroles de la Mère I, Vol. 14, p. 15.
2   Sri Aurobindo, 'Independence Day Message', Autobiographical Notes, CWSA, Vol. 36, p. 480.
3   Paroles de la Mère I, Vol. 14, p. 235.

POST-SCRIPTUM

J'ai creusé profond et longtemps
Dans l'horreur de l'ordure et de la boue
Un lit pour le chant de la rivière d'or,
Un foyer pour le feu immortel...

J'ai mille et une blessures béantes
Et les rois des Titans m'assaillent,
Mais je n'ose me reposer avant que soit remplie ma tâche
Et la Volonté éternelle accomplie.

Le Labeur d'un Dieu, Sri Aurobindo

Auroville, Une Cité pour Le Futur, publié il y a sept ans, a été une œuvre de découverte miraculeuse et d'amour, mais la suite a apporté des changements drastiques dans ma vie. Tout d'abord, j'ai été nommée membre du Conseil de développement de la ville d'Auroville (ATDC), ce qui m'a confrontée à la réalité de notre situation en tant que ville, à sa planification et à la résistance implacable de certains au plan directeur. Ce fut une lutte acharnée. Pendant des décennies, la Crown, notre seule et unique artère urbaine, approuvée par la Mère en 1969, a semblé impossible à réaliser.

Chemin circulaire qui unifie toutes les zones de la ville, la Couronne sera bordée de bâtiments des deux côtés, offrant des arcades ombragées qui permettront aux gens de parcourir le circuit de 4 km, sans être dérangés par la pluie ou le soleil. Principal centre urbain d'Auroville, il offrira des services, des cafés, de petits auditoriums, des équipements, une crèche pour les mamans pendant qu'elles s'occupent des tâches domestiques, des tailleurs, des couloirs artistiques, des espaces de poésie internationale, des jardins, des étangs de récupération des eaux de pluie, des pistes cyclables et des transports publics à zéro émission de carbone. Pourtant, pendant des années, des arguments à la limite de l'absurde ont été avancés pour empêcher que tout cela ne se produise, par exemple le fait qu'un cercle parfait était religieux.

Les projets clés de logement et d'infrastructure du plan directeur, nécessaires à la croissance d'Auroville et à l'accueil de nouvelles personnes, ont souvent été bloqués ou retardés. Nous semblions nous contenter d'un statu quo stagnant et d'un avenir myope, satisfaits de quelques petits projets et inconscients des forces qui se développaient autour de nous. Des terrains étaient achetés par des promoteurs extérieurs, alors même que nous nous opposions aux politiques qui préconisaient des réglementations pour la protection des terres. Pendant ce temps, Auroville faisait la une de YouTube en tant qu'option touristique attrayante pour les amoureux des écovillages et des forêts, alors même que notre ceinture verte du sud était en train d'être engloutie. Des restaurants ont commencé à apparaître, l'un après l'autre, amenant des voitures de touristes de Pondy, Bangalore et Chennai, causant des embouteillages sur la route la nuit, mais personne ne voulait ouvrir les yeux.

Au lieu de cela, des experts en urbanisme durable ont été invités de l'étranger pour se prononcer sur le plan directeur. Au bout de trois jours, nous avons entendu que le plan directeur comportait des lacunes et qu'il n'était peut-être pas viable. On a déclaré que 5000 personnes suffisaient pour Auroville. Tout ce dont nous avions besoin, c'était de quelques bâtiments supplémentaires et d'une forêt pour le reste : une station écologique parfaite pour quelques personnes. Auroville n'avait pas besoin de 50 000 personnes. Ainsi, d'un seul coup, ce nid pour l'avenir, berceau de la prochaine Conscience, et l'expérience qu'elle contient ont tous été rejetés. La ville du futur s'envolait de notre imagination.

Où vivrait le Rêve ? Soudain, beaucoup se sont réveillés, ou plutôt ont été incapables de dormir, alors que cette question se posait à nous. Etions nous d'accord pour laisser tomber le projet ? Le rêve qui présidait à nos destinées et nous avait amenés à Auroville, fascinés par une ville si prometteuse pour la terre et l'humanité, incitait soudain beaucoup d'entre nous à se réveiller et à vouloir le ramener à l'existence.

À cette époque, j'avais quitté l'ATDC et je préparais une exposition sur la ville, dans le but d'en savoir plus à ce sujet. En fouillant dans les archives de Jacqueline, j'ai découvert la toute première présentation d'Auroville à l'UNESCO, à Paris, en 1966. La Mère avait demandé à son architecte en chef, Roger Anger, d'organiser cet événement et son équipe parisienne d'ingénieurs et de planificateurs a présenté la ville sous différents angles, en mettant l'accent sur ses éléments durables, notion inconnue alors, mais aujourd'hui très en vogue. Auroville serait une ville compacte et accueillante pour les piétons, à l'image des anciennes villes médiévales, mais portée par les formes du futur. Dans ce paysage désertique, avec très peu d'arbres, ils ont pensé à des surplombs et à des bâtiments interconnectés pour générer de l'ombre et encourager les gens à marcher. Cette ville éviterait le trafic motorisé et polluant, elle aurait des toits solaires pour assurer son autonomie énergétique, récolterait ses eaux de pluie sur les toits et son architecture développerait des systèmes de climatisation naturels. La population avait été limitée à 50 000 habitants en raison de l'expérience à tenter. Ce nombre représentait les conditions demandées par leur «cliente», la Mère, et nécessaires à une structure urbaine où les choses pourraient se développer et où les problèmes de l'évolution d'un idéal et d'un effort collectifs pourraient être étudiés pour créer la base de l'harmonie à réaliser.

Pourquoi tout cela s'est-il perdu ?

Le fait qu'Auroville ait commencé avec un plan de ville et une charte a souvent été contesté. La Mère a rédigé une charte pour Auroville, mais la ville n'avait pas de place le 28 février 1968, pensait-on généralement. Pourquoi mon livre se concentre-t-il autant sur la ville ? Une photographie du 28 février 1968 (reproduite ci-dessous) partagée par les archives de l'Ashram de Sri Aurobindo a dissipé ce déni. On y voit des gens entrer dans l'amphithéâtre en passant devant un grand panneau carré du plan de la galaxie, accueillant les gens pour l'inauguration de la ville. La ville serait alors dédiée au monde avec une Charte.

La Mère voulait que la ville soit achevée en 5 ans. Roger l'avait fameusement suppliée de lui en donner 10. Le Matrimandir a été ajouté, complétant le modèle en 1971, une fois que le design a été approuvé. Aujourd'hui, cinquante-cinq ans plus tard, nous sommes encore loin de l'achèvement et nous comptons à peine 3000 habitants. L'unité humaine ne peut être réalisée en excluant les êtres humains ou en les remplaçant simplement par des arbres. Les deux doivent coexister. La Terre est aujourd'hui dans sa phase de transition la plus dure et l'empreinte carbone de la guerre augmente de manière exponentielle.

Puis le 4 décembre 2021, notre unité a été mise à l'épreuve lorsqu'Auroville est entrée dans une période de turbulences soudaines et dramatiques et dans une division qui a vu naître deux mouvements. L'un, dédié à la réalisation de la ville et du plan directeur pour lequel nous avions déjà trop attendu. Il était maintenant soutenu par la Fondation Auroville, le nouveau Conseil d'Administration et sa Secrétaire, qui apportaient enfin les fonds plus que nécessaires et une compréhension de la ville pour aider à la mise en place de cette infrastructure essentielle. C'était un anathème pour l'autre mouvement qui s'orientait vers un modèle d'éco-village, abhorrait la Couronne, se méfiait du plan directeur et voulait établir son propre modèle d'Auroville, et vivre selon ses propres termes.

Le défrichement des arbres nécessaires à la construction de la Couronne a provoqué une réaction de choc qui a pris beaucoup d'entre nous par surprise. Un pandémonium s'ensuivit, entraînant l'arrêt des travaux, suivi d'une campagne médiatique orchestrée qui présentait la Couronne comme une zone forestière en train d'être détruite. Sur les forums publics, tous les blâmes ont été jetés sur la Fondation Auroville et sa Secrétaire nouvellement nommée. Un ordre de suspension obtenu auprès du National Green Tribunal (NGT), qui n'a fait l'objet d'aucune discussion ou approbation de la part de la communauté, a entraîné l'arrêt de tous les travaux, paralysant Auroville pendant deux ans. Du jour au lendemain, Auroville a connu un changement radical tandis que cette faction a intenté une multitude d'actions en justice contre la Fondation Auroville et les autres Auroviliens des groupes de travail. Il s'agissait d'un côté contre l'autre, l'esprit de collaboration avait disparu. Mais la Mère Divine ne prend pas parti, témoin ferme et patient, Elle attend que nous nous abandonnions à Son rêve pour l'humanité, que nous soyons capables de nous élever au-dessus des conflits, vers une unité réelle et active, sans jamais perdre de vue le but qu'Elle a mis en mouvement pour que nous l'atteignions.

La roue tourne encore, elle ne s'est pas encore arrêtée. Certains sont encore ébranlés mais beaucoup s'éveillent à une nouvelle compréhension, sans se laisser influencer par tel ou tel camp, et à une découverte personnelle et profondément épanouissante d'Auroville : son immense portée, son aventure, sa puissante beauté et le courage qu'elle requiert, quoi qu'il arrive.

La Ville De L'avenir doit aller vers le futur et avec le futur, ne pas stagner, ne pas reculer. Parfois, Auroville tend à nos âmes le miroir du choix : la Vérité ou l'Abîme - l'avenir n'exige rien de moins à ce stade de l'histoire de l'humanité. Le monde a besoin qu'Auroville grandisse, qu'elle devienne ce qu'elle doit être, qu'elle réussisse. Le choix qui s'offre à nous est en fait simple : Auroville *ne nous appartient pas*. Elle appartient au Divin. Il ne s'agit pas de *notre* rêve, mais de notre dévouement au rêve : sa charte, sa ville, ses magnifiques chemins et jardins, ses forêts et tous ses habitants. C'est le Labeur de Dieu pour la terre à travers nous tous.

Je laisserai mes rêves dans leur air argent,
Car vêtue d'or et de bleu
Marchera sur la terre, dans un corps et si belle,
La vérité vivante de toi.

Le labeur d'un Dieu, Sri Aurobindo

GLOSSAIRE

Quelques mots et termes utilisés par Sri Aurobindo et la Mère

Adesh : une guidance ou un commandement intérieur

Gnose : une connaissance intuitive de la vérité spirituelle

Inconscient : le lieu d'habitation et le dernier recours de l'ignorance humaine.

Intelligence intuitive : capacité de synthèse immédiate et d'unité de la connaissance

Overmind : le plan mental le plus élevé en dessous du Supramental

Être psychique : l'âme individuelle

Sadhana : pratique spirituelle

Sanyas : le chemin ascétique

Surhomme : celui qui peut s'élever au-delà du mental jusqu'à la pleine Conscience de Vérité

Supramental : le niveau au-delà du mental, une conscience totale de la Vérité

Tapasya : discipline spirituelle

BIBLIOGRAPHIE

Les textes de Sri Aurobindo et de la Mère en Français ont été téléchargés sur le site suivant en PDF et les pages indiquées sont celles du PDF :
https://sri-aurobindo.co.in/
Certains textes de Sri Aurobindo n'ont pas été traduits et sont traduits ici pour les besoins du livre.

SRI AUROBINDO
—— Sri Aurobindo, La Vie Divine.
—— Sri Aurobindo, La Synthèse des Yogas.
—— Sri Aurobindo, Le Cycle Humain.
—— Sri Aurobindo, L'Idéal de l'unité Humaine.
—— Sri Aurobindo, Le Secret des Védas.
——Sri Aurobindo The Isha Upanishad, Vol. 17, Pondicherry: Sri Aurobindo Ashram Trust, 2003.
——Hymns to the Mystic Fire, Vol. 16, Pondicherry: Sri Aurobindo Ashram Trust, 2013.
——The Mother, Vol. 32, Pondicherry: Sri Aurobindo Ashram Trust, 2012.

——Essays in Philosophy and Yoga, Vol. 13, Pondicherry: Sri Aurobindo Ashram Trust, 1998.
——Letters on Himself and the Ashram, Vol. 35, Pondicherry: Sri Aurobindo Ashram Trust, 2011.
——Autobiographical Notes, Vol. 36, Pondicherry: Sri Aurobindo Ashram
Trust, 2006.
——Essays Divine and Human, Vol. 12, Pondicherry: Sri Aurobindo Ashram Trust, 1997.
——Essais sur la Gita,
——Savitri, Traduction de Satprem
——Early Cultural Writings, Vol. 1 Pondicherry, Sri Aurobindo Ashram Trust, 2003.
——Karmayogin, Vol. 8, Pondicherry, Sri Aurobindo Ashram Trust, 1997.
——The Future Poetry, Vol 26, Pondicherry: Sri Aurobindo Ashram Trust, 1997.
——Lettres sur le yoga Vol I, II, III.
——Bande Mataram, Vols. 6-7, Pondicherry: Sri Aurobindo Ashram Trust, 2002.

LA MÈRE
——Mother, Mother on Auroville
——Education.
——Entretiens, 1929-31
—— Entretiens, 1950-51.
—— Entretiens 1957-1958.
—— Paroles de la Mère I.
—— Paroles de la Mère III.
—— Prières et Méditations.
—— Pensées et Aphorismes de Sri Aurobindo.

AUTRES EXTRAITS de livres traduits en Francais :
Gupta, Nolini Kanta and Amrita Gupta, Reminiscences, Pondicherry: Sri Aurobindo Ashram, 2009.
Hadnagy, Paulette, Interacting with unesco During the Mother's Years, Pondicherry: Stichting de Zaiier, 2014.
Heehs, Peter, The Lives of Sri Aurobindo, New York: Columbia University Press, 2008.
Joshi, Kireet, It Is Done, Auroville: Shubhra Ketu Foundation/Auroville Press, 2012.
Kundoo, Anupama, Roger Anger: Research on Beauty Architecture 1953-2008, Berlin: Jovis Verlag, 2009.
Rohmann, Ruud, A House for the Third Millennium, Auroville: Alain Grandcolas, 1986.
Naipaul, V.S., An Area of Darkness, London: Andre Deutsche, 1964
Nirodbaran, 12 Annees avec with Sri Aurobindo
Raymond, Antonin, An Autobiography, Rutland, Vermont & Tokyo: Charles E Tuttle Company, 1973

SATPREM :
——L'Agenda de MÈRE Vols. 1 to 13
——Sri Aurobindo ou L'aventure de la Conscience
——Le Mental des cellules.
——La genèse du Surhomme.
——La révolte de la Terre.
Savitra, Sun Word Rising, Auroville: Self-published, 1980.
Tewari, K.K., A Soldier's Voyage of Discovery, Pondicherry: Self-published, 1995, seventh ed. 2012.
Van Vrekhem, Georges, La Mère : L'histoire de sa Vie.
Devin, Christine (ed.), Retournements: Auroville Press Publishers, 2009.
Fassbender, Fassbender and John Mandeen (eds.), Auroville

Architecture, Auroville: Prisma Publications, 2011.

Gupta, Pankaj Vir and Christine Mueller, 'Golconde: The Introduction to Modernism in India', Urban Crayon Press, 2010.

Bernard, Alain, 'Genesis of the Auroville Foundation Act', The French Pavilion Talks Auroville: Auroville Press, 2014.

Guigan, Gilles (ed.) 'History of Auroville', Auroville: Auroville Archives, 2016.Gupta, Pankaj Vir and Christine Mueller, 'Golconde: The Introduction to Modernism in India', Urban Crayon Press, 2010.Kundoo, Anupama, (article) 'Zones', BBVA Journal, <<date month>> 2015, <<place>>

'Towards 29 February 1960', Mother India, Special Supplement, Pondicherry: Sri Aurobindo Ashram, February 1960.Ritam, saiier

Wickenden, David, 'The Living Laboratory', (paper), Auroville, 1979

Online Sources:
http://www.auroville.org/
http://www.sriaurobindoashram.org/
Golconde Construction #1 – www.motherandsriaurobindo.in
http://incarnateword.in/
http://mothersriaurobindo.in
http://www.searchforlight.org/
https://overmanfoundation.wordpress.com/

Photos offertes :
Dominique Darr, Olivier, Guna, Giorgio, Lalit, Paulette, Francine Finke + Anu Majumdar, Auroville Archives, Auroville Outreach., 2005,

Bandes dessinées et dessins :
Pierre Legrand

REMERCIEMENTS

Mes remerciements vont tout d'abord à V.K. Karthika, sans qui je n'aurais jamais commencé à penser à ce livre. À Debasri Rakshit, Arcopol Chaudhuri, Shreya Punj et Shantanu Ray Chaudhuri pour l'avoir mené à bien.

Je suis redevable à toutes les personnes qui m'ont si généreusement accordé leur temps, leurs histoires et ont partagé avec moi les précieux enseignements d'une histoire vécue. Certains sont des anciens d'Auroville, d'autres sont relativement nouveaux, d'autres sont nés et ont grandi ici et d'autres sont des personnes avec lesquelles j'ai travaillé à différents moments ; même ceux que je n'ai pas mentionnés directement, mais qui ont été des points de lumière actifs tout au long du chemin.

Dans l'ordre alphabétique approximatif, mes remerciements les plus chaleureux vont à : Angeli, Ann, Anupama, Angad, Aryamani, Anandi du ptdc, Aurelio, Aster, Akash H., Alain B., Alain G., Aryadeep, Anandamayi, B., Bridget, Bhagwandas, Chali, Carlos, Christine, Chandresh, Deepti, David N., David du Matrimandir Camp, David W., Elena, Edzard, Francis, Frederick, Gudula, Guna, Gerard M., Geneviève, Goupi, Gilles G., Holger, Harini, Inge, Jacqueline,

Jean P., Jean L., Judith, Jaya, Joy, Jothi, Jenya, John H., Julian L., Kavitha, Kripa, Kalsang, Linda-Grace, Louis, Lakshminarayan, Li Mei, Manoj, Mathilde, Meenakshi, Mandakini, Mauna, Nathalie, Noe, Nicole, Otto, Olivier B., Partha, Pashi, Piero et Gloria, Pierre, Prema, Ponnusamy, Paulette, Raina, Rathinam, Roger H., Ribhu et Chandra, Sam, Santo, Srimoyi, Smiti, Shrishti, Surbhi, Sonali, Sindhuja, Sanjeev, Srinivasmurty, Tatiana, Thulasi, Toine, Tixon, Veronique.

Si j'ai oublié quelqu'un par inadvertance, n'hésitez pas à m'en faire part.

Ma et Baba pour avoir donné à Auroville le bénéfice de leurs doutes.

Remerciements particuliers à :

Sri Aurobindo Ashram Trust pour l'autorisation de citer les œuvres de Sri Aurobindo et de la Mère.

Remerciements également pour le matériel consulté dans les archives d'Auroville, le Site internet d'Auroville, Auroville Today, et les compilations de Gilles et Paulette postées sur l'intranet d'Auroville.

A Dominique Darr en particulier, qui nous a quittés récemment, et à tous les autres photographes : Francine, Giorgio, Guna, Lalit, Olivier, Paulette, Edo (via Aryamani) et Ashwin pour leur généreux apport d'images et les anonymes pour leurs images trouvées via Auroville Outreach et internet.

Salut transfrontalier à deux personnes très chères, disparues brutalement : Ajit et Rauf Ali. De l'autre côté, j'espère que vous pourrez rire de ce livre et le recommander à d'autres…

À quelqu'un que j'ai «découvert» en écrivant ce livre, aujourd'hui disparu, mais qui nous a légué son travail et son dévouement au Rêve : Roger Anger.

Et sans oublier :

Raina pour avoir été mon radeau à Auroville. Alain B, Anupama, Deepti, Frederick et Jacqueline pour le temps, la réflexion, les enregistrements et la perspicacité. Guna pour son aide avec les images. B. et Edzard pour la main rapide qui m'a sauvé la vie sur les chevrons du Matrimandir cette fois-là. Pierre pour tous les dessins et bandes dessinées de ce livre. Pour une vie ensemble, Light Matter, pour voir le monde différemment et rechercher la beauté.

Et surtout :

Sri Aurobindo et la Mère pour le don d'Auroville, la Cité du Futur...

BIOGRAPHIE DE L'AUTEURE

Anu Majumdar est née à Allahabad. La découverte de Sri Aurobindo alors qu'elle était à l'université à Calcuta fut une expérience qui a changé sa vie et qui l'a conduite à Auroville en 1979. Elle a travaillé dans plusieurs domaines, notamment sur le chantier de construction du Matrimandir, à l'unité de distribution de nourriture Pour Tous, en tant que danseuse et chorégraphe au sein du laboratoire de danse d'Auroville, et a édité Transcript, un journal en ligne pour les arts et les idées. Plus récemment, elle a exploré le plan d'urbanisme d'Auroville en tant que guide pour un changement intégral, par le biais de conférences et de présentations. Ses livres comprennent 'Refugees from Paradise' et 'God Enchanter', 'Island of Infinity' et 'Infinity Papers', 'Mobile Hour' et 'Light Matter'. Ses poèmes et ses histoires ont fait l'objet d'anthologies, écrits pour des chorégraphies et des installations artistiques et ont été publiés dans 'Prairie Schooner', 'The Punch Mag', 'Scroll et Arts Illustrated'. Depuis trente-six ans Auroville a été sa maison et son univers en développement.

International Publications

Auroville Architecture
by Franz Fassbender

Auroville Form Style and Design
by Franz Fassbender

Landscapes and Gardens of Auroville
by Franz Fassbender

Inauguration of Auroville
by Franz Fassbender

Auroville in a Nutshell
by Tim Wrey

Death doesn't exist
The Mother on Death, Sri Aurobindo on Rebirth
Compiled by Franz Fassbender

Divine Love
Compiled by Franz Fassbender

Five Dream
by Sri Aurobindo

A Vision
Compiled by Franz Fassbender

Passage to More than India
by Dick Batstone

The Mother on Japan
Compiled by Franz Fassbender

Children of Change: A Spiritual Pilgrimage
by Amrit (Howard Shoji Iriyama)

Memories of Auroville - told by early Aurovilians
by Janet Feran

The Journeying Years
by Dianna Bowler

Auroville Reflected
by Bindu Mohanty

Finding the Psychic Being
by Loretta Shartsis

The Teachings of Flowers
The Life and Work of the Mother of the Sri Aurobindo Ashram
by Loretta Shartsis

The Supramental Transformation
by Loretta Shartsis

The Mother's Yoga - 1956-1973 (English & French)
Vol. 1, 1956-1967 & Vol. 2, 1968-1973
by Loretta Shartsis

Antithesis of Yoga
by Jocelyn Janaka

Bougainvilleas PROTECTION
by Narad (Richard Eggenberger), Nilisha Mehta

Crossroad The New Humanity
by Paulette Hadnagy

Die Praxis Des Integralen Yoga
by M. P. Pandit

The Way of the Sunlit Path
by William Sullivan

Wildlife great and small of India's Coromandel
by Tim Wrey

A New Education With A Soul
by Marguerite Smithwhite

Featured Titles

Divine Love

The texts presented in this book are selected from the Mother and Sri Aurobindo.
"Awakened to the meaning of my heart. That to feel love and oneness is to live. And this the magic of our golden change, is all the truth I know or seek, O sage."

Sri Aurobindo, Savitri, Book XII, Epilog

A Vision by the Mother

On 28th May 1958, the Mother recounted a vision she once had of a wonderful Being of Love and Consciousness, emanated from the Supreme Origin and projected directly into the Inconscient so that the creation would gradually awaken to the Supramental Consciousness. The Mother's account of this vision was brought out a first time in November 1906, in the Revue Cosmique, a monthly review published in Paris.

A Dream – Aims and Ideals of Auroville
the Mother on Auroville

50 years of Auroville from 28.02.1968 - 28.02.2018
Today, information about Auroville is abundant. Many people try to make meaning out of Auroville – about its conception, to what direction should we grow towards, and, what are we doing here?

But what was Mother's original Dream and what was her Vision for Auroville back then?

Matrimandir Talks by the Mother

This book presents most of Mother's Matrimandir talks, including how she conceived the idea for this special concentration and meditation building in Auroville.

Memories of Auroville - Told by early Aurovilians

Memories of Auroville is a book about the very early days of Auroville based on interviews made in 1997 with Aurovilians who lived here between 1968 and 1973. The interviews presented in this book are part of a history program for newcomers that I had created with my friend, Philip Melville in 1997. The plan was to divide Auroville's history into different eras and then interview Aurovilians according to their area of knowledge.
Our first section would cover the years from 1968 till 1973 when the Mother was still in her physical body.

The Way of the Sunlit Path

May The Way of the Sunlit Path be a convenient guide for activating this ancient truth as a support for a Conscious Evolution.
May it illumine the transformation offered to us in the Integral Yoga.

A Dream Takes Shape (in English, French, Hindi)

A comprehensive brochure on the international township of Auroville in, ranging from its Charter and "Why Auroville?" to the plan of the township, the central Matrimandir, the national pavilions and residences, to working groups, the economy, making visits, how to join, its relationship to the Sri Aurobindo Ashram, and its key role in the future of the world. This brochure endeavours to highlight how The Mother envisioned Auroville from its inception, some of the major achievements realised over the years, and some of the difficulties currently faced in implementing the guidelines which she gave.

Mother on Japan

I had everything to learn in Japan. For four years, from an artistic point of view, I lived from wonder to wonder. And everything in this city, in this country, from beginning to end, gives you the impression of impermanence, of the unexpected, the exceptional... ...everything in this city, in this country, from beginning to end, gives you the impression of impermanence, of the unexpected, the exceptional. You always come to things you did not expect; you want to find them again and they are lost – they have made something else which is equally charming.

Auroville Reflected

On 28 February 1968, on an impoverished plateau on the Coromandel Coast of South India, about 4,000 people from around the world gathered for a most unusual inauguration. Handfuls of soil from the countries of the world were mixed together as a symbol of human unity. Why did Indira Gandhi, the erstwhile Prime Minister of India, support this development for "a city the earth needs?" Why did UNESCO endorse this project? Why does the Dalai Lama continue to be involved in the project? What led anthropologist Margaret Mead to insist that records must be kept of its progress? Why did both historian William Irwin Thompson and United Nations representative Robert Muller note that this social experiment may be a breakthrough for humanity even as critics commented, "it is an impossible dream"?

A House For the Third Millennium

Essays on Matrimandir

Nightwatch at the Matrimandir...
A cosmic spectacle; the black expanse above, the big black crater of Matrimandir's excavation carved deep into the soil. The four pillars - two of which are completed and the other two nearing completion - are four huge ships coming together from the four corners of the earth to meet at this pro propitious spot...

Passage to More than India

This book is a voyage of discovery. In 1959 the author, Dick Batstone, a classically educated bookseller in England, with a Christian background, comes across a life of the great Indian polymath Sri Aurobindo, though a series of apparently fortuitous circumstances. A meeting in Durham, England, leads him to a determination to get to the Sri Aurobindo Ashram in Pondicherry, a former French territory south of Madras.

www.ingramcontent.com/pod-product-compliance
Lightning Source LLC
LaVergne TN
LVHW012031070526
838202LV00056B/5464